Office 2016

Die Anleitung in Bildern

von
Christine Peyton, Olaf Altenhof

Vierfarben

Wir hoffen, dass Sie Freude an diesem Buch haben und sich Ihre Erwartungen erfüllen. Ihre Anregungen und Kommentare sind uns jederzeit willkommen. Bitte bewerten Sie doch das Buch auf unserer Website unter **www.rheinwerk-verlag.de/feedback**.

An diesem Buch haben viele mitgewirkt, insbesondere:

Lektorat Jan Watermann, Erik Lipperts
Korrektorat Petra Biedermann, Reken
Herstellung Kamelia Brendel
Typografie und Layout Vera Brauner
Einbandgestaltung Eva Schmücker
Coverbild Shutterstock: 135015425 © BlueOrange Studio,
49000786 © Yuri Arcurs; iStockphoto: 5070
Satz weiss.design / zienke.design, Köln
Druck Media-Print Informationstechnologie, Paderborn

Dieses Buch wurde gesetzt aus der Linotype Syntax (10,25 pt/14,25 pt) in InDesign CS6.
Gedruckt wurde es auf mattgestrichenem Bilderdruckpapier (115 g/m²).
Hergestellt in Deutschland.

Bibliografische Information der Deutschen Nationalbibliothek:
Die Deutsche Nationalbibliothek verzeichnet diese Publikation in der Deutschen Nationalbibliografie; detaillierte bibliografische Daten sind im Internet über *http://dnb.d-nb.de* abrufbar.

978-3-8421-0191-3

1. Auflage 2016; 1., korrigierter Nachdruck 2018
© Rheinwerk Verlag, Bonn 2016

Vierfarben ist eine Marke des Rheinwerk Verlags. Der Name Vierfarben spielt an auf den Vierfarbdruck, eine Technik zur Erstellung farbiger Bücher. Der Name steht für die Kunst, die Dinge einfach zu machen, um aus dem Einfachen das Ganze lebendig zur Anschauung zu bringen.

Informationen zu unserem Verlag und Kontaktmöglichkeiten finden Sie auf unserer Verlagswebsite **www.rheinwerk-verlag.de**. Dort können Sie sich auch umfassend über unser aktuelles Programm informieren und unsere Bücher und E-Books bestellen.

Liebe Leserin, lieber Leser,

man kann alles machen mit den Office-Programmen: Briefe schreiben, Rechnungen erstellen, E-Mails schreiben und Präsentationen gestalten. Sie besitzen also eine Allzweckwaffe, eine eierlegende Wollmilchsau, eine Lösung für alle Probleme, ein Programm für alle Fälle. Und je mehr so ein Programm kann, desto mehr muss man wissen? Mitnichten! Sie müssen Word, Excel, PowerPoint und Outlook nicht beherrschen wie ein Profi und alle Schalter und Möglichkeiten kennen, um zu erreichen, was Sie wollen. Sie müssen nur wissen, welches Programm Sie am besten für welches Ergebnis nutzen und welche Schritte Sie befolgen müssen. Dabei hilft Ihnen dieses Buch. Christine Peyton und Olaf Altenhof zeigen Ihnen, wie Sie Office einfach und schnell für sich nutzen. Dabei machen die beiden Sie in kleinen Schritten mit den wichtigsten Funktionen vertraut, verständlich, zielgerichtet und Bild für Bild. Dabei steht immer das Ziel im Vordergrund. Schlagen Sie nach, was Sie tun wollen, Sie finden hier die passende Anleitung.

Dieses Buch wurde mit größter Sorgfalt geschrieben und hergestellt. Sollten Sie dennoch einmal Fehler finden oder inhaltliche Anregungen haben, freue ich mich, wenn Sie mit mir in Kontakt treten. Für konstruktive Kritik bin ich dabei ebenso offen wie für lobende Worte. Doch zunächst einmal wünsche ich Ihnen viel Freude beim Lesen!

Ihr Erik Lipperts
Lektorat Vierfarben

erik.lipperts@rheinwerk-verlag.de

Inhalt

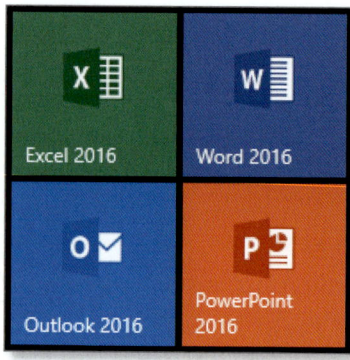

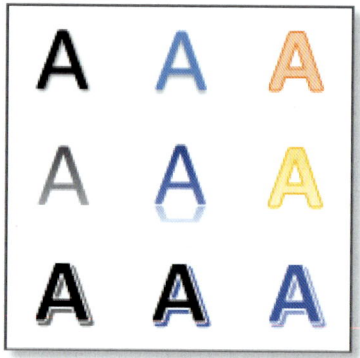

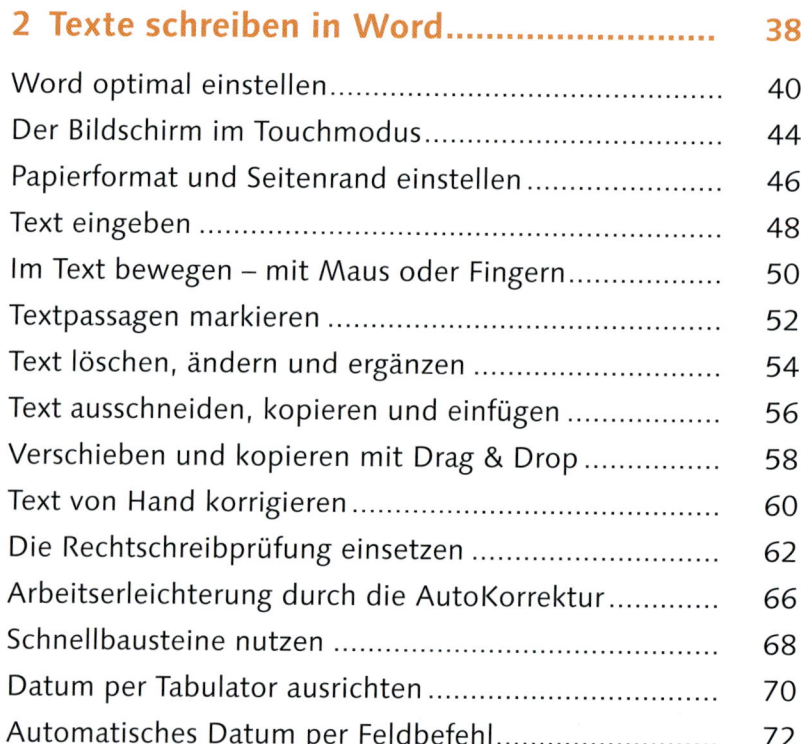

Inhalt

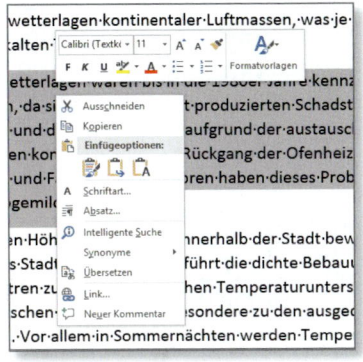

Inhalt

8 E-Mails schreiben mit Outlook 202

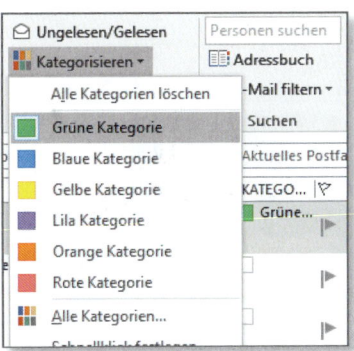

9 Mit Outlook Termine planen................... 234

Inhalt

Strand in La Cala

der·Betriebswirtschaftslehre·wurde·b
enschlichen·Arbeit·eingegangen, ·wob
enschlichen·Arbeit·betont·wurde.[1]·He

13 Seriendruck in Office 304

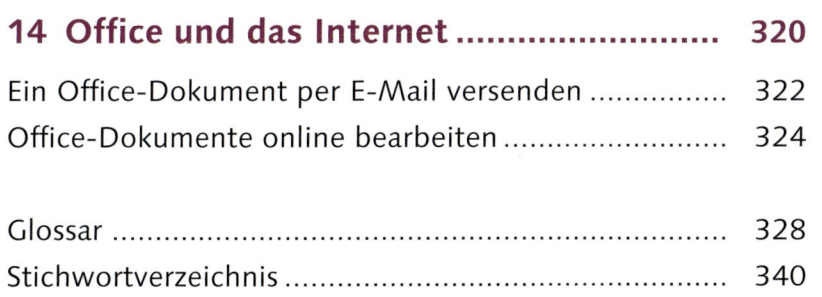

14 Office und das Internet 320

Kapitel 1
Start mit Office

In diesem Kapitel geht es um grundlegende Handgriffe bei der Arbeit mit Office: Wie nutzen Sie die Maus und ein Touchpad, wie erstellen und speichern Sie Dokumente, und wie passen Sie das Aussehen der jeweiligen Programme an Ihre Wünsche an?

Die Maus und das Touchpad

Der Umgang mit der Maus und/oder dem Touchpad ❶ ist vielen PC-Nutzern vertraut. Dennoch beschreiben wir in diesem ersten Kapitel zunächst die Grundlagen ihrer Nutzung, damit sich auch Neueinsteiger zurechtfinden.

Dokumente anlegen, speichern und organisieren

Zu den ersten Schritten gehört das Öffnen der Programme. Wir zeigen Ihnen, wie das auf verschiedenen Wegen möglich ist. Sie haben es bei der Arbeit mit Office mit unterschiedlichen Dokumenten zu tun. Hier lernen Sie, wie Sie Dokumente anlegen, speichern ❷ und so organisieren, dass Sie sie ohne Probleme wiederfinden.

Bildschirme anpassen

Die Office-Programme präsentieren sich nach dem Aufruf mit einem Standardbildschirm. Diese Ansicht können Sie so anpassen ❸, dass sie Ihrer Arbeit und Ihren Bedürfnissen entspricht. Wir zeigen Ihnen, welche Anpassungen möglich und sinnvoll sind.

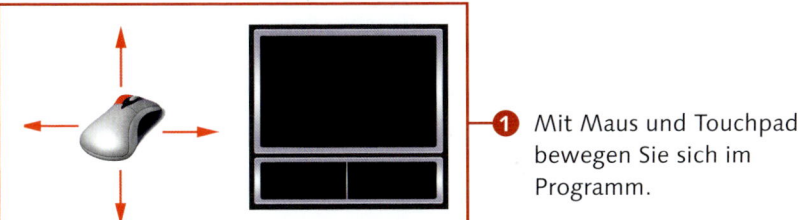

1 Mit Maus und Touchpad bewegen Sie sich im Programm.

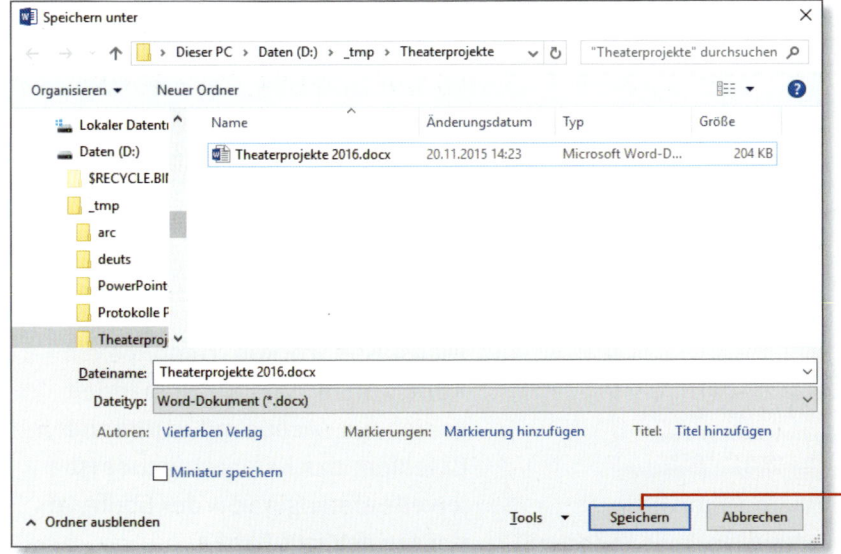

Im Dialog zum Speichern von Dateien können Sie verschiedene Angaben machen. **2**

Stellen Sie eine praktische Bildschirmansicht ein. **3**

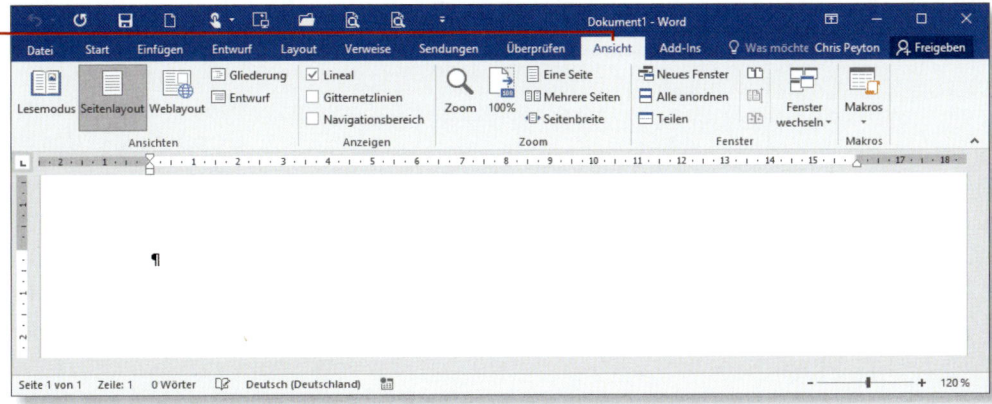

Maus und Touchpad bedienen

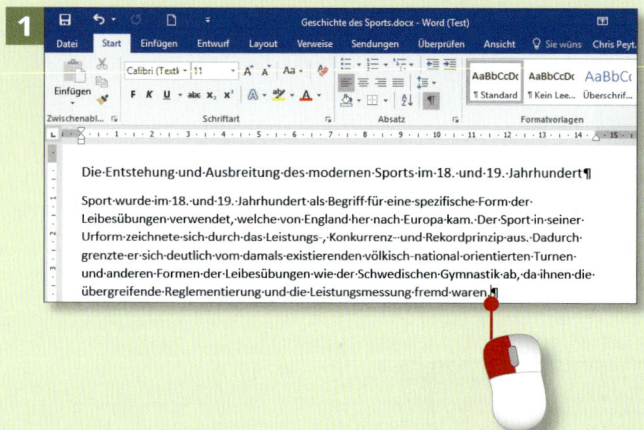

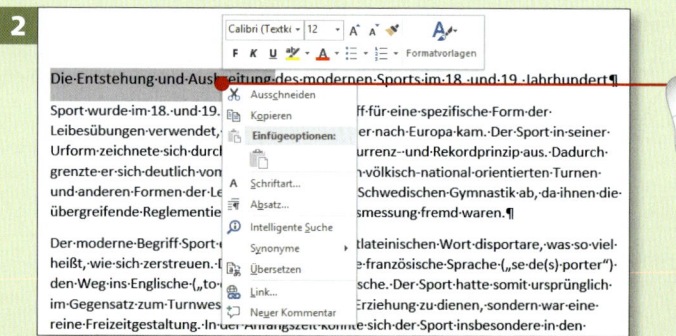

Mit der Computermaus und auch mit dem Touchpad eines Notebooks sind viele Anwender heutzutage vertraut. Wir zeigen Ihnen dennoch kurz die wichtigsten Handgriffe.

Schritt 1

Am häufigsten benutzen Sie die linke Maustaste. Drücken Sie sie, um den Cursor an eine andere Stelle im Text zu setzen. Auf diese Weise starten Sie auch Befehle oder öffnen Auswahllisten und Dialoge.

Schritt 2

Wenn Sie hingegen die rechte Maustaste drücken, rufen Sie ein Kontextmenü auf. Dabei handelt es sich um Menüs mit variierenden Befehlen; das Befehlsangebot ist jeweils abhängig von der Stelle, an der Sie geklickt haben.

Schritt 3

Mitunter benötigen Sie auch einen Doppelklick, das heißt, Sie drücken möglichst schnell zweimal hintereinander auf die linke Maustaste. In Word markiert ein Doppelklick z. B. ein Wort. Im Explorer öffnen Sie Ordner per Doppelklick.

Was ist der Cursor?

Wenn Sie auf eine beliebige Stelle in Word klicken, sehen Sie einen blinkenden Strich. Das ist die Stelle, wo der Text eingefügt wird, den Sie scheiben. Man nennt ihn *Cursor*.

Schritt 4

Mit der Maus können Sie auch »ziehen«. Dazu halten Sie die linke Maustaste gedrückt und ziehen die Maus in eine Richtung. Für diese Aktion gibt es viele Einsatzgebiete. Ziehen Sie beispielsweise an der Bildlaufleiste, um das »Blatt« nach unten oder oben zu verschieben.

Schritt 5

Das Touchpad finden Sie an den meisten Notebooks oder Netbooks. Auch damit können Sie den Mauszeiger bewegen und Aktionen ausführen. Fahren Sie mit einer Fingerkuppe leicht über das Touchpad: Der Mauszeiger auf dem Monitor folgt der Bewegung Ihres Fingers.

Schritt 6

Unterhalb des Touchpads sind zwei Tasten angeordnet, deren Funktionen denen der Maustasten entsprechen. Für einen Linksklick reicht aber auch ein kurzes Antippen des Touchpads ❶. Wie mit der Maus können Sie auch mit der linken Taste des Touchpads einen Doppelklick ausführen.

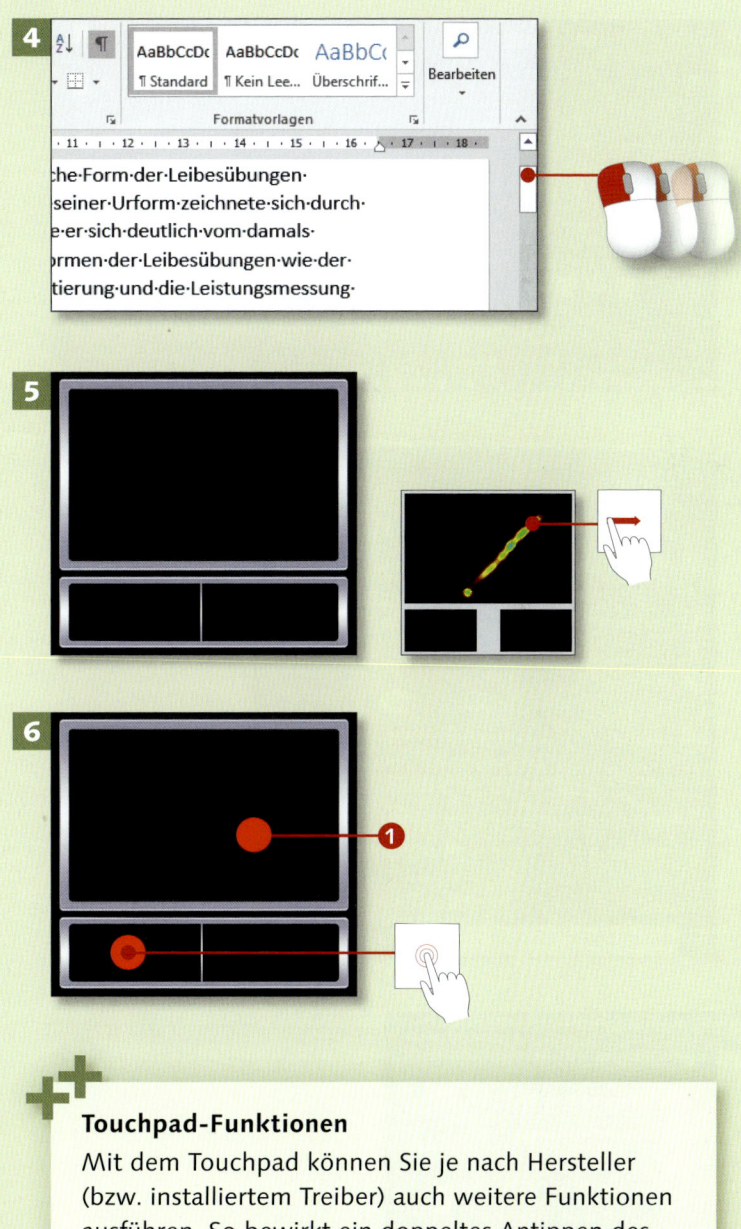

Touchpad-Funktionen

Mit dem Touchpad können Sie je nach Hersteller (bzw. installiertem Treiber) auch weitere Funktionen ausführen. So bewirkt ein doppeltes Antippen des Pads einen Doppelklick. Ein abgebrochenes doppeltes Antippen, bei dem Sie direkt in eine Ziehbewegung übergehen, entspricht dem Ziehen mit der Maus.

Programme aufrufen und schließen

Viele Wege führen nach Rom und auch zur Arbeit mit den Office-Programmen. Die gängigsten Wege beschreiben wir in diesem Abschnitt.

Schritt 1

Nachdem der Computer hochgefahren ist, wird automatisch der Desktop angezeigt. Von dieser Oberfläche aus starten Sie alle Programme, Apps und Windows-Funktionen.

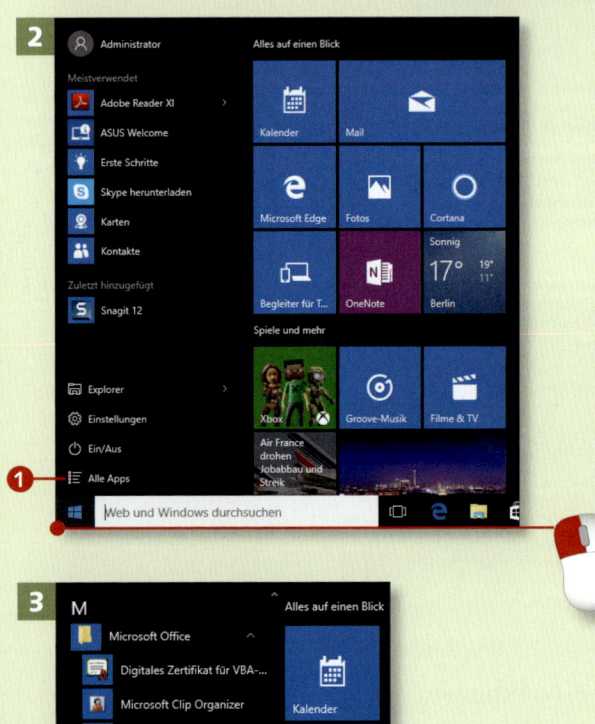

Schritt 2

Ganz links in der Taskleiste befindet sich das **Windows**-Symbol. Ein Klick auf dieses Symbol ruft das Startmenü auf. Hier werden in alphabetischer Reihenfolge alle Programme und Apps aufgelistet, die zur Verfügung stehen.

Schritt 3

Klicken Sie zunerst auf **Alle Apps** ❶. Um zu den Office-Programmen zu gelangen, scrollen Sie mit Hilfe der Bildlaufleiste bis zu dem jeweiligen Programmeintrag und klicken ihn dann mit links an. Die Programme des Office-Pakets finden Sie auch gesammelt unter **Microsoft Office**.

Schritt 4

Praktisch ist es, sich ein Programmsymbol in die Taskleiste des Desktops zu legen. So können Sie Programme bequem aufrufen. Klicken Sie den Programmeintrag mit der rechten Maustaste an. Im Kontextmenü klicken Sie auf **An Taskleiste anheften**.

Schritt 5

Danach sehen Sie das Programmsymbol in der Taskleiste. Ein Mausklick oder – bei einem Touchscreen – eine Fingerberührung reicht nun, um das Programm aufzurufen.

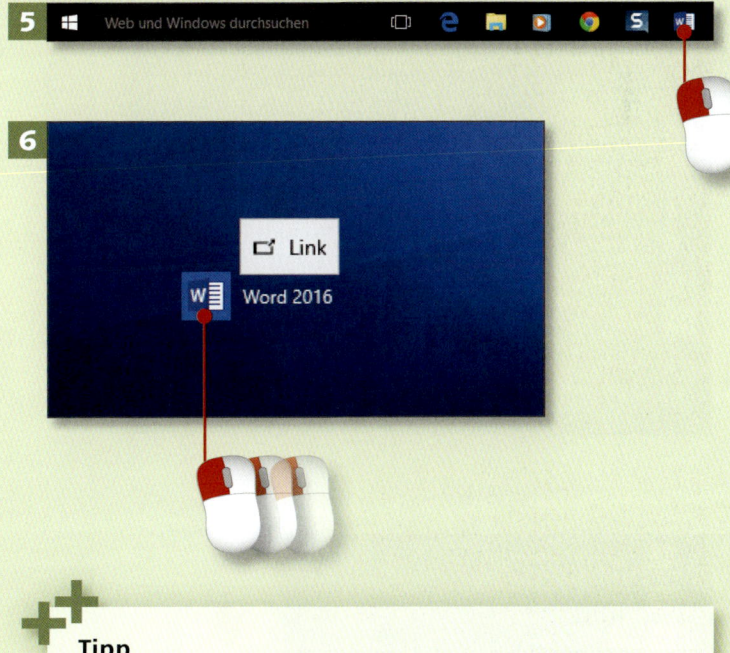

Schritt 6

Für einen schnellen Zugriff können Sie das Programmsymbol auch auf dem Desktop ablegen. Ziehen Sie es dazu mit gedrückter linker Maustaste aus dem Startmenü irgendwo auf den Desktop. Ein kleiner Infokasten informiert Sie darüber, dass lediglich eine Verknüpfung (*Link*), also eine Art Wegweiser zum Programm, abgelegt wird. Nun reicht ein einfacher Klick, um das Programm zu öffnen.

Tipp

Sie vermissen auf den ersten Blick vielleicht einige bekannte Windows-Programme (Editor, WordPad, Paint etc.)? Keine Sorge, es gibt sie noch, zusammengefasst unter dem Punkt **Windows-Zubehör**.

Programme aufrufen und schließen (Forts.)

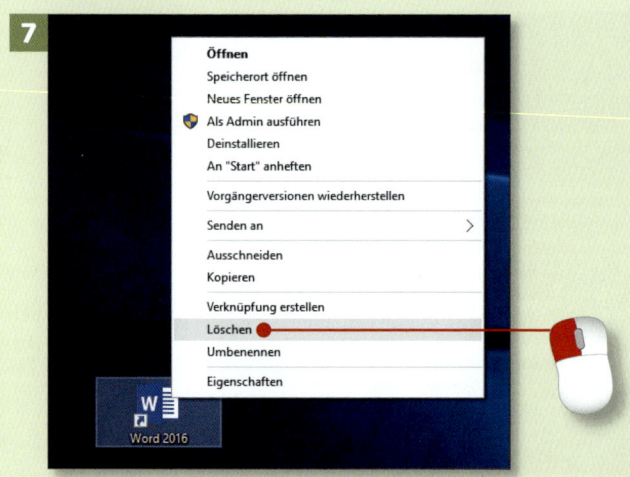

Schritt 7

Falls sich irgendwann zu viele Programmsymbole auf dem Desktop tummeln, können Sie die Symbole auch einfach wieder vom Desktop entfernen. Klicken Sie das zu löschende Symbol mit der rechten Maustaste an, und wählen Sie im Kontextmenü **Löschen**.

Schritt 8

Ganz hat sich Windows 10 nicht von den Kacheln des Windows-8-Startbildschirms verabschiedet. Neben dem eigentlichen Startmenü gibt es ein Fenstern mit Kachelsymbolen für eine Reihe von Apps. Ein Klick auf eine Kachel ruft das Programm bzw. die App auf.

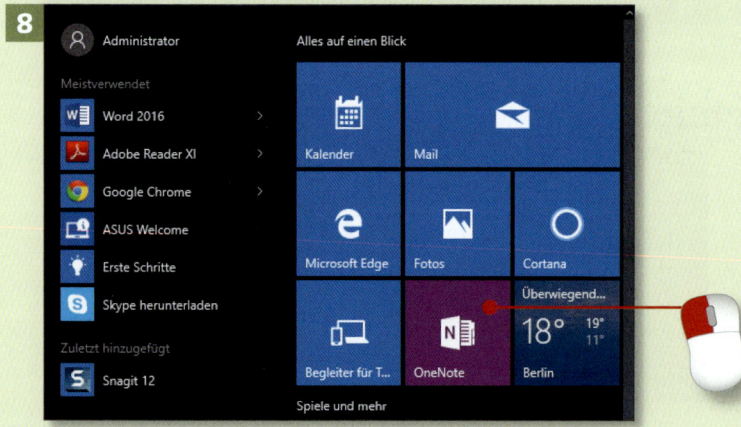

Schritt 9

Sie können das Fenster mit den Kacheln erweitern. Um ein Programm dorthin zu befördern, klicken Sie den Programmeintrag im Startmenü mit der rechten Maustaste an und wählen im Kontextmenü **An »Start« anheften**.

Schritt 10

Neu angeheftete Symbole werden in einer neuen Gruppe unter die vorhandenen Kacheln gelegt. Um die Gruppe zu benennen, klicken Sie oberhalb der neuen Kachel(n). Dies öffnet ein Textfeld, in das Sie eine Überschrift eingeben.

Schritt 11

Sie können Kacheln natürlich auch verschieben. Dazu klicken Sie die Kachel an und ziehen sie mit gedrückter linker Maustaste an den gewünschten Ort.

Schritt 12

Sie rufen ein Programm auch auf, indem Sie im Windows-Explorer eine Datei doppelt anklicken. Datei und Programm werden geöffnet.

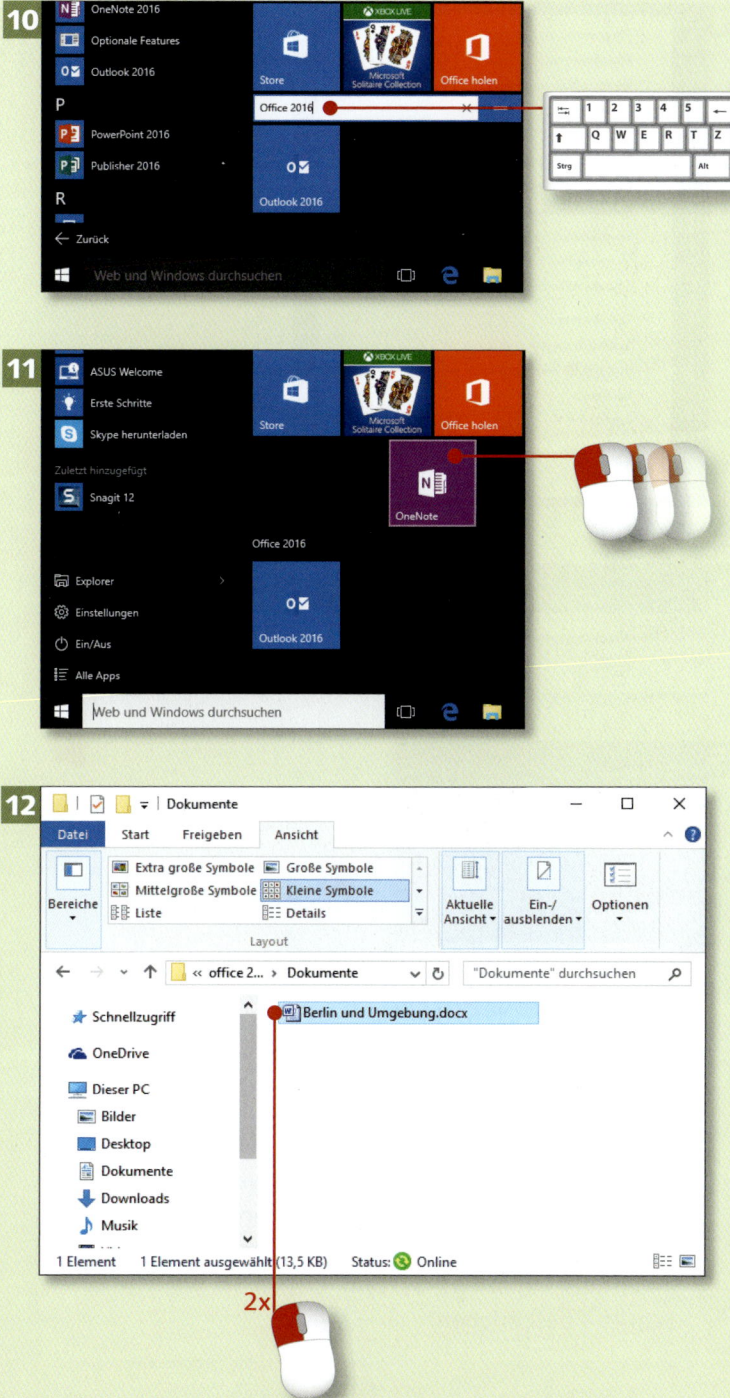

Programme aufrufen und schließen (Forts.)

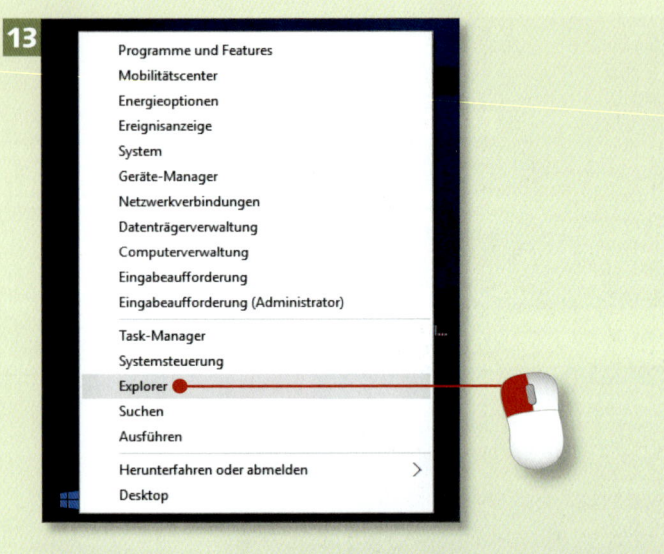

Schritt 13

Den Windows-Explorer rufen Sie unter Windows 10 schnell auf, indem Sie das **Windows**-Symbol in der Taskleiste mit der rechten Maustaste anklicken. Im Menü wählen Sie **Explorer**. Auch mit der Tastekombination ⊞ + X rufen Sie ein Menü auf, in dem Sie den Eintrag **Explorer** finden (dies funktioniert auch unter Windows 8).

Schritt 14

In vielen geöffneten Programmfenstern (z. B. in Word oder Excel) sehen Sie ganz oben rechts das sogenannte *Schließkreuz*. Mit einem Klick darauf beenden Sie das Programm. In manchen Programmen, z. B. in Word, wird so zunächst nur das Dokument geschlossen, an dem Sie gerade arbeiten (falls mehrere Dokumente geöffnet sind).

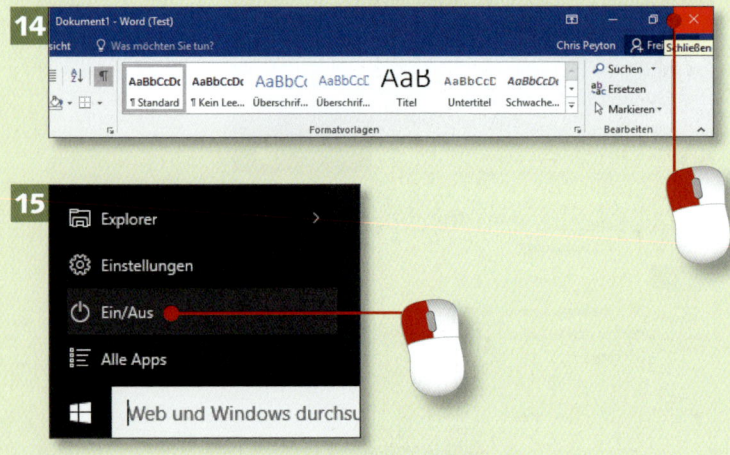

Schritt 15

Nachdem Sie alle Programme beendet haben, fahren Sie Ihren Rechner herunter. Öffnen Sie über einen Klick auf das **Windows**-Symbol das Startmenü, und klicken Sie auf den Eintrag **Ein/Aus**.

Der Explorer in der Taskleiste

Falls sich das Symbol für den Windows-Explorer noch nicht in der Taskleiste befindet, sollten Sie das nachholen. Sie finden den Eintrag **Explorer** im Startmenü im Ordner **Windows-System**. Gehen Sie vor, wie in Schritt 4 beschrieben.

Schritt 16

Im nachfolgenden Menü wählen Sie **Herunterfahren**, um den Rechner auszuschalten, oder **Neu starten**, wenn er kurz heruntergefahren und dann automatisch wieder gestartet werden soll.

Schritt 17

Mit der dritten Option, **Energie sparen**, wird der Bildschirm ausgeschaltet, aber die Programme bleiben geöffnet, so dass Sie beim Reaktivieren des PCs sofort weiterarbeiten können.

Schritt 18

Sie werden feststellen, dass die Programme, die Sie häufig aufrufen, im Startmenü nach und nach unter der Überschrift **Meistverwendet** ❶ einsortiert werden. Das Startmenü ist also veränderlich.

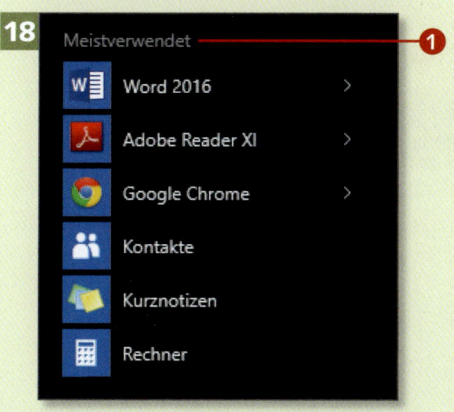

ℹ

Windows 7 und 8

Unter Windows 7 klicken Sie auf die **Start**-Schaltfläche und dann auf **Herunterfahren**. Unter Windows 8.1 blenden Sie die Charms-Leiste ein. Dort klicken Sie auf **Einstellungen.**

Das Office-Fenster kennenlernen

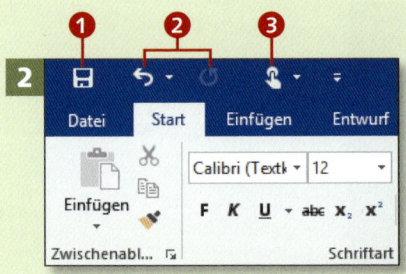

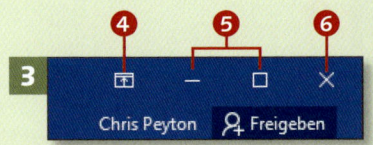

Zunächst müssen Sie sich im Programmfenster zurechtfinden. Wir helfen Ihnen bei der Orientierung.

Schritt 1

Alle wichtigen Funktionen sind in *Registerkarten* zusammengestellt, die sich im *Menüband* befinden. Um sie zu öffnen, klicken Sie auf die jeweilige Bezeichnung, z. B. **Start** (Word).

Schritt 2

Links oben befindet sich die *Symbolleiste für den Schnellzugriff*. Hier haben Sie standardmäßig Zugriff auf die Symbole **Speichern ❶**, **Rückgängig** und **Wiederholen ❷**. Hier sehen Sie zusätzlich das Symbol **Fingereingabe-/Mausmodus ❸**, dazu mehr im Abschnitt »Der Bildschirm im Touchmodus« auf Seite 44.

Schritt 3

Rechts oben auf dem Bildschirm sehen Sie die Schaltflächen **Menüband-Anzeigeoptionen ❹**, **Minimieren** (zum Ablegen des Programms in der Taskleiste) und **Verkleinern ❺** (zum Verkleinern des Programms auf ein Fenster – ist das Programm im Fenster geöffnet, heißt das Symbol dann **Maximieren**) sowie **Schließen ❻**.

Schritt 4

Klicken Sie auf das Symbol **Verkleinern**, um das Programm in einem kleineren Fenster darzustellen. Dessen Größe können Sie verändern, indem Sie den Mauszeiger an den Rand oder eine der Ecken des Fensters führen und mit gedrückter Maustaste nach innen oder nach außen ziehen.

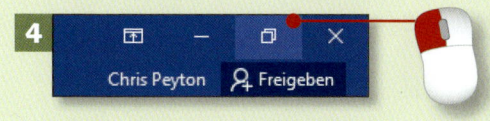

Schritt 5

Unterhalb des Arbeitsbereichs befindet sich die *Statusleiste* ❼, in der in Word z. B. die Seitenzahl des Dokuments angezeigt wird. Wenn dort **Seite 2 von 3** steht, steht der Cursor auf der zweiten Seite eines Dokuments mit drei Seiten. Wenn Sie hier klicken, wird der Navigationsbereich geöffnet, über den Sie schnell zwischen den Seiten des Dokuments wechseln können.

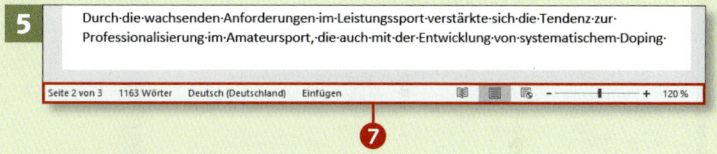

Schritt 6

Auf der rechten Seite der Statusleiste finden Sie die Schaltflächen zum Wechseln der Ansicht ❽ und den Regler bzw. die Plus- und Minuszeichen zum Verändern der Größe (*Zoom*) der Darstellung. Testen Sie ruhig einmal durch Verschieben des Reglers, wie sich die Anzeige des Dokuments ändert.

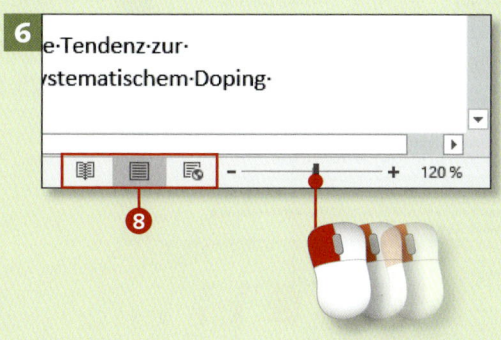

Das Fenster vergrößern und verkleinern

Die Office-Programme bzw. -Dateien können als Vollbild oder in einem Fenster angezeigt werden. Die Arbeit mit Fenstern bietet sich vor allem an, wenn Sie mehrere Dateien/Programme gleichzeitig geöffnet haben.

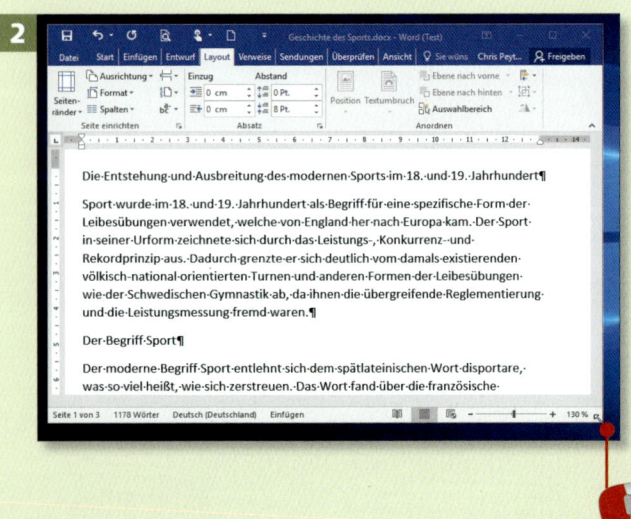

Schritt 1

Um ein Programm nicht im Vollbild anzuzeigen, sondern in einem minimierten Fenster, klicken Sie oben rechts auf das Symbol **Verkleinern**.

Schritt 2

Daraufhin wird das Programm/die Datei in einem Fenster dargestellt. Praktisch: Die Größe dieses Fenster lässt sich verändern. Führen Sie den Mauszeiger auf eine der Ecken, und ziehen Sie den Rahmen mit gedrückter Maustaste nach innen oder außen.

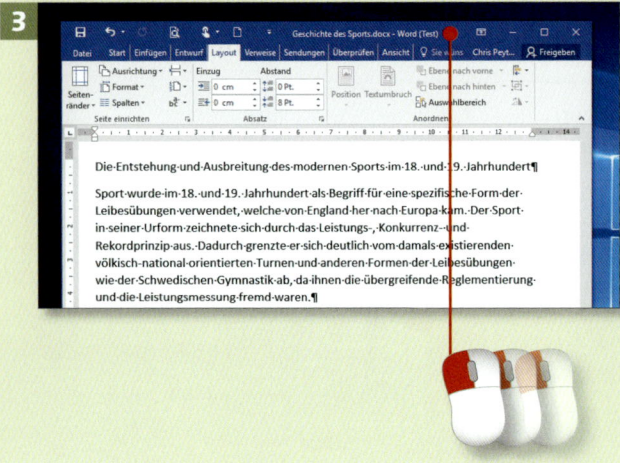

Schritt 3

Ein Fenster können Sie auch verschieben. Dazu führen Sie den Mauszeiger auf den oberen Rand des Fensters und ziehen es mit gedrückter Maustaste an die gewünschte Position. Bei einem Touchscreen lässt sich das Fenster auch einfach mit der Fingerkuppe ziehen.

Schritt 4

Um das Programm wieder im Vollbildmodus darzustellen, klicken Sie erneut auf das Symbol links neben dem Schließkreuz. In einem verkleinerten Fenster heißt dieses Symbol **Maximieren**.

Schritt 5

Wenn Sie das Programm/die Datei nicht schließen, sondern nur als Symbol in die Taskleiste legen möchten, klicken Sie auf das Symbol **Minimieren**.

Schritt 6

Ein Klick auf das Symbol unten in der Taskleiste lässt das Programm bzw. die Datei dann wieder im Vollbild erscheinen. Wenn Sie mit der Maus nur darauf zeigen, ohne zu klicken, wird eine kleine Vorschau eingeblendet.

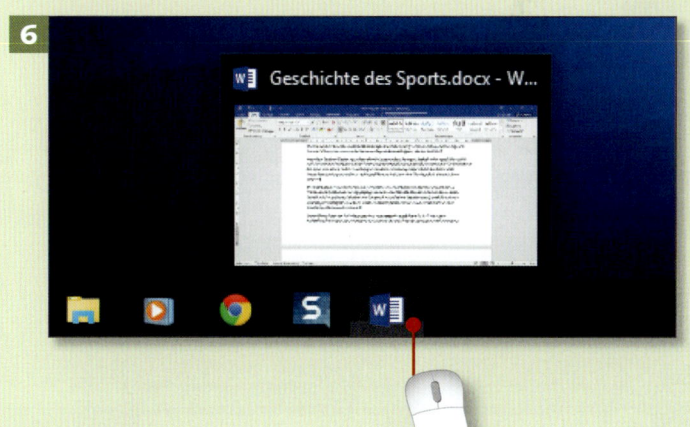

Praktische Fenstertechnik

Wenn Sie ein verkleinertes Fenster mit gedrückter Maustaste an den oberen oder einen Seitenrand des Bildschirms ziehen, wird der Bildschirm in diesem Bereich abgedunkelt. Sobald Sie die Maus loslassen, wird das Fenster auf diesen abgedunkelten Bereich vergrößert.

Ein neues Dokument anlegen

Wenn Sie ein Office-Programm aufrufen, können Sie sofort mit der Arbeit beginnen.

Schritt 1

Nach dem Aufruf eines Office-Programms sehen Sie ein Menü, aus dem heraus Sie ein leeres Dokument öffnen können. Klicken Sie auf die entsprechende Schaltfläche: in Word auf **Leeres Dokument**, in Excel auf **Leere Arbeitsmappe** und in Power-Point auf **Leere Präsentation**.

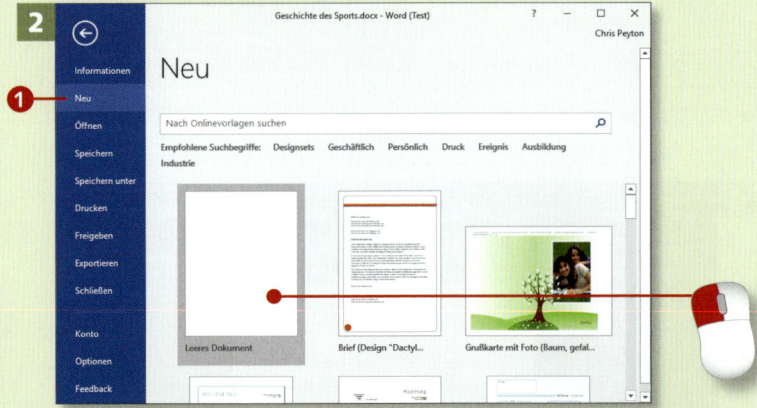

Schritt 2

Wenn Sie während der Arbeit ein neues Dokument erstellen möchten, klicken Sie im *Backstage-Bereich* (Registerkarte **Datei**) auf **Neu** ❶. Im nächsten Menü klicken Sie auf **Leeres Dokument** (in Word), **Leere Arbeitsmappe** (in Excel) oder **Leere Präsentation** (in PowerPoint).

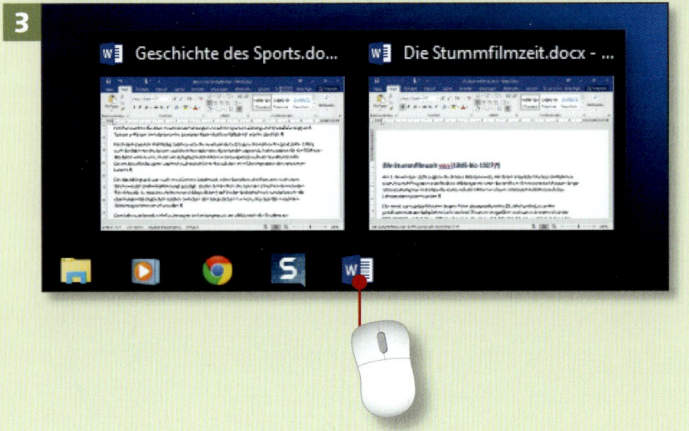

Schritt 3

Sie können mehrere Programme/ Dokumente gleichzeitig geöffnet haben. Die Symbole werden in der Taskleiste angezeigt. Wenn Sie den Mauszeiger auf ein Symbol halten, erscheinen Vorschaubildchen der geöffneten Dokumente. Per Mausklick rufen Sie das jeweilige Dokument auf.

Schritt 4

Über Word, Excel und PowerPoint haben Sie Zugang zu vorbereiteten, teils ausgefüllten Dokumenten, die Sie als Basis für Ihr neues Dokument nutzen können. Öffnen Sie das Register **Datei ▸ Neu** ❷, und klicken Sie im nächsten Fenster auf eine Miniatur-Vorlage.

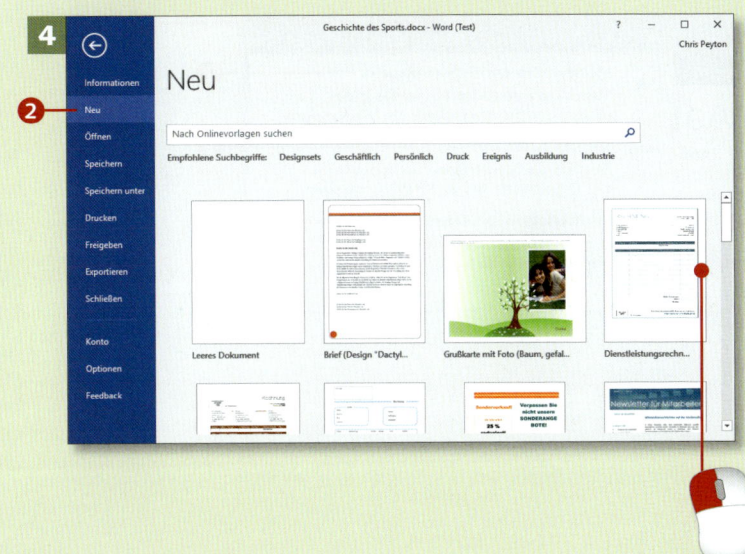

Schritt 5

Zunächst wird die Vorlage näher beschrieben. Klicken Sie hier auf **Erstellen**. Daraufhin wird die Vorlage heruntergeladen und ein neues Dokument auf ihrer Basis erstellt.

Schritt 6

Sie können auch gezielt nach weiteren Vorlagen suchen. Dazu klicken Sie auf eine der Kategorien unterhalb des Suchfeldes oder geben einen Begriff in das Suchfeld ein und klicken auf die Lupe ❸.

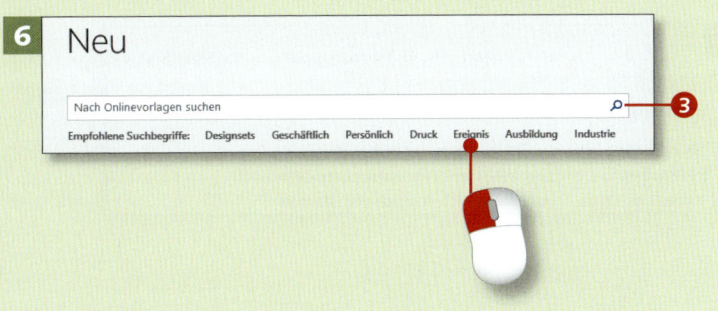

ℹ Eigene Dokumentvorlagen

In Kapitel 4, »Schicke Layouts mit Word«, ab Seite 110 erfahren Sie, wie Sie eigene Dokumentvorlagen erstellen. Sie werden in der Kategorie **Persönlich** gesammelt; diese Kategorie gibt es erst, wenn Sie eigene Vorlagen erstellt haben.

Die Ansicht des Dokuments anpassen

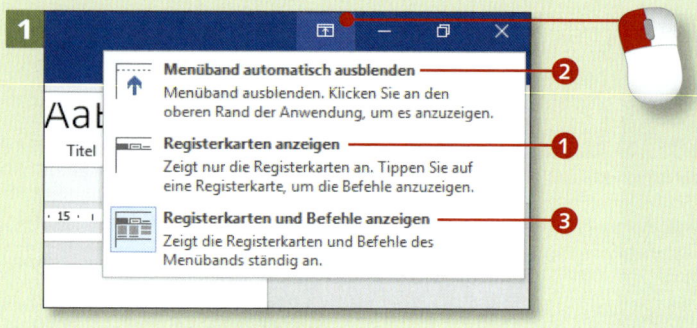

Wenn Sie mit dem Standardbild-schirm und seinen Einstellungen nicht zufrieden sind, können Sie ihn an Ihre Bedürfnisse anpassen.

Schritt 1

Das Menüband nimmt einen recht großen Bereich in Anspruch. Sie können es aber auch ausblenden. Klicken Sie dazu auf das Symbol **Menüband-Anzeigeoptionen**. Im Menü finden Sie drei Optionen zum Umgang mit dem Menüband.

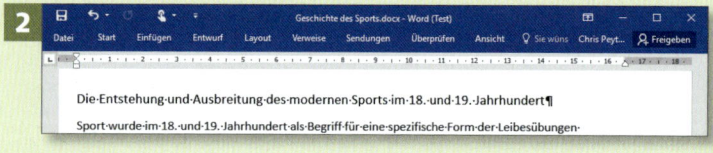

Schritt 2

Mit **Registerkarten anzeigen** ❶ verschwindet das Menüband, übrig bleiben die Registerreiter. Sobald Sie einen Reiter anklicken, wird das entsprechende Register mit allen Befehlen wieder eingeblendet und legt sich über den Text.

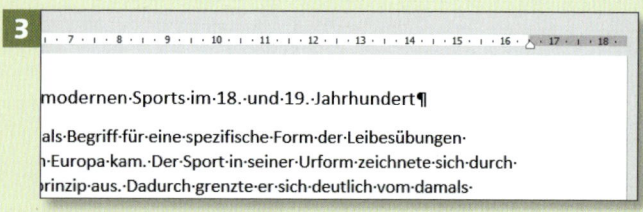

Schritt 3

Mit **Menüband automatisch aus-blenden** ❷ verschwindet das Menü-band ganz. Wenn Sie mit der Maus in den oberen Bereich des Fensters fahren und auf den blauen Balken klicken, erscheint es wieder. Mit einem Klick auf **Registerkarten und Befehle anzeigen** ❸ blenden Sie es dauerhaft ein.

Schritt 4

Die Größe des Dokuments ändern Sie mit dem *Zoom*. Den Faktor bestimmen Sie im Dialog **Zoom**, den Sie mit einem Klick auf die Schaltfläche **Zoom** auf der Registerkarte **Ansicht** aufrufen. Auch rechts in der Statusleiste gibt es einen Regler ❹ zum Einstellen des Zooms.

Schritt 5

Die meisten Office-Programme bieten unterschiedliche Ansichten. In Word gibt es z. B. das *Seitenlayout* ❺ oder den *Lesemodus*, in Excel z. B. die Ansicht **Normal** ❻ oder die *Umbruchvorschau*, in PowerPoint ebenfalls die Ansicht **Normal** oder die *Foliensortierung*. Über die Registerkarte **Ansicht** wechseln Sie zwischen den Ansichten.

Schritt 6

Wenn Sie in einem Word-Dokument z. B. Textpassagen von einem Bereich in den anderen kopieren wollen, müssen Sie nicht jedes Mal durch den gesamten Text scrollen. Sie können das Fenster teilen und sich beide Bereiche des Dokuments anzeigen lassen. Klicken Sie dazu auf der Registerkarte **Ansicht** auf **Teilen**. In einem geteilten Fenster heißt die Schaltfläche **Teilung aufheben** ❼.

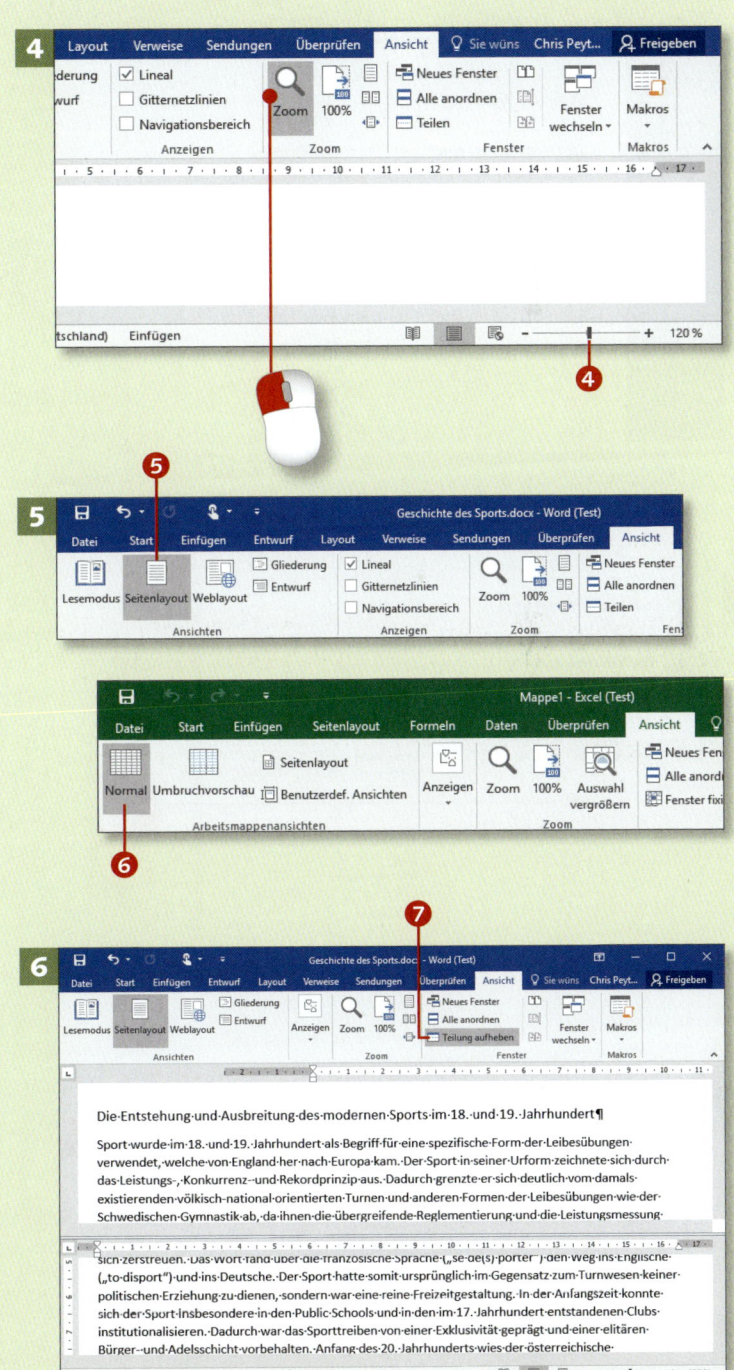

Ein Dokument speichern

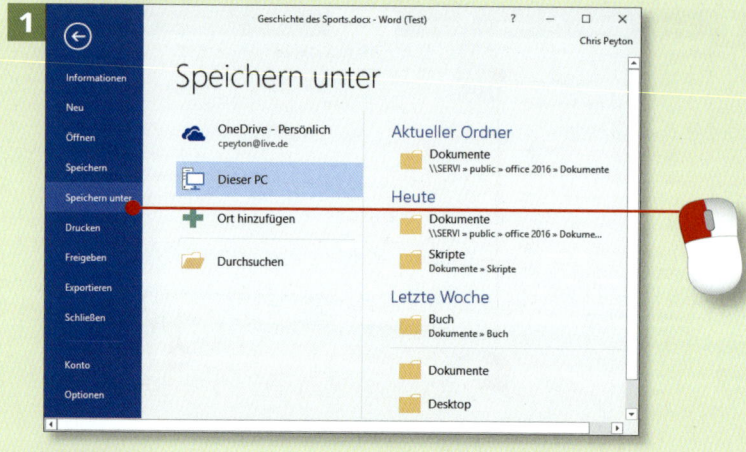

Speichern ist das A und O bei der Arbeit mit den Office-Programmen. Wenn Sie es nicht vergessen, ersparen Sie sich eine Menge Frust.

Schritt 1

Um ein noch nicht gespeichertes Dokument zu sichern, klicken Sie in der Backstage-Ansicht (Registerkarte **Datei**) auf **Speichern unter**. Daraufhin erscheint rechts das gleichnamige Menü.

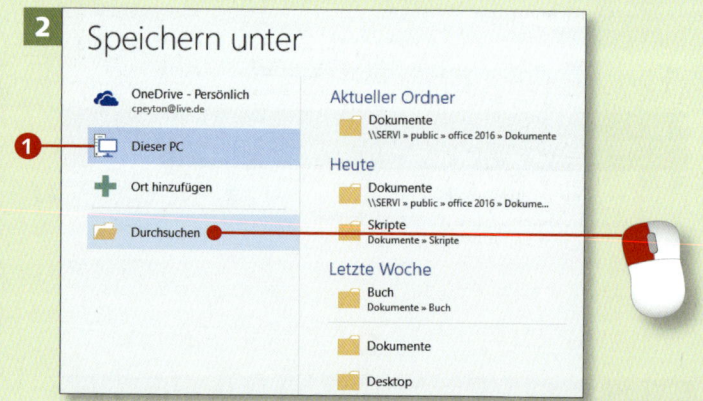

Schritt 2

Markieren Sie **Dieser PC** ❶ mit einem Klick. Wenn Sie den Ordner, in den Sie das Dokument speichern möchten, rechts in der Liste entdecken, klicken Sie ihn an. Ansonsten klicken Sie auf **Durchsuchen**.

Schritt 3

In beiden Fällen öffnet sich der Dialog **Speichern unter**. Zum Navigieren durch die Ordnerstruktur nutzen Sie das Adressfeld oben im Dialog. Ein Klick auf den Ordnernamen öffnet den Ordner; ein Klick auf den Pfeil zeigt die Unterordner an, die dann ebenfalls per Mausklick zu öffnen sind.

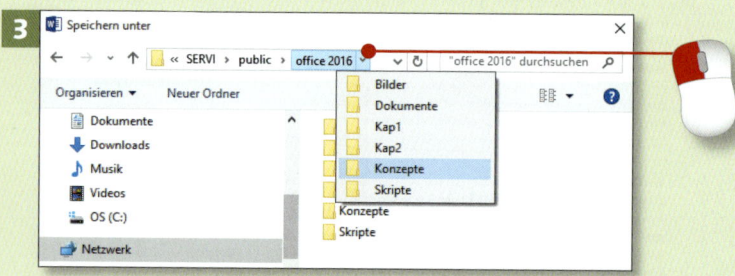

Schritt 4

Das neue Dokument ist in einem neuen Ordner besser aufgehoben? Dann öffnen Sie den entsprechenden Überordner und klicken auf **Neuer Ordner**. Nun schreiben Sie einfach den Namen in das Feld **Neuer Ordner** ❷ und drücken ⏎.

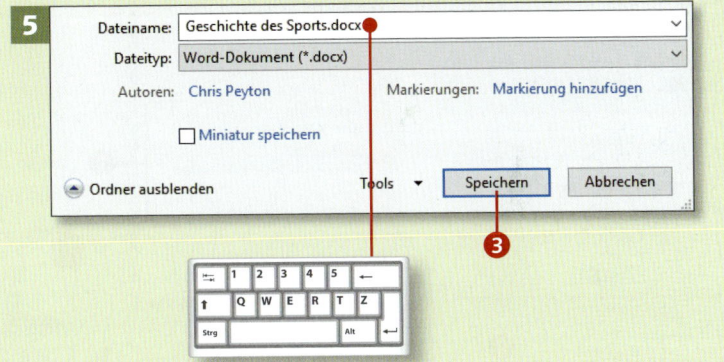

Schritt 5

Wenn Sie den richtigen Ordner für Ihr Dokument gefunden haben, geben Sie im Feld **Dateiname** den Namen ein, unter dem Sie das Dokument speichern wollen. Die Erweiterung (*.docx* für Word, *.xslx* für Excel und *.pptx* für PowerPoint) schreiben Sie nicht mit; die Programme vergeben sie automatisch. Klicken Sie dann auf **Speichern** ❸.

Schritt 6

Sie können Dokumente in einem anderen Format speichern, beispielsweise in dem Format älterer Office-Versionen. Dazu klicken Sie auf den Pfeil am Feld **Dateityp** und wählen z. B. **Word 97-2003-Dokument (*.doc)**.

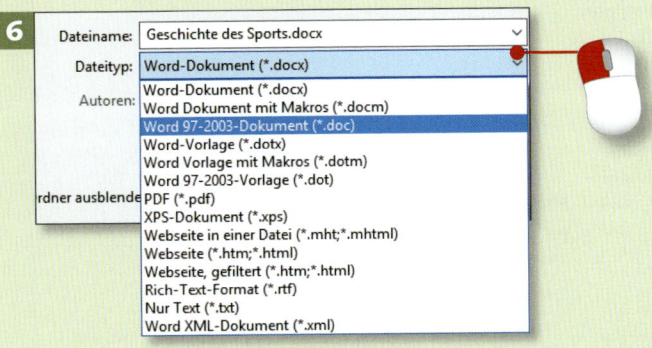

Ein Dokument speichern (Forts.)

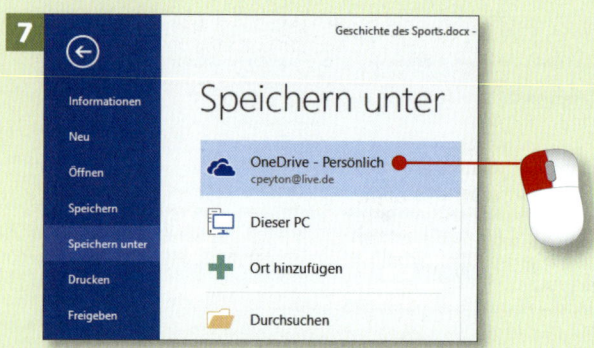

Schritt 7

Wenn Sie das Dokument auf dem Online-Speicher von Microsoft speichern möchten, verfahren Sie ganz ähnlich, nur dass Sie im Fenster **Speichern unter** auf **OneDrive – Persönlich** klicken.

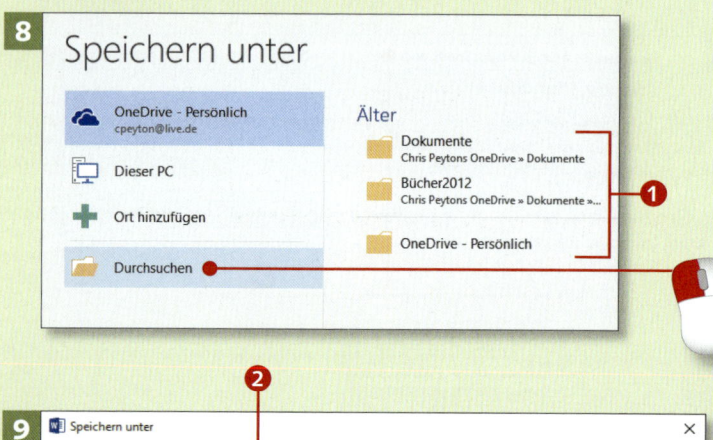

Schritt 8

Rechts wählen Sie einen Online-Ordner für den Speichervorgang aus der Liste aus ❶, oder Sie klicken auf **Durchsuchen**.

Schritt 9

Die Verbindung zum Server wird hergestellt, der Dialog **Speichern unter** geöffnet. In der Adressleiste steht *https://d.docs.live.net* ❷. Speichern Sie das Dokument wie in den Schritten 4 bis 6 beschrieben.

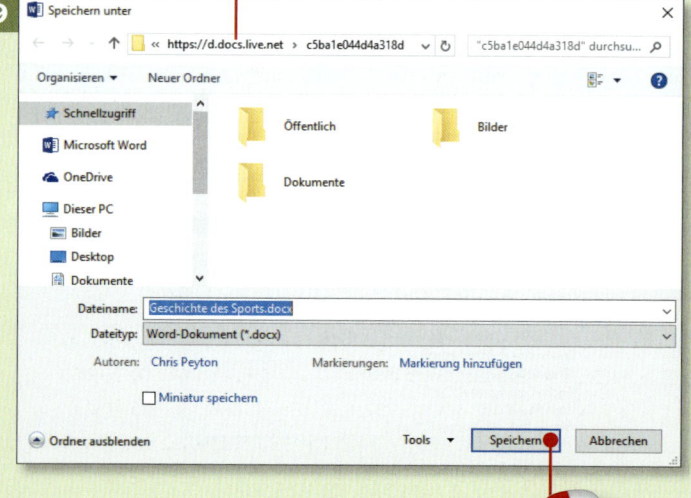

i

Ein Microsoft-Konto anmelden
Für OneDrive brauchen Sie ein Microsoft-Konto. Wenn Sie noch kein Konto haben, können Sie die Anmeldung auch im Dialog **Speichern unter** starten. Klicken Sie ganz oben rechts auf **Anmelden**. Ansonsten klicken Sie im Startmenü auf **Einstellungen**, dann auf **Konten ▸ Weitere Benutzer ▸ Diesem PC eine andere Person hinzufügen ▸ Ich kenne die Anmeldeinformationen für diese Person nicht**.

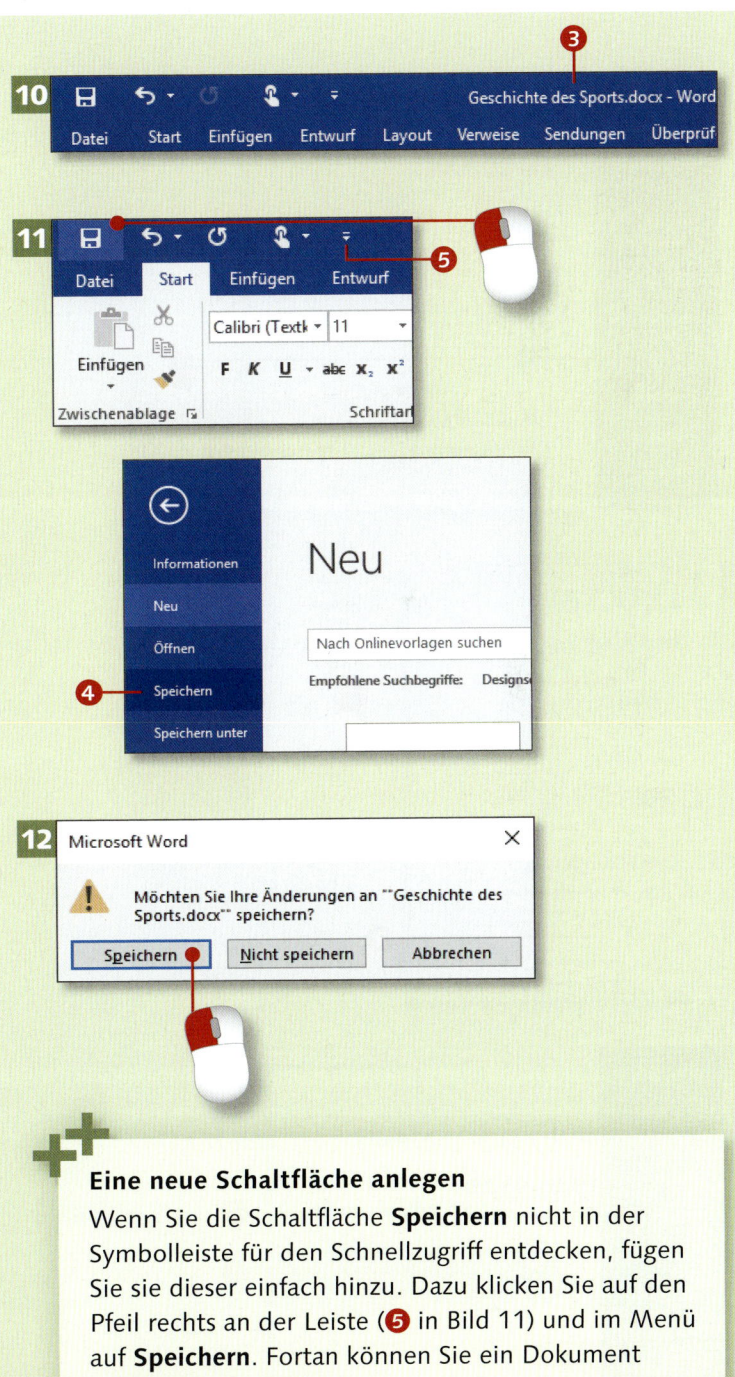

Schritt 10

Sobald ein Dokument gespeichert ist, taucht der Dateiname in der Titelleiste am Kopf des Programmfensters auf ❸.

Schritt 11

Denken Sie nun daran, ein Dokument regelmäßig »nachzuspeichern«. Das geht am schnellsten, indem Sie auf das Diskettensymbol in der Symbolleiste für den Schnellzugriff klicken (siehe dazu auch den Kasten »Eine neue Schaltfläche anlegen«). Genauso gut können Sie im Menü **Datei** auf **Speichern** ❹ klicken. Auch mit der Tastenkombination Strg + S speichern Sie Dokumente nach.

Schritt 12

Wenn Sie das Programm schließen und Änderungen noch nicht gespeichert haben, werden Sie gefragt, wie Sie weiter verfahren möchten. Sie sollten auf **Speichern** klicken, es sei denn, Sie möchten bewusst auf die letzten Änderungen verzichten.

Eine neue Schaltfläche anlegen

Wenn Sie die Schaltfläche **Speichern** nicht in der Symbolleiste für den Schnellzugriff entdecken, fügen Sie sie dieser einfach hinzu. Dazu klicken Sie auf den Pfeil rechts an der Leiste (❺ in Bild 11) und im Menü auf **Speichern**. Fortan können Sie ein Dokument bequem nachspeichern.

Dokumente drucken, teilen oder exportieren

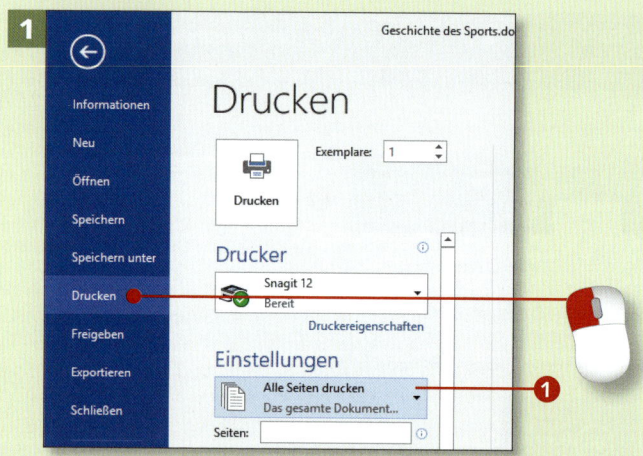

Viele Dokumente braucht man auch im digitalen Zeitalter »schwarz auf weiß« auf Papier. Praktisch ist aber auch die schnelle Umwandlung in ein PDF-Dokument.

Schritt 1

Ein Klick auf den Befehl **Drucken** im Menü **Datei** öffnet den **Drucken**-Dialog. Hier finden Sie diverse Einstellungen für den Ausdruck, z. B. die Auswahl, ob das ganze Dokument oder nur bestimmte Seiten ausgedruckt werden sollen ❶. Rechts daneben (im Ausschnitt nicht zu sehen) sehen Sie eine Druckvorschau.

Schritt 2

Die Seitenzahlen geben Sie im Feld **Seiten** im Bereich **Einstellungen** jeweils durch Kommas oder Semikolons getrennt ein ❷. Wenn Sie alle Einstellungen vorgenommen haben, klicken Sie auf **Drucken**.

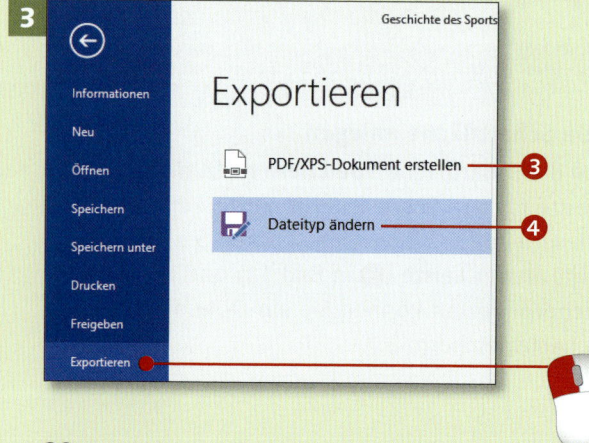

Schritt 3

Über die Funktion **Exportieren** rufen Sie ein Menü auf, mit dessen Hilfe Sie das aktuelle Dokument in ein PDF-Dokument verwandeln ❸ oder einen anderen Dateityp, z. B. das alte *.doc*-Format früherer Word-Versionen, wählen können ❹.

Schritt 4

Wenn Sie auf **Dateityp ändern** geklickt haben, können Sie das Format auswählen ❺. Dann klicken Sie auf **Speichern unter**.

Schritt 5

Das Speichern auf dem OneDrive (siehe Seite 30) ist nicht nur für Sie praktisch. Der Clou ist, dass Sie auch anderen Personen Zugriff auf Ihre Dokumente verschaffen können. Um eine Einladung auszusprechen, klicken Sie auf **Datei ▶ Freigeben ❻ ▶ Mit Personen teilen ▶ Für Personen freigeben**.

Schritt 6

Rechts im Fenster geben Sie eine E-Mail-Adresse an ❼. Im Feld darunter wählen Sie aus, ob der Empfänger das Dokument nur anzeigen oder auch bearbeiten darf. Schreiben Sie gegebenenfalls noch einen Einladungstext ❽. Dann klicken Sie auf **Freigeben ❾**.

ℹ Dokumente freigeben

Wenn Sie ein Dokument freigeben möchten, muss es bereits auf dem OneDrive gespeichert sein. Ansonsten öffnet sich nach dem Klick auf **Freigeben** ein Fenster, in dem Ihnen mitgeteilt wird, dass Sie dies nachholen müssen.

Ein Dokument schließen

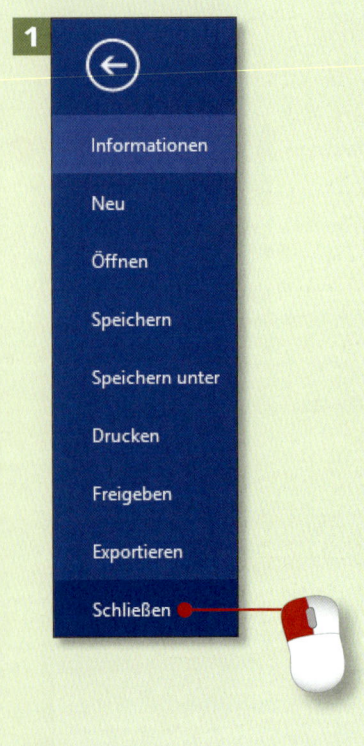

Es gibt verschiedene Wege, ein Dokument zu schließen. Doch egal, welchen Weg Sie gehen, Sie benötigen kaum mehr als einen oder zwei Mausklicks.

Schritt 1

Um ein Dokument zu schließen, aktivieren Sie die Registerkarte **Datei** und klicken hier auf die Option **Schließen.** Das Programm selbst wird dadurch nicht geschlossen, wenn weitere Dokumente geöffnet sind.

Schritt 2

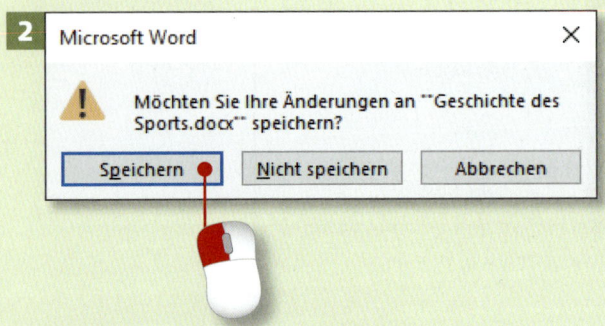

Falls Sie Änderungen am Dokument vorgenommen haben, erscheint ein kleiner Dialog, in dem Sie gefragt werden, ob Sie sie speichern möchten. Im Regelfall klicken Sie hier auf **Speichern**. Die Änderungen werden gesichert, das Dokument wird geschlossen.

Schritt 3

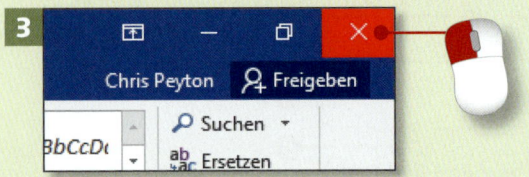

Schnell und einfach schließen Sie ein Dokument mit einem Klick auf das *Schließkreuz* oben rechts auf dem Bildschirm. Wenn nur ein Dokument geöffnet ist, wird so auch das jeweilige Programm beendet.

Schritt 4

Um ein Dokument zu schließen, das geöffnet ist, aber nur in der Taskleiste angezeigt wird, klicken Sie mit der rechten Maustaste auf den Dateinamen in der Taskleiste. Im Kontextmenü wählen Sie den Befehl **Fenster schließen**.

Schritt 5

Wenn Sie den Rechner herunterfahren – also im Startmenü auf **Ein/Aus ▸ Herunterfahren** klicken –, und einige Dateien/Programme nicht beendet haben, werden Sie darauf hingewiesen. Unter Windows 8 klicken Sie zum Herunterfahren in der Charms-Leiste auf **Einstellungen ▸ Ein/Aus**.

Schritt 6

Sie können den Vorgang nun stoppen und auf **Abbrechen** klicken. Dann ist nichts passiert. Oder Sie klicken auf die Schaltfläche **Trotzdem herunterfahren**. Unter Windows 8 heißt diese Schaltfläche **Dennoch beenden**.

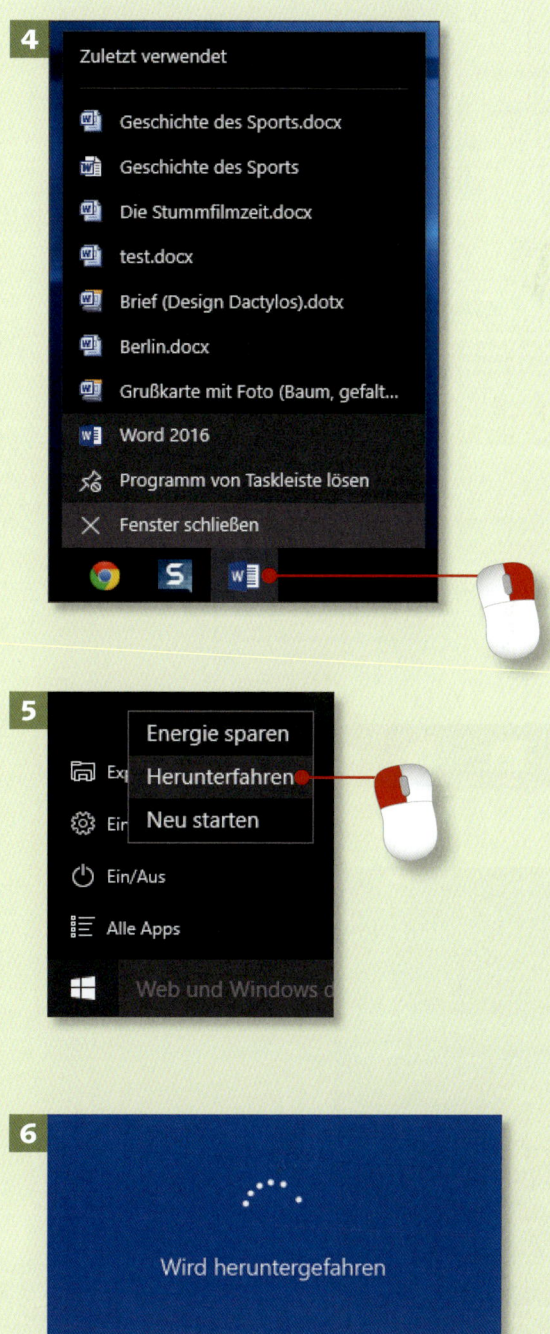

Dateien organisieren und wiederfinden

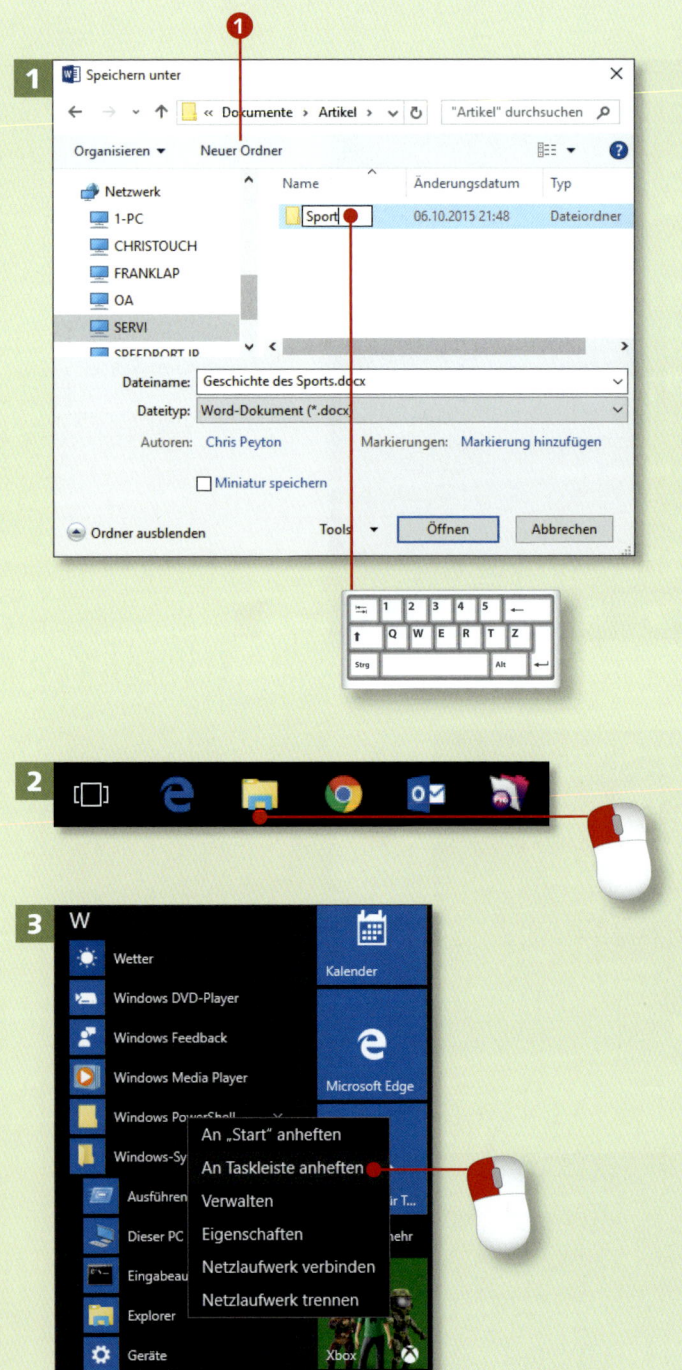

Die lästige Suche nach einer bestimmten Datei ersparen Sie sich, wenn Sie mit einer durchdachten Ordnerstruktur arbeiten.

Schritt 1

Sie können direkt im Dialog **Speichern unter** einen neuen Ordner erstellen. Klicken Sie einfach auf **Neuer Ordner ❶**, und vergeben Sie einen Namen. Achten Sie darauf, dass Sie sich wirklich in dem Ordner befinden, in dem Sie den neuen Unterordner anlegen möchten.

Schritt 2

Der richtige Ort für Ihre Ordner- und Dateiverwaltung ist in der Regel auch unter Windows 10 der *Explorer* (früher *Windows-Explorer*). Am bequemsten rufen Sie ihn mit einem Klick auf sein Symbol in der Taskleiste auf.

Schritt 3

Und so zaubern Sie das Explorer-Symbol in die Taskleiste: Klicken Sie im Startmenü auf den Eintrag **Windows-System**. Im geöffneten Ordner klicken Sie mit rechts auf **Explorer** und im Kontextmenü auf **An Taskleiste anheften**.

Schritt 4

Liegt eine Datei in einem »falschen« Ordner, können Sie sie im Explorer in den richtigen verschieben. Markieren Sie die Datei, klicken Sie sie mit rechts an, und wählen Sie **Ausschneiden**. Öffnen Sie den Zielordner, klicken Sie mit rechts hinein, und wählen Sie dann **Einfügen**. Beide Befehle finden Sie auch auf der Registerkarte **Start**.

Schritt 5

Um eine Datei zu löschen, markieren Sie sie (im Explorer), klicken sie mit der rechten Maustaste an und wählen im Kontextmenü **Löschen**. Genauso gut können Sie auf das Symbol **Löschen** klicken oder einfach die ⌈Entf⌉-Taste drücken. Das geht am schnellsten!

Schritt 6

Falls Ihnen auffällt, dass ein Dateiname nicht passt, benennen Sie die Datei einfach um. Dazu klicken Sie sie mit rechts an und wählen im Kontextmenü die Option **Umbenennen**. Geben Sie einen neuen Namen ein, und drücken Sie ⌈↵⌉.

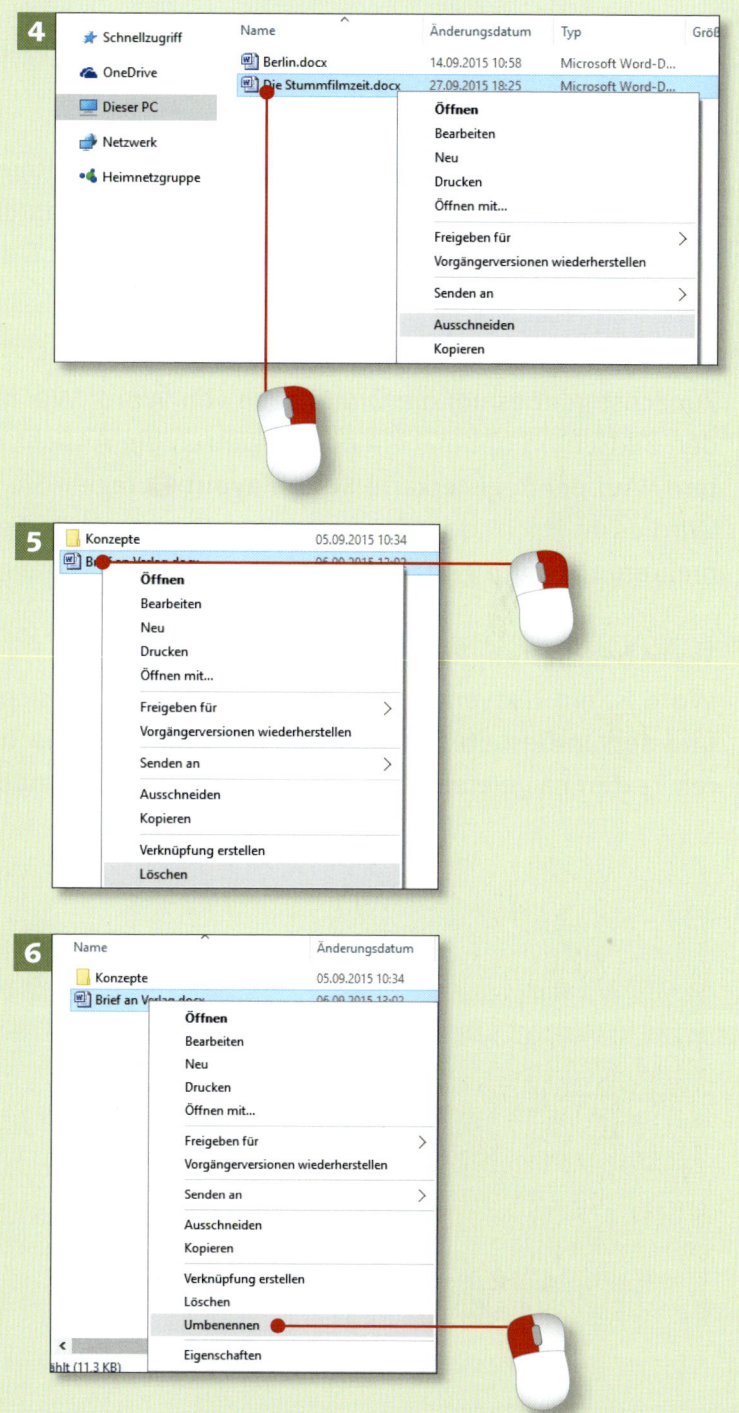

Kapitel 2
Texte schreiben in Word

Word ist ein Textverarbeitungsprogramm mit vielfältigen Möglichkeiten für die Eingabe und Bearbeitung von Texten. In diesem Kapitel erfahren Sie mehr über die optimale Einstellung des Bildschirms und über den Umgang mit Dokumenten.

Word einrichten

Zunächst geht es um die Grundlagen von Word: Wie richten Sie Word ein, wie stellen Sie den Bildschirm optimal ein oder ergänzen die Ansicht um Elemente, die die Arbeit erleichtern? Auf der Registerkarte **Seitenlayout** ❶ regeln Sie, wie das Blatt selbst aussehen soll: Wird es im Hoch- oder Querformat, mit schmaleren Seitenrändern oder beispielsweise mit mehreren Spalten gestaltet?

Texte bearbeiten, korrigieren, kopieren

Word ist ein Textverarbeitungsprogramm, es dreht sich also alles um die Eingabe von Text und dessen Gestaltung ❷. Wir erklären u. a., wie Sie Texte verfassen, innerhalb von längeren Texten navigieren, Text ändern und korrigieren oder ganze Textpassagen kopieren.

1 Legen Sie fest, wie Ihr Blatt aussehen soll.

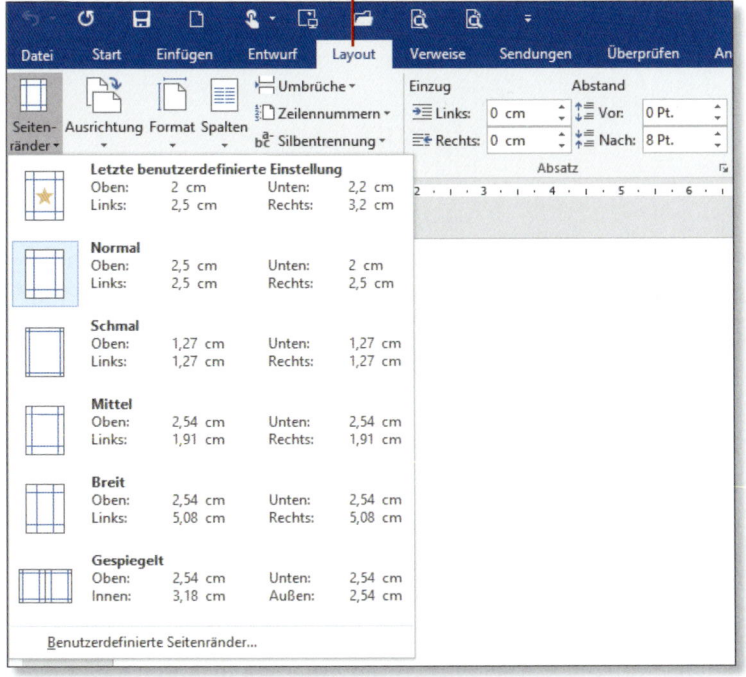

Geben Sie Text ein, und bearbeiten Sie ihn nach Belieben. **2**

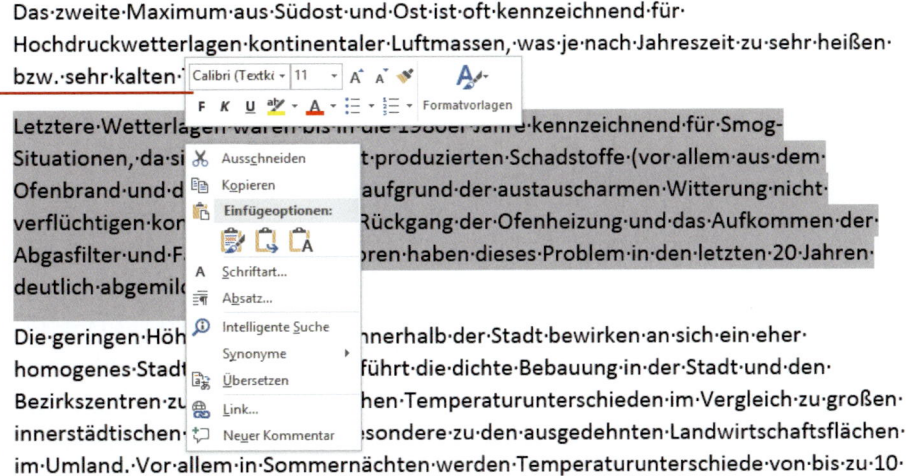

Word optimal einstellen

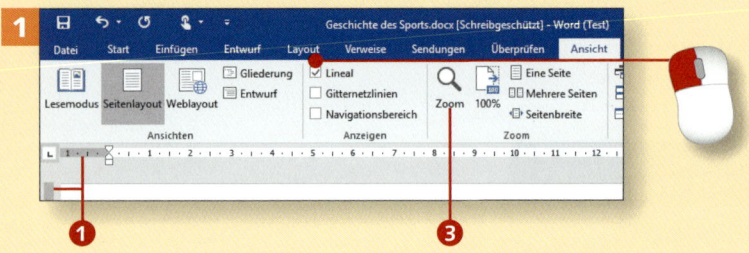

Wenn Sie Word aufrufen, wird Ihnen ein Standardbildschirm mit bestimmten Einstellungen präsentiert. Sie können die Darstellung an Ihre Bedürfnisse anpassen.

Schritt 1

Um die Lineale sowie Seitenränder und Einzüge anzuzeigen, aktivieren Sie auf der Registerkarte **Ansicht** die Option **Lineal**. Die Seitenränder werden grau angedeutet ❶.

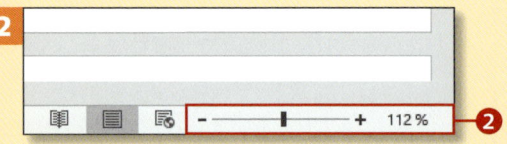

Schritt 2

Die Größe des angezeigten Dokuments ändern Sie mit der Zoomfunktion. Den Faktor bestimmen Sie in der Statusleiste ❷ oder auf der Registerkarte **Ansicht**. Klicken Sie hier auf **Zoom** (❸ in Bild 1), um den gleichnamigen Dialog aufzurufen. Wählen Sie den Faktor aus ❹, oder stellen Sie ihn im Feld **Prozent** ein.

Schritt 3

Wenn Sie auf **Navigationsbereich** klicken, öffnet sich links dieser Bereich, u. a. mit den Überschriften Ihres Dokuments ❺ (siehe dazu den Abschnitt »Mit Formatvorlagen arbeiten« auf Seite 92). Per Klick auf eine Überschrift springt der Cursor direkt zur entsprechenden Stelle im Dokument.

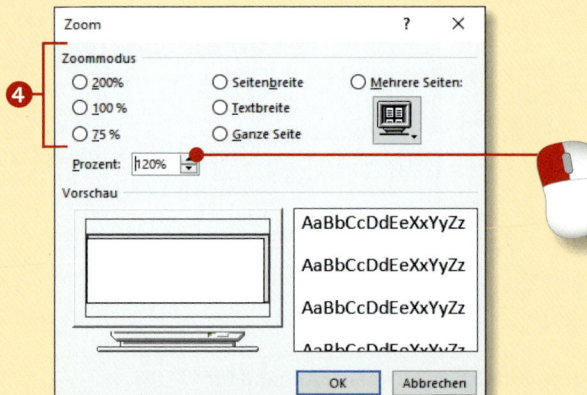

Schritt 4

Die Symbolleiste für den Schnell-zugriff können Sie um Funktionen erweitern, die Sie häufig nutzen. Kli-cken Sie dazu auf den Pfeil, und ak-tivieren Sie im Menü die gewünsch-ten Befehle, indem Sie mit einem Klick die Häkchen davor setzen.

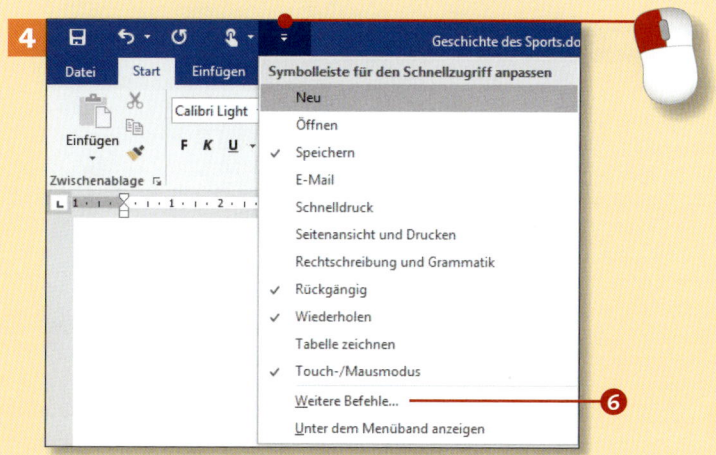

Schritt 5

Ein Klick auf den Eintrag **Weitere Befehle** ❻ öffnet einen Dialog, der alle Word-Befehle enthält. Um die gesamte Auflistung der Befehle zu erhalten, klicken Sie auf den Pfeil am Feld **Befehle auswählen**. Hier wählen Sie **Alle Befehle**.

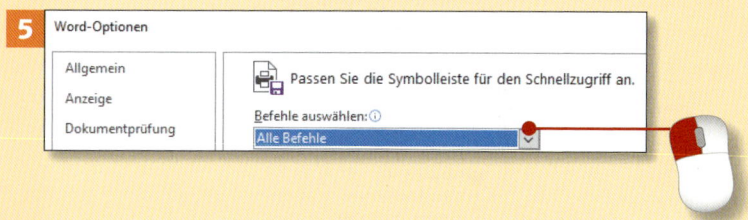

Schritt 6

Dann wandern Sie mit dem Scroll-balken ❼ durch die Liste der Befehle und markieren den gewünschten Eintrag ❽. Ein Klick auf **Hinzufügen** überträgt den Befehl auf die Symbol-leiste. Bestätigen Sie die Aktion mit **OK** ❾. Die Schaltfläche wird in die Symbolleiste aufgenommen.

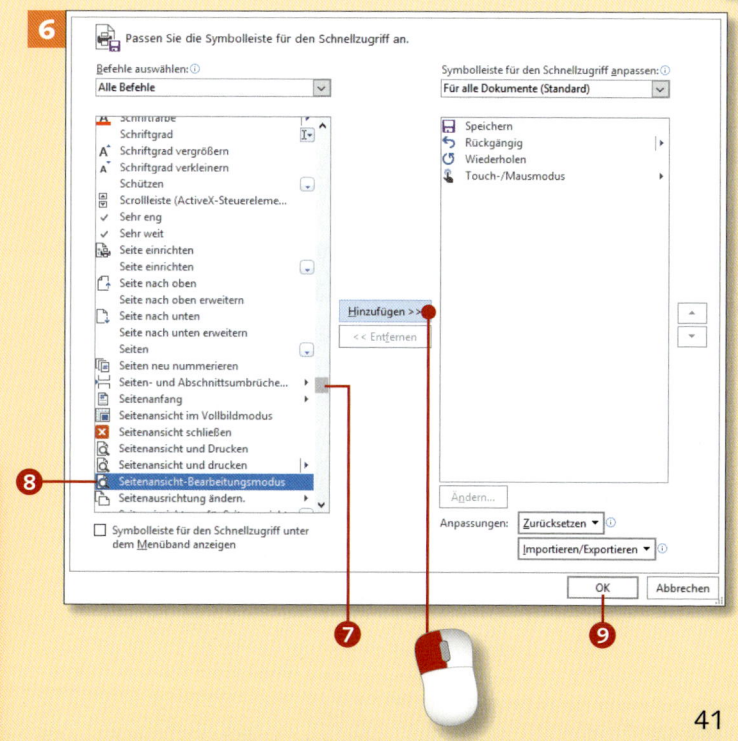

ℹ **Die Symbolleiste anpassen**
Den Dialog zum Anpassen der Symbolleiste rufen Sie auch auf, indem Sie das Menüband mit der rechten Maustaste anklicken und **Passen Sie die Symbolleiste für den Schnellzugriff an** wählen.

Word optimal einstellen (Forts.)

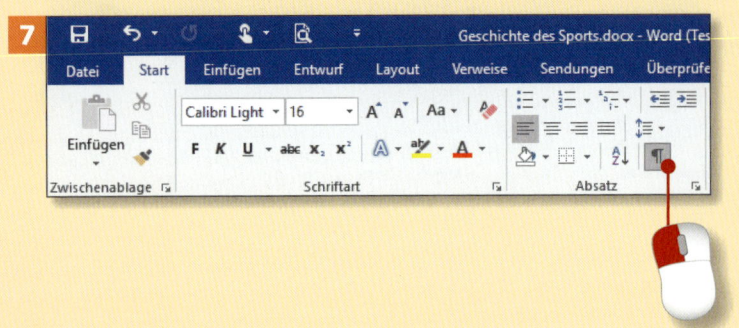

Schritt 7

Blenden Sie auf jeden Fall die *Formatierungszeichen* ein (Absatzmarken, Leerzeichen, Tabstopps). Sie helfen bei der Orientierung, sind aber nur auf dem Bildschirm zu sehen (werden also nicht ausgedruckt). Klicken Sie auf der Registerkarte **Start** auf **Alle anzeigen**.

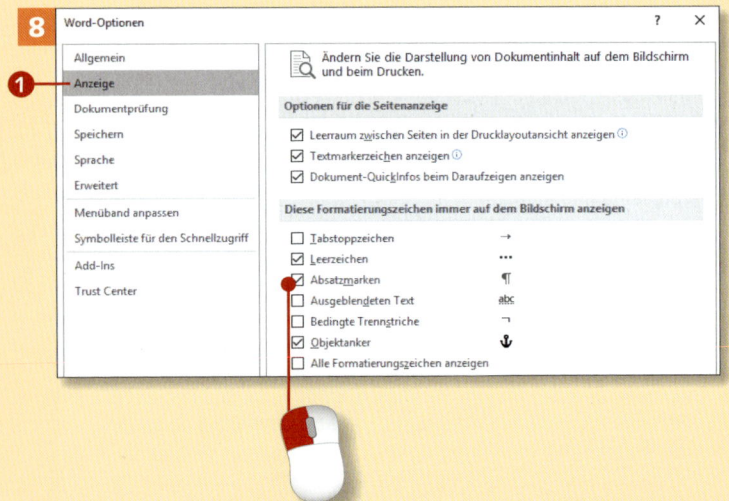

Schritt 8

Wenn Sie nur bestimmte Zeichen sehen wollen, wählen Sie **Datei ▸ Optionen ▸ Anzeige ❶** und haken im Bereich **Diese Formatierungszeichen immer auf dem Bildschirm anzeigen** per Mausklick die gewünschten Formatierungszeichen an.

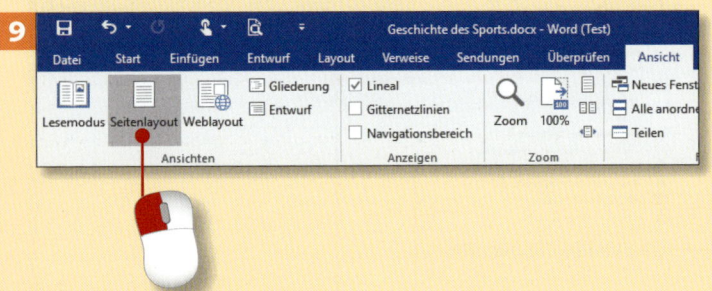

Schritt 9

Sie können in unterschiedlichen Ansichten arbeiten. Sie stellen sie auf der Registerkarte **Ansicht** ein. Für die normale Arbeit bietet sich das **Seitenlayout** an, zum Lesen und Überprüfen eines Dokuments die Ansicht **Lesemodus**.

Der Lesemodus

Im Lesemodus lassen sich keine Korrekturen vornehmen. Klicken Sie auf **Ansicht ▸ Dokument bearbeiten**. Sie beenden den Lesemodus mit Esc.

Schritt 10

Wenn Sie einen Touchbildschirm besitzen, können Sie Word auch mit dem Finger bedienen. Damit das gut funktioniert, legen Sie sich zunächst die Schaltfläche **Fingereingabe-/Mausmodus** auf die Symbolleiste für den Schnellzugriff (siehe dazu Seite 20). In ihrem Menü wählen Sie **Fingereingabe**.

Schritt 11

Mit dieser Einstellung sind die Abstände zwischen den Symbolen auf den Registerkarten größer, so dass sie besser zu »treffen« sind.

Schritt 12

Wenn Sie häufig Text oder Bilder zwischen Dokumenten hin und her kopieren, können Sie über **Datei ▸ Optionen ▸ Erweitert ❷** im Bereich **Ausschneiden, Kopieren und Einfügen** dafür Vorlieben festlegen.

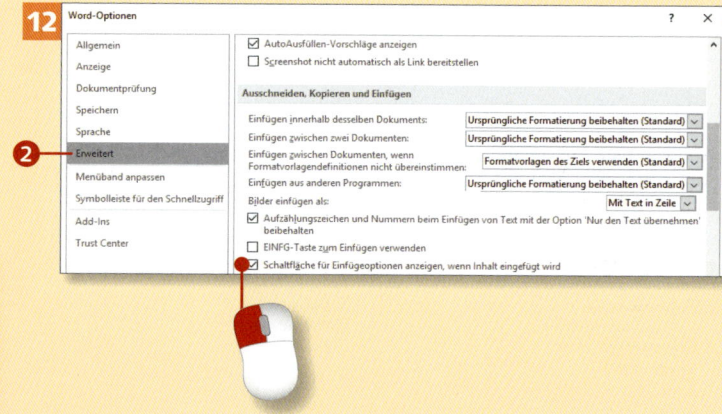

i

Fingereingabe-/Mausmodus

In der Regel zeigen die Abbildungen dieses Buches den Bildschirm im Mausmodus, da der für die Fingereingabe gedachte Modus für den ohnehin begrenzten Platz auf den Seiten zu raumgreifend ist.

Der Bildschirm im Touchmodus

Mit einem Touchscreen lässt sich Word auch per Fingereingabe bedienen. Während es recht einfach ist, auf Schaltflächen zu tippen, sind manche anderen Aktionen gewöhnungsbedürftig.

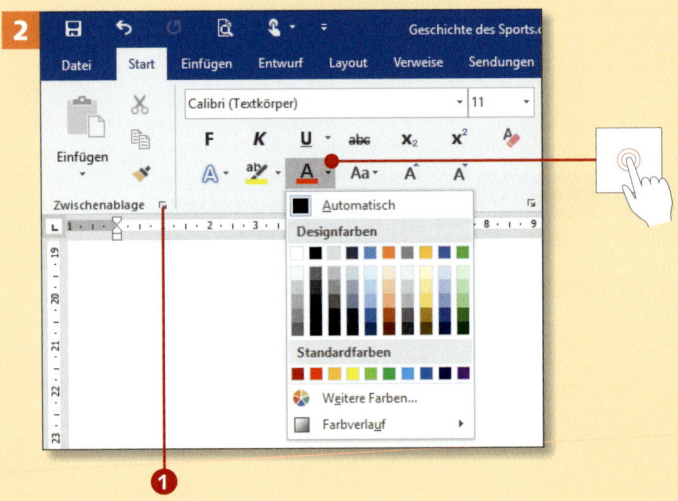

Schritt 1

Für die Fingereingabe gibt es einen speziellen Modus. Klicken Sie auf die Schaltfläche **Fingereingabe-/Mausmodus** in der Symbolleiste für den Schnellzugriff, und wählen Sie **Fingereingabe**.

Schritt 2

Die Abstände zwischen den Schaltflächen werden zwecks bequemer Bedienung größer. Auch wenn Sie auf den Pfeil an einer Schaltfläche tippen, bietet das Menü größere Abstände und größere Symbole.

Schritt 3

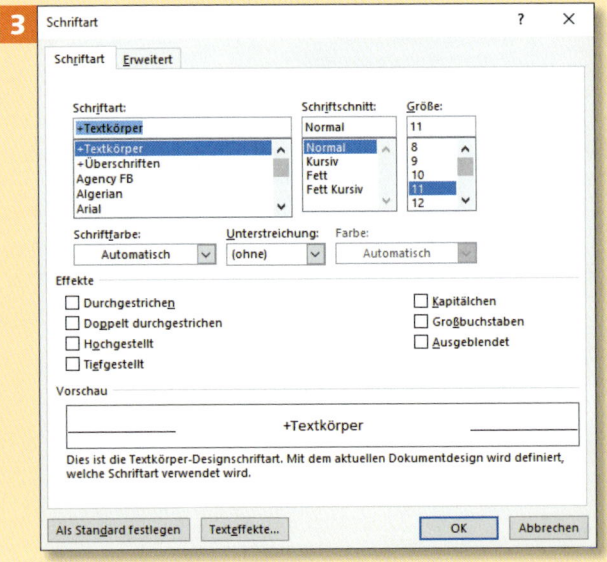

Über die Pfeile an den Befehlsgruppen ❶ öffnen Sie Arbeitsbereiche oder Dialoge wie z. B den Dialog **Schriftart**. Innerhalb von Dialogen werden die Schaltflächen auch im Fingereingabe-Modus immer in der normalen Größe angezeigt.

Schritt 4

Etwas aufwendiger ist das Öffnen des Kontextmenüs per Fingereingabe. Tippen Sie an den Anfang eines Textstückchens, und fahren Sie mit dem Finger über den Text, um ihn zu markieren.

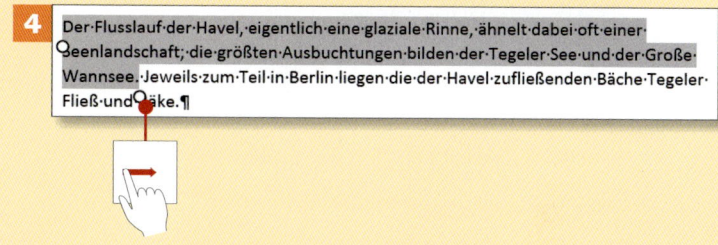

Schritt 5

Tippen Sie dann auf den Markierungskreis am Ende des markierten Textes. Nun erscheint die *Minisymbolleiste* mit einigen gängigen Befehlen.

Schritt 6

Die Schaltfläche mit dem Pfeil ganz rechts öffnet das Kontextmenü. Tippen Sie darauf. Sodann wird das Kontextmenü angezeigt, das Sie sonst öffnen, indem Sie den markierten Text mit der rechten Maustaste anklicken.

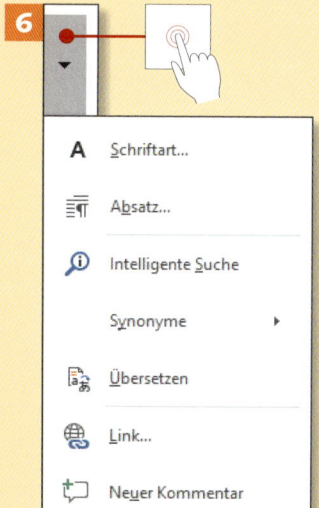

Einstellungen zur Fingereingabe
Generelle Einstellungsmöglichkeiten zur Fingereingabe finden Sie in der Systemsteuerung unter dem Punkt **Stift- und Fingereingabe** (am schnellsten öffnen Sie die Systemsteuerung in Windows 10, indem Sie ⊞ + X drücken.

Papierformat und Seitenrand einstellen

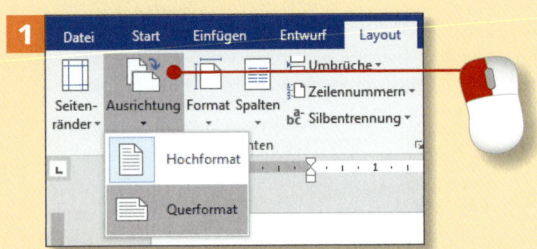

Mit der Word-Standardseite können Sie in vielen Fällen ohne Änderungen arbeiten. Sie können sich eine Seite aber auch ganz nach Ihrem Geschmack einrichten.

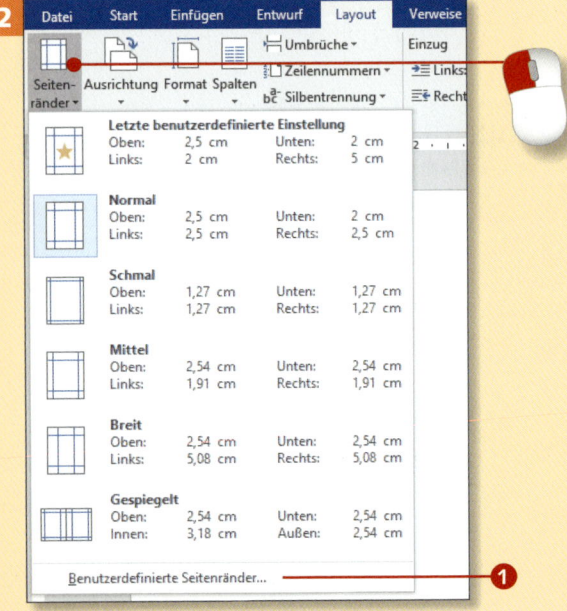

Schritt 1

Im Standard schreiben Sie auf einem Blatt im *Hochformat*. Mitunter passt das *Querformat* jedoch besser. Aktivieren Sie die Registerkarte **Layout**, und klicken Sie auf **Ausrichtung**. Wählen Sie **Querformat**.

Schritt 2

Sie können die Standardseitenränder verändern. Aktivieren Sie die Registerkarte **Layout**, und klicken Sie auf **Seitenränder**. Im Menü werden Layouts mit unterschiedlichen Seitenrändern angeboten. Klicken Sie das passende Layout an.

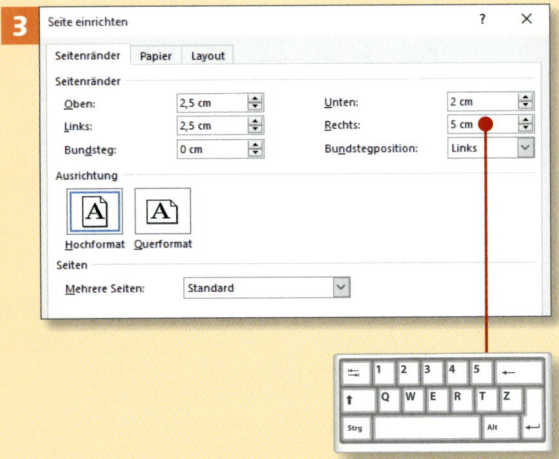

Schritt 3

Um die Breite der Seitenränder individuell festzulegen, wählen Sie die Option **Benutzerdefinierte Seitenränder ❶**. Im Dialog **Seite einrichten** geben Sie dann die passenden Maße in den entsprechenden Feldern ein.

Schritt 4

In der Standardeinstellung schreiben Sie einspaltig. Um mehrere Spalten einzurichten, klicken Sie auf der Registerkarte **Layout** auf **Spalten** und wählen die Anzahl der Spalten.

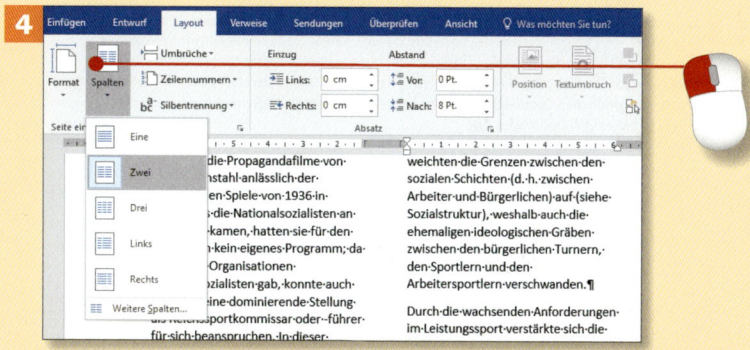

Schritt 5

Sie können die Spalten und Seitenränder auch im Lineal mit der Maus verändern. Blenden Sie die Lineale mit einem Klick auf **Lineal** auf der Registerkarte **Ansicht** ein.

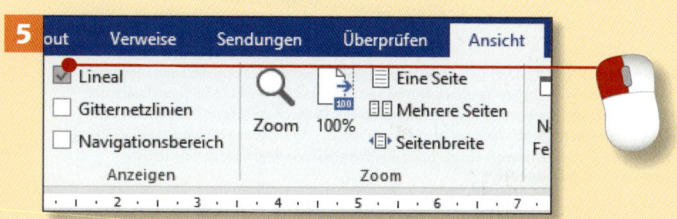

Schritt 6

Wenn Sie den Mauszeiger jetzt auf den grauen Rand im vertikalen Lineal setzen, der den oberen Seitenrand andeutet, wird er zum Doppelpfeil, und Sie können den Rand mit gedrückter Maustaste verschieben. Die Pfeile oben ❷ zeigen die Absatzeinzüge an (mehr dazu im Abschnitt »Textpassagen einrücken« auf Seite 84).

i

Seite einrichten

Im Dialog **Seite einrichten** können Sie nicht nur die Seitenränder anpassen, sondern auch die Ausrichtung festlegen. Auf der Registerkarte **Papier** legen Sie die Papiergröße für den Ausdruck fest.

Text eingeben

1 Sport·wurde·im·18.·und·19.·Jahrhundert·als·Begriff·für·eine·spezifische·Form·der·Leibesübungen·verwendet,·welche·von·England·her·nach·Europa·kam.·Der·Sport·in·seiner·Urform·zeichnete·sich·durch·das·Leistungs-,·Konkurrenz-·und·Rekordprinzip·aus.·Dadurch·grenzte·er·sich·deutlich·vom·damals·existierenden·völkisch-national·orientierten·Turnen·und·anderen·Formen·der·Leibesübungen·wie·der·Schwedischen·Gymnastik·ab,·da·ihnen·die·übergreifende·Reglementierung·und·die·Leistungsmessung·fremd·waren.¶

Bei der Arbeit mit Word geht es im Wesentlichen darum, Texte zu schreiben. Sehen Sie, welche Vorteile die Texteingabe am PC hat.

Schritt 1

Fangen Sie einfach an zu schreiben – zwar nicht ohne Punkt und Komma, aber ohne am Zeilenende einen *Zeilenumbruch* mit der ⏎-Taste zu erzwingen. Word bricht die Zeilen am rechten Rand automatisch um.

2 Sport·wurde·im·18.·und·19.·Jahrhundert·als·Begriff·für·eine·spezifische·Form·der·Leibesübungen·verwendet,·welche·von·England·her·nach·Europa·kam.·Der·Sport·in·seiner·Urform·zeichnete·sich·durch·das·Leistungs-,·Konkurrenz-·und·Rekordprinzip·aus.·Dadurch·grenzte·er·sich·deutlich·vom·damals·existierenden·völkisch-national·orientierten·Turnen·und·anderen·Formen·der·Leibesübungen·wie·der·Schwedischen·Gymnastik·ab,·da·ihnen·die·übergreifende·Reglementierung·und·die·Leistungsmessung·fremd·waren.¶

❶ Der·moderne·Begriff·Sport·entlehnt·sich·dem·spätlateinischen·Wort·disportare,·was·so·viel·heißt,·wie·sich·zerstreuen.·Das·Wort·fand·über·die·französische·Sprache·(„se·de(s)·porter")·den·Weg·ins·Englische·(„to·disport")·und·ins·Deutsche.¶

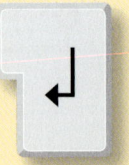

Schritt 2

Nur wenn Sie einen Absatz benötigen, drücken Sie einmal die ⏎-Taste. Wenn Sie nun weiterschreiben, beginnt ein neuer Absatz ❶ (Sie werden noch sehen, dass sich manche Formatierungen nur auf Absätze auswirken.)

Schritt 3

Wenn Sie keinen neuen Absatz erzeugen, aber dennoch in einer neuen Zeile weiterschreiben möchten, hilft ein *weicher Zeilenumbruch* ❷. Drücken Sie dazu ⇧ + ⏎. Der Abstand ist dann nicht ganz so groß wie bei einem Absatz.

3 Sport·wurde·im·18.·und·19.·Jahrhundert·als·Begriff·für·eine·spezifische·Form·der·Leibesübungen·verwendet,·welche·von·England·her·nach·Europa·kam.·Der·Sport·in·seiner·Urform·zeichnete·sich·durch·das·Leistungs-,·Konkurrenz-·und·Rekordprinzip·aus.·Dadurch·grenzte·er·sich·deutlich·vom·damals·existierenden·völkisch-national·orientierten·Turnen·und·anderen·Formen·der·Leibesübungen·wie·der·Schwedischen·Gymnastik·ab,·da·ihnen·die·übergreifende·Reglementierung·und·die·Leistungsmessung·fremd·waren.↵
Der·moderne·Begriff·Sport·entlehnt·sich·dem·spätlateinischen·Wort·disportare,·was·so·viel·heißt,·wie·sich·zerstreuen.·Das·Wort·fand·über·die·französische·Sprache·(„se·de(s)·porter")·den·Weg·ins·Englische·(„to·disport")·und·ins·Deutsche.¶

❷

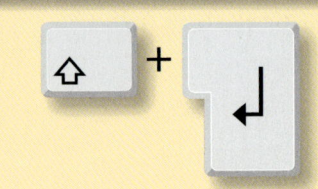

Schritt 4

Word kümmert sich auch um den *Seitenumbruch*. Wenn der untere Rand erreicht ist, also am Ende einer Seite, wandert der Cursor auf die nächste Seite. In der Statuszeile steht jetzt **Seite 2 von 2 ❸**.

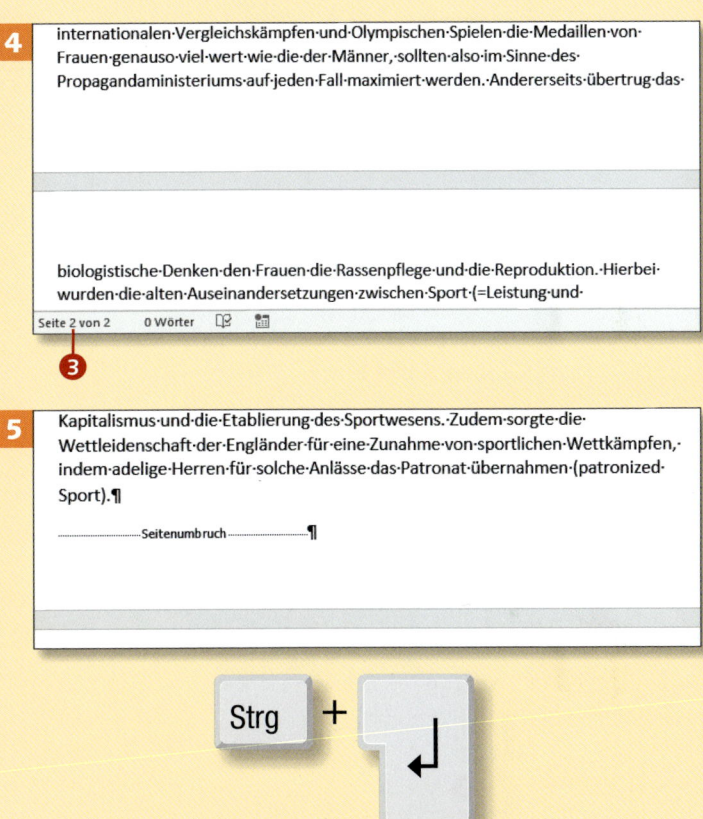

Schritt 5

Wenn Sie an einer bestimmten Stelle auf der nächsten Seite weiterschreiben möchten, können Sie einen Seitenumbruch »erzwingen«: Drücken Sie dazu [Strg] + [↵]. Der Seitenumbruch wird (in der Ansicht **Seitenlayout**) als gestrichelte Linie dargestellt.

Schritt 6

Sie können verhindern, dass der Zeilenumbruch z. B. zwischen einer Zahl und einer Maßeinheit erfolgt. Dazu fügen Sie ein *geschütztes Leerzeichen* ein: [Strg] + [⇧] + Leertaste. Das geschützte Leerzeichen wird als hochgestellter Kreis angezeigt ❹.

Das geschützte Leerzeichen

Sie sollten das geschützte Leerzeichen immer verwenden, wenn Zeichen nicht getrennt werden sollen (z. B. 10 € oder 10 km), selbst wenn die Angabe aktuell (noch) mitten in der Zeile steht.

Im Text bewegen – mit Maus oder Fingern

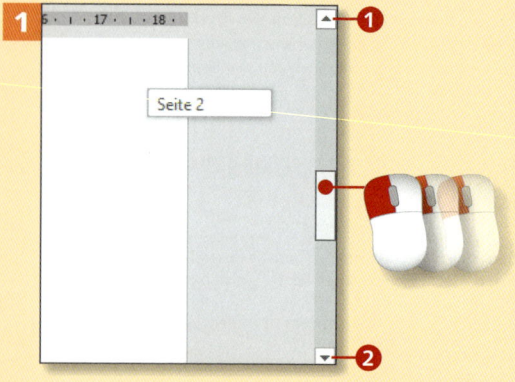

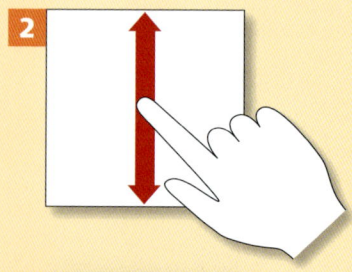

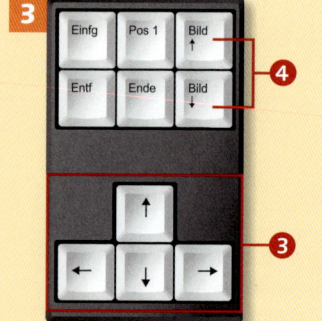

Wenn Sie in einen längeren Text zu einem bestimmten Abschnitt wandern wollen, wäre es lästig, den Text »durchscrollen« zu müssen. Es gibt elegantere Methoden der Navigation.

Schritt 1

Durch kürzere Texte bewegen Sie sich einfach, indem Sie nach unten oder oben *scrollen* (am Mausrad drehen). Sie können dazu auch die Bildlaufleiste benutzen: Klicken Sie auf die Pfeile oben ❶ oder unten ❷, oder ziehen Sie mit gedrückter Maustaste am *Scrollbalken*.

Schritt 2

Bei Verwendung eines Touchscreens ist die Navigation durch Dokumente ein Kinderspiel. Sie berühren den Bildschirm und streifen einfach nach oben oder unten.

Schritt 3

Um sich durch den Text zu bewegen, können Sie auch die Pfeiltasten ❸ nutzen. Mit den Tasten `Bild ↑` und `Bild ↓` ❹ springen Sie eine Seite nach oben oder unten.

Zu Überschriften springen

Wenn Sie Überschriften mit Formatvorlagen formatieren (siehe dazu den Abschnitt »Mit Formatvorlagen arbeiten« auf Seite 92), können Sie sich den Navigationsbereich anzeigen lassen und per Klick auf eine Überschrift an diese Stelle springen.

Schritt 4

Um an das Ende einer Zeile zu springen, drücken Sie `Ende` ❺. An den
Anfang einer Zeile gelangen Sie, indem Sie die `Pos1`-Taste ❻ drücken.

Schritt 5

Sie können auch zum Ende eines
Dokuments springen. Halten Sie
dazu die `Strg`-Taste gedrückt,
und drücken Sie dann die `Ende`-
Taste ❼. Mit der Tastenkombination
`Strg` + `Pos1` ❽ setzen Sie den
Cursor an den Anfang des Textes.

Schritt 6

Klicken Sie ganz rechts auf der
Registerkarte **Start** auf den Pfeil
an der Schaltfläche **Suchen** und im
Menü auf **Gehe zu**. Dies öffnet den
Dialog **Suchen und Ersetzen** mit der
Registerkarte **Gehe zu**. Über diesen
Dialog können Sie zu bestimmten
Elementen springen, z. B. zu einer
Seitenzahl ❾.

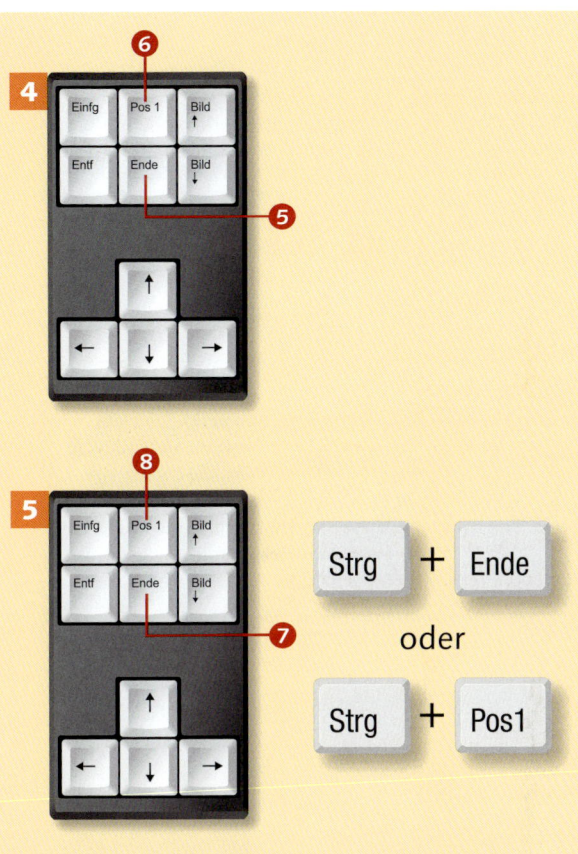

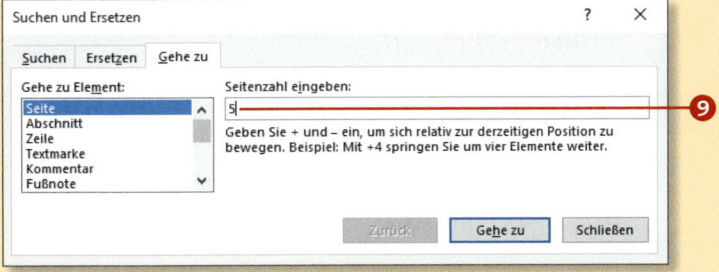

Zu Seiten springen

Ist im Navigationsbereich die Rubrik **Seiten** aktiviert, erscheinen die
einzelnen Seiten des Dokuments
als Miniaturvorschauen. Mit einem
Klick oder durch Antippen steuern
Sie die Seite an.

Textpassagen markieren

1 Das·zweite·Maximum·aus·Südost·und·Ost·ist·oft·kennzeichnend·für·
Hochdruckwetterlagen·kontinentaler·Luftmassen,·was·je·nach·Jahreszeit·zu·sehr·
heißen·bzw.·sehr·kalten·Tagen·führen·kann.·Letztere·Wetterlagen·waren·bis·in·die·
1980er·Jahre·kennzeichnend·für·Smog-Situationen,·da·sich·die·in·der·Stadt·

Bei vielen Aktionen müssen Sie den Text zunächst markieren, damit Word »weiß«, welche Passage Sie bearbeiten möchten.

Schritt 1

Die gängigste Methode, Text zu markieren, besteht darin, einfach mit gedrückter Maustaste über den Text zu fahren und die Maustaste dann loszulassen. Beginnen Sie die Markierung am Anfang der Textpassage (oder am Ende).

2 **Berlin·und·Umgebung¶**

Berlin·ist·geprägt·durch·viele·Fließgewässer·und·Seen.·Im·Bezirk·Spandau·
mündet·die·Spree·in·die·Havel,·die·den·Westen·Berlins·in·Nord-Süd-Richtung·
durchfließt.·Berliner·Nebenflüsse·der·Spree·sind·die·Panke,·die·Dahme,·die·
Wuhle·und·die·Erpe.·Der·Flusslauf·der·Havel,·eigentlich·eine·glaziale·Rinne,·
ähnelt·dabei·oft·einer·Seenlandschaft;·die·größten·Ausbuchtungen·bilden·der·
Tegeler·See·und·der·Große·Wannsee.·Jeweils·zum·Teil·in·Berlin·liegen·die·der·
Havel·zufließenden·Bäche·Tegeler·Fließ·und·Bäke.¶

3x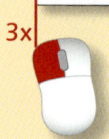

Schritt 2

Neben dieser einfachen Methode gibt es viele Tricks, Textpassagen zu markieren: Ein Doppelklick auf ein Wort markiert es, ein Doppelklick links neben einem Absatz markiert den Absatz. Wenn Sie dreimal am linken Rand klicken, wird das gesamte Dokument markiert.

3

Schritt 3

Auch mit der Tastatur können Sie markieren. Halten Sie ⇧ gedrückt, und drücken Sie dann, abhängig von der Richtung, in die Sie markieren möchten, eine Pfeiltaste ❶.

Das gesamte Dokument markieren

Mit der Tastenkombination ⌨Strg + ⌨A markieren Sie das gesamte Dokument.

Schritt 4

Sie können zum Markieren auch Befehle einsetzen. Klicken Sie dazu auf der Registerkarte **Start** auf **Markieren**. Im Menü wählen Sie z. B. **Alles markieren**.

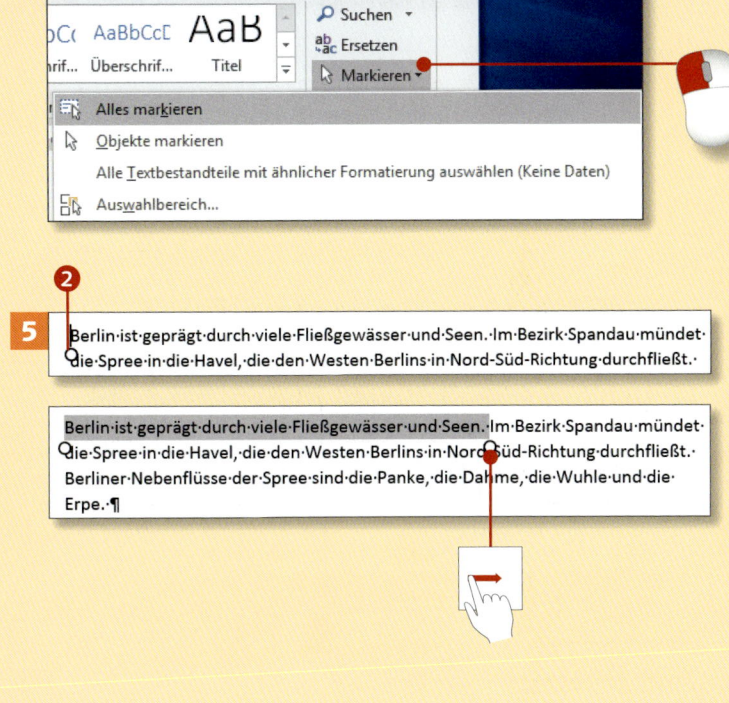

Schritt 5

Arbeiten Sie mit einem Touchscreen, berühren Sie die Stelle, an der die Markierung beginnen soll. Dort erscheint ein Kringel ❷. Ziehen diesen Kringel bis zum Ende der Textpassage, die markiert werden soll. Dort erscheint ein weiterer Kringel.

Schritt 6

Nachdem Sie den Text markiert haben, berühren Sie die Markierung mit dem Finger. Daraufhin wird die *Minisymbolleiste* mit den gängigen Symbolen zum Formatieren und Bearbeiten von Text eingeblendet.

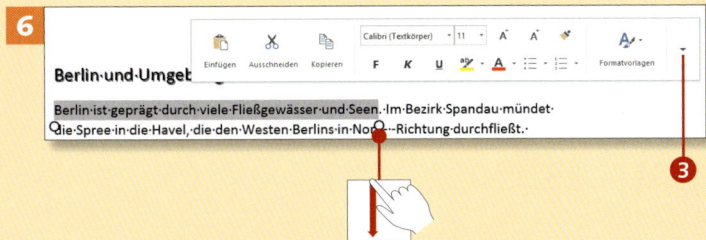

Das Kontextmenü aufrufen

Wenn Sie auf den Pfeil ❸ an der Minisymbolleiste tippen, wird das Kontextmenü aufgerufen.

Text löschen, ändern und ergänzen

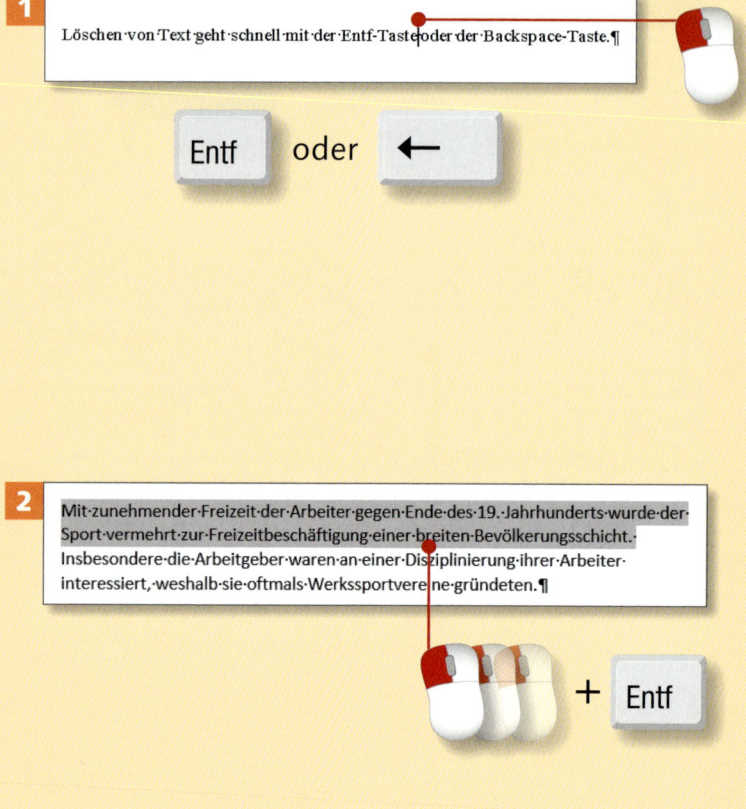

Zerknülltes Papier, weil Sie ein Stück Text vergessen oder sich verschrieben haben, gehört längst der Vergangenheit an.

Schritt 1

Um Text zu löschen, setzen Sie den Cursor an die entsprechende Stelle und drücken entweder die Taste Entf zum Löschen von Zeichen rechts des Cursors) oder die Taste ← (zum Löschen von Zeichen links davon).

Schritt 2

Zum Löschen längerer Textpassagen ist es sinnvoll, den Text zuvor zu markieren. Achten Sie darauf, dass Sie vor dieser Aktion den Cursor an den Anfang des Textes (oder an das Ende, aber nicht mittig) setzen. Dann drücken Sie die Entf-Taste.

Schritt 3

Wenn Ihnen genau ein Wort ein Dorn im Auge ist und Sie es löschen möchten, können Sie dieses Wort per Doppelklick markieren und dann zum Löschen die Entf-Taste drücken.

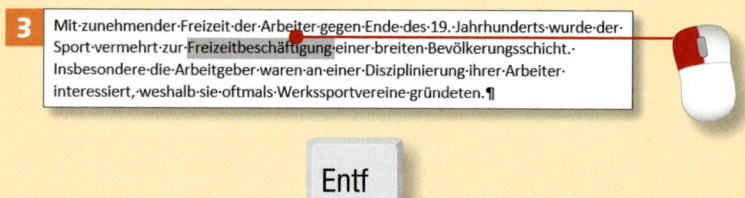

Schritt 4

Haben Sie Zeichen vergessen, tippen Sie sie einfach nachträglich ein. Sie werden eingefügt, der alte Text rutscht weiter nach rechts.

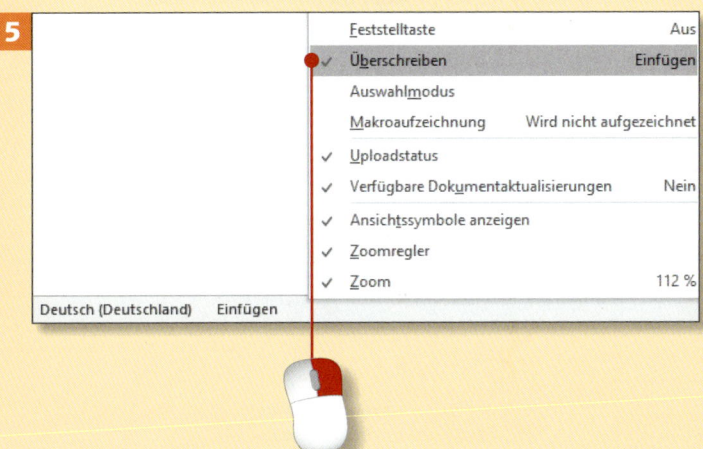

Schritt 5

Im *Überschreibmodus* wird der Text beim Tippen nicht verschoben, sondern überschrieben. Sie aktivieren den Überschreibmodus so: Klicken Sie die Statusleiste mit rechts an, und wählen Sie im Menü **Überschreiben**. Damit befördern Sie die Schaltfläche **Einfügen** bzw. **Überschreiben** auf die Statusleiste. Per Mausklick schalten Sie so zwischen den beiden Modi (also zwischen Einfügen und Überschreiben) hin und her.

Schritt 6

Wenn Sie im Überschreibmodus innerhalb eines Textes neuen Text eingeben, werden die nächsten Zeichen »aufgefressen«. Praktisch ist dieser Überschreibmodus z. B. bei Vordrucken oder Formularen. Denken Sie daran, ihn gegebenenfalls wieder zu deaktivieren.

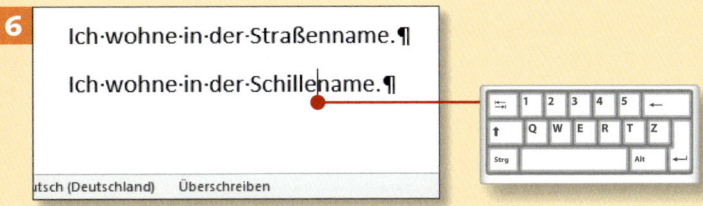

Den Modus in der Statuszeile anzeigen lassen

Klicken Sie die Statuszeile mit rechts an, und setzen Sie im Menü ein Häkchen vor **Überschreiben**. In der Statusleiste steht dann **Überschreiben**. In der Standardeinstellung hingegen wird hier **Einfügen** angezeigt.

Text ausschneiden, kopieren und einfügen

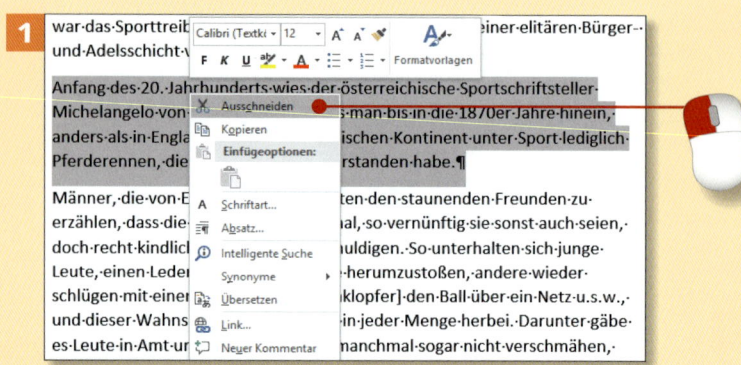

Textpassagen lassen sich ganz einfach an eine andere Position verschieben – Sie müssen nichts neu tippen!

Schritt 1

Markieren Sie die Textpassage, die Sie verschieben wollen. Dann klicken Sie auf der Registerkarte **Start** auf **Ausschneiden**. Sie können auch per Rechtsklick das Kontextmenü aufrufen und **Ausschneiden** wählen.

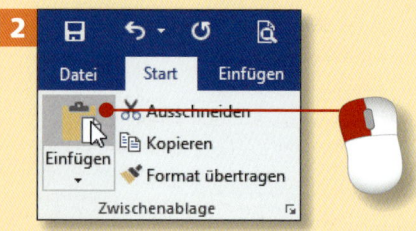

Schritt 2

Setzen Sie den Cursor an den »Zielort«, und klicken Sie auf der Registerkarte **Start** auf das Symbol **Einfügen**, oder wählen Sie **Einfügen** im Kontextmenü. Der Text wird an der ursprünglichen Stelle gelöscht und an der Cursorposition eingefügt.

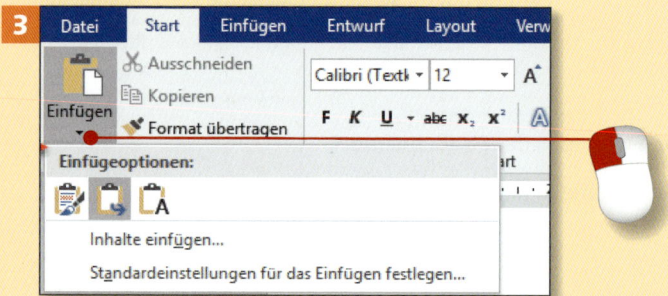

Schritt 3

Wenn Sie die Formatierung des Texts bestimmen möchten, klicken Sie auf den Pfeil an der Schaltfläche **Einfügen**. Es werden mehrere Optionen angeboten. Klicken Sie auf eine.

Einfügen, sooft Sie möchten

Sie können den ausgeschnittenen Text nicht nur einmal, sondern mehrmals einfügen. Es geht so lange, bis Sie einen anderen Text oder ein anderes Objekt (Ordner, Bild etc.) ausgeschnitten oder kopiert haben.

Schritt 4

Direkt nach dem Einfügen erscheint
ein kleines Symbol am eingefügten
Text. Klicken Sie es an, erhalten Sie
erneut ein Menü, mit dem Sie die
Formatierung ändern können.

Schritt 5

Statt einen Text auszuschneiden,
können Sie ihn auch kopieren und
einfügen. Dann bleibt der kopierte
Text an der ursprünglichen Stelle
erhalten. Markieren Sie die Textpassage, und klicken Sie auf der Registerkarte **Start** oder im Kontextmenü
auf **Kopieren**.

Schritt 6

Diese Aktionen lassen sich auch mit
der Tastatur erledigen. Sie markieren
den Text, drücken Strg + X (zum
Ausschneiden) oder Strg + C
(zum Kopieren), wandern zu der
Stelle, an der der Text eingefügt werden soll, und drücken Strg + V .
Der Text wird mit der ursprünglichen
Formatierung eingefügt ❶.

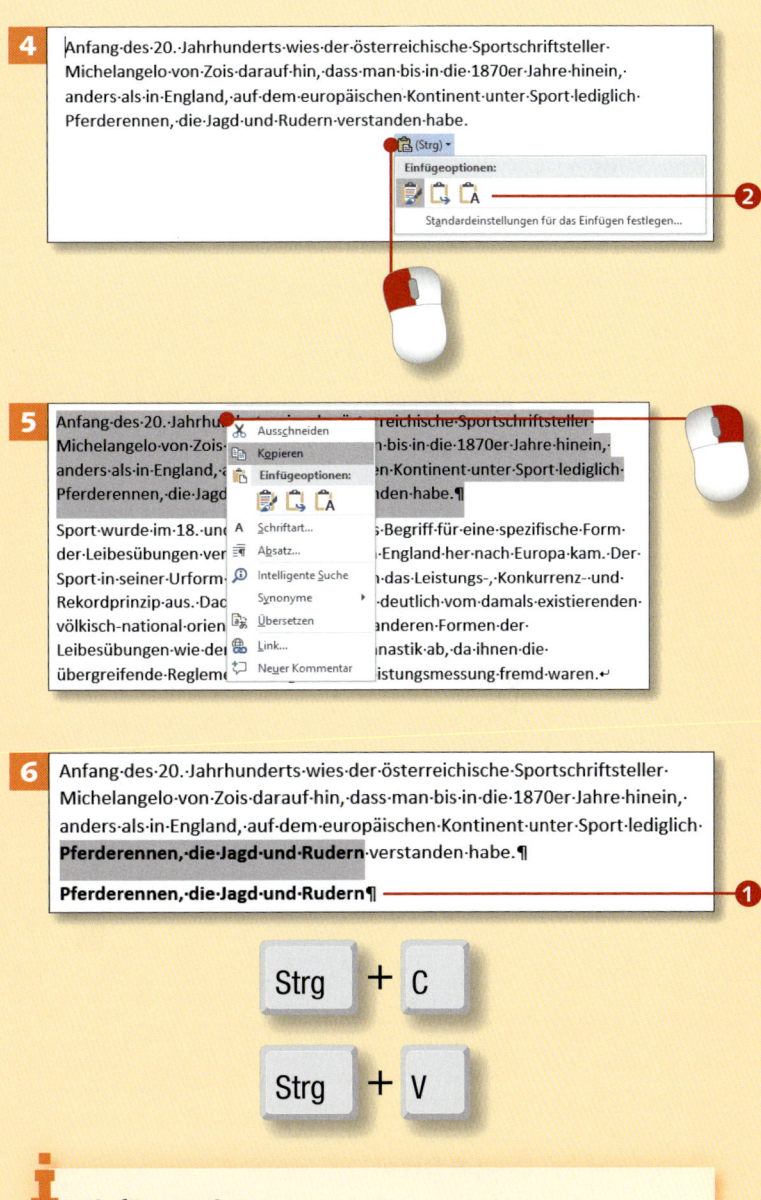

Einfügeoptionen

Es gibt verschiedene Einfügeoptionen (❷ in Bild 4).
Wenn Sie den Mauszeiger darauf halten, sehen Sie,
was sie bewirken. Außerdem finden Sie im Menü des
Symbols **Einfügen** die Option **Inhalten einfügen**.

Verschieben und kopieren mit Drag & Drop

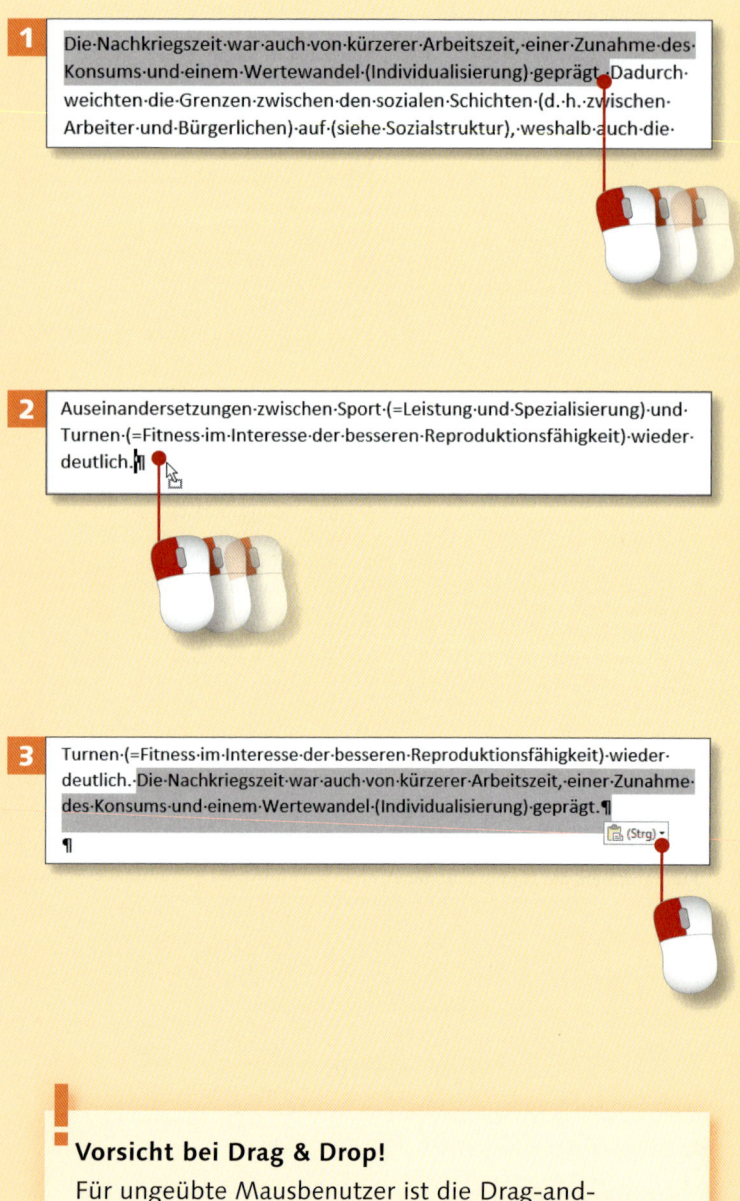

Bei der Methode Drag & Drop erledigen Sie das Ausschneiden/Kopieren/Einfügen einfach mit der Maus.

Schritt 1

Zuerst markieren Sie die Textpassage, die Sie ausschneiden möchten. Dann führen Sie den Mauszeiger an den markierten Bereich, drücken die Maustaste und halten sie gedrückt.

Schritt 2

Ziehen Sie den markierten Text zu der gewünschten Stelle im Dokument (englisch »to drag«). Ein kleiner vertikaler Strich zeigt, wo der Text eingefügt wird, wenn Sie die Maustaste loslassen – also den Text »fallen lassen« (englisch »to drop«).

Schritt 3

Nachdem Sie den Text verschoben haben, erscheint ein kleines Symbol, über das Sie die Formatierung der Textpassage beeinflussen können. Klicken Sie auf den kleinen Pfeil, um das Menü zu öffnen.

! Vorsicht bei Drag & Drop!

Für ungeübte Mausbenutzer ist die Drag-and-Drop-Methode nicht unbedingt zu empfehlen, da ein versehentliches Loslassen oft zu ungewollten Ergebnissen führt. Allerdings können Sie das mit Strg + Z schnell wieder rückgängig machen.

Schritt 4

Sie entdecken in diesem Menü auch den Punkt **Standardeinstellungen für das Einfügen festlegen**. Ein Klick darauf führt zu den **Word-Optionen ▸ Erweitert**.

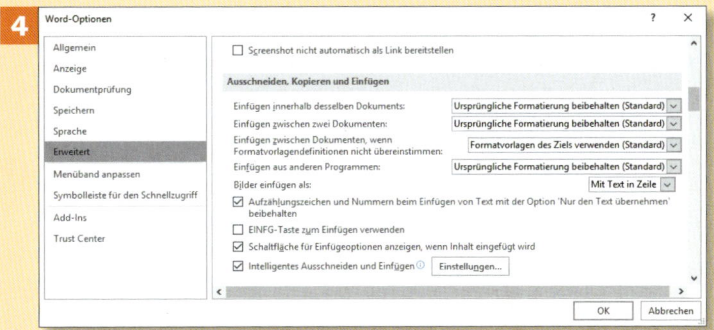

Schritt 5

Im Bereich **Ausschneiden, Kopieren und Einfügen** können Sie nun sehr differenziert festlegen, wie ausgeschnittene oder kopierte Passagen standardmäßig eingefügt werden sollen. Klicken Sie dazu jeweils auf den Pfeil, um die Optionen zu öffnen.

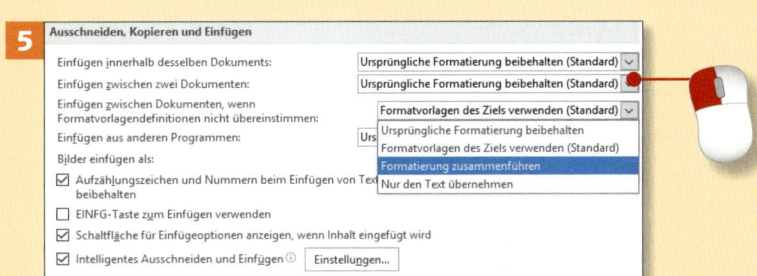

Schritt 6

Sie finden in diesem Bereich auch die Einstellung für das Einfügen von Bildern. Standardmäßig wird ein Bild als **Mit Text in Zeile** eingefügt, so dass es wie Text ausgerichtet werden kann. Sie können die Einfügeart aber auch ändern.

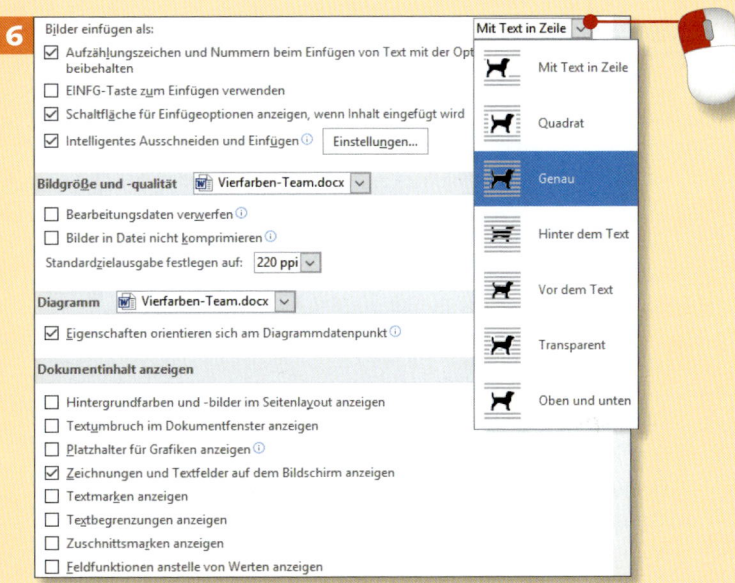

Text von Hand korrigieren

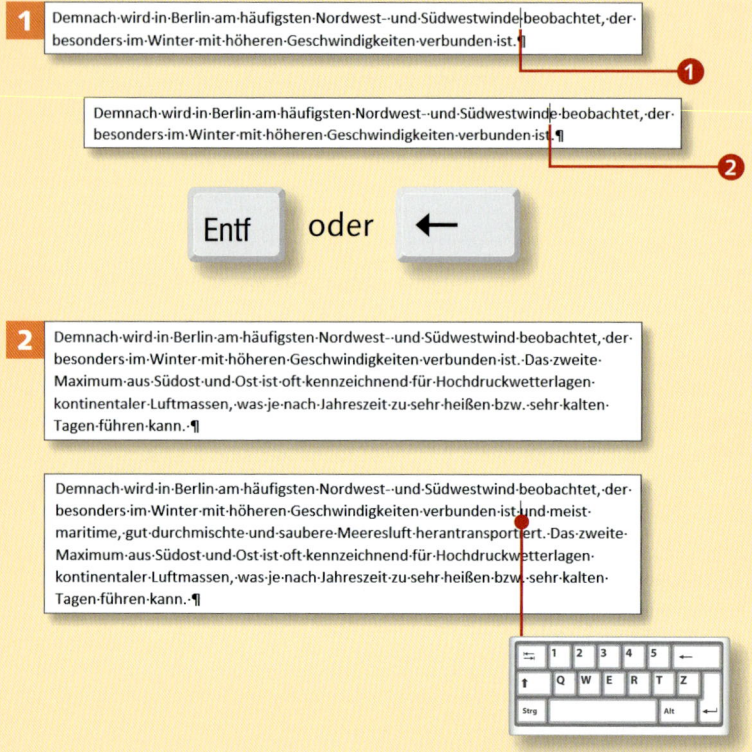

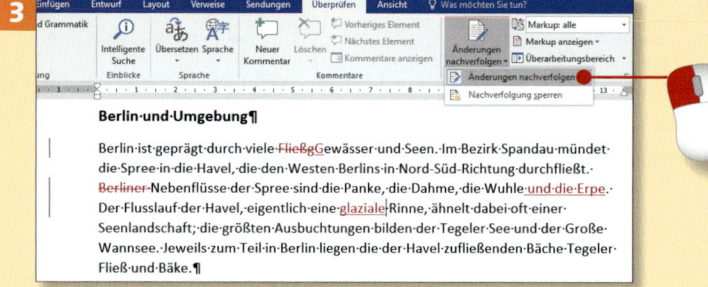

Die Zeiten von Tipp-Ex sind vorbei! Fehler und Buchstabendreher sind in Word kinderleicht zu korrigieren.

Schritt 1

Klassisch löschen Sie Zeichen einfach mit `Entf` oder `←`. Achten Sie darauf, wo der Cursor steht! Wenn Sie `Entf` drücken, wird das Zeichen rechts vom Cursor gelöscht ❶, während `←` das Zeichen links vom Cursor tilgt ❷.

Schritt 2

Wenn Sie ein oder mehrere Zeichen vergessen haben, platzieren Sie den Cursor im Text und tippen das fehlende Zeichen ein. Der vorhandene Text rutscht – im normalen Einfügemodus – nach rechts und schafft Platz für die Zeichen, die Sie einfügen.

Schritt 3

Sie können Korrekturen auch sichtbar machen. Wechseln Sie zur Registerkarte **Überprüfen**, und klicken Sie auf **Änderungen nachverfolgen ▸ Änderungen nachverfolgen**. In diesem Modus werden gelöschte Zeichen durchgestrichen, und eingefügter Text wird farblich hervorgehoben.

Im Änderungsmodus arbeiten

Der Modus **Änderungen nachverfolgen** ist dann sinnvoll, wenn Dritte Ihr Dokument bearbeiten und Sie die Korrekturen sehen möchten. Sie können die Änderungen annehmen oder ablehnen.

Schritt 4

Es kommt vor, dass Sie Ihren Text nachträglich durch Absätze strukturieren möchten. Dann setzen Sie den Cursor an die Stelle, an der ein neuer Absatz beginnen soll ❸, und drücken die ⏎-Taste.

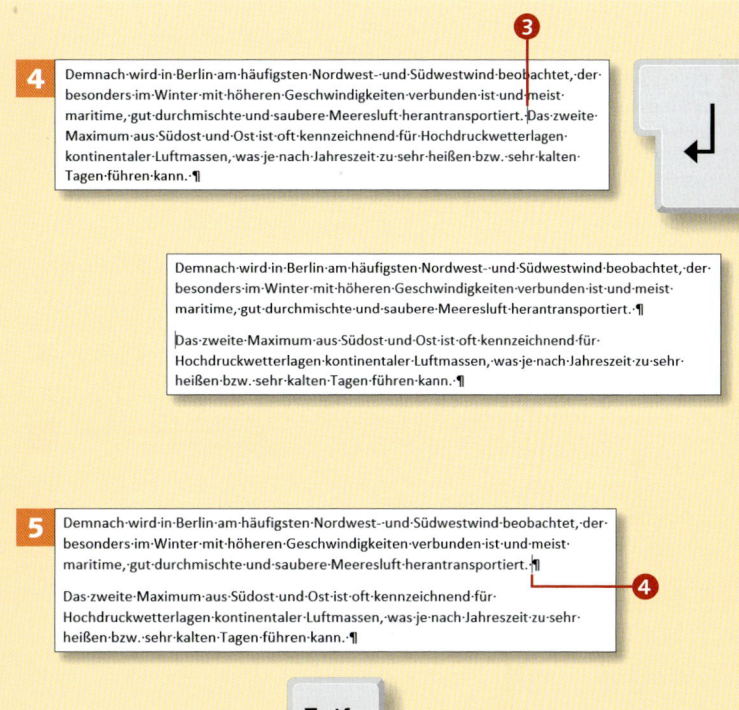

Schritt 5

Ebenso einfach lassen sich Absatzschaltungen auch wieder entfernen. Setzen Sie den Cursor vor die Absatzmarke ❹ (sie ist nur zu sehen, wenn die Formatierungs- bzw. Steuerzeichen angezeigt werden, siehe Schritt 6), und drücken Sie die ⌊Entf⌋-Taste.

Schritt 6

Die Anzeige dieser Zeichen (per Klick auf das Symbol **Alle anzeigen** auf der Registerkarte **Start**) ist auch für andere Korrekturen wichtig. Mit Hilfe dieser Zeichen können Sie beispielsweise erkennen, ob Sie zwei Leerzeichen hintereinander getippt haben, da diese durch Punkte angezeigt werden ❺. Löschen Sie gegebenenfalls ein Zeichen.

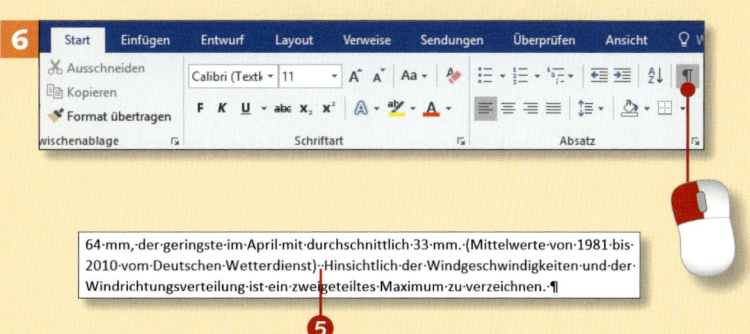

Die Rechtschreibprüfung einsetzen

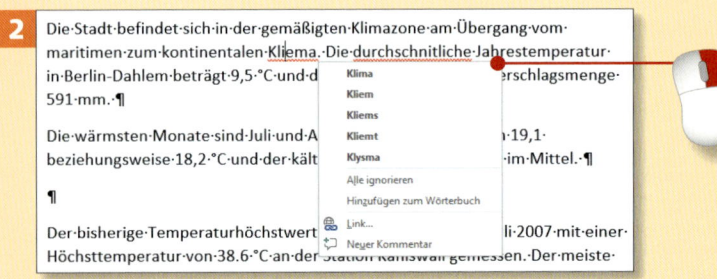

Ihre Schulzeit ist schon etwas her, und die neue Rechtschreibung ist Ihnen auch noch nicht in Fleisch und Blut übergegangen? Die Rechtschreibprüfung hilft Ihnen.

Schritt 1

Word weist Sie mit Hilfe von roten Wellenlinien mitten im Text auf Rechtschreibfehler hin.

Schritt 2

Um ein rot unterstrichenes Wort zu korrigieren, können Sie die Rechtschreibprüfung nutzen. Klicken Sie das unterstrichene Wort mit der rechten Maustaste an, um das Kontextmenü zu öffnen.

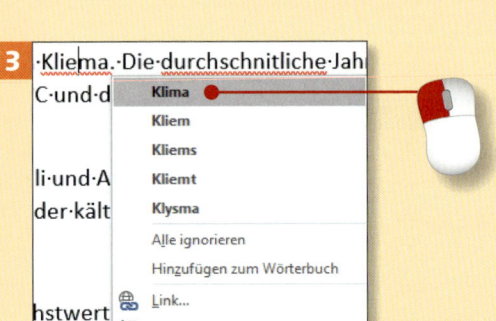

Schritt 3

Häufig bietet dieses Menü einen oder mehrere Korrekturvorschläge; klicken Sie einfach mit der Maus auf den passenden Vorschlag, um ihn als Korrektur zu übernehmen.

Schritt 4

Falls ein Wort trotz richtiger Schreibweise rot unterstrichen wurde (z. B. ein Eigenname), rufen Sie per Rechtsklick das Kontextmenü auf, und wählen Sie hier **Alle ignorieren**. Die Wellenlinie verschwindet.

Schritt 5

Wenn Sie einen bestimmten Begriff häufig benutzen, den das interne Wörterbuch nicht kennt, sollten Sie diesen Begriff in das Wörterbuch aufnehmen. Klicken Sie ihn mit der rechten Maustaste an, und wählen Sie **Hinzufügen zum Wörterbuch**.

Schritt 6

Daraufhin wird der Begriff nicht mehr bemängelt ❶. Rot unterstrichen wird er nun nur noch dann, wenn Sie den Begriff nicht so schreiben, wie Sie ihn in das Wörterbuch aufgenommen haben.

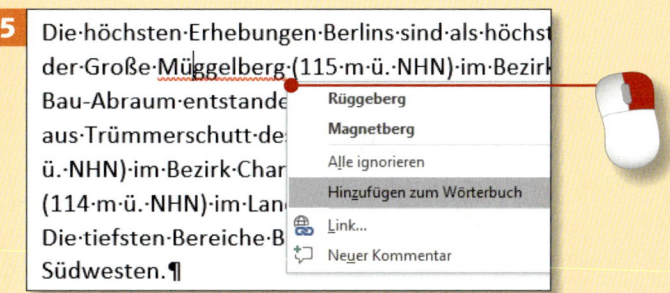

Was wird geprüft?

Die Rechtschreibprüfung funktioniert so: Word vergleicht alle Wörter mit dem internen Wörterbuch und markiert diejenigen als falsch, die in diesem Wörterbuch nicht aufgeführt sind.

Die Rechtschreibprüfung einsetzen (Forts.)

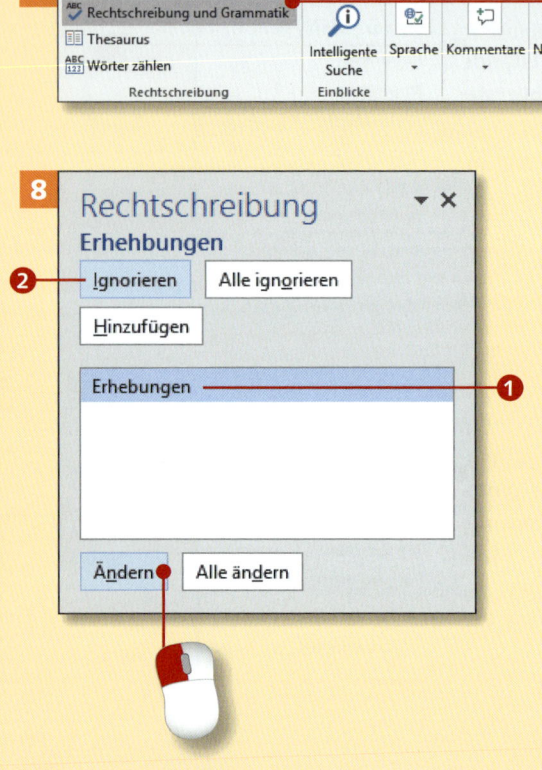

Schritt 7

Sie können ein Dokument auch »durchkorrigieren«. Wechseln Sie zur Registerkarte **Überprüfen**, und klicken Sie hier auf **Rechtschreibung und Grammatik**, um rechts den Aufgabenbereich **Rechtschreibung** zu öffnen.

Schritt 8

Oben wird das erste Wort angezeigt, das Word bemängelt. Wählen Sie den richtigen Vorschlag aus ❶, und übernehmen Sie ihn mit **Ändern**. Handelt es sich um ein richtig geschriebenes Wort, das Word nicht kennt, klicken Sie auf **Ignorieren** ❷. Danach wird dann das nächste fehlerhafte Wort angezeigt.

Schritt 9

Auch in diesem Dialog können Sie das Wörterbuch um Begriffe ergänzen. Klicken Sie auf **Hinzufügen**.

Alte Rechtschreibung

Wenn Sie ein Anhänger der alten Rechtschreibung sind, können Sie die Rechtschreibprüfung umstellen. Deaktivieren Sie im Dialog **Datei ▶ Optionen ▶ Dokumentprüfung** die Option **Deutsch: Neue Rechtschreibung verwenden**. Diese Einstellung gilt dann für alle Dokumente.

Schritt 10

Mitunter zeigt Word auch blaue Linien an. Sie weisen darauf hin, dass mit der Grammatik etwas nicht stimmt. Klicken Sie mit der rechten Maustaste auf die Markierung, um einen Korrekturvorschlag zu erhalten. Per Klick wählen Sie ihn aus.

Schritt 11

Wenn Sie auf **Grammatik** ❸ klicken, wird rechts der Aufgabenbereich **Grammatik** eingeblendet, der eine Erklärung zu dem Fehler liefert.

Schritt 12

Wenn keine Linien auftauchen, ist die Grammatikprüfung möglicherweise nicht eingeschaltet. Überprüfen Sie dies über **Datei ▸ Optionen ▸ Dokumentprüfung** ❹. Aktivieren Sie die Optionen **Rechtschreibung während der Eingabe überprüfen** und **Grammatikfehler während der Eingabe markieren** ❺.

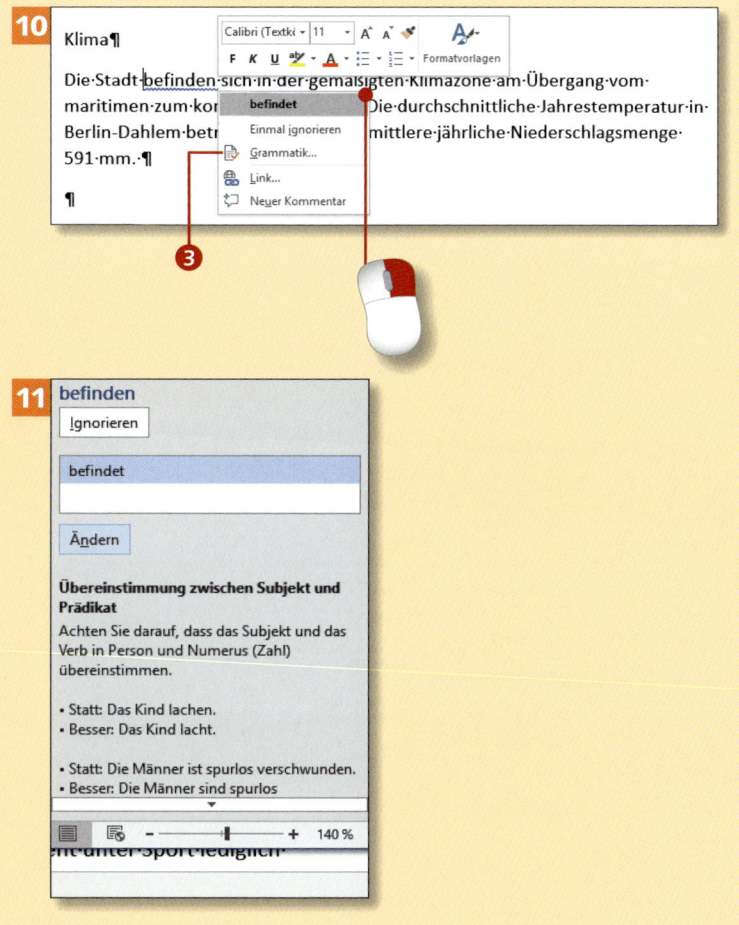

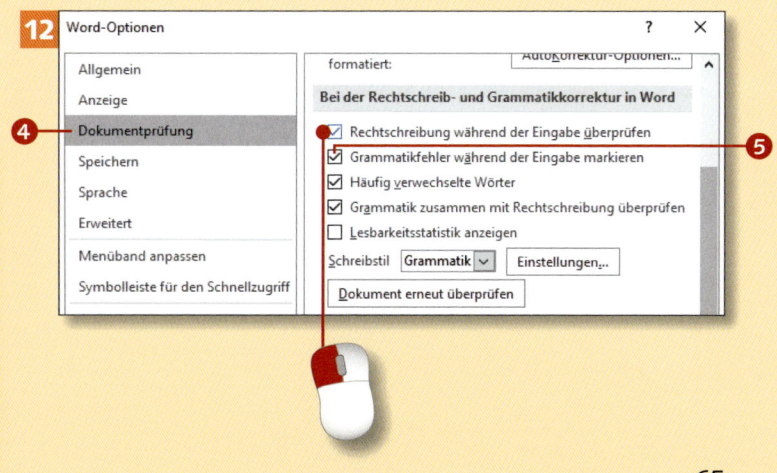

!

Grammatikprüfung

Vertrauen Sie der Kritik von Word nicht blind! Bei grammatikalisch komplizierten Sätzen kreidet Word oft richtige Strukturen an und übersieht gleichzeitig echte Fehler.

Arbeitserleichterung durch die AutoKorrektur

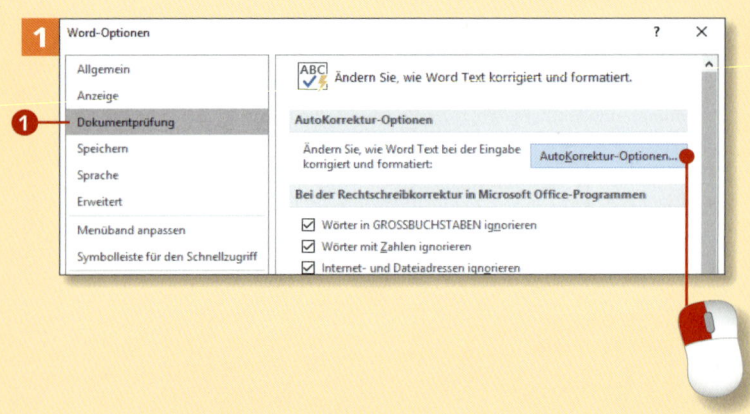

Manche Fehler werden wie von Zauberhand korrigiert. Dies ist keine Magie, sondern die Arbeit der Auto-Korrektur.

Schritt 1

Überprüfen Sie als Erstes die Einstellungen der AutoKorrektur. Wählen Sie dazu **Datei ▸ Optionen ▸ Dokumentprüfung** ❶. Hier klicken Sie auf die Schaltfläche **AutoKorrektur-Optionen**.

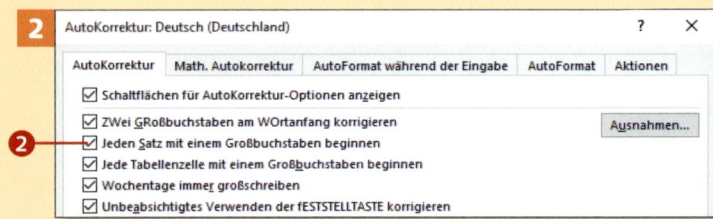

Schritt 2

Der zugehörige Dialog zeigt Ihnen, was in der Standardeinstellung automatisch korrigiert wird. In der Regel ist z. B. die Option **Jeden Satz mit einem Großbuchstaben beginnen** ❷ aktiviert. Dadurch geschieht genau das: Nach einem Punkt schreibt Word automatisch groß.

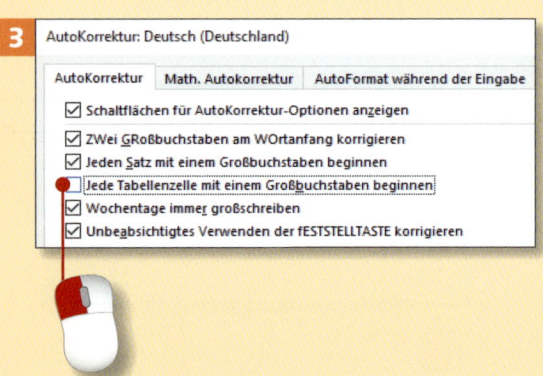

Schritt 3

Wenn Sie z. B. mit Tabellen arbeiten, ist es oft lästig, dass jeder Eintrag in einer Tabellenzelle großgeschrieben wird. Um dies zu verhindern, deaktivieren Sie die Option **Jede Tabellenzelle mit einem Großbuchstaben beginnen**.

Schritt 4

Die AutoKorrektur hilft auch bei typischen Tippfehlern. Geben Sie einen Buchstaben in das Feld **Ersetzen** ein, öffnet sich darunter eine Liste mit Tippfehlern, die standardmäßig korrigiert werden.

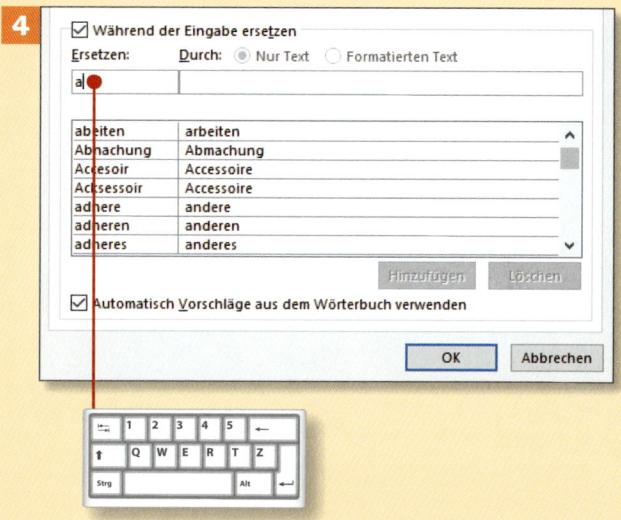

Schritt 5

Sie können auch selbst dafür sorgen, dass ein bestimmter Fehler sofort korrigiert wird. Schreiben Sie ein Wort, das Sie oft falsch schreiben, in das Feld **Ersetzen** ❸. Im Feld **Durch** geben Sie das Wort korrekt geschrieben ein. Klicken Sie dann auf **Hinzufügen** ❹ und **OK** ❺.

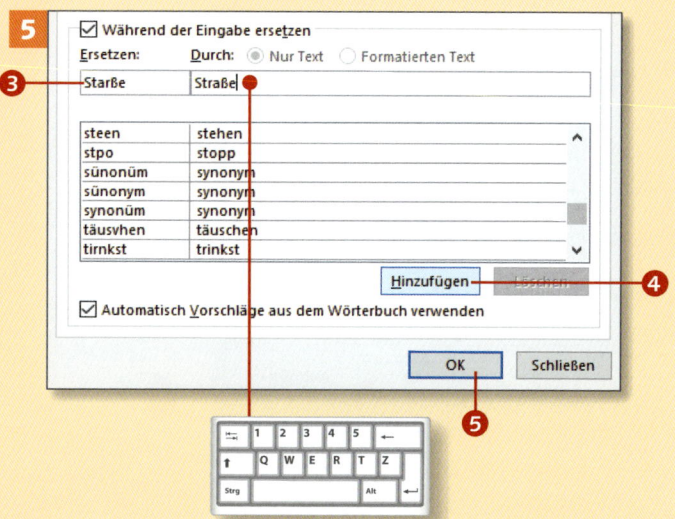

Schritt 6

Testen Sie Ihren Eintrag, indem Sie das Wort falsch schreiben. Schreiben Sie einfach weiter. Sie werden sehen: Aus »Starße« wird automatisch »Straße« ❻.

ℹ AutoFormat

Sie können u. a. deaktivieren, dass Absätze, die mit einer Ziffer beginnen, automatisch in eine nummerierte Liste verwandelt werden. Diese Einstellungen nehmen Sie auf der Registerkarte **AutoFormat während der Eingabe** vor.

Schnellbausteine nutzen

Wenn Sie bestimmte Textpassagen immer wieder schreiben müssen, bietet es sich an, Schnellbausteine anzulegen. Dann müssen Sie diesen Text nie wieder tippen.

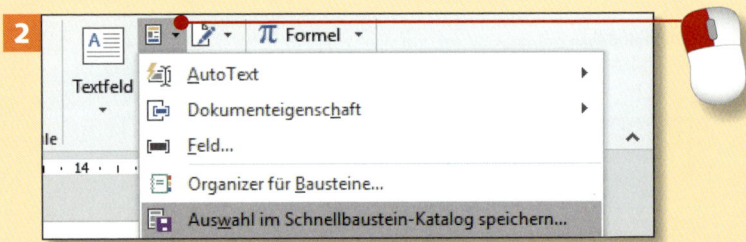

Schritt 1

Um für ein paar (fertig formatierte) Textzeilen, die Sie häufig verwenden, einen Schnellbaustein zu erstellen, markieren Sie sie.

Schritt 2

Wechseln Sie zur Registerkarte **Einfügen**, und klicken Sie hier auf den Pfeil an der Schaltfläche **Schnellbausteine**. Im Menü wählen Sie **Auswahl im Schnellbaustein-Katalog speichern**.

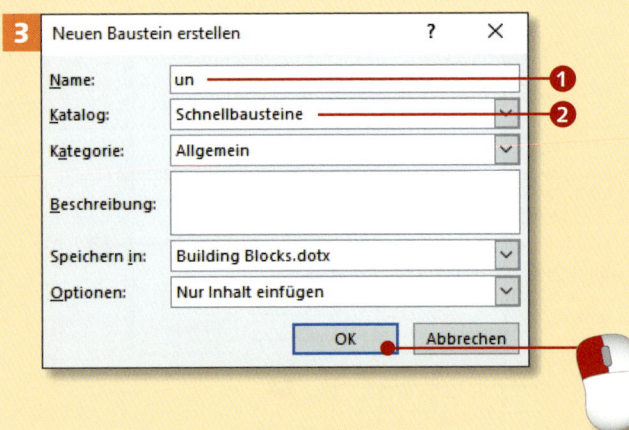

Schritt 3

Daraufhin wird der Dialog **Neuen Baustein erstellen** geöffnet. Überschreiben Sie die im Feld **Name ❶** vorgeschlagene Bezeichnung (die ersten Wörter des markierten Textes) mit einem einfachen Kürzel. Merken Sie sich das Kürzel. Im Feld **Katalog ❷** belassen Sie es bei **Schnellbausteine**. Dann klicken Sie auf **OK**.

Länge der Bausteine

Bausteine können entweder nur ein Wort umfassen – z. B. ein langes, das Sie ungern tippen – oder mehrere Zeilen oder Absätze. Im Prinzip kann ein Baustein beliebig lang sein.

Schritt 4

Probieren Sie nun den Baustein aus. Öffnen Sie ein leeres Dokument, und setzen Sie den Cursor an die Stelle, an der der Text des Bausteins eingefügt werden soll ❸. Dort geben Sie das Kürzel aus Schritt 3 ein und drücken F3. Der Text wird eingefügt ❹.

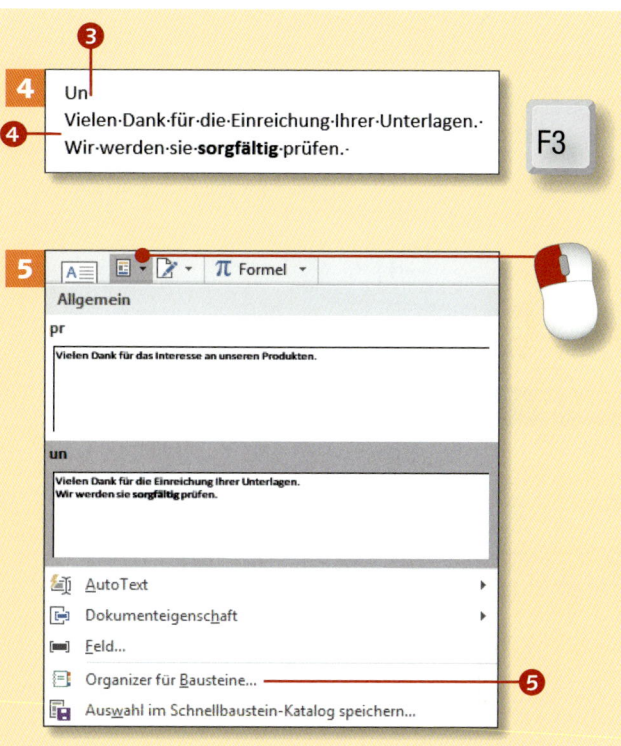

Schritt 5

Diese schnelle Methode setzt natürlich voraus, dass Sie das richtige Kürzel wissen. Im Zweifelsfall klicken Sie auf die Schaltfläche **Schnellbausteine** und dann im Menü auf den Baustein, den Sie einfügen möchten.

Schritt 6

Sie können Bausteine auch wieder löschen. Klicken Sie auf **Schnellbausteine ▸ Organizer für Bausteine** ❺. Markieren Sie den zu löschenden Baustein in der Liste ❻, und klicken Sie auf **Löschen**.

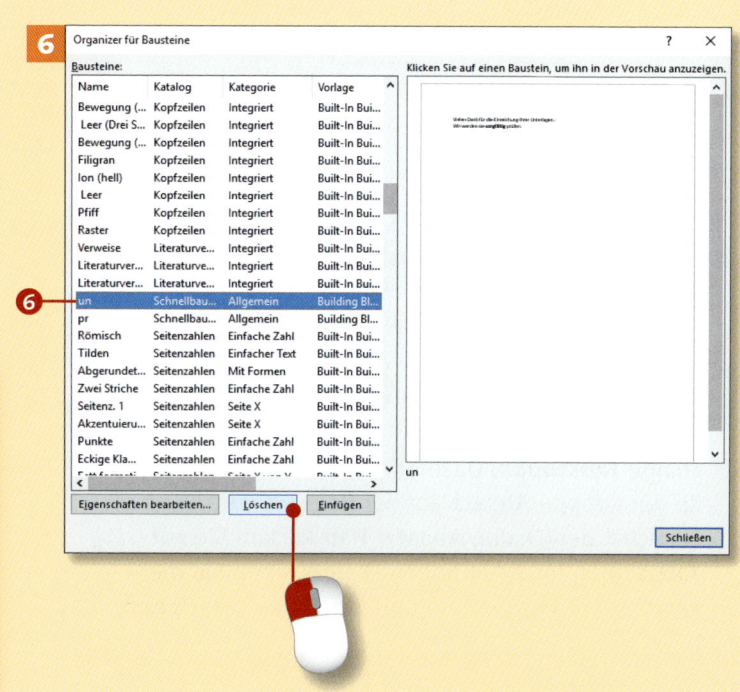

i

Speicherort

Die Dokumentvorlage *Building Block.dotx* ist der Standardspeicherort für Schnellbausteine. Sie können im Dialog **Neuen Baustein erstellen** im Feld **Speichern in** aber auch eine andere Dokumentvorlage wählen, in der der Baustein gespeichert werden soll.

Datum per Tabulator ausrichten

Wenn das Datum rechts auf dem Blatt stehen soll, benutzen ungeübte Word-User dafür häufig die Leertaste. Geschickter ist es, das Datum per Tabulator auszurichten.

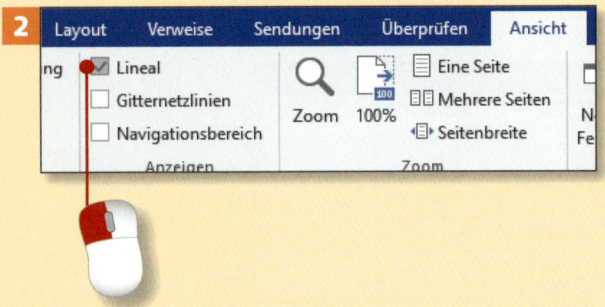

Schritt 1

Um das Datum z. B. bei einem Brief schnell auf die rechte Seite zu rücken, können Sie die Taste 🔁 nutzen. Schreiben Sie das Datum, z. B. 02.10.2015, und setzen Sie den Cursor genau vor die 0. Drücken Sie dann mehrere Male 🔁 .

Schritt 2

Anstelle der Standard-Tabstopps können Sie auch einen Tabstopp genau an der Stelle einfügen, an der das Datum erscheinen soll. Wechseln Sie zur Registerkarte **Ansicht**, und aktivieren Sie hier die Option **Lineal**.

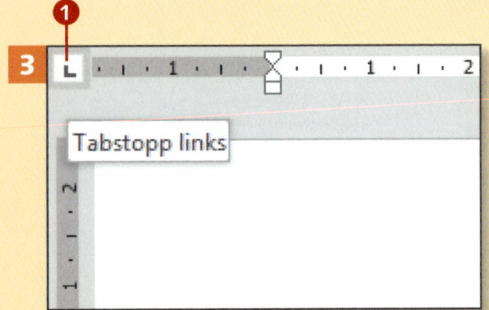

Schritt 3

Ganz links am Lineal sehen Sie das Symbol **Tabstopp** ❶, mit dem Sie die Ausrichtung des Tabstopps ändern. Die Ausrichtung am linken Rand des Tabstopps ist die Standardeinstellung.

Tabstopps per Dialog einfügen
Für ganz präzise Tabstopp-Positionen nutzen Sie den Dialog **Tabstopps**. Dazu öffnen Sie über den Pfeil an der Gruppe **Absatz** auf der Registerkarte **Start** zunächst den Dialog **Absatz**. Hier klicken Sie auf **Tabstopps**. Im zugehörigen Dialog geben Sie die gewünschte Position ein und klicken auf **Festlegen**.

Schritt 4

Klicken Sie so oft auf das kleine Symbol, bis sich das Zeichen zu einem nach rechts weisenden Häkchen verändert (wenn Sie mit der Maus auf das Symbol zeigen, steht in einer kleinen QuickInfo **Tabstopp rechts ❷**).

Schritt 5

Setzen Sie den Cursor in die richtige Zeile, und klicken Sie bei ca. 15 cm in den unteren Bereich des Lineals. Im Lineal erscheint das Symbol für einen rechtsbündigen Tabstopp ❸. Nun drücken Sie ⇥. Der Cursor springt zu dem neuen Tabstopp.

Schritt 6

Schreiben Sie jetzt das Datum. Sie sehen, dass Sie »nach links schreiben«, da bei einem rechtsbündigen Tabstopp immer das letzte Zeichen der Zeile an dem Tabstopp ausgerichtet wird.

Tabstopps löschen oder verschieben

Um Tabstopps wieder aus dem Lineal zu entfernen, ziehen Sie das Tabstopp-Symbol einfach mit gedrückter Maustaste aus dem Lineal. Zum Verschieben ziehen Sie es im Lineal nach links oder rechts.

Automatisches Datum per Feldbefehl

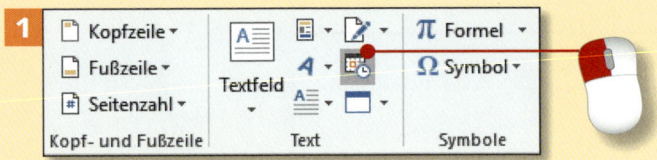

Besonders praktisch ist es, das Datum als Feldbefehl einzufügen. Nicht nur, dass Sie dann immer das richtige Datum erwischen, Sie können es auf diese Weise auch automatisch aktualisieren lassen.

Schritt 1

Um das Datum einzufügen, wechseln Sie zur Registerkarte **Einfügen**. Hier finden Sie in der Gruppe **Text** die Schaltfläche **Datum und Uhrzeit**. Klicken Sie darauf.

Schritt 2

Im zugehörigen Dialog werden diverse numerische und alphanumerische Datumsformate angeboten. Wählen Sie per Mausklick das gewünschte Format aus, und klicken Sie auf **OK** ❶. Das Datum wird an der Cursorposition eingefügt ❷.

Schritt 3

Sie können auch dafür sorgen, dass das eingefügte Datum bei jedem Öffnen der Datei aktualisiert wird. Dazu aktivieren Sie im Dialog **Datum und Uhrzeit** die Option **Automatisch aktualisieren**.

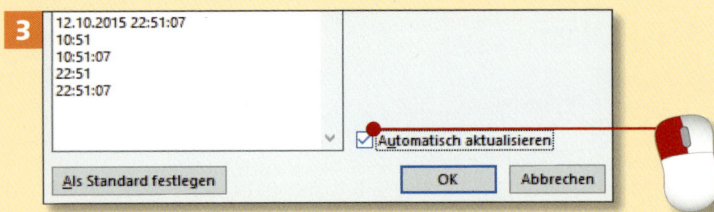

Schritt 4

Das Datum wurde nun als *Feld* in das Dokument eingefügt. Wenn Sie den Cursor in das Datum setzen, sehen Sie – in der Standardeinstellung – die Feldschattierung.

Schritt 5

Für internationale Korrespondenz können Sie für die Datumsanzeige Formate einstellen, die im englischsprachigen Bereich üblich sind. Klicken Sie im Dialog **Datum und Uhrzeit** auf den Pfeil am Feld **Sprache**, und wählen Sie **Englisch**.

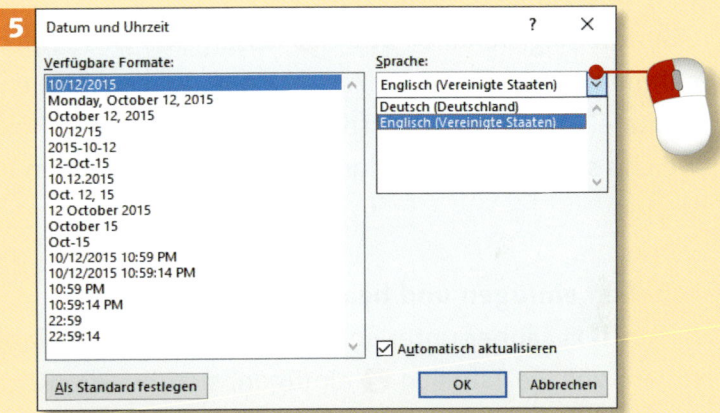

Schritt 6

Auch die Registerkarte **Kopf- und Fußzeilentools** ❸, die eingeblendet wird, wenn Sie eine Kopf- oder Fußzeile einfügen (siehe dazu auch den Abschnitt »Kopf- und Fußzeilen anlegen« auf Seite 100), bietet die Schaltfläche **Datum und Uhrzeit**, mit der Sie den beschriebenen Dialog öffnen.

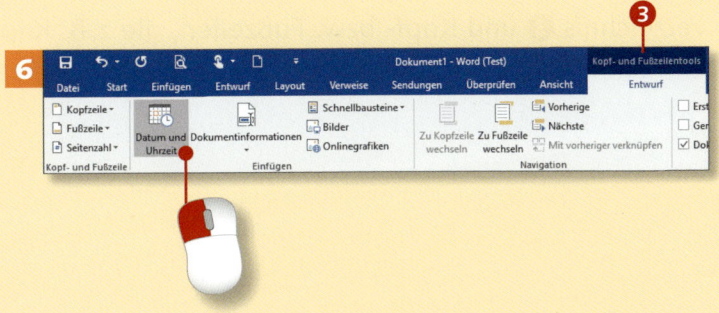

ℹ Fest oder aktualisierbar?

Überlegen Sie sich gut, ob das Datum jeweils aktualisiert werden oder statisch bleiben soll. Rechnungen z. B. brauchen ein festes Datum.

Kapitel 3
Texte in Word perfekt formatieren

In diesem Kapitel stehen die Gestaltung und die detaillierte Bearbeitung von Texten im Mittelpunkt. Sie lernen einiges zu Schriftformaten, Texteffekten, über die Arbeit mit Tabellen sowie über Kopf- und Fußzeilen.

Text und Absätze formatieren

Über die Registerkarte **Start** ❶ lassen sich wesentliche Formatierungseinstellungen vornehmen. Hier richten Sie Absätze aus, rücken Text ein und weisen die klassischen Schriftformate wie fett oder kursiv, aber auch raffinierte Texteffekte zu. Wir zeigen Ihnen auch, welche speziellen Einstellungen im Dialog **Drucken** für den Ausdruck zur Verfügung stehen.

Tabellen einfügen und bearbeiten

Wenn Text sauber untereinanderstehen soll, sind Tabellen das Mittel der Wahl. Wir zeigen Ihnen, wie Sie Tabellen ❷ einfügen, sie über die Registerkarte **Tabellentools** bearbeiten und ihnen auf diese Weise ein schickes Aussehen verpassen.

Inhaltsverzeichnis und Kopf- und Fußzeilen

Längere Dokumente wie wissenschaftliche Arbeiten oder Aufsätze brauchen ein Inhaltsverzeichnis ❸ und Kopf- bzw. Fußzeilen, die z. B. Kapitelüberschriften oder Seitenzahlen enthalten. Wir zeigen Ihnen den Umgang mit diesen Funktionen.

① Es gibt zahlreiche Möglichkeiten zur Formatierung von Text.

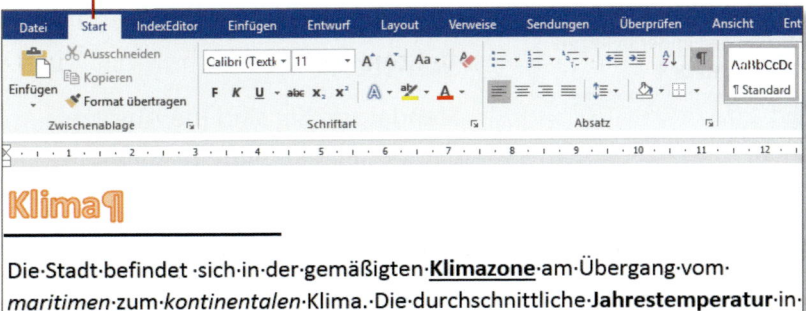

② Fügen Sie Tabellen ein, und gestalten Sie sie.

Unsere·Hotels¶

Stadt¤	Land¤	Hotel¤	belegt¤	¤
Berlin¤	Deutschland¤	Continental¤	nein¤	¤
London¤	England¤	Four·Seasons¤	nein¤	¤
Mailand¤	Italien¤	Bellavista¤	ja¤	¤
Madrid¤	Spanien¤	Don·Carlos¤	ja¤	¤
¤	¤	¤	¤	¤

¶

③ Inhaltsverzeichnis und Seitenzahlen dürfen natürlich nicht fehlen.

Inhalt¶

¶

Die·Entstehung·und·Ausbreitung·des·modernen·Sports·im·18.·und·19.·Jahrhundert¶

Sport·wurde·im·18.·und·19.·Jahrhundert·als·Begriff·für·eine·spezifische·Form·der·Leibesübungen·verwendet,·welche·von·England·her·nach·Europa·kam.·Der·Sport·in·seiner·Urform·zeichnete·sich·durch·das·Leistungs-,·Konkurrenz-·und·Rekordprinzip·aus.·Dadurch·grenzte·er·sich·deutlich·vom·damals·existierenden·völkisch-national·orientierten·Turnen·und·anderen·Formen·der·Leibesübungen·wie·der·Schwedischen·Gymnastik·ab,·da·ihnen·die·übergreifende·Reglementierung·und·die·Leistungsmessung·fremd·waren.¶

1¶

Text ausrichten: rechts, links oder zentriert

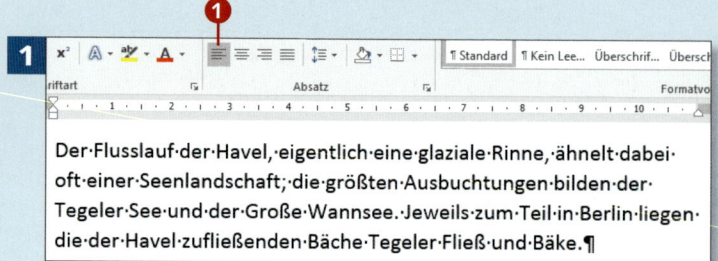

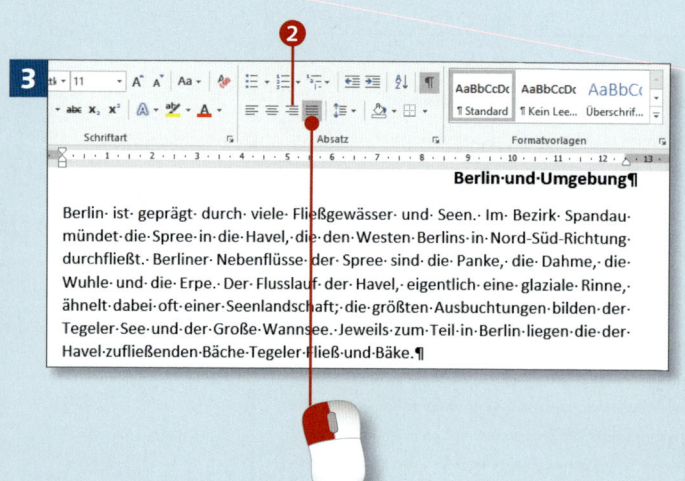

Überschriften zentrieren, einen Absatz linksbündig oder in Blocksatz setzen? Alles kein Problem.

Schritt 1

Standardmäßig sind die Absätze in einem Dokument linksbündig ausgerichtet, das heißt, die ersten Zeichen jeder Zeile stehen untereinander. Werfen Sie einen Blick auf die Gruppe **Absatz** auf der Registerkarte **Start**. Das Symbol **Linksbündig ausrichten** ❶ ist aktiviert.

Schritt 2

Um einen Absatz zu zentrieren, setzen Sie den Cursor (irgendwo) in den Absatz und klicken auf **Zentriert**. Jede Zeile rutscht in die Mitte der Seite (deshalb wirken die Ränder »ausgefranst«).

Schritt 3

Wenn Sie einen Absatz rechtsbündig oder in Blocksatz setzen möchten, positionieren Sie den Cursor und klicken auf **Text rechtsbündig ausrichten** ❷ bzw. **Blocksatz**.

Geschickt markieren

Ein Dreifachklick im linken Randbereich markiert den ganzen Text, ein Doppelklick einen Absatz.

Schritt 4

Wenn mehrere Absätze gleichzeitig ausgerichtet werden sollen, müssen Sie die Absätze zunächst markieren. Danach klicken Sie auf das Symbol für die gewünschte Ausrichtung.

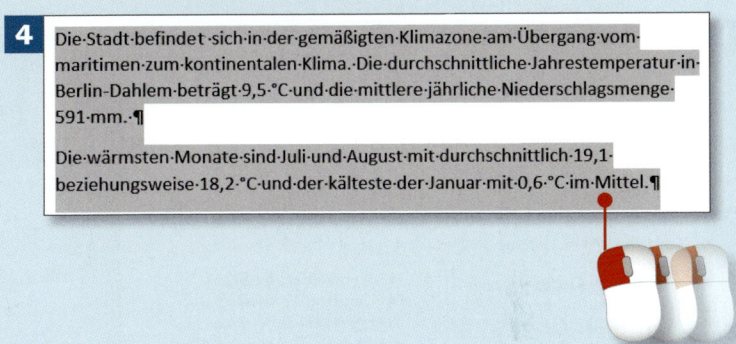

Schritt 5

Sie können die Ausrichtung auch in einem Dialog einstellen. Den Dialog **Absatz** öffnen Sie, indem Sie auf den Pfeil unten rechts an der Gruppe **Absatz** ❸ klicken. In der Auswahl-liste des Feldes **Ausrichtung** wählen Sie eine Option.

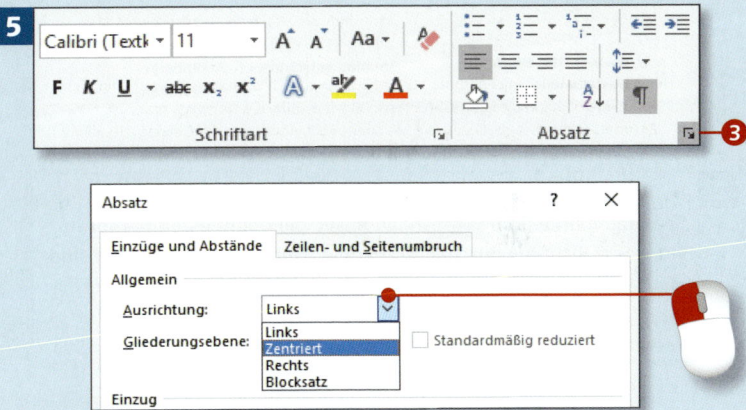

Schritt 6

Gefällt Ihnen ein zentrierter oder rechtsbündiger Absatz nicht, kön-nen Sie ganz einfach wieder zur linksbündigen Standardeinstellung zurückkehren. Setzen Sie den Cursor in den Absatz, und klicken Sie auf **Linksbündig ausrichten**.

Absatzformat

Die Ausrichtung gehört zu den Absatzformaten, also zu Forma-teinstellungen, die sich auf einen oder mehrere Absätze beziehen. Als Absatz versteht Word den Text zwischen zwei Absatzmarken ❹ (das Formatierungszeichen, das aussieht wie ein Klavierhammer).

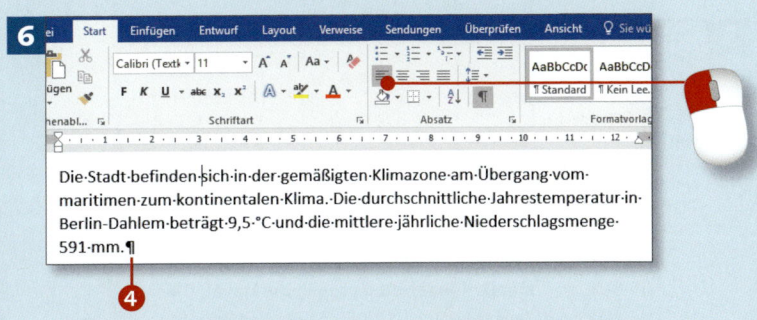

Schriftart und -größe einstellen

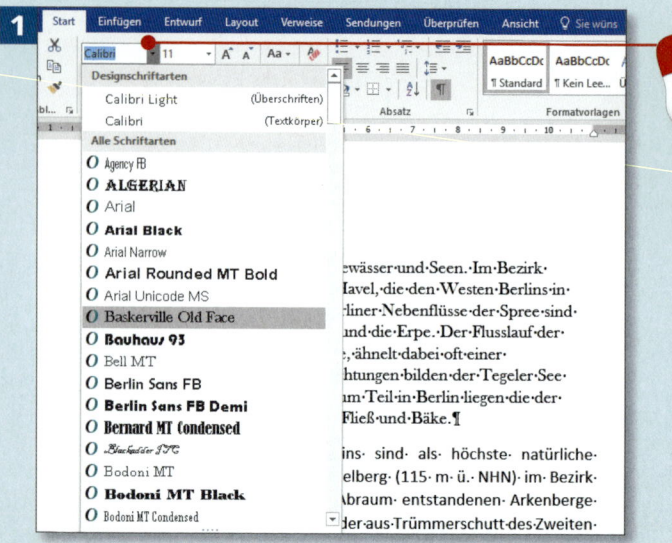

Word bietet eine große Anzahl unterschiedlicher Schriftarten. Für jeden Geschmack und jeden Zweck ist etwas dabei. Und auch die Schriftgröße können Sie punktgenau einstellen.

Schritt 1

Markieren Sie den Text. Um seine Schriftart zu verändern, klicken Sie auf der Registerkarte **Start** auf den Pfeil am Feld **Schriftart**. Per Mausklick können Sie eine passende Schrift aus der Liste wählen.

Schritt 2

Um die Schriftgröße zu verändern, markieren Sie zunächst den betreffenden Text. Nicht zusammenhängende Textpassagen können Sie markieren, indem Sie beim Anklicken die Taste ⌊Strg⌋ gedrückt halten.

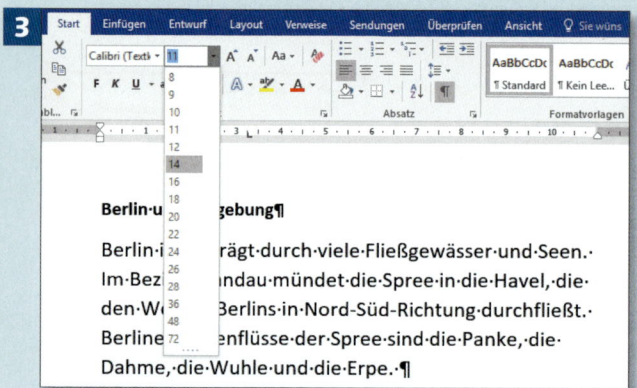

Schritt 3

Dann klicken Sie auf den Pfeil am Feld **Schriftgrad** (ebenfalls auf der Registerkarte **Start**). Suchen Sie sich per Mausklick eine passende Schriftgröße aus der Liste aus.

Schritt 4

Auch mit **Schriftart vergrößern** und **Schriftart verkleinern** ❶ lässt sich die Schriftgröße verändern. Klicken Sie einfach so oft auf eine der beiden Schaltflächen, bis der Text die gewünschte Größe hat.

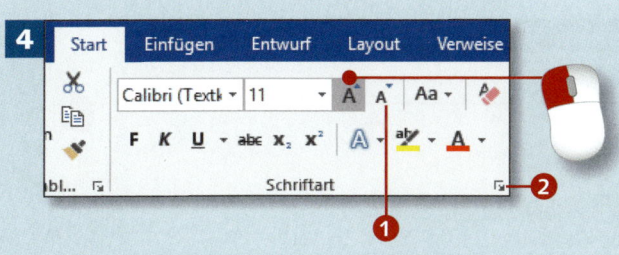

Schritt 5

Sie können Schriftart und Schriftgröße auch zusammen in einem Dialog einstellen. Klicken Sie auf der Registerkarte **Start** auf den Pfeil ❷ an der Gruppe **Schriftart**. Wählen Sie im Dialog **Schriftart** die **Schriftart** ❸ und -größe aus.

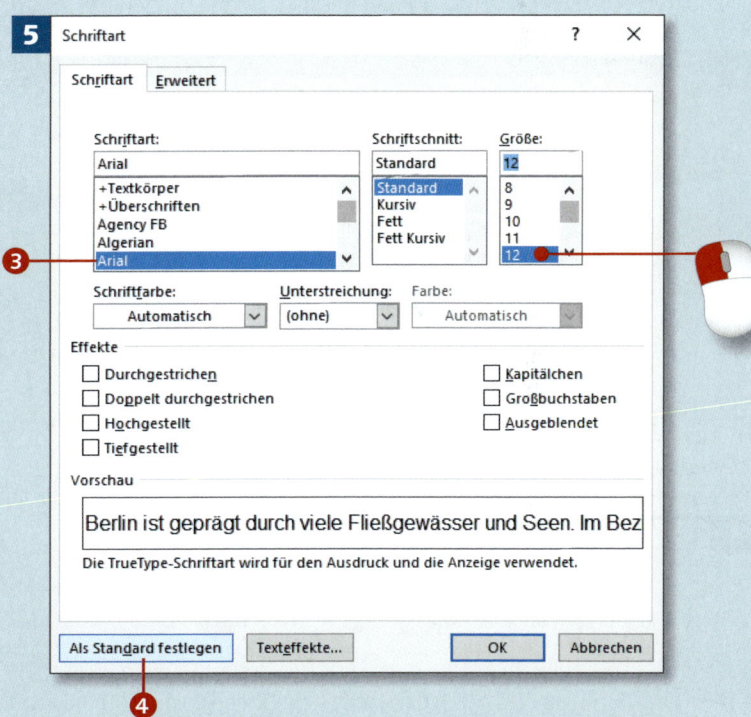

Schritt 6

Der Dialog **Schriftart** bietet auch die Möglichkeit, einen neuen Standard einzustellen. Wählen Sie die gewünschten Einstellungen, und klicken Sie auf die Schaltfläche **Als Standard festlegen** ❹. Im zugehörigen Dialog aktivieren Sie **Alle Dokumente basierend auf der Vorlage Normal.dotm?** und klicken auf **OK**.

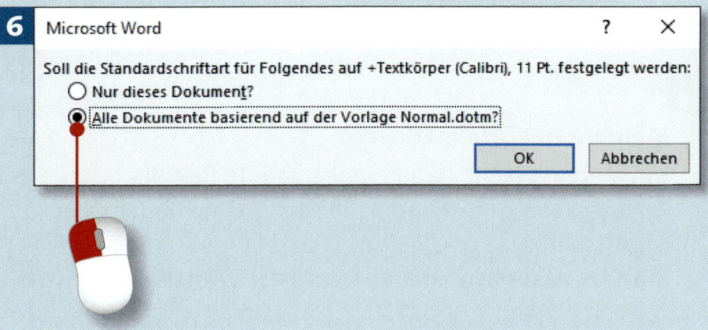

i

Den Standard ändern

Wenn Sie mit Schritt 6 die Standardeinstellung ändern, wird jedes neue Dokument, das Sie öffnen, diese Einstellungen haben.

Schriftformate festlegen: fett, kursiv und unterstrichen

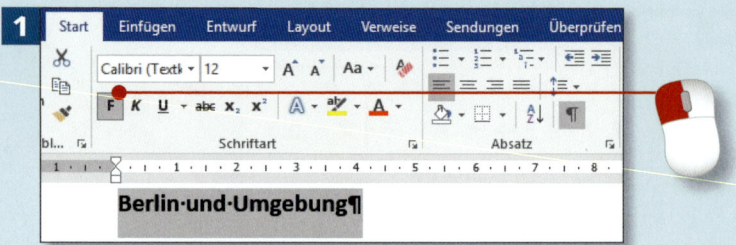

Die Auszeichnungen fett, kursiv und unterstrichen gehören zu den klassischen Formatierungen, die Word zum Hervorheben bestimmter Textpassagen anbietet. Sie sind im Nu zugewiesen.

Schritt 1

Überschriften oder wichtige Begriffe werden gerne fett formatiert. Markieren Sie dazu das Wort oder die Textpassage, und klicken Sie auf der Registerkarte **Start** auf F (**Fett**).

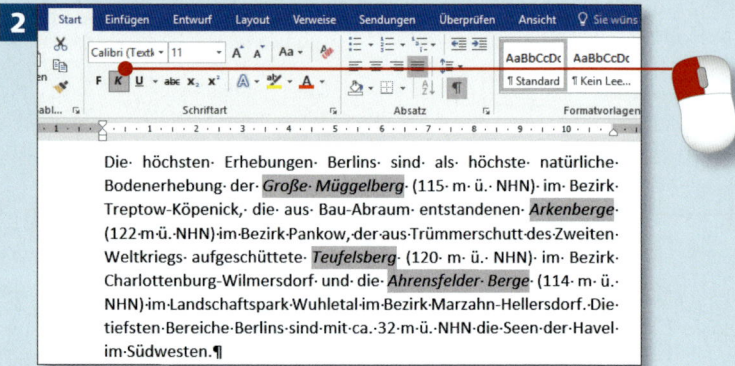

Schritt 2

Genauso fix gestalten Sie Textpassagen kursiv. Markieren Sie den Text, und klicken Sie auf **K** (**Kursiv**). Das Schriftformat lässt die Zeichen nach rechts geneigt erscheinen.

Schritt 3

Um ein Wort oder eine Zeile zu unterstreichen, markieren Sie die Textpassage und klicken auf **U** (**Unterstreichen**). Standardmäßig handelt es sich um eine Unterstreichung mit einer einfachen Linie. Allerdings wird jeweils die zuletzt angewandte Linienart verwendet.

Mehrere Begriffe markieren

Um mehrere nicht zusammenhängende Begriffe oder Textpassagen zu markieren, klicken Sie auf den ersten Begriff, halten Strg gedrückt und fahren mit gedrückter Maustaste über die nächsten Wörter.

Schritt 4

Um einem Text z. B. eine gestrichelte Linie zuzuweisen, klicken Sie auf den Pfeil an der Schaltfläche **U**. Im Menü wählen Sie die Linienart.

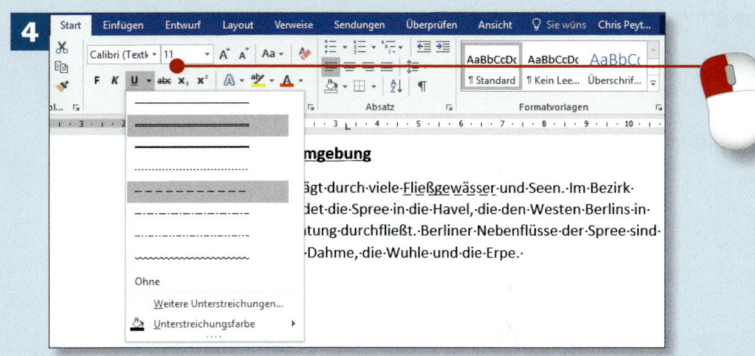

Schritt 5

Sie können auch farbig unterstreichen. Klicken Sie auf **Unterstreichungsfarbe** und dann auf eine Kachel in der Farbpalette. Die Farbe können Sie vor oder nach der Unterstreichung einstellen.

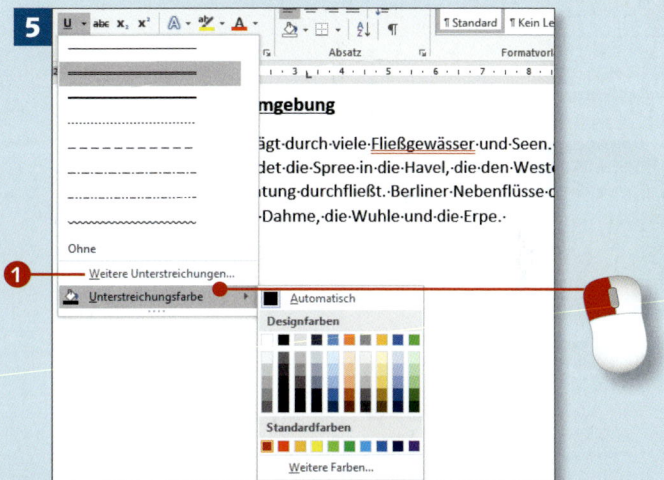

Schritt 6

Die Option **Weitere Unterstreichungen** ❶ öffnet den Dialog **Schriftart** (den Sie auch mit dem Pfeil an der Gruppe **Schriftart** aufrufen). Im Feld **Unterstreichung** bestimmen Sie den Unterstreichungstyp. Danach können Sie eine Farbe ❷ für die gewählte Unterstreichung einstellen (ohne diese Auswahl ist das Feld nicht aktiv).

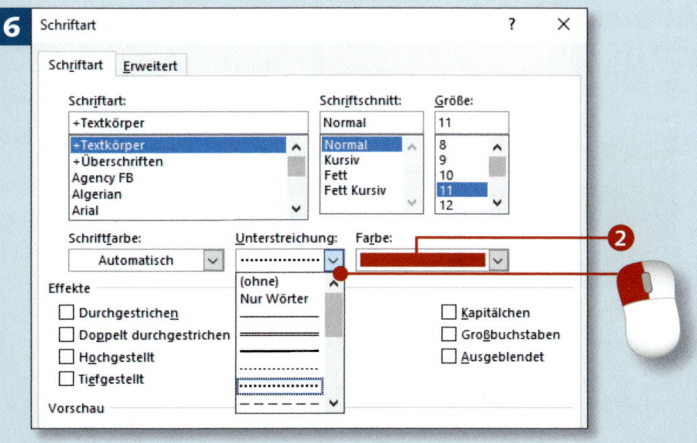

Ohne Markierung formatieren
Wenn die Option **Datei ▸ Optionen ▸ Erweitert ▸ Bearbeitungsoptionen ▸ Automatisch ganze Wörter markieren** aktiviert ist, reicht es, den Cursor in ein Wort zu setzen, bevor Sie es mit einem Zeichenformat versehen.

Schriftzüge mit Farben und Texteffekten gestalten

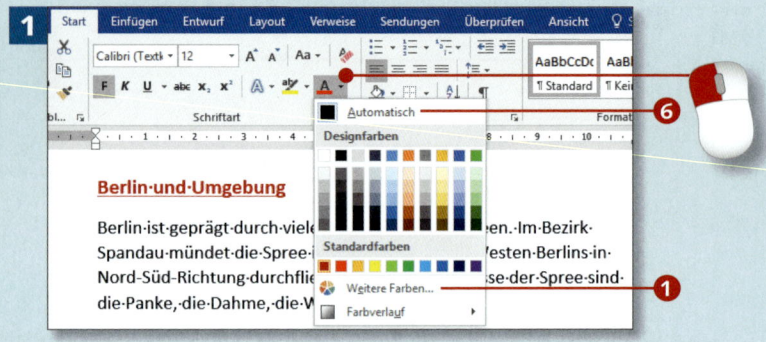

Es gibt viele Möglichkeiten, einen Text optisch aufzuwerten. Mitunter reicht es, eine andere Schriftfarbe zu wählen. Dann gibt es noch Texteffekte, die Schattierungen, Spiegelungen und einiges mehr bieten.

Schritt 1

Zunächst müssen Sie den Text markieren. Klicken Sie dann auf der Registerkarte **Start** auf den Pfeil an der Schaltfläche **Schriftfarbe**, und wählen Sie per Klick eine Farbe aus der Palette aus.

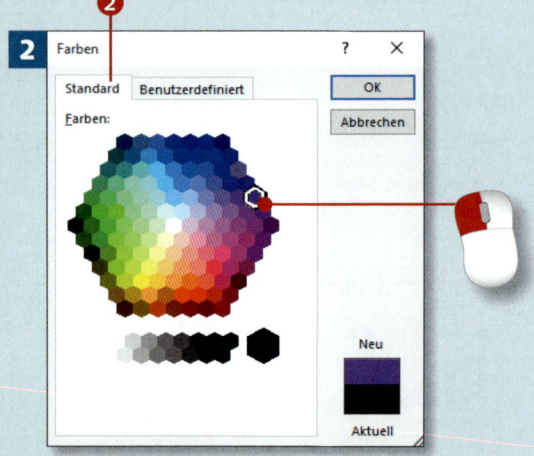

Schritt 2

Wenn Sie im Menü auf die Option **Weitere Farben** ❶ klicken, sehen Sie eine noch größere Auswahl an Farbtönen. Auf der Registerkarte **Standard** ❷ wählen Sie per Mausklick auf eine der Kacheln des Sechsecks eine Farbe aus.

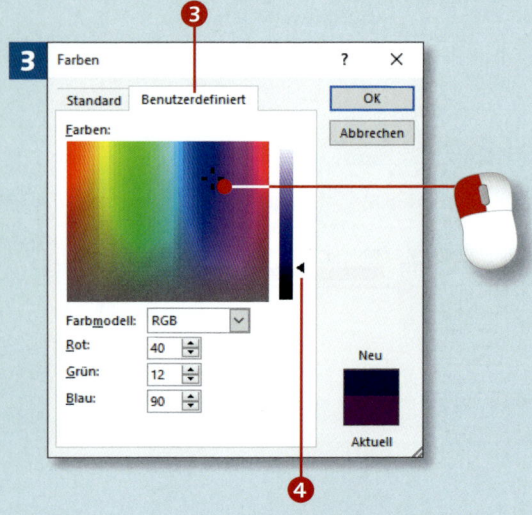

Schritt 3

Differenziert können Sie eine Farbe auf der Registerkarte **Benutzerdefiniert** ❸ einstellen. Per Klick auf das Farbfeld stellen Sie die Grundfarbe ein. Ziehen Sie dann mit gedrückter Maustaste am Pfeil ❹ neben dem Farbbalken, um die Auswahl zu verfeinern.

Schritt 4

Um Texteffekte anzuwenden, markieren Sie den Text und klicken auf der Registerkarte **Start** auf den Pfeil an der Schaltfläche **Texteffekte**. Das Menü bietet diverse Füllvarianten, die Sie per Mausklick auf den ausgewählten Text übertragen.

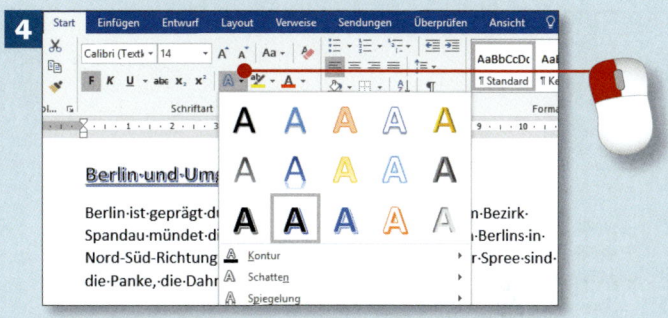

Schritt 5

Sie finden hier eine Menge weiterer Effekte. Wenn Sie den Mauszeiger auf **Kontur** führen, erhalten Sie eine Farbpalette, in der Sie eine Farbe für die Kontur der Zeichen auswählen. Auch für die Art der Kontur werden Optionen angeboten (unter **Striche ❺**).

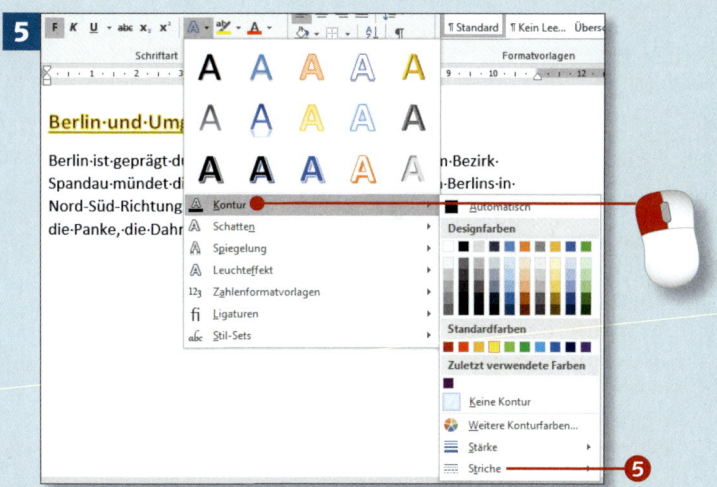

Schritt 6

Besonders interessant wirkt es, wenn der Text noch einmal als Spiegelung auftaucht. Klicken Sie auf **Spiegelung**, und wählen Sie eine Variante aus.

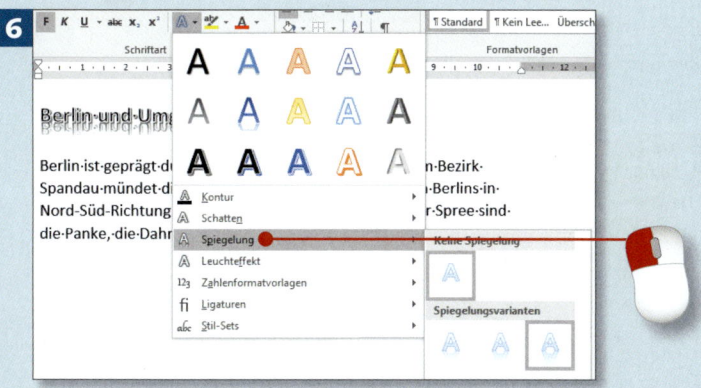

Schriftfarben wieder entfernen

Wählen Sie im Menü der Schaltfläche **Farbe** die Option **Automatisch** (❻ in Bild 1), um alle Farbeinstellungen wieder loszuwerden.

Textpassagen einrücken

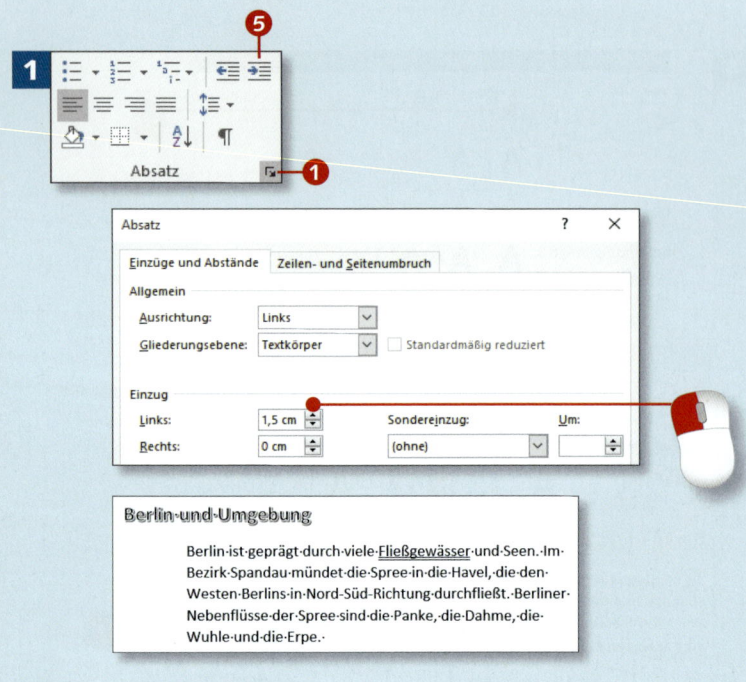

Einzelne Absätze etwas einzurücken, ist seit Langem ein bewährtes Mittel, Textabschnitte zu betonen und vom restlichen Text abzuheben. Mit Word lassen sich Textpassagen mit wenigen Klicks bzw. Schritten einziehen.

Schritt 1

Absätze lassen sich vom Rand ein wenig nach rechts einrücken (*Einzug*). Setzen Sie den Cursor in den Absatz, und klicken Sie auf der Registerkarte **Start** auf den Pfeil an der Gruppe **Absatz** ❶. Im Dialog **Absatz** geben Sie im Feld **Einzug ▶ Links** ein Maß an, z. B. »1,5cm«.

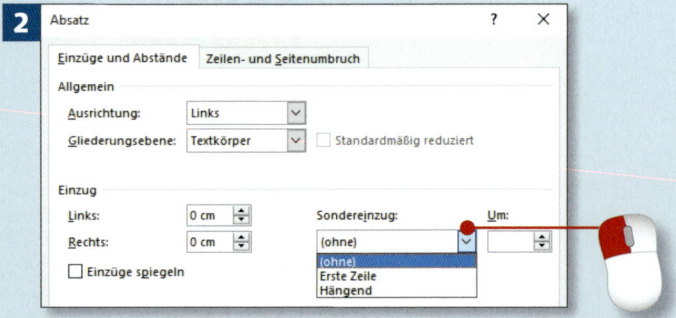

Schritt 2

Word bietet aber auch *Sondereinzüge*. Dahinter verbergen sich der *Erstzeileneinzug* (nur die erste Zeile des Absatzes wird eingerückt) und ein *hängender Einzug* (alle Zeilen des Absatzes außer der ersten Zeile werden eingerückt).

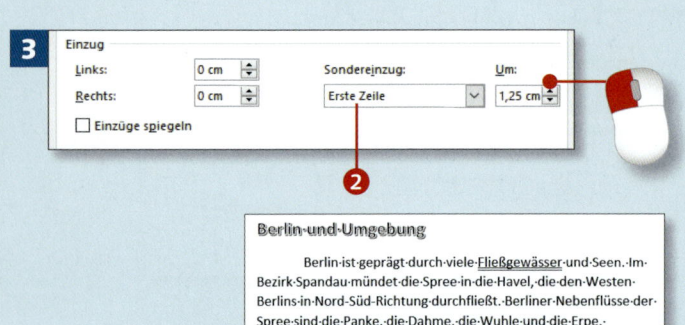

Schritt 3

Für den Erstzeileneinzug wählen Sie im Dialog **Absatz** im Feld **Sondereinzug** die Option **Erste Zeile** ❷. Dann geben Sie im Feld **Um** direkt daneben an, um viele Zentimeter die erste Zeile eingerückt werden soll.

Schritt 4

Für einen hängenden Einzug wählen Sie im Feld **Sondereinzug** die Option **Hängend** ❸. Geben Sie im Feld **Um** an, um wie viele Zentimeter die Zeilen des Absatzes (außer der ersten) eingerückt werden sollen.

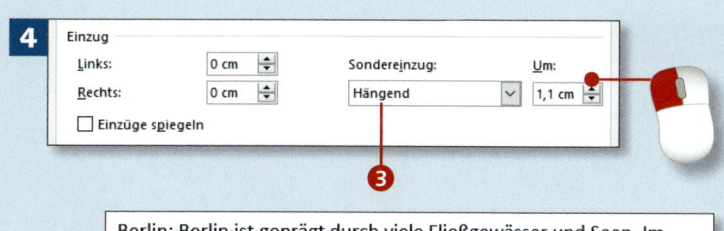

Schritt 5

Sie können die Einzüge auch im Lineal einstellen (dieses aktivieren Sie auf der Registerkarte **Ansicht**, siehe Seite 40). Links am Lineal finden Sie eine Art Sanduhr ❹, die aus drei Teilen besteht.

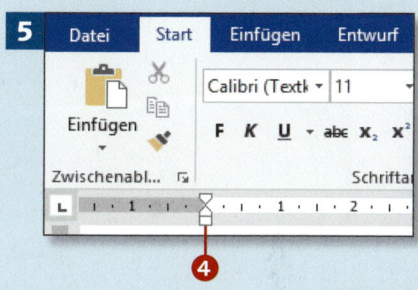

Schritt 6

Um einen »normalen« Einzug für den ganzen Absatz festzulegen, ziehen Sie den unteren Teil der Sanduhr mit gedrückter Maustaste bis zur gewünschten Zentimetermarke. Auf die gleiche Weise bewirkt der obere Teil einen Erstzeileneinzug und der mittlere Teil einen hängenden Einzug. Achten Sie darauf, dass der Cursor im Absatz steht.

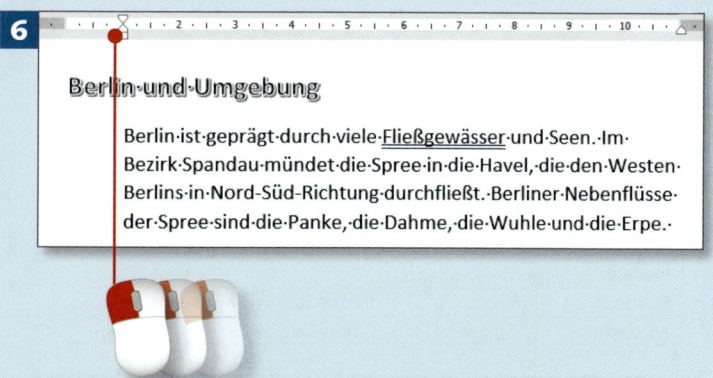

Einzug vergrößern

Einen linken Einzug von 1,25 cm können Sie auch einfach über die Schaltfläche **Einzug vergrößern** (❺ in Bild 1) einstellen, die Sie in der Gruppe **Absatz** finden.

Eine Tabelle einfügen

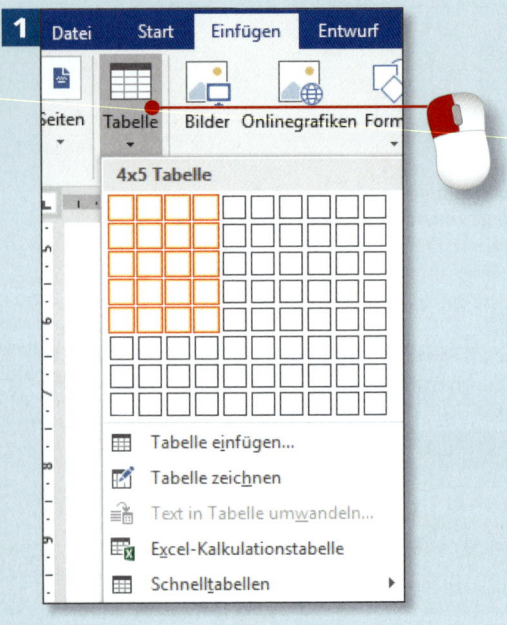

Sollen Texteinträge geordnet unterei-nander und nebeneinander in Zeilen und Spalten stehen, sind Tabellen dafür das geeignete Mittel.

Schritt 1

Klicken Sie auf der Registerkarte **Einfügen** auf **Tabelle**. Fahren Sie mit der Maus über so viele Spalten und Zeilen, wie Sie einfügen möchten, und klicken Sie auf das letzte Käst-chen. Die Tabelle wird eingefügt.

Schritt 2

Sie können sofort losschreiben. In die jeweils nächste Zelle gelangen Sie mit ⇆ oder →, aber Sie können auch einfach in eine andere Zelle klicken oder sie antippen.

Schritt 3

Sie verändern die Spaltenbreite, indem Sie die Linie zwischen zwei Spalten mit gedrückter Maustaste verschieben. Genauso verändern Sie die Zeilenhöhe: Verschieben Sie die horizontale Linie.

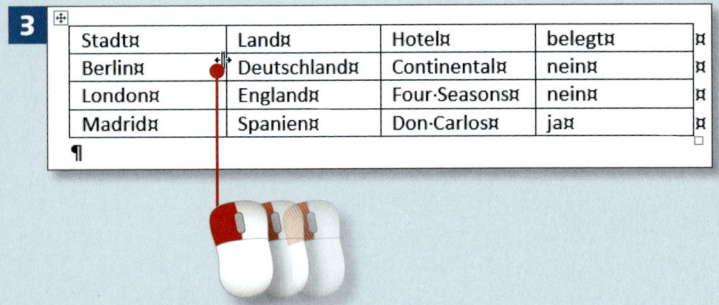

Tabstopps in Zellen

Haben Sie einen Tabstopp in einer Tabellenzelle gesetzt, drücken Sie Strg + ⇆, um in der Zelle zu diesem Tabstopp zu springen.

Schritt 4

Um die Größe exakt festzulegen, nutzen Sie die Felder **Tabellenzeilenhöhe** und **Tabellenspaltenbreite ❶** auf der Registerkarte **Layout** unter **Tabellentools**. Die Angaben gelten für die Zeile oder Spalte, in der der Cursor steht oder für die, die Sie gerade markiert haben. Die Registerkarte erscheint nur, wenn der Cursor in der Tabelle steht.

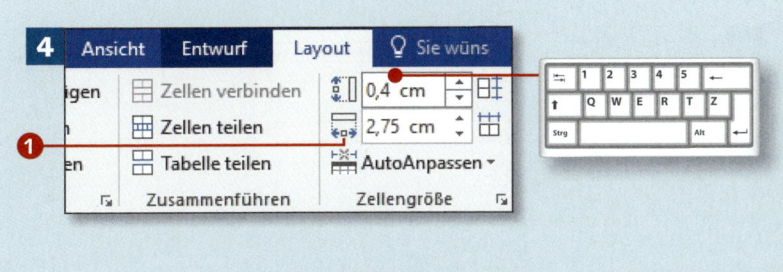

Schritt 5

Standardmäßig haben die Tabellen eine feste Spaltenbreite. Die Spaltenbreite lässt sich aber auch an den Text anpassen. Dazu klicken Sie unter **Tabellentools** auf der Registerkarte **Layout** auf **AutoAnpassen** und wählen **Automatisch an Inhalt anpassen**.

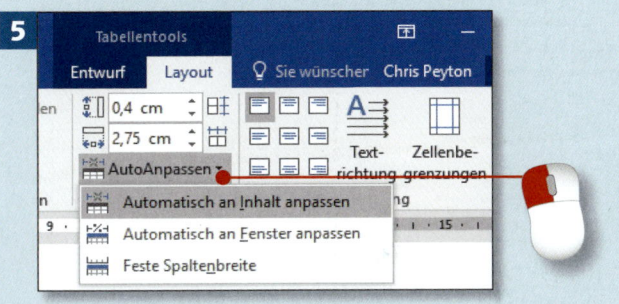

Schritt 6

Klicken Sie unter **Tabellentools** auf der Registerkarte **Layout** ganz links auf **Eigenschaften**, um den Dialog **Tabelleneigenschaften** zu öffnen, in dem Sie z. B. die Spaltenbreite ❷, die Zeilenhöhe oder die Ausrichtung des Textes festlegen können. Mit dem Befehl **Tabelleneigenschaften** im Kontextmenü der Tabelle rufen Sie diesen Dialog ebenfalls auf.

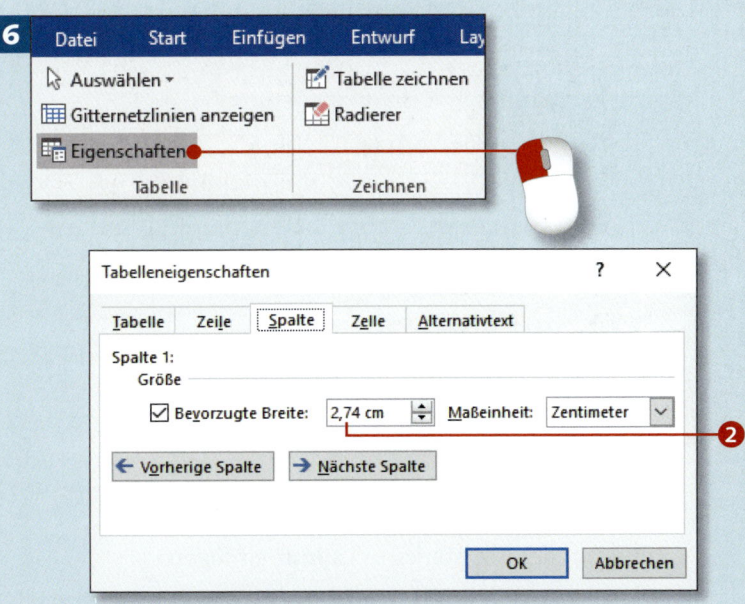

Eine Tabelle bearbeiten und attraktiv gestalten

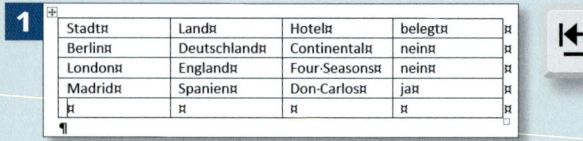 

Wenn Sie feststellen, dass Sie in Ihrer Tabelle mehr Spalten oder Zeilen benötigen, müssen Sie nicht von vorn beginnen. Sie können die vorhandene problemlos erweitern. Und mit wenigen Handgriffen zaubern Sie aus einer schlichten Tabelle ein schickes Werk.

Schritt 1

Es ist einfach, die Tabelle um Zeilen zu ergänzen. Setzen Sie den Cursor in die letzte Zelle der Tabelle, und drücken Sie ⇥. Die Tabelle wird um eine Zeile verlängert.

Schritt 2

Um Zeilen innerhalb der Tabelle einzufügen, setzen Sie den Cursor in die Zeile, unter der Sie eine neue Zeile brauchen, und zeigen Sie mit dem Mauszeiger auf den Rand der Tabelle. Es erscheint eine Linie mit einem Pluszeichen. Klicken Sie darauf.

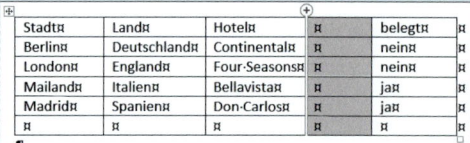

Schritt 3

So fügen Sie auch eine Spalte ein: Setzen Sie den Cursor in die Spalte, neben der Sie eine weitere einfügen möchten, und zeigen Sie mit der Maus auf den oberen Rand der Zelle. Klicken Sie dann auf das Plus.

---

i

Befehle zum Einfügen

Sie können Zeilen oder Spalten auch über die Befehle in der Gruppe **Zeilen und Spalten** unter **Tabellentools** auf der Registerkarte **Layout** einfügen.

Schritt 4

Um Zeilen oder Spalten zu entfernen, setzen Sie den Cursor in die zu löschende Zeile/Spalte, klicken unter **Tabellentools** auf der Registerkarte **Layout** auf **Löschen** und wählen eine Option.

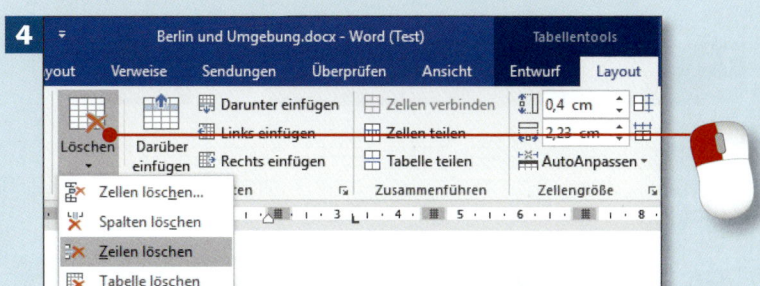

Schritt 5

Zellen lassen sich weiter aufteilen. Setzen Sie den Cursor in die Zelle, und klicken Sie auf **Zellen teilen**. Im Fenster geben Sie an, in wie viele Spalten (oder Zeilen) die Zelle unterteilt werden soll ❶.

Schritt 6

Um Zeilen oder Spalten zu formatieren, müssen Sie sie markieren. Das geht mit gedrückter Maustaste oder so: Zeigen Sie mit der Maus links neben den Rand der Zeile oder auf den oberen Rand der Spalte; wenn Sie den weißen Mauszeiger ❷ bzw. den schwarzen Pfeil ❸ sehen, klicken Sie.

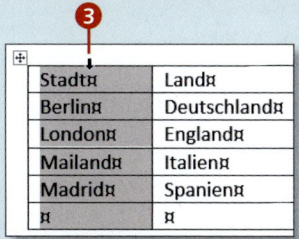

Markieren in der Tabelle

Zellen, Zeilen oder Spalten einer Tabelle lassen sich auch bequem markieren, wenn Sie unter **Tabellentools** auf der Registerkarte **Layout** ganz links auf den Pfeil an der Schaltfläche **Auswählen** klicken und im Menü Ihre Auswahl treffen.

Eine Tabelle bearbeiten und attraktiv gestalten (Forts.)

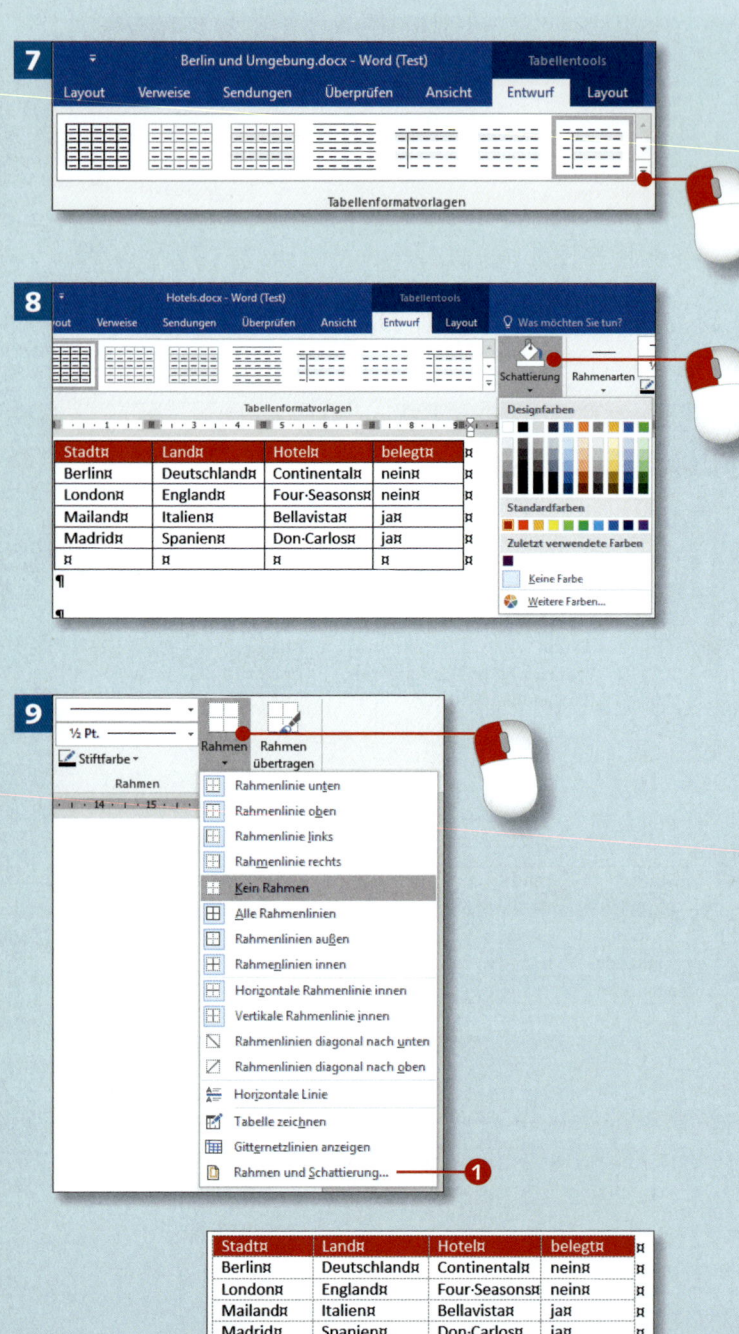

Schritt 7

Zum Gestalten können Sie Vorlagen nutzen. Setzen Sie den Cursor in die Tabelle, und aktivieren Sie unter **Tabellentools** die Registerkarte **Entwurf**. Hier werden *Tabellenformatvorlagen* angeboten. Um alle Vorlagen zu sehen, klicken Sie auf den Pfeil. Per Mausklick übertragen Sie eine Vorlage auf Ihre Tabelle.

Schritt 8

Natürlich können Sie die Tabelle auch eigenhändig gestalten. Geben Sie markierten Zellen z. B. einen farbigen Hintergrund, indem Sie das Menü **Schattierung** öffnen und daraus eine Farbe wählen.

Schritt 9

Die eingefügte Tabelle hat innen und außen Rahmenlinien. Sie können diese teilweise oder komplett entfernen. Markieren Sie die betreffenden Zellen, und klicken Sie auf der Registerkarte **Entwurf** auf **Rahmen ▸ Kein Rahmen**. Die gestrichelten Linien, die übrig bleiben, sind Hilfslinien, die nicht ausgedruckt werden. Sie können sie über **Layout ▸ Gitternetzlinien anzeigen** ausblenden.

Schritt 10

Einzelne Linien setzen Sie – wenn Sie vorher **Kein Rahmen** gewählt haben – folgendermaßen: Markieren Sie z. B. die oberste Zeile. Klicken Sie unter **Tabellentools** auf der Registerkarte **Entwurf** auf **Rahmen ▸ Rahmenlinie unten** (das heißt im Klartext: eine Linie unterhalb der Markierung).

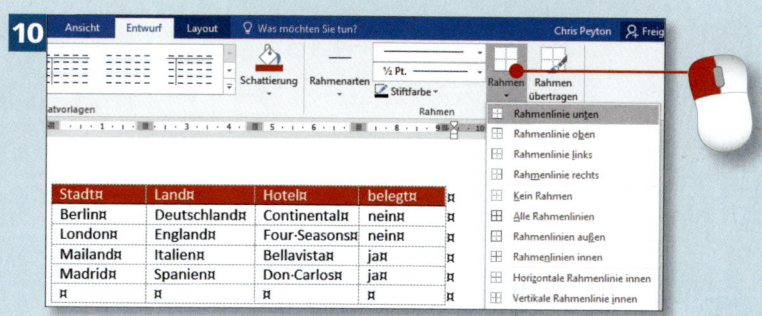

Schritt 11

Für farbige Rahmenlinien oder andere Linienarten öffnen Sie über **Rahmen ▸ Rahmen und Schattierung** (❶ in Bild 9) ein Dialogfenster, in dem Sie Art, Farbe ❷ und Breite ❸ der Linie(n) wählen.

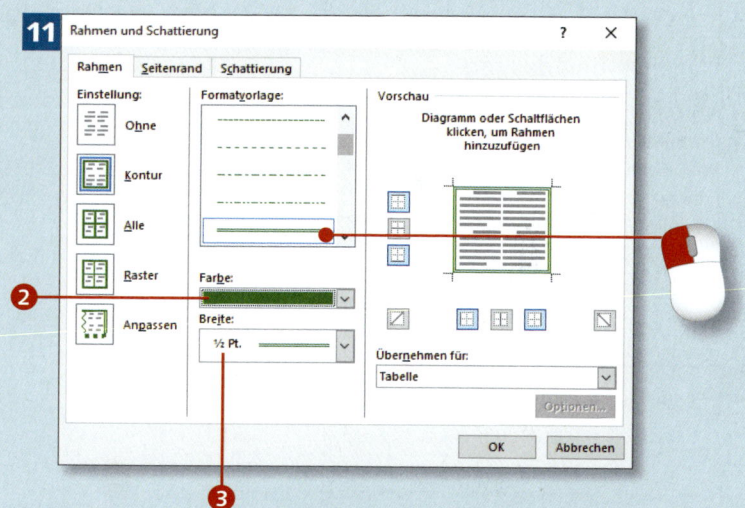

Schritt 12

Wenn Ihre Tabelle eine zentrierte Überschrift erhalten soll, lässt sich das mit verbundenen Zellen lösen. Markieren Sie die oberste Zeile, und klicken Sie unter **Tabellentools** auf **Layout ▸ Zellen verbinden**. Nun können Sie die Überschrift zentrieren. Die Befehle finden Sie auf der Registerkarte **Layout** in der Gruppe **Ausrichtung** ❹ (und natürlich auf der Registerkarte **Start**).

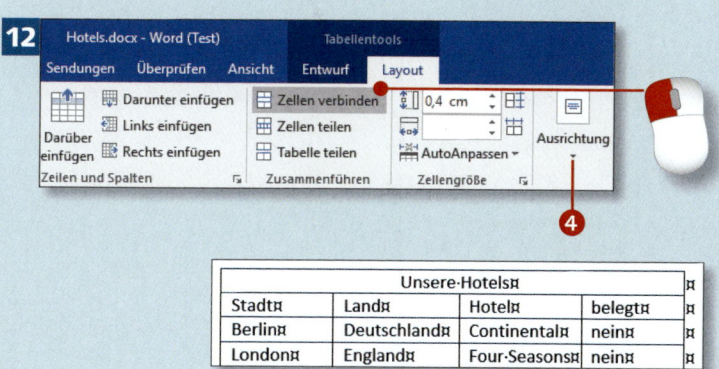

Mit Formatvorlagen arbeiten

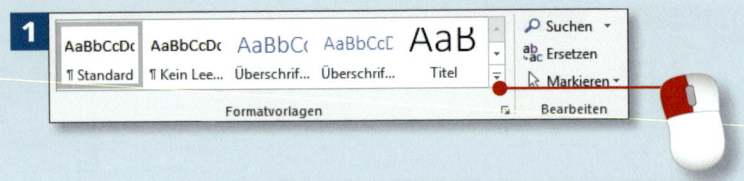

Formatvorlagen bündeln diverse Formatierungen in Vorlagen, die Sie Absätzen einfach per Mausklick zuweisen können. Eine praktische Sache, die wir Ihnen hier zeigen.

Schritt 1

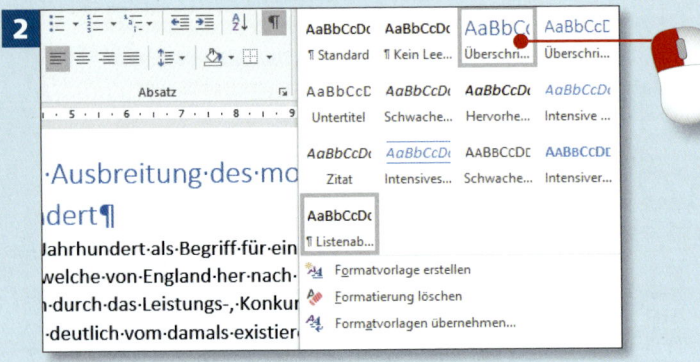

Um eine Formatvorlage zuzuweisen, setzen Sie den Cursor in den entsprechenden Absatz und klicken auf der Registerkarte **Start** auf den Pfeil am Auswahlfeld **Formatvorlagen**. Im Menü sehen Sie die *Schnellformatvorlagen*.

Schritt 2

Wenn Sie mit der Maus über die Vorlagen fahren, sehen Sie die Auswirkung direkt im Text. Klicken Sie auf eine Vorlage, um sie für den Absatz zu übernehmen.

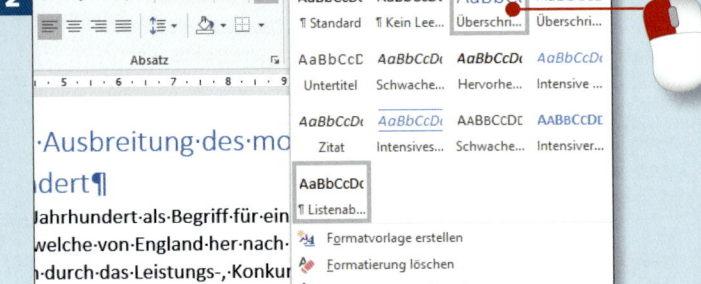

Schritt 3

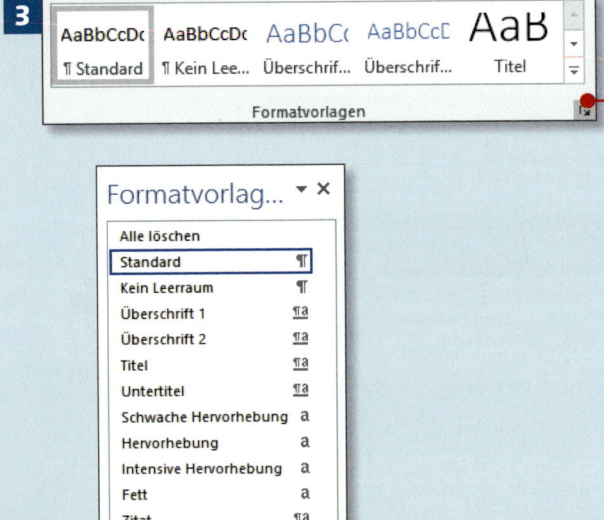

Um das gesamte Angebot an Formatvorlagen zu sehen, klicken Sie auf den Pfeil an der Gruppe **Formatvorlagen**. Daraufhin wird im rechten Bereich der Aufgabenbereich **Formatvorlagen** eingeblendet, in dem eine größere Auswahl angezeigt wird.

Schritt 4

Um alle vorhandenen Formatvorlagen zu sehen, klicken Sie ganz unten auf den Link **Optionen** ❶. Im Dialog wählen Sie im Feld **Anzuzeigende Formatvorlagen auswählen** die Option **Alle Formatvorlagen**.

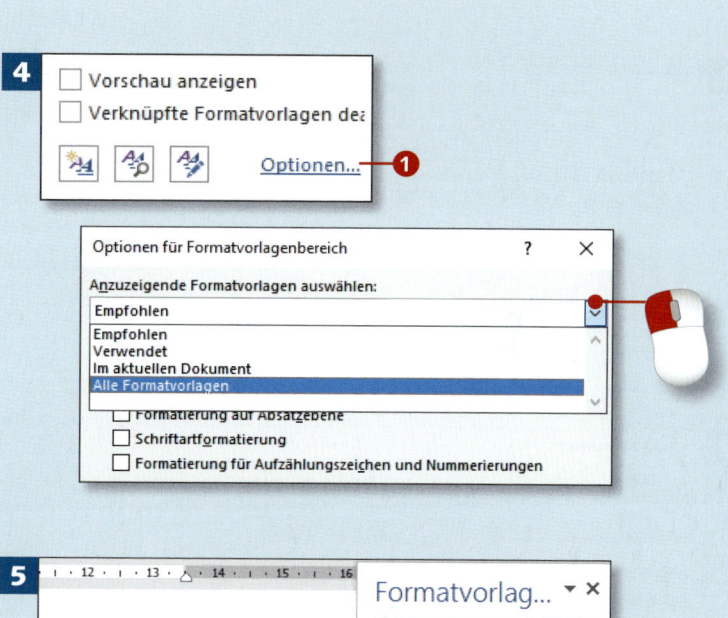

Schritt 5

Sie können eine Formatvorlage, auf die Sie schnell zugreifen möchten, auch in den Formatvorlagenkatalog befördern. Dazu zeigen Sie mit der Maus auf einen Formatvorlagennamen und klicken auf den Pfeil. Im Menü wählen Sie **Zum Formatvorlagenkatalog hinzufügen**.

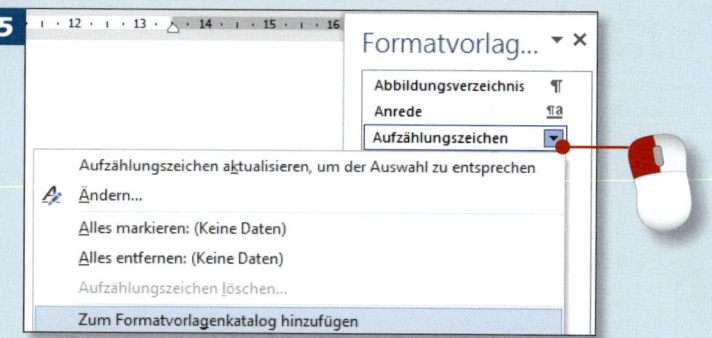

Schritt 6

Sobald Sie mit der Maus auf eine Formatvorlage im Aufgabenbereich zeigen, werden die zugehörigen Einstellungen eingeblendet.

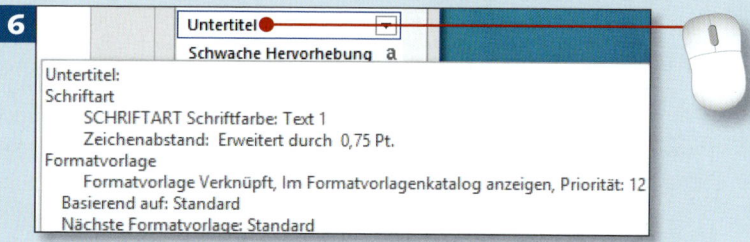

Formatvorlagen nutzen

Insbesondere bei längeren Dokumenten sind Formatvorlagen nützlich, weil sich wiederkehrende Formatierungen mit einem Mausklick zuweisen lassen. Auch das Ändern z. B. aller Überschriften geht schnell: Sie müssen nur die entsprechende Formatvorlage anpassen.

Formatvorlagen anpassen

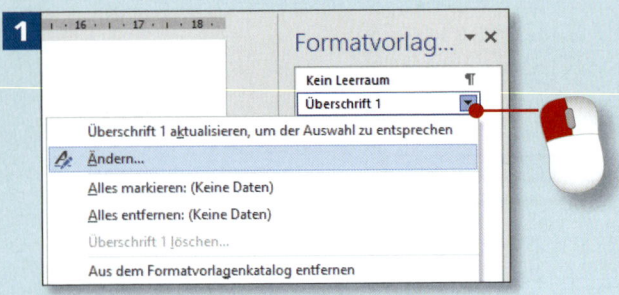

Entsprechen die Eigenschaften einer Formatvorlage nicht ganz Ihren Vorstellungen? Das ist kein Problem, Sie können sie an Ihre Wünsche anpassen.

Schritt 1

Wenn Sie auf den Pfeil an der Gruppe **Formatvorlagen** klicken, werden rechts die Formatvorlagen angezeigt. In der Liste klicken Sie auf den Pfeil an der Vorlage, die Sie ändern möchten. Im Menü wählen Sie **Ändern**.

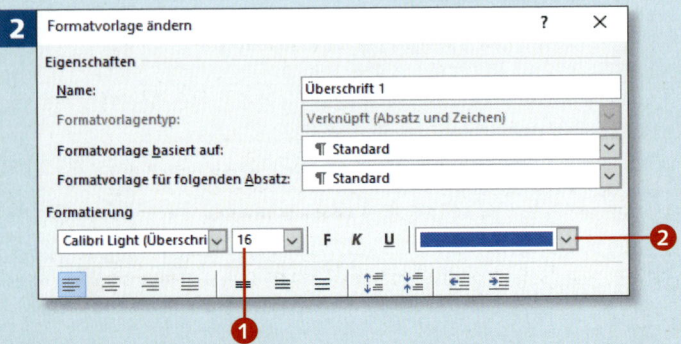

Schritt 2

Der Dialog **Formatvorlage ändern** öffnet sich. Einige Formatierungseinstellungen können Sie direkt hier ändern, z. B. die Schriftgröße ❶ und/oder die Farbe ❷.

Schritt 3

Manche Einstellungen finden Sie nicht unmittelbar im Dialog. Um beispielsweise einen Rahmen festzulegen, klicken Sie auf **Format** und wählen im Menü **Rahmen**. Dies öffnet den Dialog **Rahmen und Schattierung**, wo Sie per Klick auf die Schaltfläche **Kontur** ❸ einen Rahmen für den Absatz einstellen.

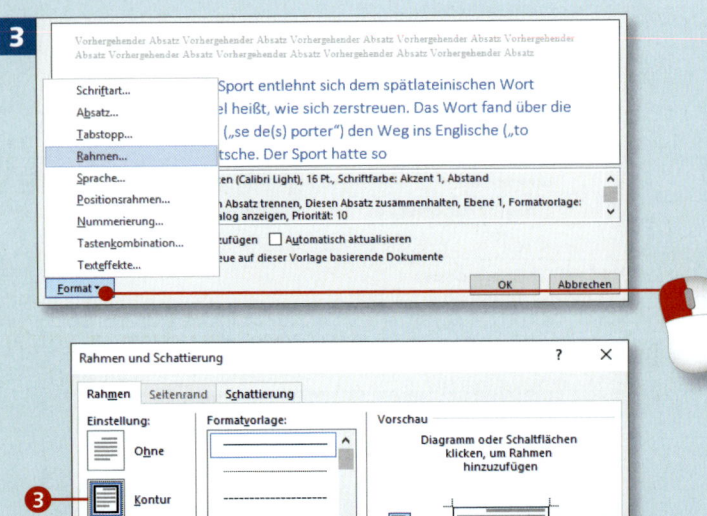

Schritt 4

Wenn Sie auf den Pfeil am Feld **Formatvorlage für folgenden Absatz** klicken, legen Sie fest, mit welchem Format Sie weiterschreiben, nachdem Sie die ⏎-Taste gedrückt und so einen neuen Absatz erzeugt haben.

Schritt 5

Wenn die Veränderungen an der Formatvorlage lediglich im aktuellen Dokument gelten sollen, setzen Sie das Häkchen vor **Nur in diesem Dokument**. In neuen Dokumenten hat die Formatvorlage dann wieder die Standardeinstellungen (wie in der Dokumentvorlage).

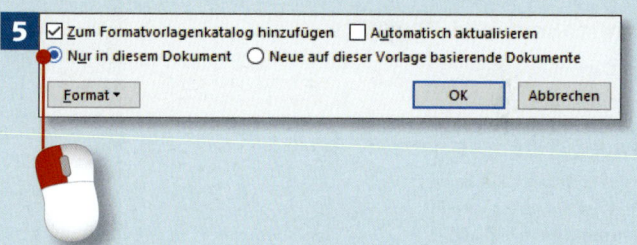

Schritt 6

Ein Klick auf die Schaltfläche **Neue Formatvorlage** im Aufgabenbereich **Formatvorlagen** öffnet den eben beschriebenen Dialog, nur dass er nun **Neue Formatvorlage erstellen** heißt. Anstatt eine Formatvorlage zu ändern, können Sie hier eine neue Formatvorlage mit einem eigenen Namen ❹ anlegen.

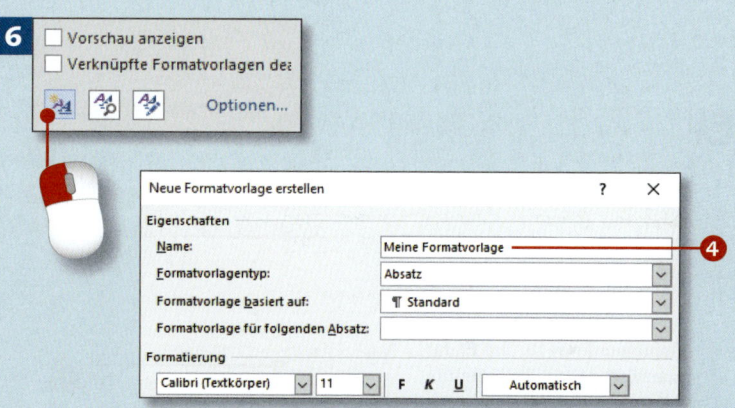

Überschriften nummerieren

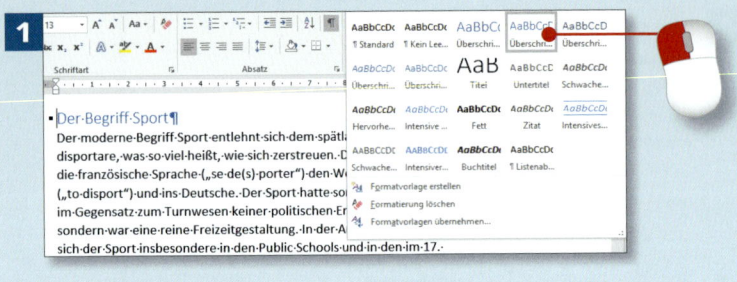

In wissenschaftlichen Arbeiten und anderen längeren Dokumenten ist es üblich, den Text mit Überschriften und Unterpunkten zu gliedern.

Schritt 1

Als Erstes weisen Sie Ihren Überschriften Formatvorlagen zu, also **Überschrift 1** (für eine Hauptüberschrift), **Überschrift 2** (für eine Unterüberschrift) etc. Setzen Sie dazu den Cursor in die Überschrift, und klicken Sie auf der Registerkarte **Start** im Menü **Formatvorlagen** auf die gewünschte Formatvorlage.

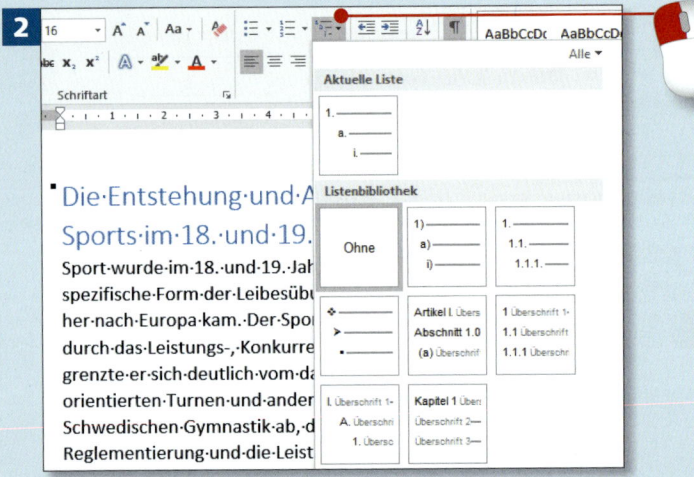

Schritt 2

Danach setzen Sie den Cursor in eine Überschrift (z. B. Ebene 1) und klicken auf den Pfeil an der Schaltfläche **Liste mit mehreren Ebenen**. In der Bibliothek finden Sie mehrere Nummerierungsformate.

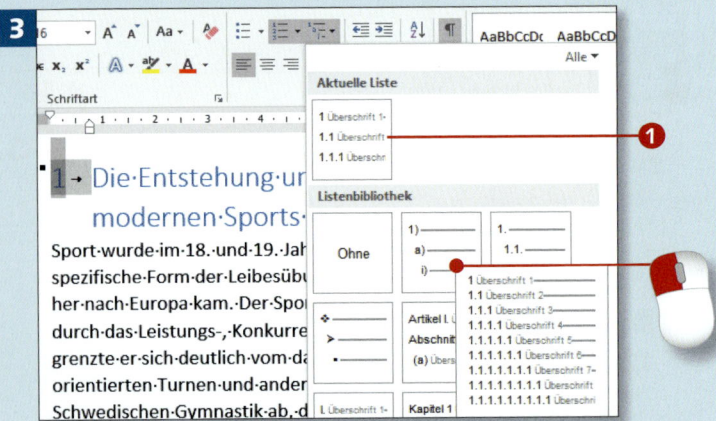

Schritt 3

Wenn Sie die Nummerierung automatisch im gesamten Dokument zuweisen möchten, wählen Sie ein Format, in dem die Überschriften in der Vorschau auftauchen. Bei einem Format, das nur einen Strich zeigt ❶, erhält nur die aktuelle Überschrift eine Nummerierung.

Schritt 4

Sofort werden alle Überschriften im Dokument nummeriert. Um dafür zu sorgen, dass die Überschriften niedriger Ebenen (z. B. Ebene 4) nicht nummeriert werden, klicken Sie im Menü der Schaltfläche **Liste mit mehreren Ebenen** auf den Eintrag **Neue Liste mit mehreren Ebenen definieren**. Achten Sie darauf, dass der Cursor in einer der Überschriften steht.

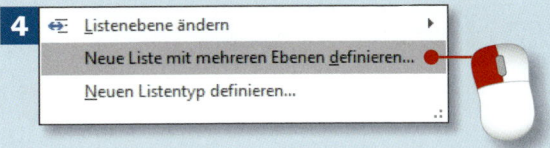

Schritt 5

Im zugehörigen Dialog klicken Sie als Erstes ganz unten auf **Erweitern**, um den kompletten Dialog zu sehen. Dann markieren Sie in der Liste links die Überschriftenebene, die Sie bearbeiten möchten, z. B. **4**.

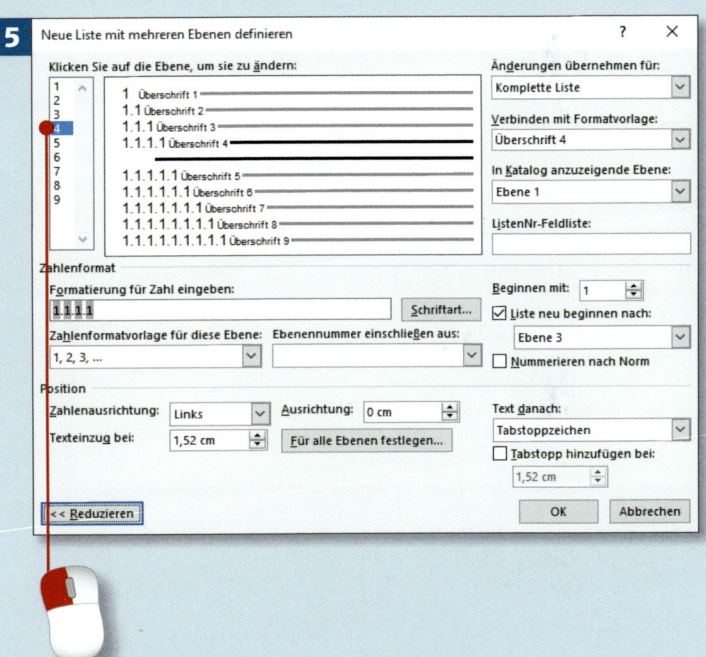

Schritt 6

Klicken Sie dann rechts auf den Pfeil am Feld **Verbinden mit Formatvorlage**, und wählen Sie **Keine Formatvorlage**. Sie sehen den Erfolg der Aktion unmittelbar in der Vorschau: Die Ebene wird nur noch mit einem Strich dargestellt ❷. Wiederholen Sie dies gegebenenfalls für andere Unterüberschriften.

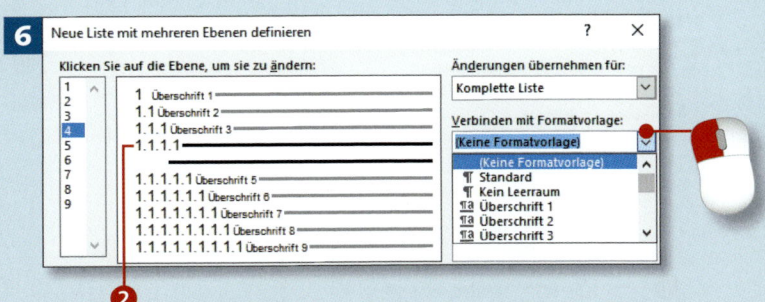

Ein Inhaltsverzeichnis erstellen

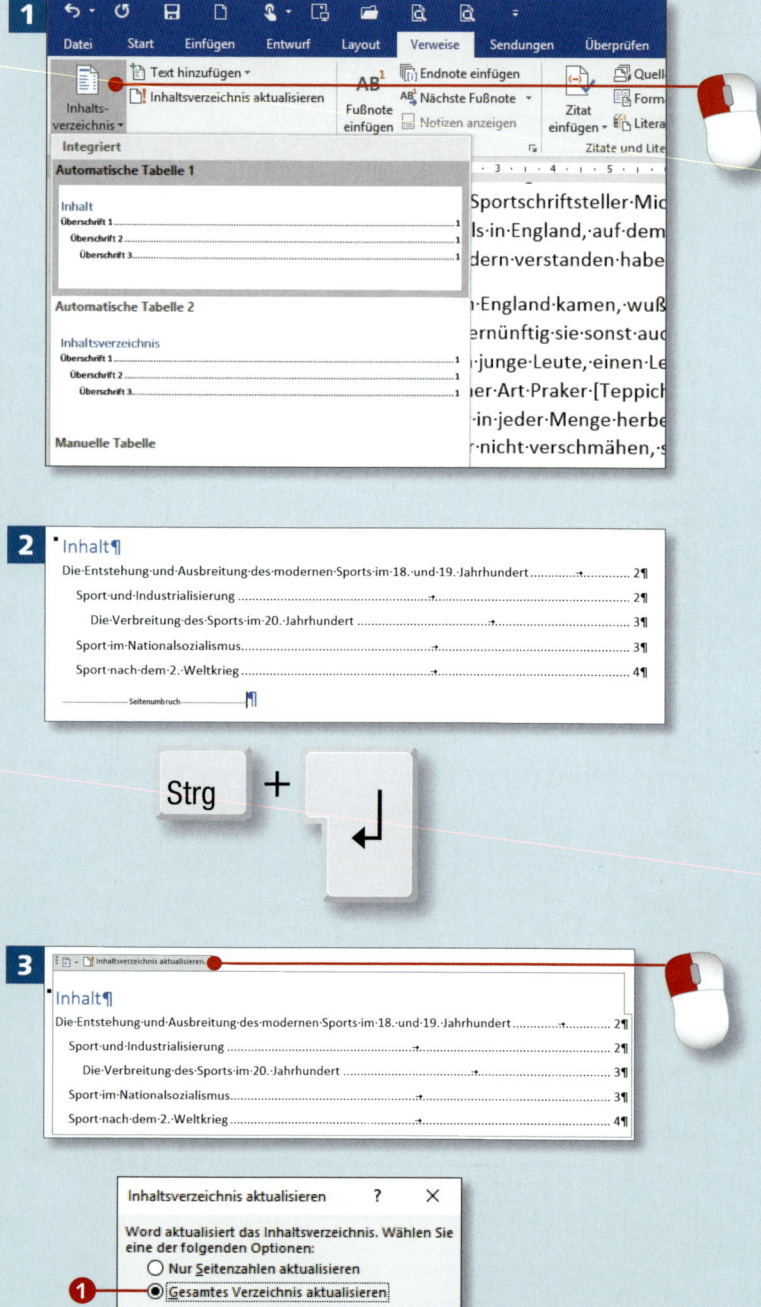

Gerade bei umfangreichen Dokumenten ist ein Inhaltsverzeichnis unerlässlich. Mit Word erstellen Sie es im Nu. Voraussetzung sind Überschriften, die mit Formatvorlagen (»Überschrift 1« etc.) formatiert wurden.

Schritt 1

Setzen Sie den Cursor an den Anfang des Dokuments, und drücken Sie ↵, um oberhalb der Überschrift einen Absatz zu erzeugen. Auf der Registerkarte **Verweise** klicken Sie auf **Inhaltsverzeichnis**. Wählen Sie **Automatische Tabelle 1** oder **Automatische Tabelle 2**.

Schritt 2

Word erstellt das Inhaltsverzeichnis auf Basis der Überschriften. Damit es auf einer leeren Seite steht, drücken Sie unterhalb des Verzeichnisses Strg + ↵, um einen Seitenumbruch einzufügen.

Schritt 3

Um das Verzeichnis zu aktualisieren (also z. B. Änderungen an Überschriften zu übernehmen), setzen Sie den Cursor hinein und klicken auf **Inhaltsverzeichnis aktualisieren**. Im Dialog wählen Sie die zweite Option ❶. Die Änderung taucht nun auch im Inhaltsverzeichnis auf.

Schritt 4

Statt im Menü ein Verzeichnisformat zu wählen (Schritt 1), können Sie auch einen Dialog öffnen, in dem Sie mehr Einstellungen vornehmen können. Dazu klicken Sie auf **Benutzerdefiniertes Inhaltsverzeichnis**.

Schritt 5

Im Dialog **Inhaltsverzeichnis** können Sie ein Format für das Verzeichnis auswählen, das **Füllzeichen** ❷ ändern, die Hyperlinks ❸ deaktivieren und die einbezogenen Ebenen verändern ❹. Klicken Sie abschließend auf **OK**.

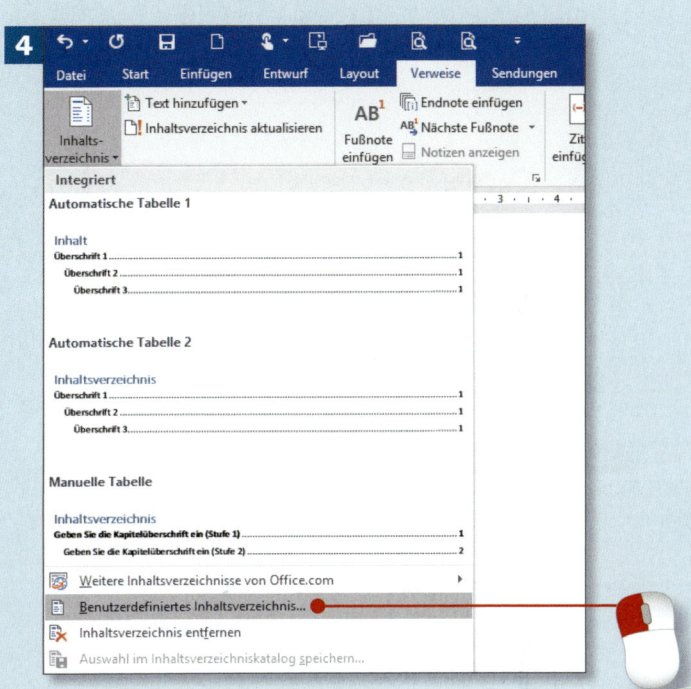

Schritt 6

Wenn Sie bereits ein Inhaltsverzeichnis im Dokument hatten, fragt Word, ob es ersetzt werden soll. Klicken Sie auf **OK**. Anschließend sehen Sie die Änderung in Ihrem Dokument.

i

Hyperlinks im Inhaltsverzeichnis
Die Überschriften im Inhaltsverzeichnis sind *Hyperlinks*. Das bedeutet, dass Sie per Mausklick auf eine Überschrift direkt zur jeweiligen Stelle im Dokument springen können.

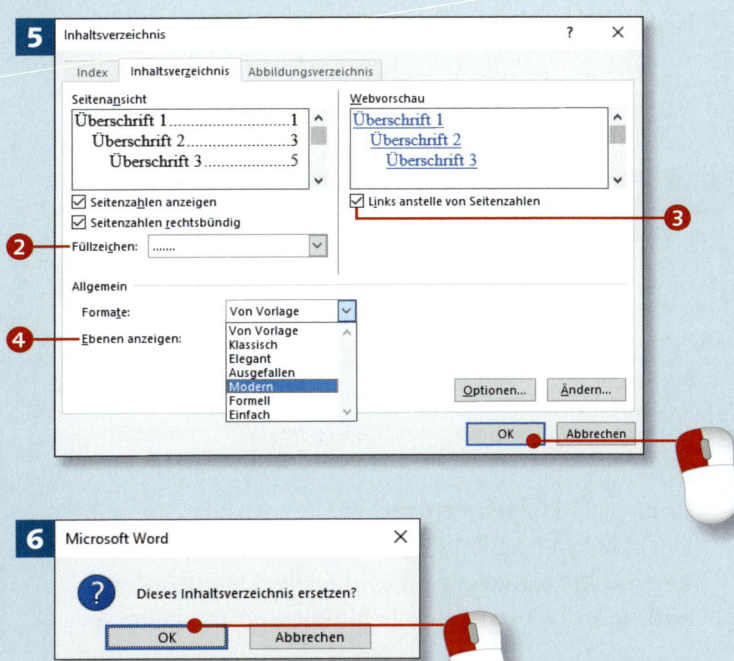

Kopf- und Fußzeilen anlegen

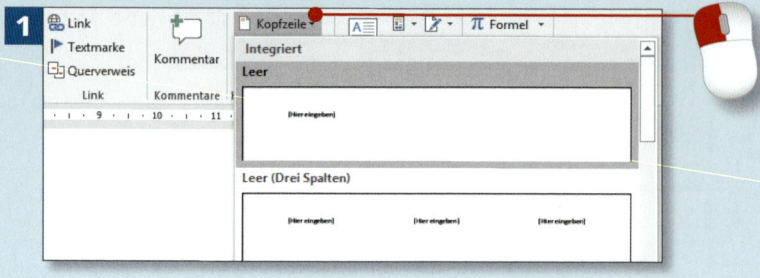

Kopf- und Fußzeilen zu setzen, ist eine äußerst praktische Funktion von Word. Einmal angelegt, taucht der Text automatisch auf jeder Seite des Dokuments auf.

Schritt 1

Um eine Kopf- oder Fußzeile einzufügen, klicken Sie auf der Registerkarte **Einfügen** auf **Kopfzeile** bzw. **Fußzeile**. Für eine schlichte Kopfzeile klicken Sie im Menü auf **Leer**. Der Bereich für die Kopfzeile öffnet sich. Geben Sie hier Ihren Text ein.

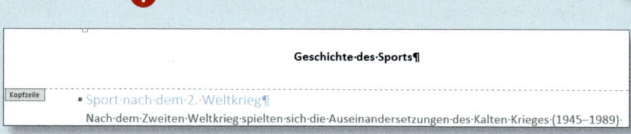

Schritt 2

Um den Text der Kopfzeile zu formatieren, können Sie die Befehle auf der Registerkarte **Start** nutzen. Formatieren Sie den Text etwa **Fett** ❶, und setzen Sie ihn in die Mitte, indem Sie auf **Zentriert** klicken.

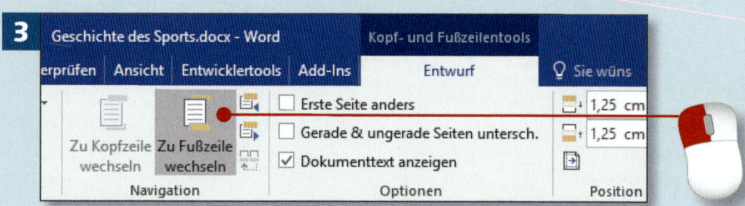

Schritt 3

Solange die Kopf- oder Fußzeile geöffnet ist, wird unter **Kopf- und Fußzeilentools** die Registerkarte **Entwurf** eingeblendet. Um von der Kopfzeile in die Fußzeile zu springen, klicken Sie auf **Zu Fußzeile wechseln**.

➕ Kopf- und Fußzeile entfernen

Um eine Kopfzeile zu löschen, öffnen Sie das Menü der Schaltfläche **Kopfzeile** und wählen hier **Kopfzeile entfernen**. Mit der Fußzeile funktioniert das genauso.

Schritt 4

Um das Datum in die Kopfzeile einzufügen, klicken Sie auf **Datum und Uhrzeit** ❷. Im gleichnamigen Dialog wählen Sie ein Format und klicken auf **OK**. Das Datum wird in die Kopfzeile eingefügt. Wenn Sie **Automatisch aktualisieren** ❸ anklicken, wird es als Feld eingefügt und aktualisiert sich von selbst.

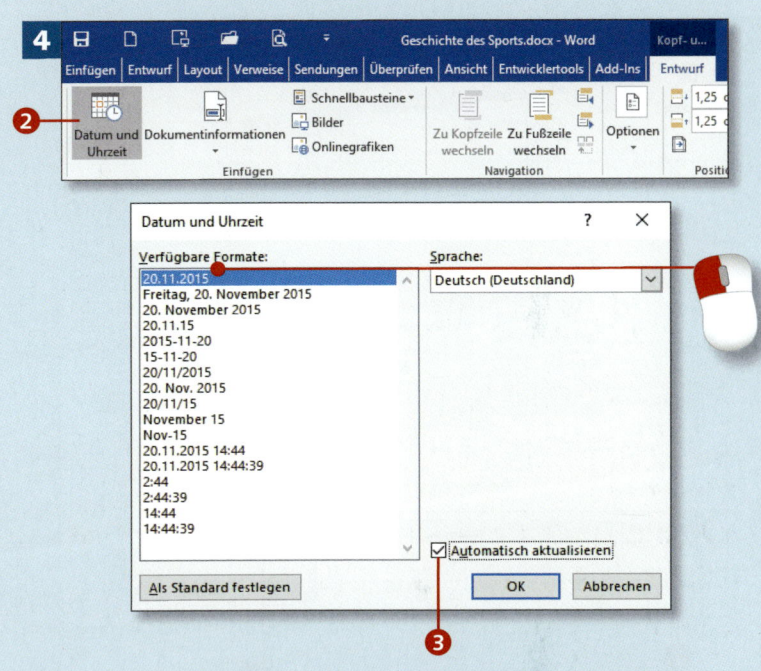

Schritt 5

Den Abstand der Kopf- oder Fußzeile zum Seitenrand regeln Sie in den Feldern **Kopfzeile von oben** und **Fußzeile von unten**. Der Effekt stellt sich unmittelbar ein.

Schritt 6

Wenn auf der ersten Seite des Dokuments z. B. keine Kopfzeile erscheinen soll, aktivieren Sie die Option **Erste Seite anders**.

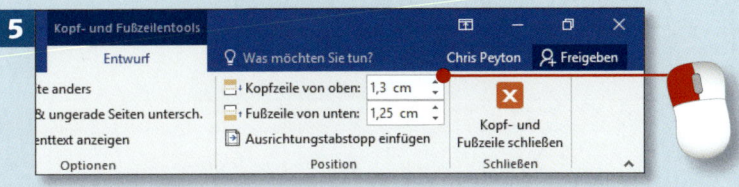

Öffnen und schließen

Mit der Schaltfläche **Kopf- und Fußzeile schließen** ❹ oder mit einem Doppelklick auf den Textbereich kehren Sie zum Textbereich zurück. Umgekehrt gelangen Sie per Doppelklick auf die Kopfzeile in diesen Bereich.

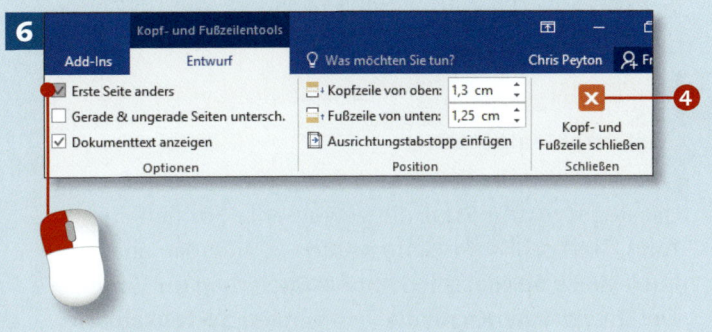

Seitenzahlen einfügen

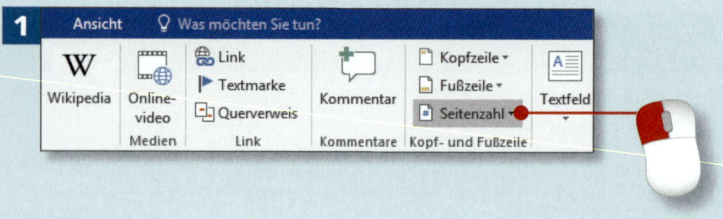

Längere Dokumente sollten seitenweise durchnummeriert sein. Diese Aufgabe erledigen Sie mit der entsprechenden Word-Funktion. So werden die Seitenzahlen bei Veränderungen stets angepasst.

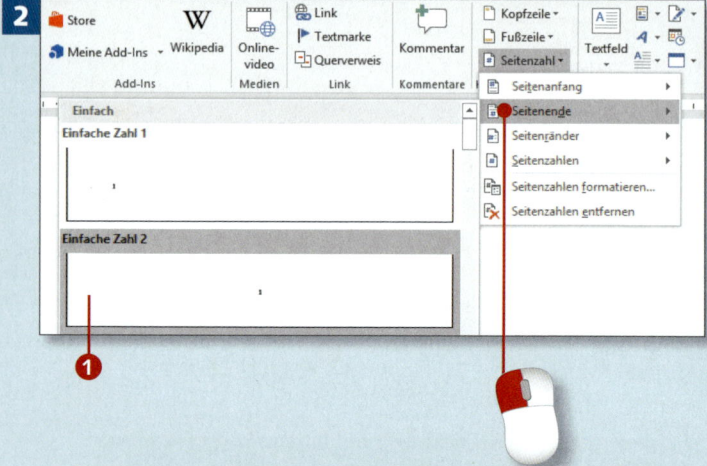

Schritt 1

Seitenzahlen tauchen in der Regel am Fuß einer Seite auf und werden daher am besten auch in die Fußzeile gesetzt. Klicken Sie auf die Schaltfläche **Seitenzahl** auf der Registerkarte **Einfügen**.

Schritt 2

In dem Menü führen Sie den Mauszeiger auf **Seitenende**. Im Untermenü wird eine Reihe unterschiedlicher Formate für Seitenzahlen angezeigt.

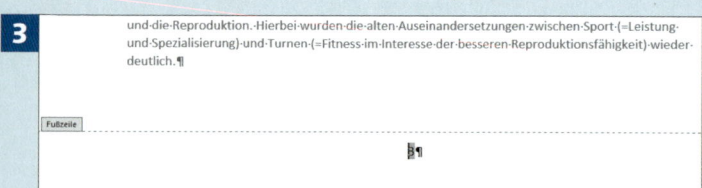

Schritt 3

Klicken Sie beispielsweise auf den Bereich **Einfache Zahl 2** ❶, um in einer Fußzeile Seitenzahlen einzufügen, die zentriert in der Mitte der Seite stehen. Auch die Fußzeile wird mit Hilfe einer gestrichelten Linie angezeigt.

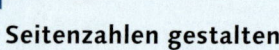

Seitenzahlen gestalten

Markieren Sie die Seitenzahl, und wählen Sie auf der Registerkarte **Start** die gewünschte Formatierung. Statt schlichter Seitenzahlen können Sie aber auch gleich Seitenzahlen mit Formatierung und/oder Design einfügen. Scrollen Sie im Menü **Seitenzahl ▸ Seitenende** durch die Auswahl.

Schritt 4

Sie verlassen den Fußzeilenbereich durch einen Doppelklick auf die »normale« Seite oder indem Sie auf die Schaltfläche **Kopf- und Fußzeile schließen** klicken.

Schritt 5

Sollen die Seitenzahlen weiter unten am Rand erscheinen, verringern Sie die Höhe des Fußzeilenbereichs. Klicken Sie dazu auf den nach unten zeigenden Pfeil an der Schaltfläche **Fußzeile von unten**.

Schritt 6

Wenn auf der ersten Seite keine Seitenzahl erscheinen soll, setzen Sie ein Häkchen vor die Option **Erste Seite anders ❷**. Damit dann auf der zweiten Seite eine »1« steht, öffnen Sie über **Seitenzahl ▸ Seitenzahlen formatieren** den Dialog **Seitenzahlenformat**. Hier tragen Sie im Feld **Beginnen bei** »0« ein.

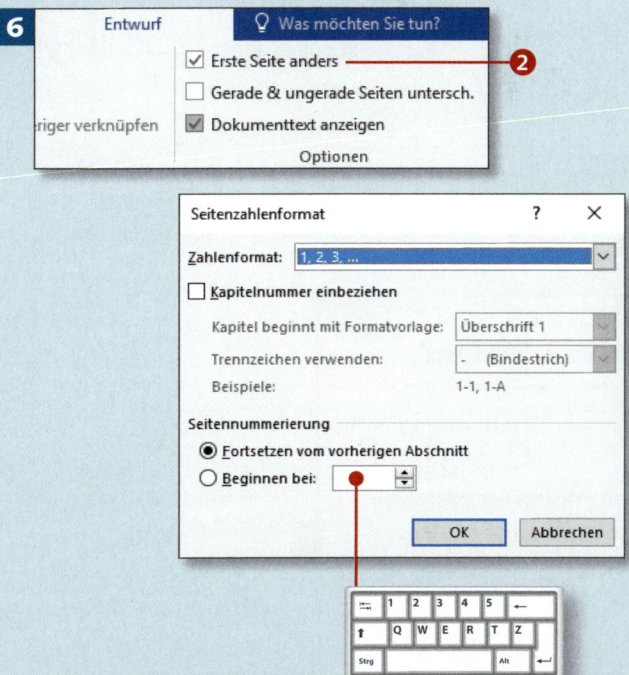

Fußzeilenbereich aktivieren

Durch einen Doppelklick auf die Seitenzahl bzw. den Fußzeilenbereich öffnen Sie den Fußzeilenbereich.

Ein Dokument in der Seitenansicht betrachten

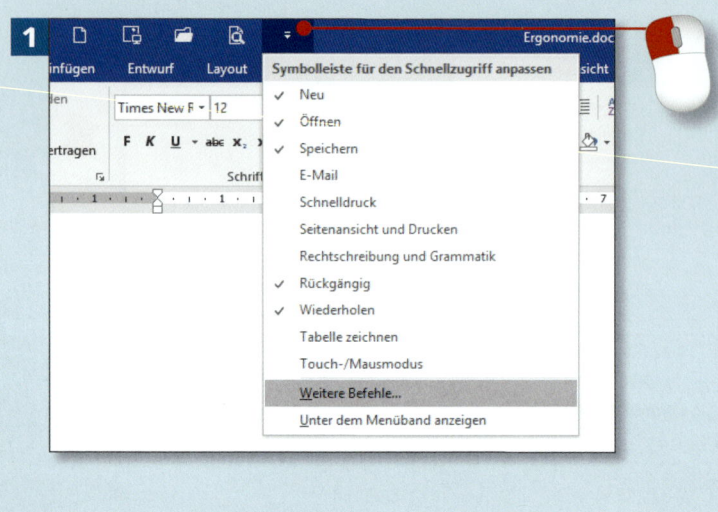

Im Dialog »Drucken« (siehe Seite 32) sehen Sie das Dokument zwar als Vorschau, aber diese bietet keine Bearbeitungsmöglichkeiten. Geeigneter dafür ist die Seitenansicht.

Schritt 1

Am bequemsten rufen Sie die Seitenansicht auf, indem Sie sich die entsprechende Schaltfläche auf die Symbolleiste für den Schnellzugriff legen. Klicken Sie im Menü der Symbolleiste für den Schnellzugriff auf **Weitere Befehle**.

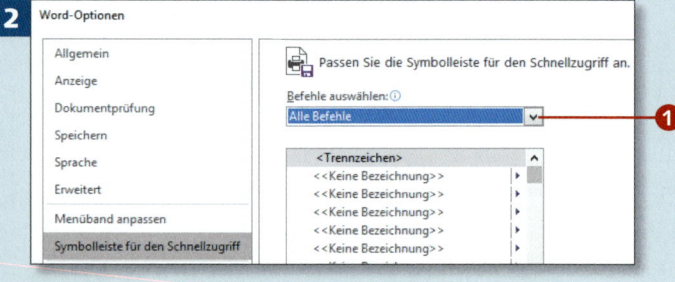

Schritt 2

Im Dialog **Word-Optionen** wählen Sie im Feld **Befehle auswählen** die Option **Alle Befehle** ❶. Dann scrollen Sie in der ziemlich langen Liste bis zu dem Eintrag **Seitenansicht-Bearbeitungsmodus** ❷, markieren ihn und klicken auf die Schaltfläche **Hinzufügen**. Der Eintrag wandert in die rechte Liste. Klicken Sie abschließend auf **OK**.

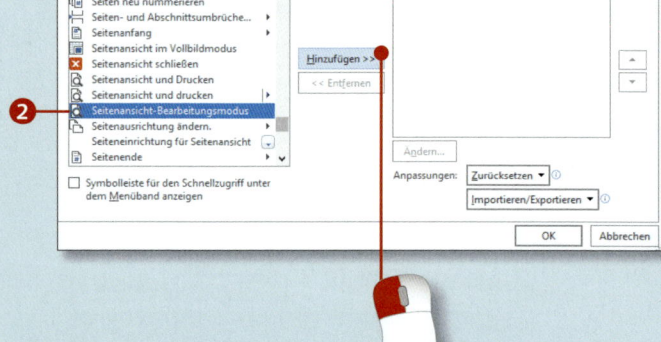

Schritt 3

Per Klick auf die neue Schaltfläche mit der Lupe (optisch leider nicht zu unterscheiden von der Minischaltfläche **Seitenansicht und Drucken**) können Sie die Seitenansicht nun aufrufen.

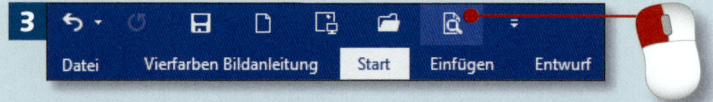

Schritt 4

In der Seitenansicht sehen Sie das Dokument so, wie es im Ausdruck erscheinen wird. Die Darstellungsgröße können Sie über die Schaltfläche **Zoom** auf der Registerkarte **Seitenansicht** oder über den Regler ❸ unten rechts am Bildschirm verändern.

Schritt 5

Die Ansicht heißt nicht umsonst **Seitenansicht-Bearbeitungsmodus**, denn Sie können den Text hier bearbeiten. Entfernen Sie das Häkchen vor **Lupe**. Der Mauszeiger fungiert dann nicht mehr als Lupe zum Vergrößern oder Verkleinern der Anzeige.

Schritt 6

Um die Seitenansicht zu verlassen und zum Dokument zurückzukehren, klicken Sie auf **Seitenansicht schließen** oder drücken ⟨Esc⟩.

➕ Aus der Seitenansicht drucken

Sie können ein Dokument auch direkt aus der Seitenansicht heraus drucken. Klicken Sie auf die Schaltfläche **Seitenansicht und Drucken** (❹ in Bild 4).

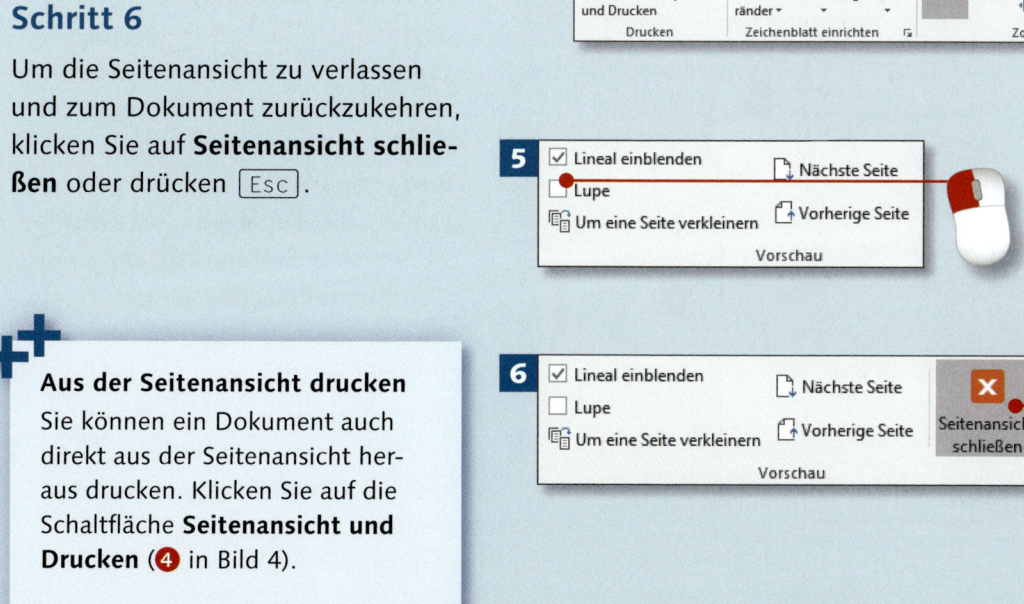

Ein Dokument ausdrucken

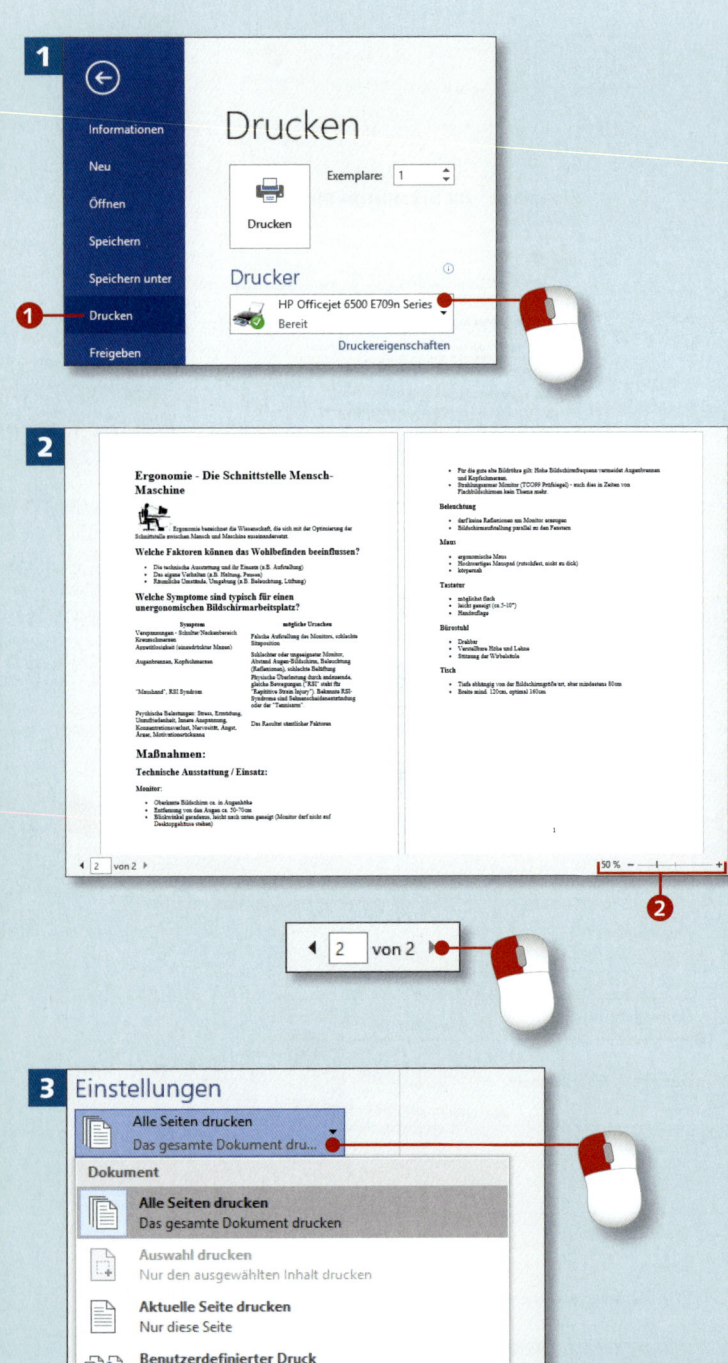

Der Dialog »Drucken« bietet eine Menge praktischer Möglichkeiten. Die wichtigsten Einstellungen stellen wir Ihnen in diesem Abschnitt vor.

Schritt 1

Rufen Sie das Fenster zum Drucken auf, indem Sie **Datei ▸ Drucken** ❶ wählen. Prüfen Sie zunächst, ob der richtige Drucker eingestellt ist. Im Feld **Drucker** wählen Sie bei Bedarf einen anderen Drucker aus.

Schritt 2

Im rechten Bereich sehen Sie eine Vorschau auf den Ausdruck. Mit den Pfeilen können Sie durch das Dokument blättern. Beachten Sie auch den Zoom ❷, mit dem Sie die Größe der Ansicht verändern.

Schritt 3

Standardmäßig werden alle Seiten des geöffneten Dokuments gedruckt. Klicken Sie nun auf den Pfeil am Feld **Alle Seiten drucken** im Bereich **Einstellungen**. Mit den Optionen der Auswahl legen Sie fest, was gedruckt werden soll.

Schritt 4

Um einen zuvor markierten Bereich zu drucken, wählen Sie die Option **Auswahl drucken**. Mit **Aktuelle Seite drucken** ❸ wird nur die Seite gedruckt, auf der der Cursor steht.

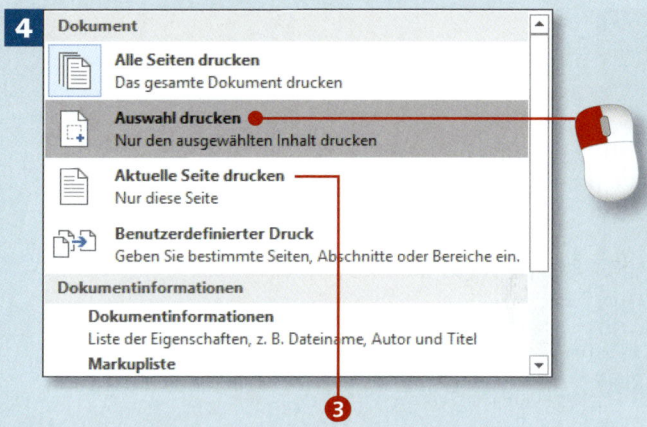

Schritt 5

Sie können auch einzelne Seiten ausdrucken. Geben Sie im Feld **Seiten** die Seitenzahlen durch Komma oder Semikolon getrennt ein, z. B. »1;3;5«. Auch die Eingabe »1-3« (die Seiten 1 bis 3) funktioniert.

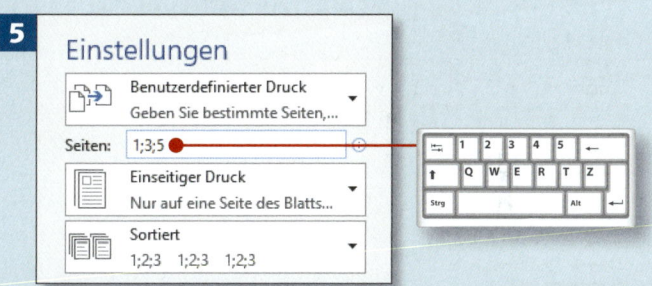

Schritt 6

Sie können auch mehrere Seiten auf einem Blatt ausdrucken. Klicken Sie dazu auf den Pfeil am Feld **1 Seite pro Blatt**. Wählen Sie eine Einstellung aus. Abschließend klicken Sie ganz oben auf **Drucken** ❹, um den Druckauftrag an Ihren Drucker zu schicken.

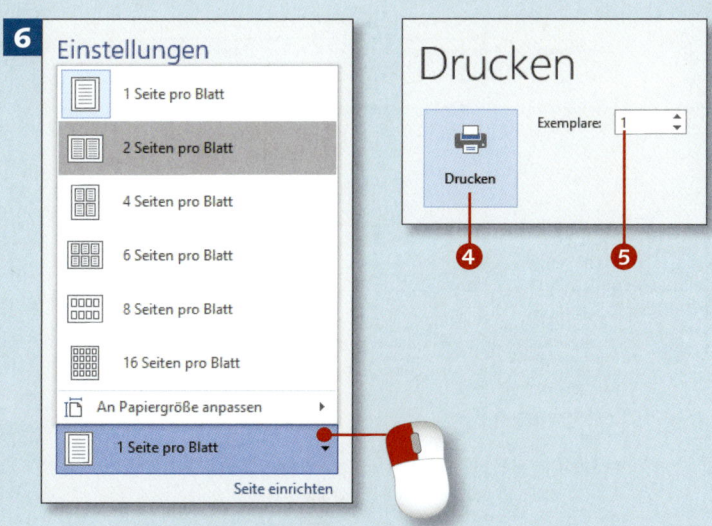

ℹ Anzahl der Exemplare

Wie oft ein Dokument oder eine Seite ausgedruckt werden soll, legen Sie im Feld **Exemplare** ❺ fest.

Seitenzahlen einfügen

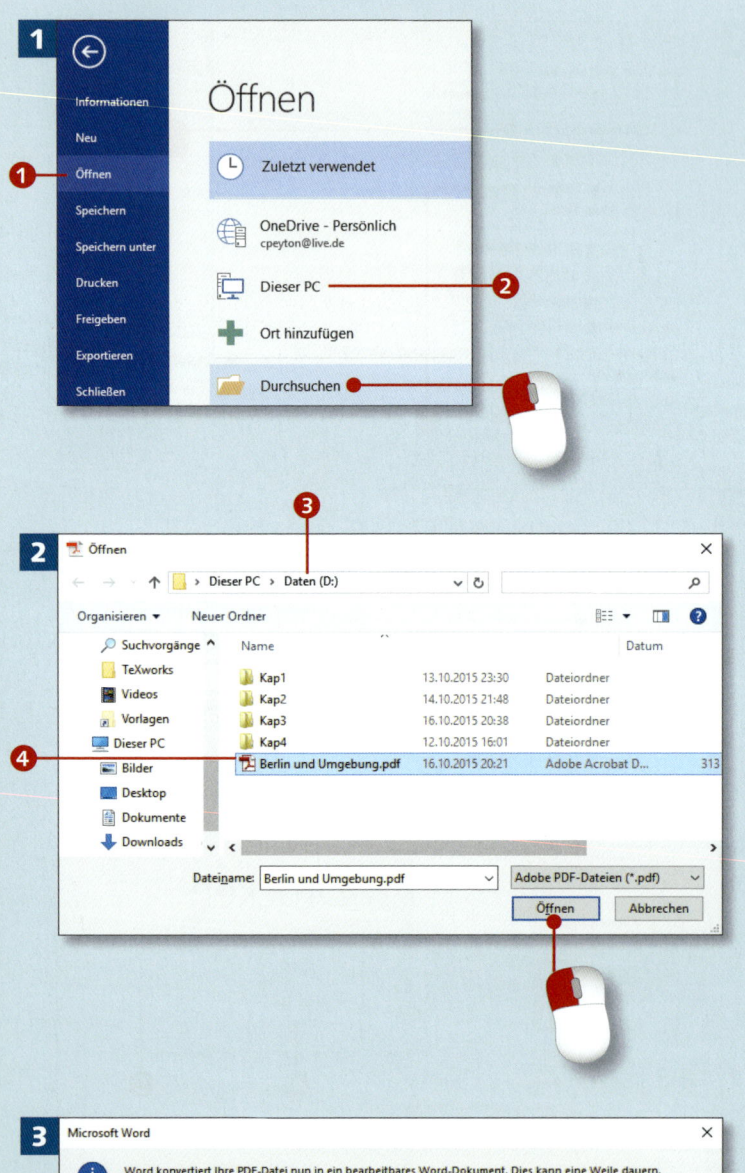

Diese Möglichkeit haben Sie vielleicht schon mal vermisst: PDF-Dateien einfach in Word zu öffnen und zu bearbeiten. Seit Word 2013 steht diese Funktion nun bereit.

Schritt 1

Um eine PDF-Datei zu öffnen, rufen Sie über **Datei ▸ Öffnen** ❶ das Fenster **Öffnen** auf, klicken hier auf **Dieser PC** ❷ und dann auf die Schaltfläche **Durchsuchen**.

Schritt 2

Wandern Sie zu dem Ordner ❸, in dem die gesuchte PDF-Datei liegt. Markieren Sie die Datei ❹, und klicken Sie auf **Öffnen**.

Schritt 3

Eine Meldung erscheint, die besagt, dass das Dokument konvertiert wird und vermutlich nicht genauso aussehen wird wie das PDF-Dokument. Bestätigen Sie die Meldung mit **OK**.

Schritt 4

Das Dokument wird in Word angezeigt. Sie können es »normal« bearbeiten, alle Befehle von Word stehen zur Verfügung.

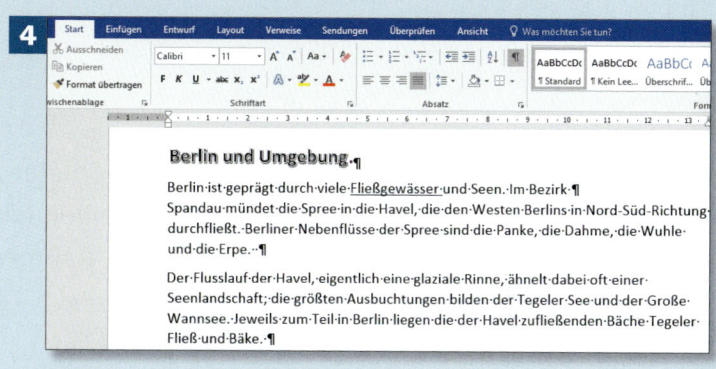

Schritt 5

In der Titelleiste wird das Dokument weiter als PDF-Datei ausgewiesen ❺. Wenn Sie Veränderungen über den Dialog **Speichern unter** sichern, sehen Sie aber, dass automatisch das Word-Format *.docx* eingestellt ist.

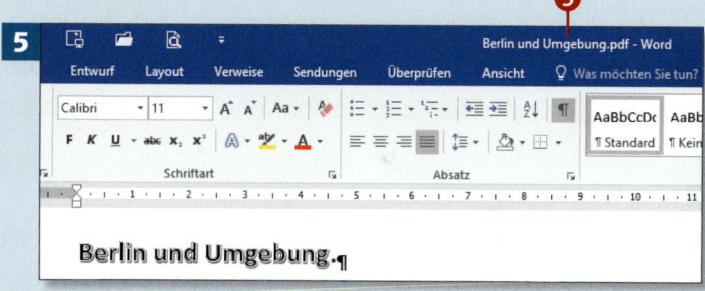

Schritt 6

Um ein PDF-Dokument als PDF zu öffnen, klicken Sie die Datei im Explorer doppelt an. Daraufhin wird das Dokument im *Adobe Reader* oder mit der Windows-App *Reader* angezeigt.

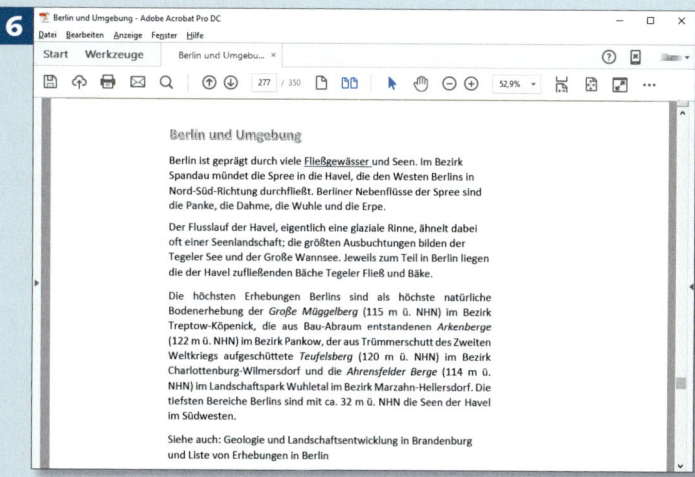

Programm zum Öffnen

Um zu bestimmen, mit welchem Programm ein PDF-Dokument geöffnet wird, klicken Sie es im Explorer mit der rechten Maustaste an. Wählen Sie im Kontextmenü über **Öffnen mit** ein passendes Programm.

Kapitel 4
Schicke Layouts mit Word

Word ist zwar ein Textverarbeitungsprogramm, bietet aber auch viele Möglichkeiten für eine grafische Gestaltung. In diesem Kapitel zeigen wir Ihnen den Umgang mit Bildern und wie Sie mit Hilfe von Aufzählungszeichen, Rahmenlinien und Designs schicke Layouts erzeugen.

Aufzählungszeichen und Nummerierungen

Zunächst geht es darum, einen Text mit Aufzählungszeichen zu versehen und Absätze auf diese Weise durchzunummerieren. Sie erfahren unter anderem, wie Sie über den Dialog **Symbol** ❶ auch eher ungewöhnliche Aufzählungszeichen nutzen.

Dokumente verschönern

Die meisten Dokumente wirken mit Fotos einfach lebendiger. Sobald Sie ein Foto eingefügt haben ❷, lässt es sich mit den Befehlen der Registerkarte **Bildtools** bearbeiten und korrigieren. Auch die Funktion **WordArt** ist nicht neu, aber immer wieder verblüffend. Wir zeigen Ihnen, wie aus einfachen Textzeilen dekorative Schriftzüge werden.

Dokumentvorlagen anlegen und nutzen

Auf Basis von Dokumentvorlagen können Sie neue Dokumente erstellen, die wichtige Elemente bereits enthalten ❸. Die Vorlagen können ganze Textpassagen, Bilder oder Formateinstellungen umfassen.

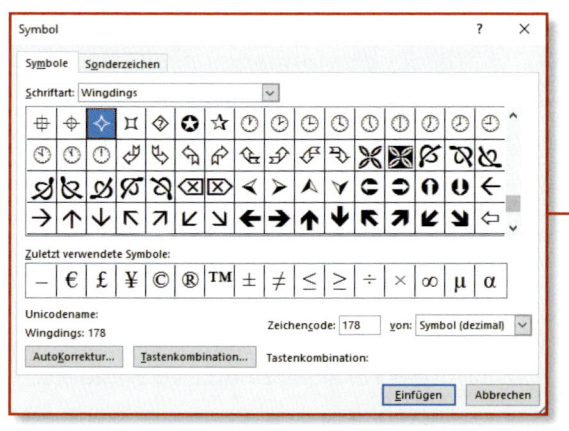

① Wählen Sie aus einem großen Fundus an Aufzählungszeichen aus.

Mit Bildern und Word-Art lässt sich Text ansprechend gestalten.

②

Bei welchem Amt anmelden?

Ohne Ämter geht nichts, wenn man eine Firma gründen will. Zahlreiche Anmeldungen sind Pflicht und Bußgelder drohen, wenn es versäumt wird. Und ohne eine *Steuernummer* vom Finanzamt, kann man ja noch keine Rechnungen schreiben. Aber auch hier gilt, schrittweise geht es voran. Und so sind Sie schnell auf der Zielgeraden, wenn Sie Ihre Firma gründen. Welches **Amt** wann zu kontaktieren ist, haben wir Ihnen im Abschnitt Unternehmen anmelden zusammengestellt . Besonders hervorzuheben ist dabei die Gewerbeanmeldung und für Kapitalgesellschaften der Handelsregistereintrag.

Legen Sie sich Dokumentvorlagen an. ③

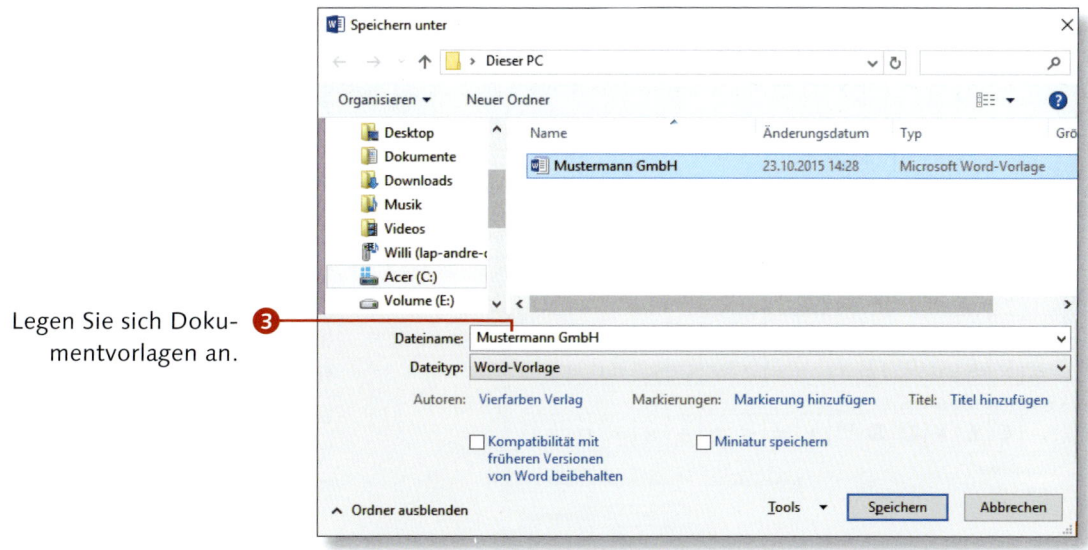

Aufzählungen und Listen formatieren

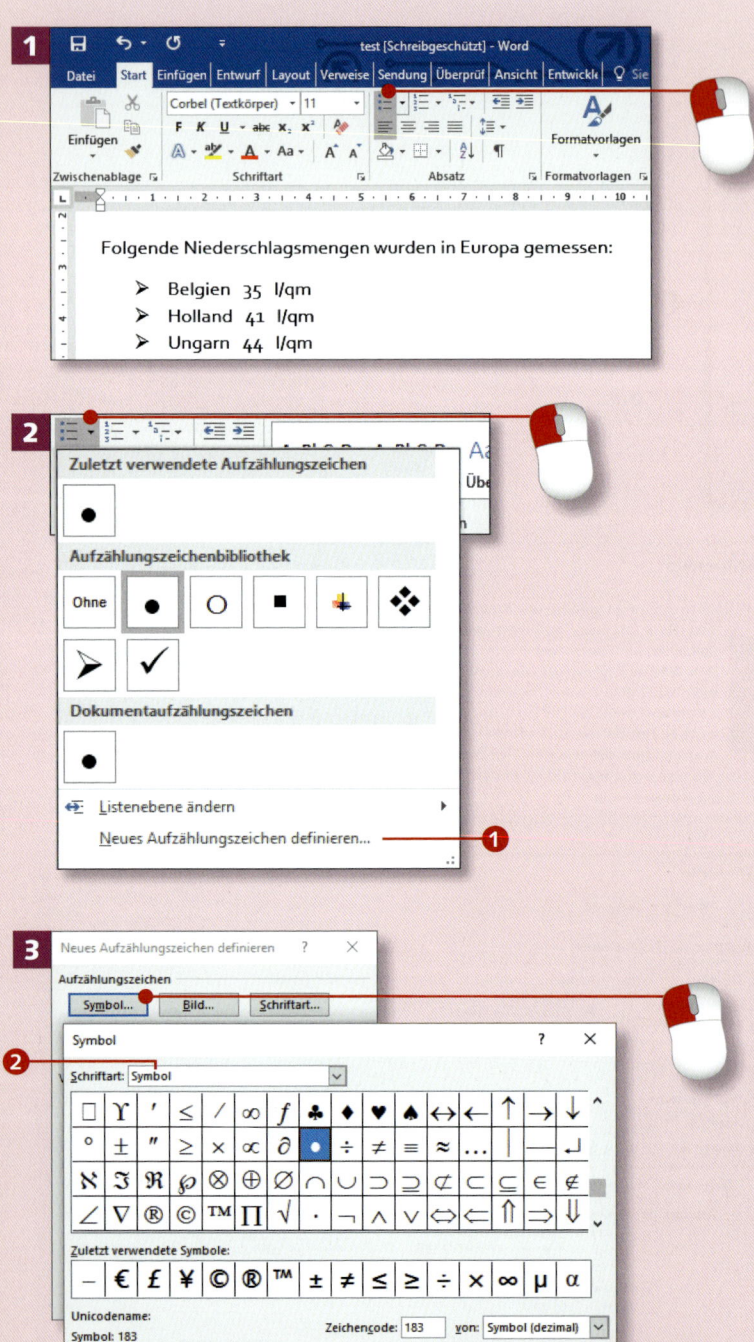

Wenn Text in einer Liste unterein-andergeschrieben werden soll, sind Aufzählungszeichen eine gute Methode, die Aufmerksamkeit des Lesers auf diese Zeilen zu lenken.

Schritt 1

Auf der Registerkarte **Start** gibt es die Schaltfläche **Aufzählungszeichen**. Wenn Sie darauf klicken, wird Ihrem Text das zuletzt verwendete Aufzählungszeichen zugewiesen. Der nächste Aufzählungspunkt erscheint, sobald Sie ⏎ drücken.

Schritt 2

Um ein anderes Zeichen einzufügen, klicken Sie auf den Pfeil an der Schaltfläche **Aufzählungszeichen**. Wählen Sie ein Zeichen aus dem Menübereich **Aufzählungszeichenbibliothek**, wo die zuletzt genutzten Zeichen aufgeführt sind.

Schritt 3

Um aus einem noch größeren Fundus zu wählen, klicken Sie im Menü auf **Neues Aufzählungszeichen definieren** ❶ und im nächsten Fenster auf **Symbol**. Der gleichnamige Dialog bietet je nach Schriftart ❷ eine Fülle unterschiedlichster Zeichen.

Schritt 4

Wenn Sie eine Liste nachträglich mit Aufzählungszeichen versehen möchten, müssen Sie sie zunächst markieren; dann wählen Sie wie beschrieben das Aufzählungszeichen.

4

> ➢ Belgien 35 l/qm
> ➢ Holland 41 l/qm
> ➢ Ungarn 44 l/qm
> ➢ Schweden 55 l/qm
> ➢ Italien l/qm

Schritt 5

Für eine einfache Nummerierung klicken Sie auf der Registerkarte **Start** auf **Nummerierung**. Wo der Cursor steht, erscheint eine eingerückte »1«. Schreiben Sie Ihren Text. Sobald Sie ⏎ gedrückt haben, wird die Nummerierung fortgesetzt.

5

Gründung·einer·Firma:¶

1.→ ·Die·Idee¶

Schritt 6

Sowohl Zahl als auch Text werden etwas eingerückt (0,63 cm). Sie können die Einzüge mit Hilfe der Markierungen im Lineal verändern. Verschieben Sie einfach die Symbole für den Einzug. Denken Sie daran, die Liste zuvor zu markieren.

6

Gründung·einer·Firma:¶

1. → Die·Idee¶
2. → Die·Planungsphase¶
3. → Haupt-·oder·Nebenerwerb?¶
4. → Markenschutz,·Firmenname,·Domain¶
5. → Unternehmensfinanzierung·sichern¶
6. → Genehmigungen·beantragen¶
7. → Unternehmensform·und·Verträge¶

ℹ Andere Zahlenformate

Sie können auch andere Zahlenformate einstellen. Klicken Sie dazu im Menü der Schaltfläche **Nummerierung** auf die Option **Neues Zahlenformat definieren**. Im gleichnamigen Dialog wählen Sie im Feld **Zahlenformatvorlage** z. B. römische Ziffern.

Aufzählungen und Listen formatieren (Forts.)

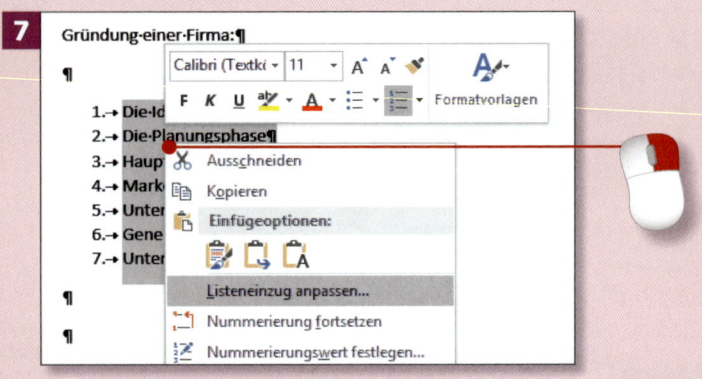

Schritt 7

Die Einzüge lassen sich auch in einem Dialog ändern. Markieren Sie die Liste, und klicken Sie sie mit rechts an. Wählen Sie im Kontextmenü **Listeneinzug anpassen**.

Schritt 8

Im Dialog können Sie die Position der Ziffer ❶ und den Einzug des Textes ❷ in den entsprechenden Feldern anpassen.

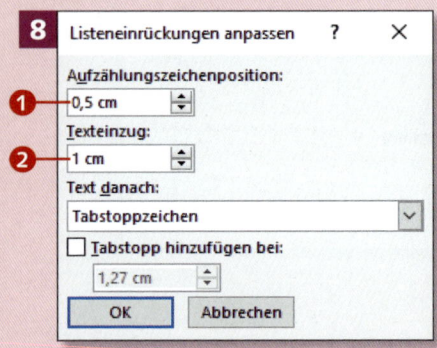

Schritt 9

Andere Nummerierungszeichen erhalten Sie, wenn Sie auf den Pfeil an der Schaltfläche **Nummerierung** klicken. In der Rubrik **Nummerierungsbibliothek** klicken Sie auf die gewünschte Nummerierung, z. B. eine Ziffer mit Klammer.

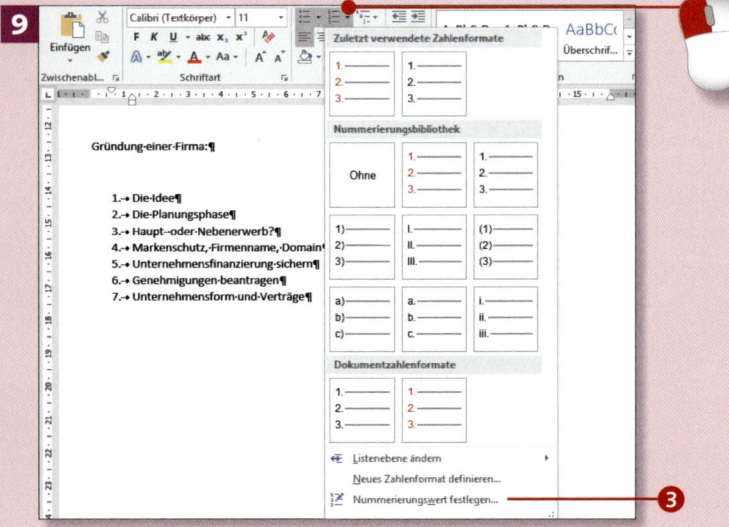

Farbige Ziffern

Die Farbe der Ziffern der Nummerierung ändern Sie, indem Sie im Dialog **Neues Zahlenformat definieren** auf die Schaltfläche **Schriftart** klicken. Im Dialog **Schriftart** wählen Sie im Feld **Schriftfarbe** eine Farbe aus.

Schritt 10

Word nummeriert von 1 an fortlaufend. Für einen anderen Anfangswert klicken Sie auf den Pfeil an der Schaltfläche **Nummerierung** und wählen **Nummerierungswert festlegen** (❸ in Bild 9). Im Dialog geben Sie im Feld **Wert festlegen auf** die Anfangszahl ein.

Schritt 11

Word formatiert Text automatisch als Nummerierung, sobald Sie »1.« schreiben und die Leertaste drücken. Dieses Verhalten ist mitunter störend. Sie können es über ⎡Strg⎤ + ⎡Z⎤ rückgängig machen. Sie können auch die automatische Nummerierung ganz ausschalten. Dazu öffnen Sie über **Datei ▸ Optionen** das Fenster **Word-Optionen** und wählen hier die Kategorie **Dokumentprüfung** ❹. Dann klicken Sie auf die Schaltfläche **AutoKorrektur-Optionen**.

Schritt 12

Im Dialog **AutoKorrektur** aktivieren Sie die Registerkarte **AutoFormat während der Eingabe** ❺. Hier deaktivieren Sie per Mausklick die Option **Automatische Nummerierung** und klicken dann auf **OK**.

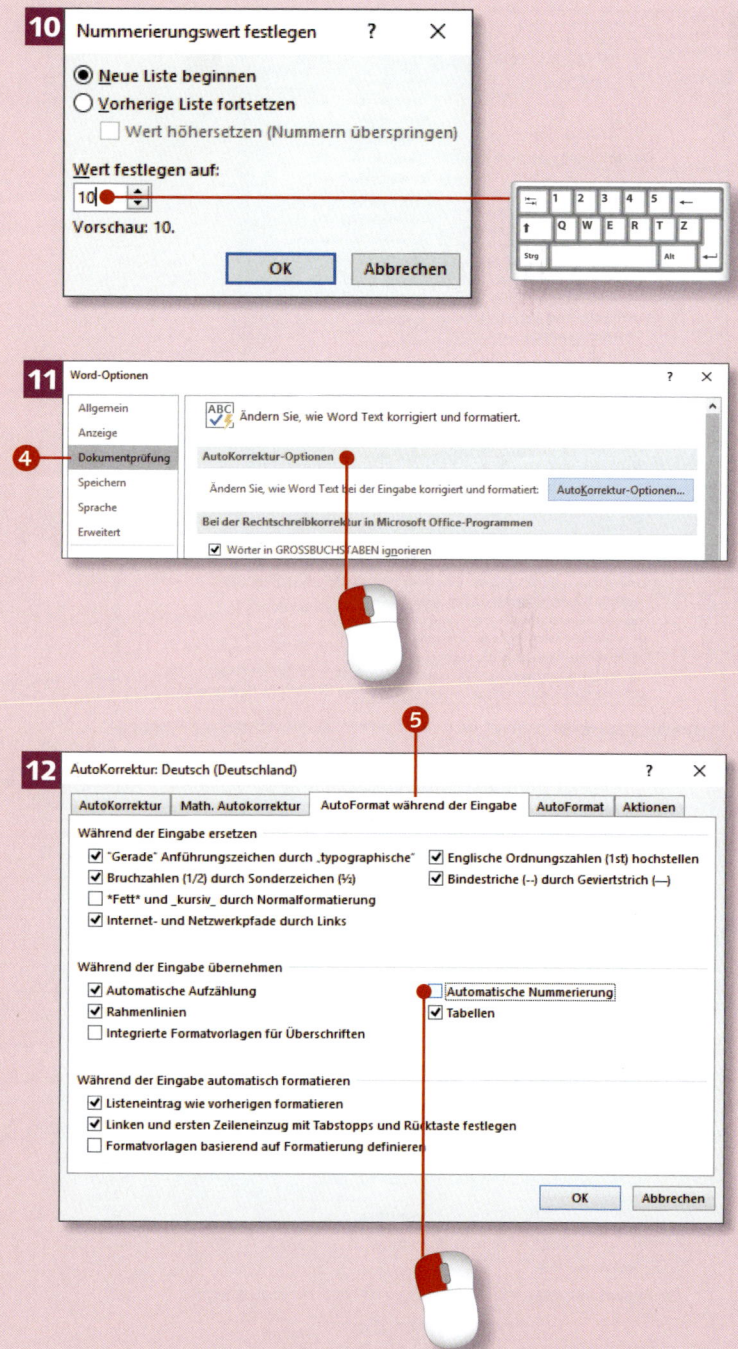

Rahmen und Rahmenlinien einfügen

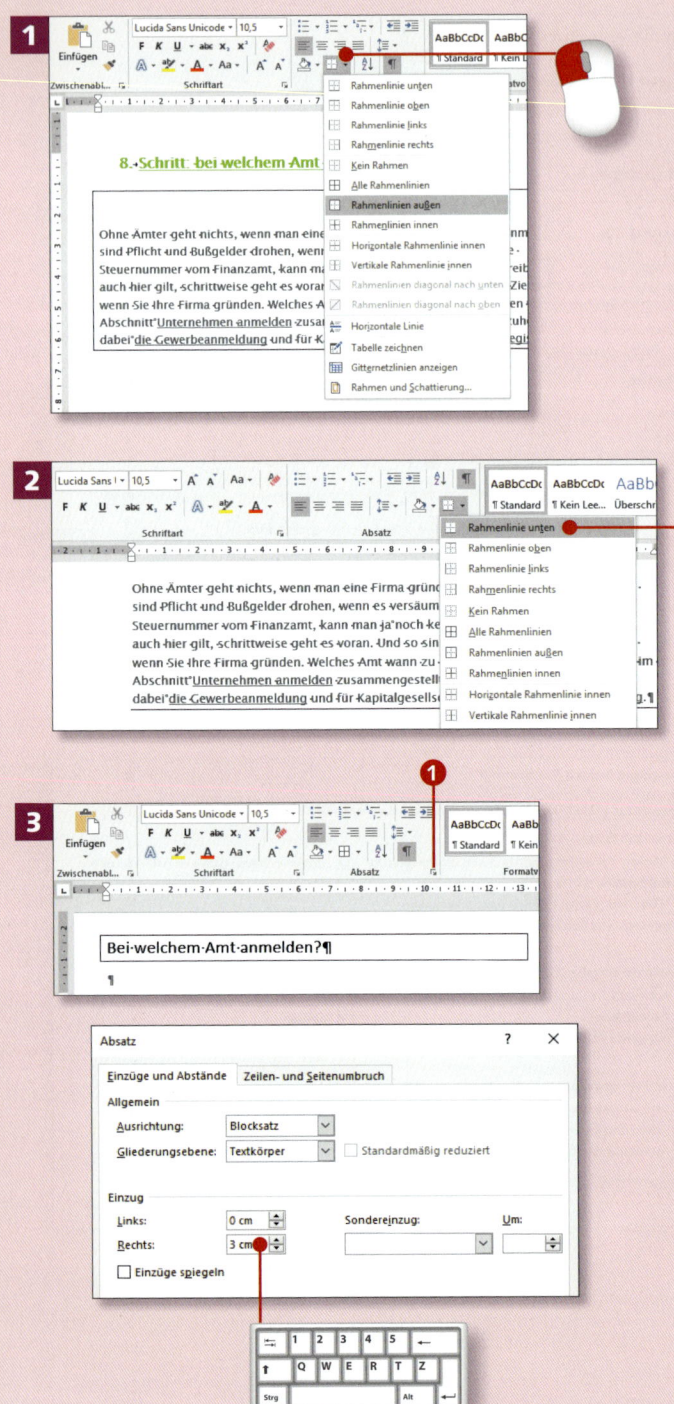

Text zu umranden oder einzelne Linien zu setzen, sind effektive Mittel, bestimmte Passagen vom Rest des Textes abzuheben.

Schritt 1

Um einen Rahmen um einen Absatz zu ziehen, setzen Sie den Cursor in den betreffenden Absatz. Dann klicken Sie auf der Registerkarte **Start** auf den Pfeil an der Schaltfläche **Rahmen**. Im Menü wählen Sie **Rahmenlinien außen**.

Schritt 2

Mit der Schaltfläche **Rahmen** können Sie nicht nur einen geschlossenen Rahmen um eine Textpassage legen, sondern auch einzelne Linien ziehen. Um beispielsweise eine Linie unterhalb eines Absatzes zu erzeugen, klicken Sie auf **Rahmenlinie unten**.

Schritt 3

Sie rahmen eine linksbündige Überschrift ein und stellen fest, dass der Rahmen zu lang ist? Dieses Problem lösen Sie mit einem Einzug. Klicken Sie auf der Registerkarte **Start** auf den Pfeil ❶ der Gruppe **Absatz**, und geben Sie im Feld **Einzug ▸ Rechts** einen Wert ein, z. B. »3 cm«.

Schritt 4

Um einen Rahmen exakt um ein Stück Text zu legen, markieren Sie diesen Text und klicken auf **Rahmenlinien außen**. Markieren Sie auch die Absatzmarke, wenn ein ganzer Absatz umrandet werden soll.

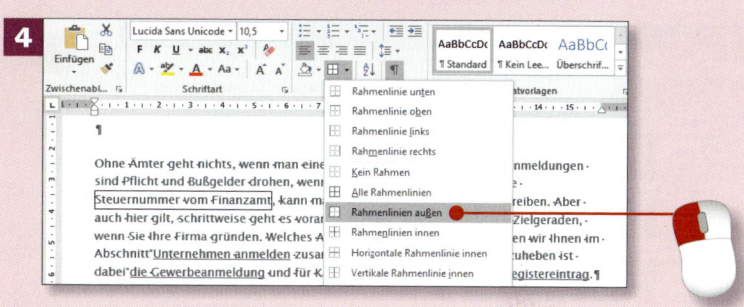

Schritt 5

Wenn Sie im Menü ganz unten auf **Rahmen und Schattierung** klicken, können Sie im zugehörigen Dialog u.a. die Linienart, die Farbe des Rahmens ❷ und/oder die Position einer Linie einstellen (mit den Symbolen im Vorschaubereich ❸ oder den Linien selbst ❹).

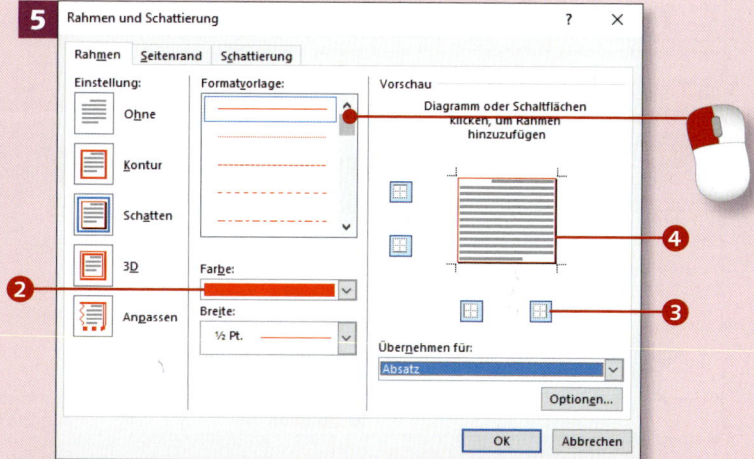

Schritt 6

Im Dialog **Rahmen und Schattierung** finden Sie auch die Registerkarte **Schattierung** ❺. Wenn Sie auf den Pfeil am Feld **Füllung** klicken, wird eine Palette eingeblendet. Per Mausklick auf ein Kästchen weisen Sie dem Rahmen bzw. dem markierten Bereich oder dem Absatz, in dem der Cursor steht, eine Hintergrundfarbe zu.

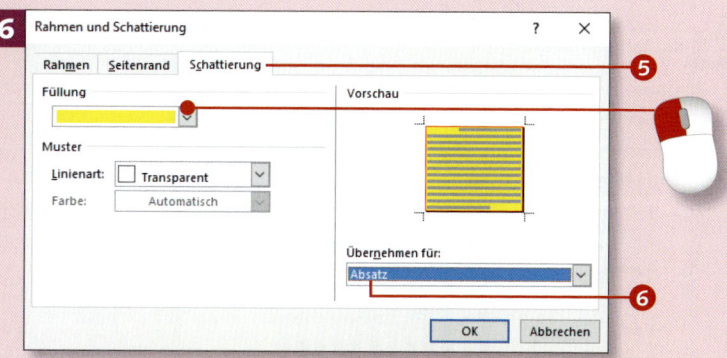

Absatz oder Text?
Im Feld **Übernehmen für** ❻ legen Sie fest, auf welchen Bereich sich die Einstellungen beziehen.

Dokumente mit Design

Mit den fertigen Designs von Word 2016 gestalten Sie Dokumente »aus einem Guss«.

Schritt 1

Sie können einem Word-Dokument ein neues Design geben. Aktivieren Sie die Registerkarte **Entwurf**, und öffnen Sie das Menü **Designs**. Wenn Sie mit der Maus auf ein Design zeigen, sehen Sie den Effekt direkt im Dokument. Per Mausklick weisen Sie das Design zu.

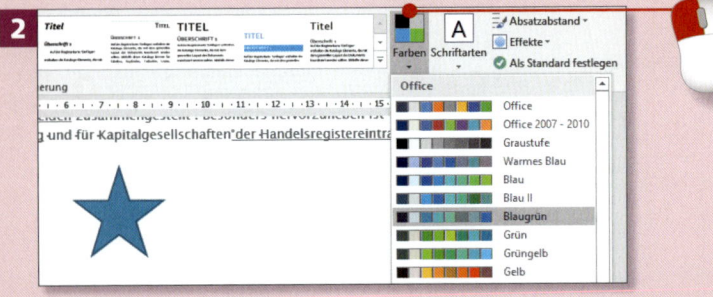

Schritt 2

Das Design legt z. B. die Standardfarbe für Formen fest. Wenn Sie diese Farbe ändern möchten, klicken Sie auf **Farben** und wählen im Menü eine andere Farbe. Die jeweils dritte Kachel in einer Zeile bestimmt die Objektfarbe.

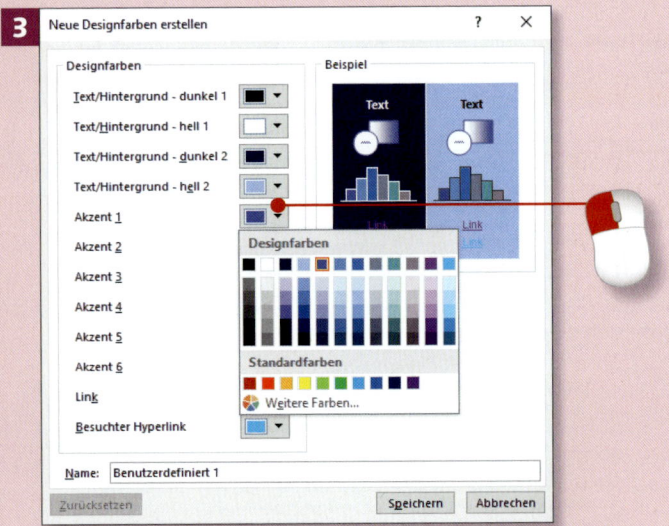

Schritt 3

Die differenzierte Anpassung können Sie in einem Dialog steuern. Klicken Sie im Menü ganz unten auf **Farben anpassen**. Im Dialog **Neue Designfarben erstellen** legen Sie z. B. über den Pfeil am Feld **Akzent 1** (für Formen) eine neue Farbe fest. Die Einstellung bestätigen Sie mit **Speichern**.

Schritt 4

Die Schriftart des Designs ändern Sie, indem Sie auf der Registerkarte **Entwurf** auf **Schriftarten** klicken. Im Menü wählen Sie die gewünschte Kombination von Schriftarten für Überschriften und normalen Text.

Schritt 5

Klicken Sie im Menü auf **Schriftarten anpassen** ❶. Im Dialog **Neue Designschriftarten erstellen** legen Sie in den entsprechenden Feldern die Schriftart für Überschriften ❷ und Textkörper ❸ fest und klicken dann auf **Speichern**.

Schritt 6

Um ein Design wieder zu entfernen und zum ursprünglichen Design der verwendeten Dokumentvorlage zurückzukehren, klicken Sie im Menü der Schaltfläche **Designs** auf den Eintrag **Auf das Design aus der Vorlage zurücksetzen**.

++

Das gleiche Design
Mit Designs können Sie auch Office-übergreifend Dokumente ähnlich gestalten, da auch die anderen Office-Programme diese Designs anbieten.

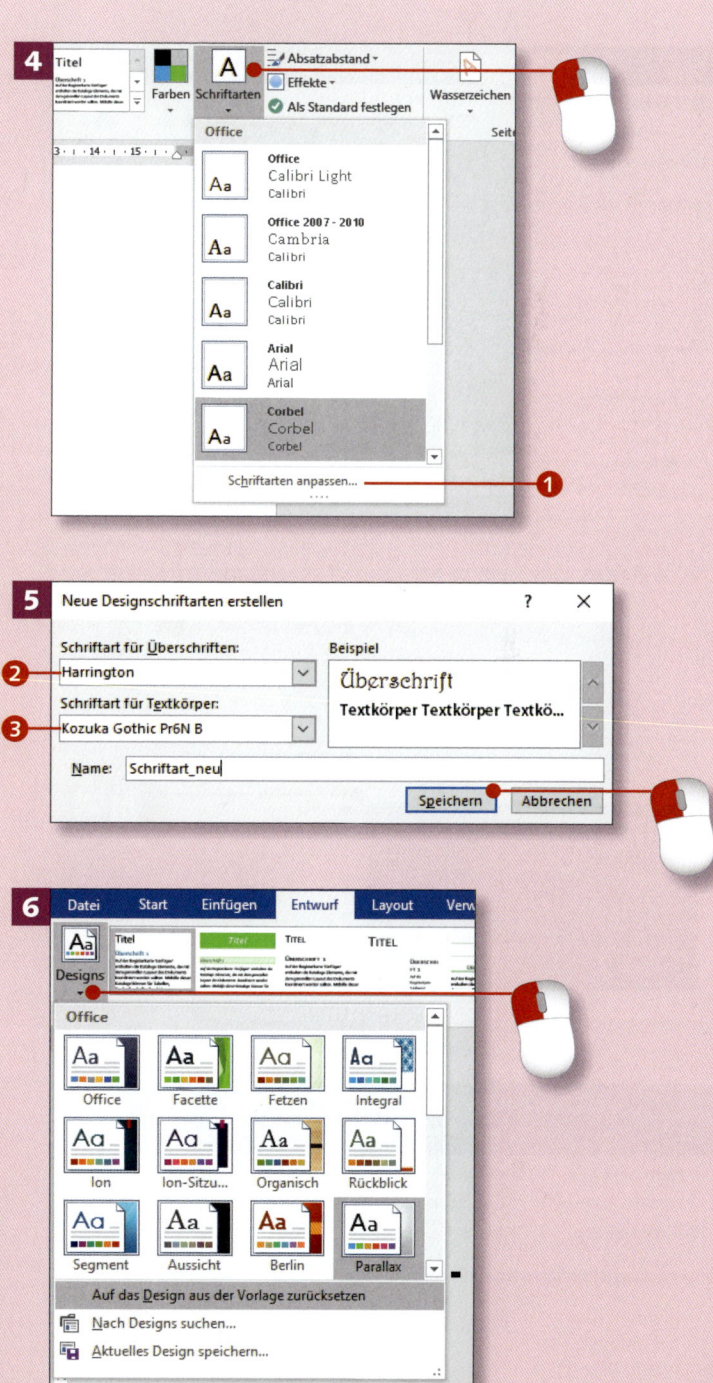

Fotos einfügen und anordnen

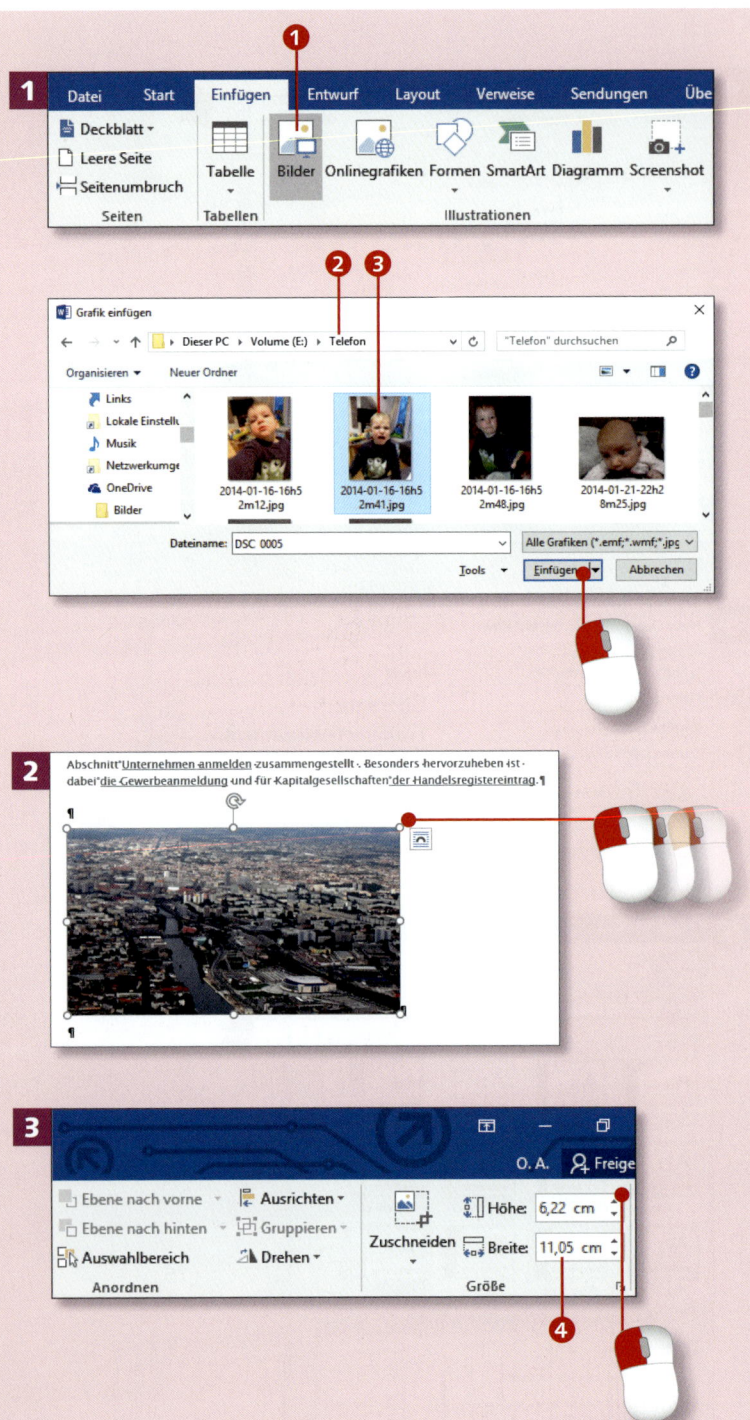

Sie sind in Word nicht darauf beschränkt, mit Texten zu arbeiten. Das Programm kann auch bestens mit Bildern umgehen.

Schritt 1

Um ein Foto einzufügen, klicken Sie auf der Registerkarte **Einfügen** auf **Bilder** ❶. Im Dialog **Grafik einfügen** öffnen Sie den Ordner ❷, in dem das Bild liegt, markieren es ❸ und klicken auf **Einfügen**.

Schritt 2

Um die Größe des Bildes zu ändern, klicken Sie es an. Sie sehen acht Ziehpunkte. Um die Proportionen beizubehalten, ziehen Sie einen Eckpunkt mit gedrückter Maustaste nach innen oder außen.

Schritt 3

Sie können die Bildgröße auch exakt angeben. Klicken Sie das Bild an, und legen Sie unter **Bildtools** auf der Registerkarte **Format** in den Feldern **Formenhöhe** und **Formenbreite** ❹ die Größe fest. Sie können dazu auf die Pfeile klicken oder einen Wert eingeben.

Schritt 4

Mit der Textumbruchart legen Sie fest, wie sich das Bild zum Text verhält. Klicken Sie auf die Schaltfläche **Layoutoptionen**. Der Standard ist **Mit Text in Zeile** ❺. Damit lässt sich ein Bild behandeln wie ein Textzeichen. Sie können es also zentrieren, rechtsbündig ausrichten und innerhalb von Text bewegen.

Schritt 5

Um das Bild mit gedrückter Maustaste an jede beliebige Stelle ziehen zu können, ändern Sie die Textumbruchart z. B. in **Quadrat** ❻ oder **Passend** ❼.

Schritt 6

Ausrichtungslinien helfen beim Positionieren. Wenn Sie ein Bild z. B. genau an den Rand eines Absatzes schieben möchten, »sitzt« es richtig, wenn diese grünen Linien erscheinen.

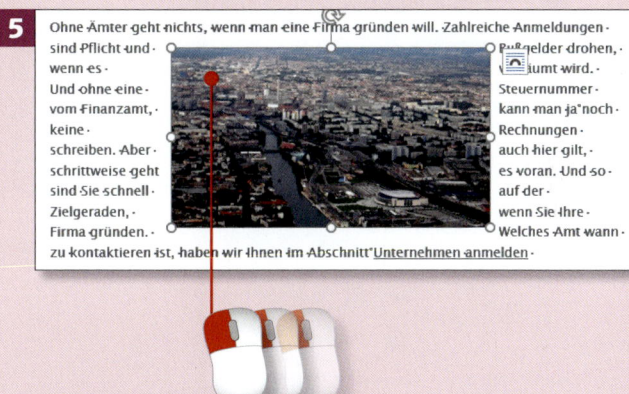

i

Textumbruchart

Die Textumbruchart (manchmal auch **Zeilenumbruch** genannt) entscheidet über das Zusammenspiel zwischen Text und Grafik. Ein Text kann z. B. genau um das Bild fließen (**Passend**) oder darauf erscheinen (**Hinter den Text**).

121

Fotos einfügen und anordnen (Forts.)

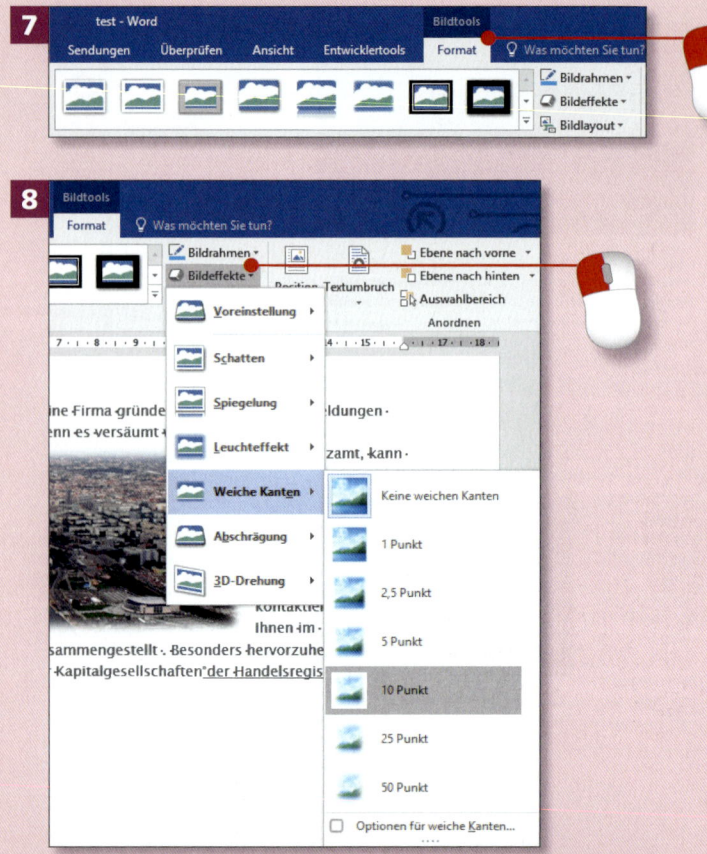

Schritt 7

Die Registerkarte **Format** unter **Bildtools** bietet einige Bearbeitungsmöglichkeiten. Unterschiedliche Formen mit oder ohne Rahmen etc. können Sie über die Gruppe **Bildformatvorlagen** zuweisen.

Schritt 8

Auch im Menü **Bildeffekte** gibt es ausgesprochen interessante Effekte, z. B. diverse Spiegelungsvarianten, **Weiche Kanten** und Schatteneinstellungen.

Schritt 9

Wenn dem Bild, das Sie eingefügt haben, Schärfe, Kontrast oder Helligkeit fehlen, können Sie es über **Korrekturen** nachbessern. Fahren Sie mit dem Mauszeiger einfach über die Vorschaubildchen, um den jeweiligen Effekt zu sehen.

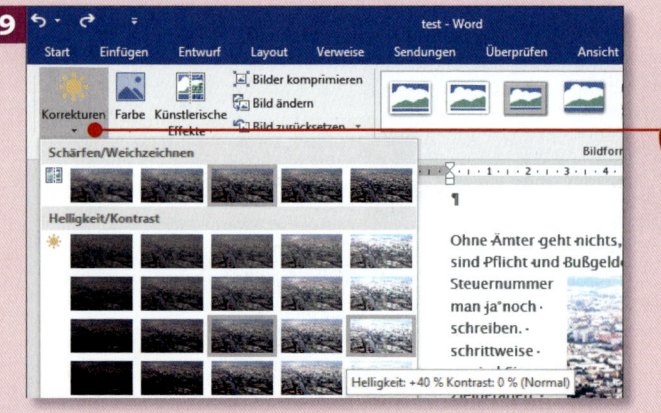

Bilder verankern

Wenn ein Bild nicht mit dem Absatz verschoben werden soll, müssen Sie es verankern. Wählen Sie dazu unter **Bildtools**: **Format ▸ Position ▸ Weitere Layoutoptionen ▸ Position**. Aktivieren Sie hier im Bereich **Optionen** den Punkt **Verankern**.

Schritt 10

Um dem Bild eine andere Farbe zuzuweisen, nutzen Sie die Schaltfläche **Farbe**. Hier finden Sie u. a. die Option **Ausgeblichen ❶**, die sich eignet, wenn Sie ein Bild hinter den Text legen wollen.

Schritt 11

Mit derOption **Künstlerische Effekte** wird ein Bild regelrecht zu einem »Kunstwerk«. Im Menü stehen Ihnen **Weichzeichnen**, **Bleistiftskizze**, **Mosaik**, **Glas-Effekt** und einige Effekte mehr zur Verfügung.

Schritt 12

Wenn Sie unter **Zeichentools** auf der Registerkarte **Format** auf **Zuschneiden ❷** klicken, können Sie ein Bild passend beschneiden. Ziehen Sie eine der Zuschneidemarken am Bild mit gedrückter Maustaste nach innen. Zur Bestätigung klicken Sie außerhalb des Bildes.

Zuschnitt rückgängig machen

Um ein Bild nach dem Zuschneiden wieder auf die Originalgröße zu bringen, klicken Sie erneut auf **Zuschneiden**. Sie sehen wieder den abgeschnittenen grauen Bereich und können das Bild wieder zurechtziehen.

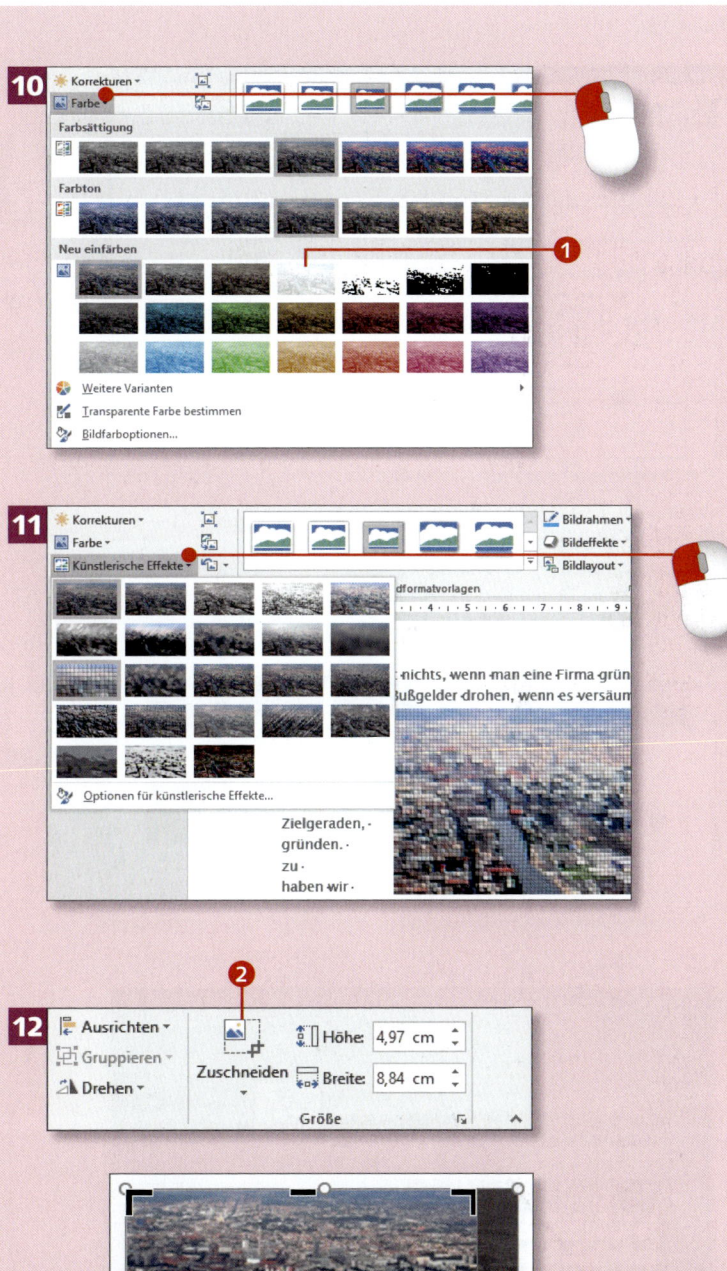

Videos aus dem Internet einbinden

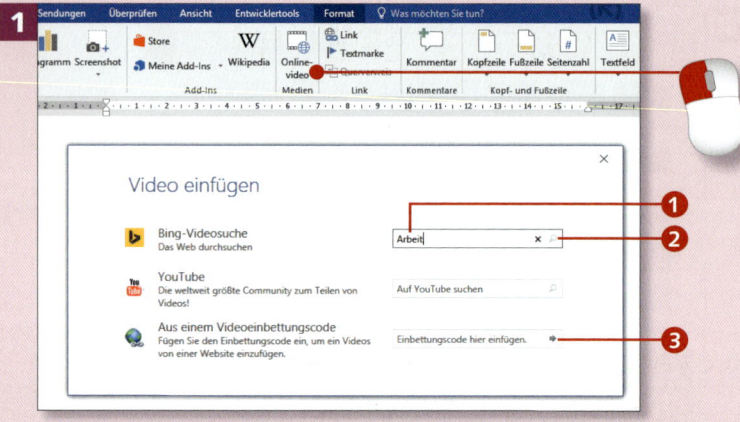

Sie können nicht nur einen Link zu einem Video, sondern sogar das Video selbst mit einer Vorschau in ein Word-Dokument einbetten.

Schritt 1

Auf der Registerkarte **Einfügen** klicken Sie auf **Online-Video**. Im nächsten Fenster geben Sie einen Suchbegriff in das Suchfeld ein ❶ und klicken auf die Lupe ❷.

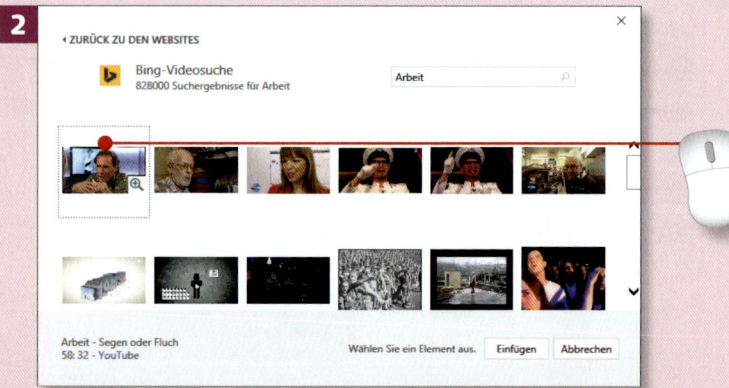

Schritt 2

Anschließend erhalten Sie eine – je nach Suchbegriff – unterschiedlich lange Auswahl gefundener Videos. Wenn Sie mit der Maus auf ein Bild zeigen, wird eine Lupe eingeblendet.

Schritt 3

Klicken Sie darauf, um eine Vorschau des Videos zu erhalten. Möglicherweise müssen Sie noch auf **Play** klicken, um das Filmchen zu starten.

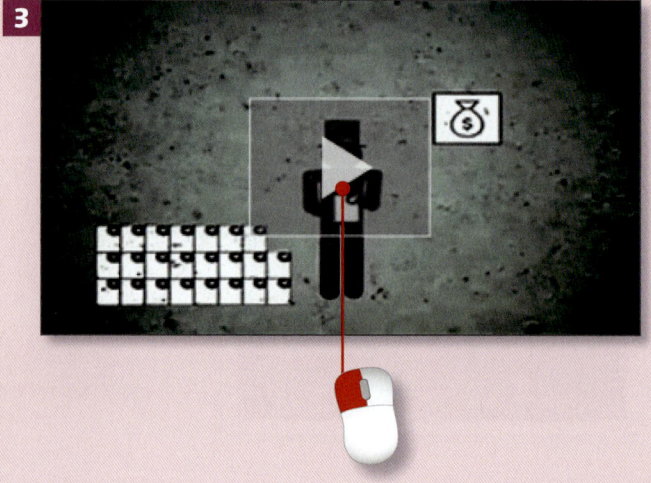

ℹ YouTube-Videos

Um ein YouTube-Video einzubetten, klicken Sie es mit rechts an und wählen **Einbettungscode kopieren**. In Word klicken Sie auf **Einfügen ▸ Online-Video**. Fügen Sie den Code in das Feld **Aus einem Videoeinbettungscode** (❸ in Bild 1) ein.

Schritt 4

Fügen Sie das Video direkt aus der Vorschau ein, oder kehren Sie mit dem Schließkreuz zur Trefferliste zurück. Markieren Sie hier das gewünschte Video, und klicken Sie dann auf **Einfügen**. Ein Doppelklick funktioniert auch.

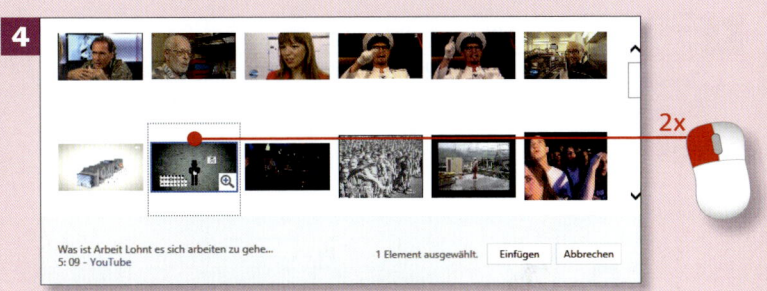

Schritt 5

Sofort wird das Video in Ihr Word-Dokument eingesetzt. Mit der **Play**-Taste in der Mitte des Vorschaubildes starten Sie das Video.

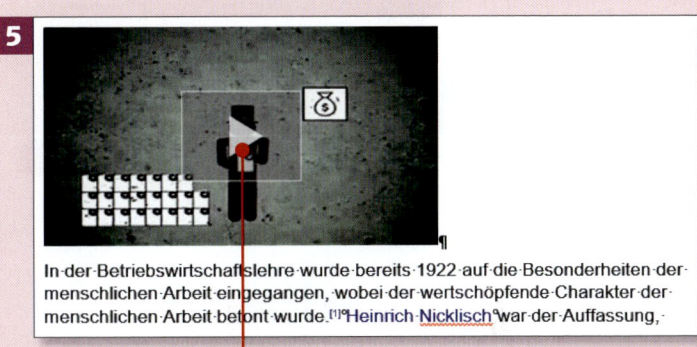

Schritt 6

Wenn Sie auf das Video klicken, öffnet sich das Abspielprogramm (meist der Flash Player, weil viele Internet-videos in diesem Format vorliegen). Drücken Sie die `Esc`-Taste, um den Film zu beenden und den Player zu schließen.

Esc

Die URL des Videos einblenden

Wenn Sie mit der Maus auf dem Video verharren, wird seine URL (die Internetadresse) eingeblendet. Das Video wird lediglich als Verweis im Dokument gespeichert. Ohne Internetverbindung kann es also nicht abgespielt werden.

Mehr Pep mit WordArt und SmartArt

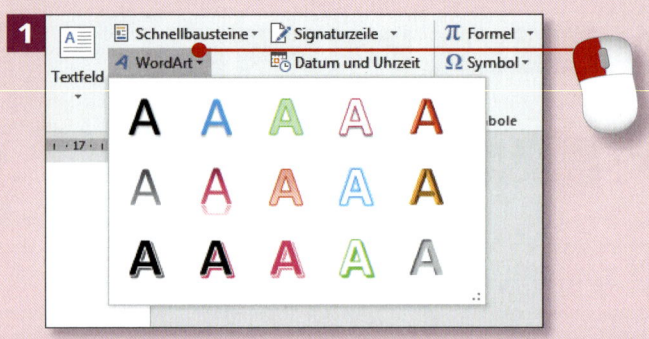

Mit WordArt wird aus einer Textzeile ein dekorativer Schriftzug, der sich z. B. gut für Werbezettel, Slogans oder Plakattexte eignet. SmartArts stellen auf einen Blick Strukturen und/oder Hierarchien dar.

Schritt 1

Klicken Sie auf der Registerkarte **Einfügen** in der Gruppe **Text** auf **WordArt**, und entscheiden Sie sich im Menü für ein Design. Nun wird eine Grafik in Ihr Dokument eingefügt, in der »Hier steht Ihr Text« zu lesen ist. Überschreiben Sie diesen Text mit Ihrem eigenen.

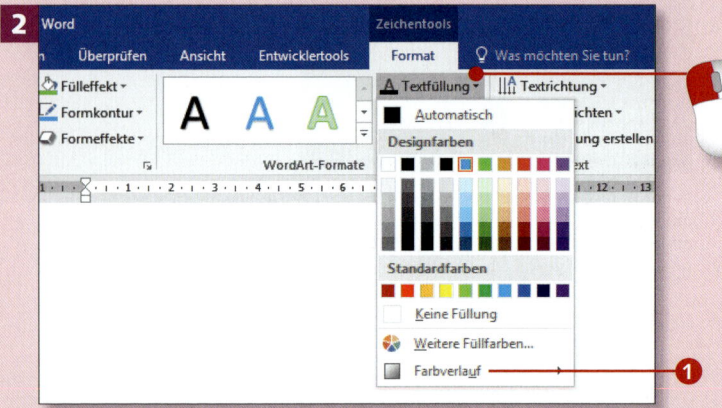

Schritt 2

Die WordArt können Sie unter **Zeichentools** mit den Befehlen der Registerkarte **Format** bearbeiten und verändern. Um den Text z. B. mit einer anderen Farbe zu füllen, klicken Sie auf den Pfeil neben **Textfüllung**. Im Menü wählen Sie eine Farbe oder eine Variante unter **Farbverlauf** ❶.

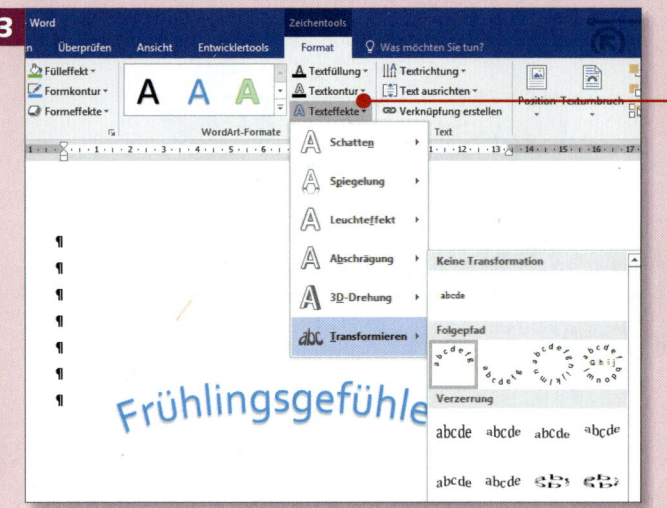

Schritt 3

Um dem Schriftzug selbst eine andere Form zu geben, klicken Sie auf **Texteffekte ▸ Transformieren**. Das Untermenü bietet viele Formen (**Kreis**, **Bogen**, **Wellen** etc.).

Schritt 4

Um eine SmartArt-Grafik einzufügen, klicken Sie auf **SmartArt**. Wählen Sie eine Kategorie aus, z. B. **Hierarchie** ❷. Klicken Sie auf eine passende Vorlage ❸.

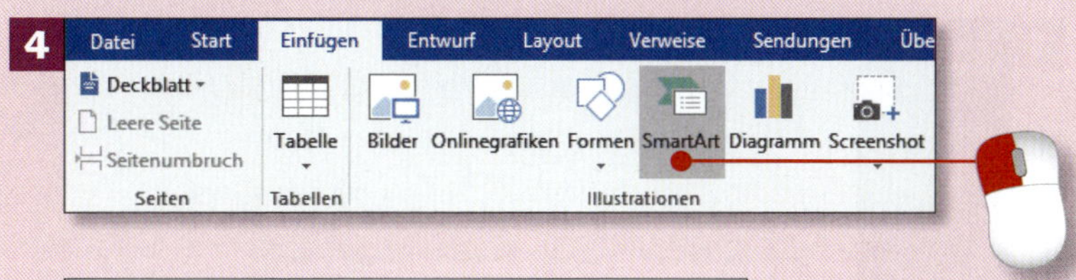

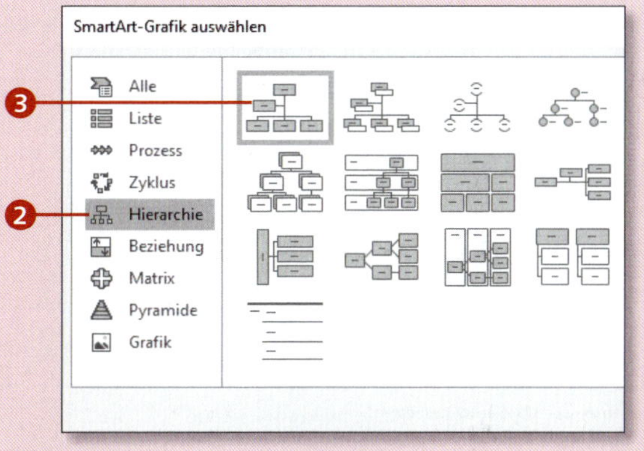

Schritt 5

Nachdem Sie die Vorlage mit **OK** eingefügt haben, füllen Sie die Felder des Organigramms mit Ihrem Text. Überschreiben Sie den Platzhaltertext. Die Schriftgröße wird automatisch angepasst. Mit einem Klick auf den kleinen Pfeil öffnen Sie den Textbereich, in dem Sie den Text dann auch bearbeiten können.

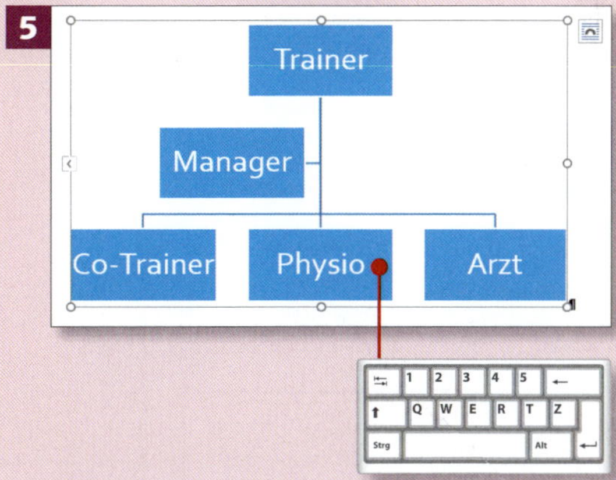

Schritt 6

Auf der Registerkarte **Entwurf** unter **SmartArt-Tools** verändern Sie die Struktur des Organigramms. Um eine neue Form einzufügen, markieren Sie die (letzte) Form und klicken auf den Pfeil neben **Form hinzufügen**. Wählen Sie, was Sie brauchen.

Die Hierarchie ändern

Um die Position einer SmartArt-Form zu verändern, markieren Sie sie und wählen entweder **Höher stufen**, **Tiefer stufen**, **Von rechts nach links**, **Nach oben** oder **Nach unten**.

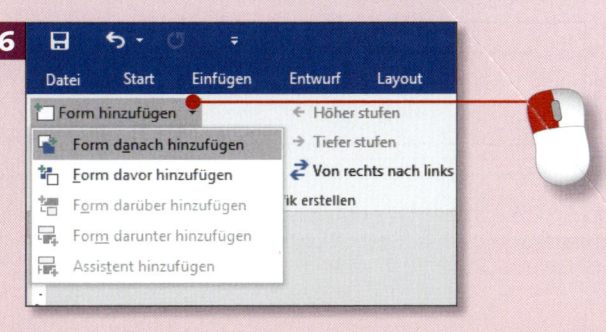

Eine eigene Dokumentvorlage erstellen

Eine Dokumentvorlage enthält alle Einstellungen, die Sie für die Erstellung eines Dokuments benötigen: Seitenlayout, Formatierungen, Formatvorlagen etc. So nimmt ein neues Dokument im Nu Form an.

Schritt 1

Für Dokumente, die Sie häufig schreiben und die immer das gleiche Layout haben, sparen Sie sich mit einer Dokumentvorlage als Grundgerüst viel Arbeit. Um eine neue Vorlage anzulegen, beginnen Sie mit einem neuen, leeren Dokument (**Datei ▸ Neu ❶ ▸ Leeres Dokument**).

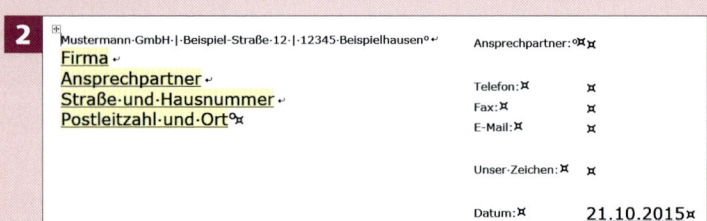

Schritt 2

In dem Dokument nehmen Sie nun alle Einstellungen vor. Sie können z. B. Texte einfügen und Formatierungen vorgeben. All diese Elemente sind später in den Dokumenten vorhanden, die auf dieser Vorlage basieren.

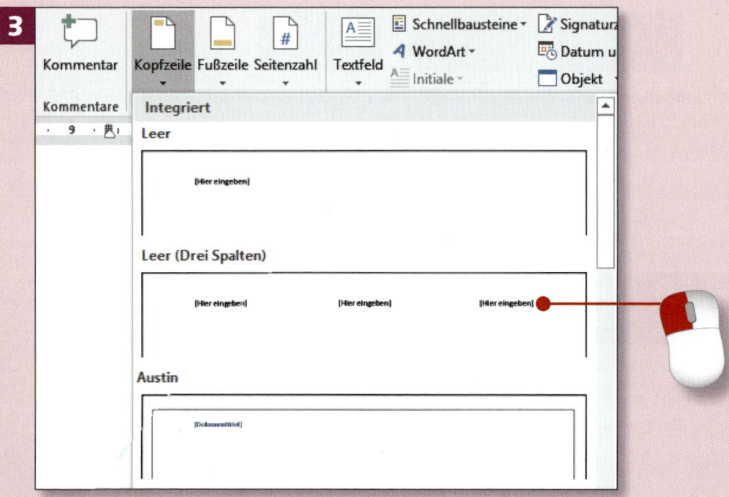

Schritt 3

Sie können die Vorlage auch mit einer Kopfzeile versehen. Klicken Sie dazu auf der Registerkarte **Einfügen** auf **Kopfzeile**, und wählen Sie ein Layout, z. B. **Leer (Drei Spalten)**.

Schritt 4

Um ein Datum in die Kopfzeile einzufügen, klicken Sie unter **Kopf- und
Fußzeilentools** auf der Registerkarte
Entwurf auf **Datum und Uhrzeit**. Im
Dialog wählen Sie ein Format ❷ und
aktivieren die Option **Automatisch
aktualisieren** ❸. So wird das Datum
immer angepasst, wenn Sie die Vorlage verwenden.

Schritt 5

Klicken Sie auf **Datei ▸ Speichern
unter** ❹ ▸ **Dieser PC** ❺ ▸ **Durchsuchen**.

Schritt 6

Klicken Sie auf den Pfeil am Feld
Dateityp, und wählen Sie **Word-
Vorlage (*.dotx)**. Der Ordner **Benutzerdefinierte Office-Vorlagen** ❻
ist bereits geöffnet. Geben Sie der
Vorlage einen Namen ❼, und klicken Sie auf **Speichern**.

ℹ Speicherort
Dokumentvorlagen werden
im Ordner **Benutzerdefinierte
Office-Vorlagen** abgelegt. Den
kompletten Pfad schauen Sie unter
**Datei ▸ Optionen ▸ Speichern ▸
Standardspeicherort für persönli-
che Vorlagen** nach. Im Dialog **Neu**
stehen die Vorlagen unter dem
Link **Persönlich** zur Verfügung.

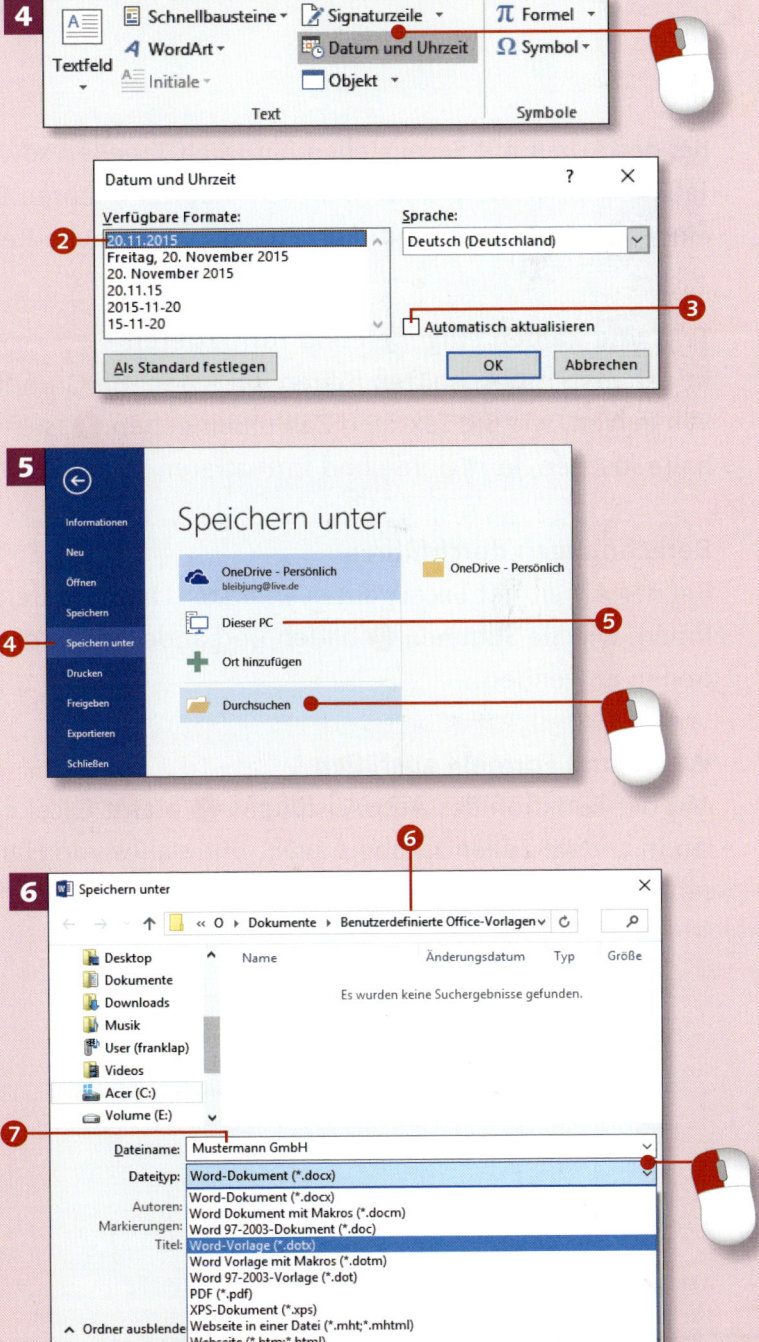

129

Kapitel 5
Mit Excel rechnen

Bei der Arbeit mit Excel stehen natürlich Tabellen sowie Berechnungen mit Hilfe dieser Tabellen im Vordergrund. In diesem Kapitel erfahren Sie, wie Sie Text und Zahlen in Excel eingeben und wie Sie mit dem Programm einfache Rechnungen anstellen.

Text und Zahlen eingeben und formatieren

In den ersten Abschnitten führen wir Sie in die Grundlagen des Umgangs mit Excel ein. Wir zeigen, wie Sie Text und Zahlen eingeben ❶, sich in einer Tabelle bewegen, Zellinhalte löschen, korrigieren und formatieren sowie Spalten oder Zeilen einfügen.

Berechnungen durchführen

Bei der Arbeit mit Excel geht es in erster Linie um Berechnungen. Daher erklären wir Ihnen, wie Sie Summen ❷ bilden und andere Grundrechenarten mit Hilfe von Excel-Funktionen anwenden.

Werte und Formeln ausfüllen

Mit der Funktion des AutoAusfüllens ❸ bietet Excel eine tolle Möglichkeit, Text oder Zahlen in andere Zellen zu übertragen, ohne alles von Hand eingeben zu müssen. Sie werden sehen, dass sich auf diese Weise auch Formeln vervielfältigen lassen.

◢	A	B	C
33			
34		**Unsere Produkte**	
35			
36		**Artikel**	**Preise**
37		Artikel 001	4,50 €
38		Artikel 002	11,00 €
39		Artikel 003	9,99 €
40		Artikel 004	7,40 €
41		Artikel 005	6,90 €
42		Artikel 006	5,80 €
43		Artikel 007	4,30 €
44			

❶ Geben Sie Ihren Text auf dem Tabellenblatt ein.

◢	A	B	C	D
33				
34		**Unsere Produkte**		
35				
36		**Artikel**	**Preise**	
37		Artikel 001	4,50 €	
38		Artikel 002	11,00 €	
39		Artikel 003	9,99 €	
40		Artikel 004	7,40 €	
41		Artikel 005	6,90 €	
42		Artikel 006	5,80 €	
43		Artikel 007	4,30 €	
44			=SUMME(C37:C43)	
45			SUMME(**Zahl1**; [Zahl2]; ...)	

❷ Auch Berechnungen fallen Ihnen mit Excel ganz leicht.

◢	A	B	C
76			
77		Datum	
78		01.01.2015	
79		02.01.2015	
80		03.01.2015	
81		04.01.2015	
82		05.01.2015	
83		06.01.2015	
84			
85		08.01.2015	
86			

❸ Mit der *AutoAusfüllen*-Funktion sparen Sie sich viel Tipparbeit.

Der Excel-Bildschirm

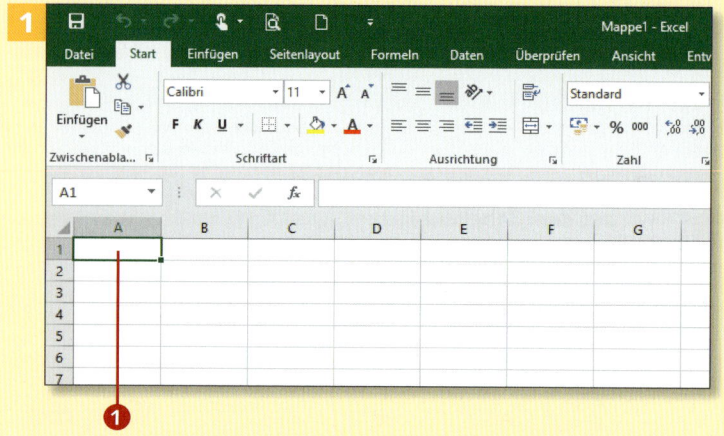

Schauen Sie sich zunächst auf dem Excel-Bildschirm um. Einige Registerkarten sind fast identisch mit denen in Word, aber es gibt auch viele Excel-Funktionen zu entdecken.

Schritt 1

Das Excel-Fenster ist in Zeilen und Spalten eingeteilt. Die Kästchen sind sogenannte *Zellen*, in die Sie Text oder Zahlen eintragen. Ihre »Adressen« ergeben sich aus den Buchstaben am oberen und den Zahlen am linken Rand. Die Zelle ganz links oben ❶ ist also die Zelle A1.

Schritt 2

Wie in Word sind die Funktionen auf Registerkarten gesammelt. Viele sind fast identisch mit denen in Word, aber es gibt auch Registerkarten, auf denen Sie nur Excel-spezifische Befehle finden, z. B. **Formeln**.

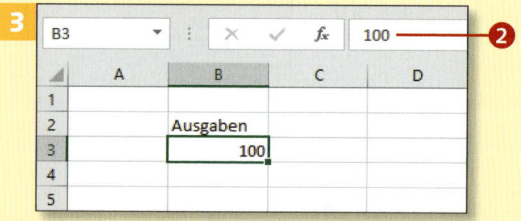

Schritt 3

Unterhalb der Registerkarten liegt die *Bearbeitungsleiste*. Hier wird der Inhalt der aktiven Zelle angezeigt ❷. Er kann auf dem üblichen Wege bearbeitet werden. Besteht der Inhalt aus einer Formel, ist in der Bearbeitungsleiste die Formel zu sehen ❸ und nicht der Wert.

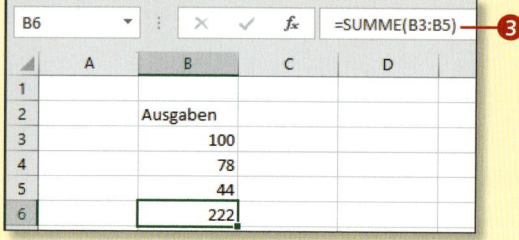

Schritt 4

Am unteren Rand des Bildschirms befinden sich die Reiter für die Tabellenblätter, in der Standardeinstellung **Tabelle1**, **Tabelle2** und **Tabelle3**. Weitere Tabellenblätter fügen Sie über das Pluszeichen hinzu.

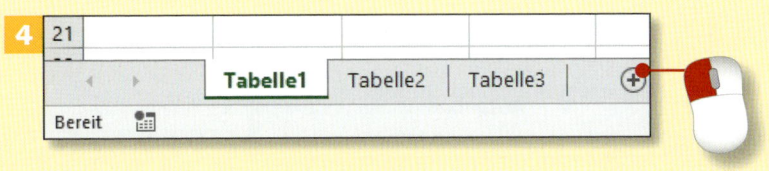

Schritt 5

In der Statusleiste finden Sie – wie in Word – rechts den Schieberegler, um den Zoom einzustellen. Links daneben gibt es die Symbole für die verschiedenen Ansichten des Excel-Bildschirms: **Normal**, **Seitenlayout** und **Umbruchvorschau** ❹.

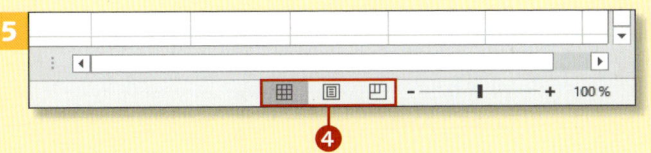

Schritt 6

Auf der linken Seite des Bildschirms befindet sich am oberen Rand (der Titelleiste) die *Symbolleiste für den Schnellzugriff* ❺. Rechts finden Sie die Schaltflächen zum Umgang mit dem Excel-Fenster: **Minimieren**, **Verkleinern**, **Schließen** ❻.

Text und Zahlen in Zellen eingeben

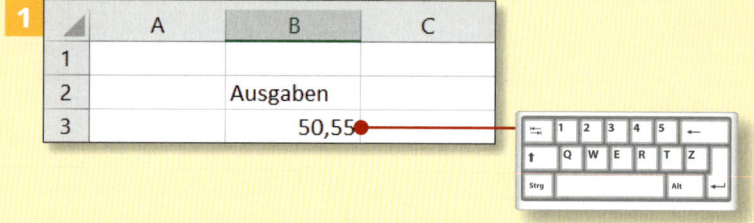

Der Excel-Bildschirm ist automatisch in Spalten und Zeilen eingeteilt. Aus den Schnittpunkten ergeben sich die sogenannten Zellen. In diese Zellen tragen Sie Zahlen oder auch Text ein.

Schritt 1

Klicken Sie in die Zelle, in die Sie Text oder Zahlen eingeben möchten. Dann können Sie drauflosschreiben. Bei Zahlen mit Dezimalstellen nutzen Sie als Trennzeichen ein Komma. Drücken Sie nach der Eingabe ⏎.

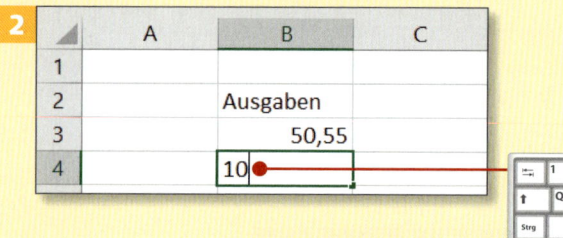

Schritt 2

Einen Wert wie »10,00« schreiben Sie einfach »10«. Die Nullen nach dem Komma werden über ein Zahlenformat eingestellt (siehe den Abschnitt »Markieren und gestalten« auf Seite 140.

Schritt 3

Die eingegebenen Zahlen werden nach dem Drücken der ⏎-Taste automatisch rechtsbündig gesetzt. Text bleibt in der Standardeinstellung linksbündig stehen.

✛✛ Das Eingabehäkchen nutzen

Anstatt nach der Eingabe von Text oder Zahlen die ⏎-Taste zu drücken, können Sie auch auf das Symbol **Eingeben** ❶ in der Bearbeitungsleiste klicken.

Schritt 4

Zum Korrigieren setzen Sie den Cursor in die Bearbeitungsleiste und ändern den Text oder die Zahl so, wie Sie es auch in einem Textdokument tun würden.

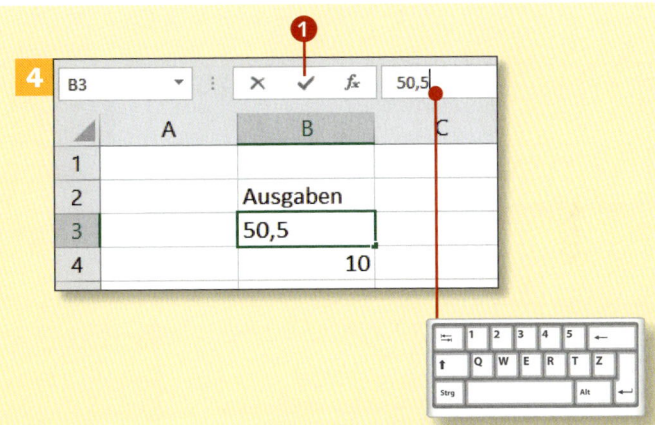

Schritt 5

Sie können Zahlen oder Text auch direkt in einer Zelle korrigieren (»öffnen« Sie sie per Doppelklick). Einträge können übrigens über die Spaltenbreite hinausgehen, falls die Zelle rechts daneben leer ist. Ansonsten wird die Anzeige abgeschnitten; der Inhalt ist aber nach wie vor in der Zelle vorhanden.

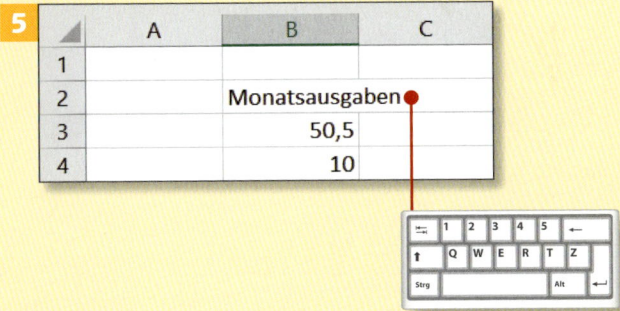

Schritt 6

Sie können die Spalte verbreitern. Dazu setzen Sie den Mauszeiger genau an die Trennlinie zwischen den Buchstaben in der Kopfleiste. Der Mauszeiger verwandelt sich in ein Kreuz. Nun ziehen Sie mit gedrückter Maustaste nach rechts.

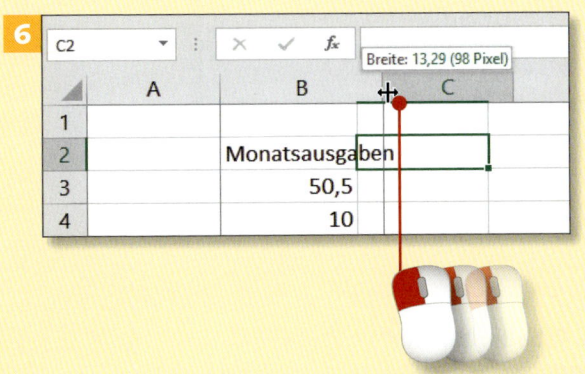

Spaltenbreite anpassen

Wenn Sie doppelt auf die Trennlinie klicken, wird die Breite der Spalte automatisch an den längsten Eintrag in der Spalte angepasst.

135

Tabellenblätter nutzen

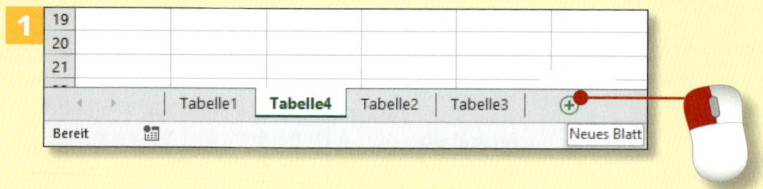

Excel-Dokumente können aus meh-reren Tabellenblättern bestehen. Auf diese Weise können Sie Daten einge-ben, die inhaltlich zusammengehören, aber auf getrennten Blättern stehen.

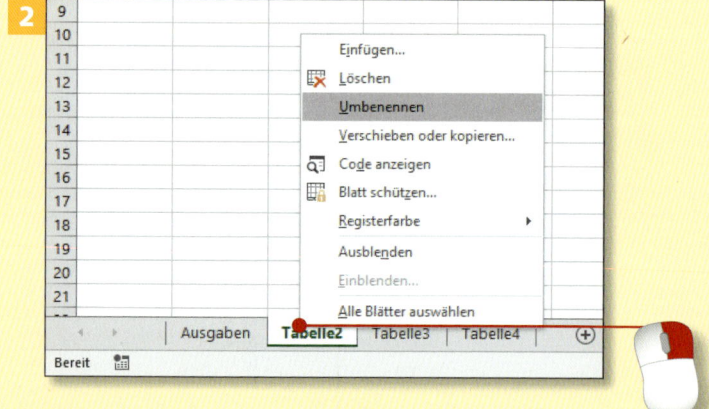

Schritt 1

Excel 2016 bietet standardmäßig drei Tabellenblätter an. Um ein weiteres einzufügen, klicken Sie ein-fach auf das Plus neben dem Reiter **Tabelle 3**.

Schritt 2

Per Mausklick wechseln Sie zwischen den Tabellenblättern. Damit Sie gezielt zum richtigen Tabellenblatt springen, ist es sinnvoll, den Blättern einen passenden Namen zu geben. Dazu klicken Sie den Reiter mit rechts an und wählen **Umbenennen**. Alternativ können Sie einen Tabel-lenreiter auch doppelt anklicken.

Schritt 3

Nun können Sie einfach den neuen Namen eingeben; drücken Sie nach der Eingabe die ⏎-Taste.

Mehrere Tabellenblätter

Sie können über **Datei ▶ Optionen ▶ Allgemein** im Feld **So viele Arbeitsblätter einfügen** festlegen, wie viele Tabellenblätter eine neue Arbeitsmappe zu Anfang enthält.

Schritt 4

Die Reiter der Tabellenblätter lassen sich auch einfärben. Klicken Sie mit rechts auf den Reiter, zeigen Sie auf **Registerfarbe**, und wählen Sie im Untermenü eine Farbe.

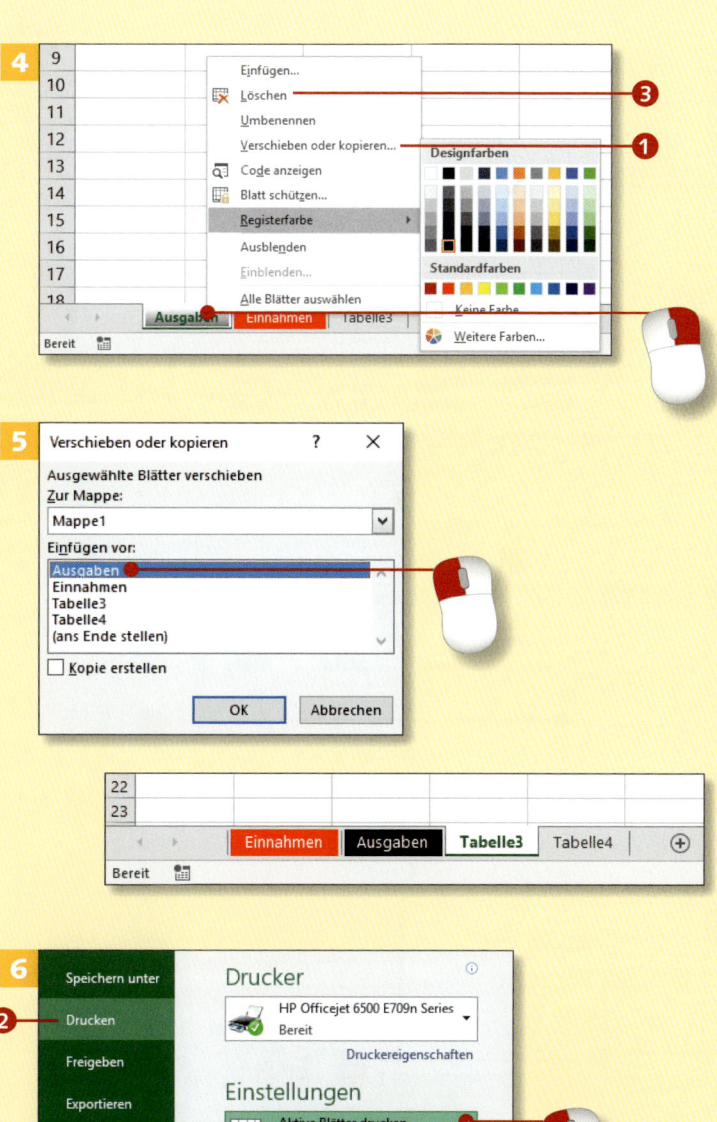

Schritt 5

Die Reihenfolge der Tabellenblätter lässt sich ebenfalls ändern. Klicken Sie im Kontextmenü des zu verschiebenden Tabellenblattes auf **Verschieben oder kopieren ❶**. Im Dialog markieren Sie das Tabellenblatt, vor dem Sie das aktuelle Blatt einfügen möchten, und klicken auf **OK**.

Schritt 6

Wenn Sie ein Excel-Dokument speichern, werden alle Tabellenblätter gespeichert. Beim Ausdrucken (**Datei ▶ Drucken ❷**) können Sie bestimmen, ob Sie nur die aktiven (markierten) Blätter drucken möchten oder die gesamte Arbeitsmappe.

❗ Tabellenblatt löschen

Um ein Tabellenblatt wieder loszuwerden, klicken Sie es mit rechts an und wählen im Kontextmenü **Löschen** (❸ in Bild 4).

137

Datenreihen für die rationelle Dateneingabe

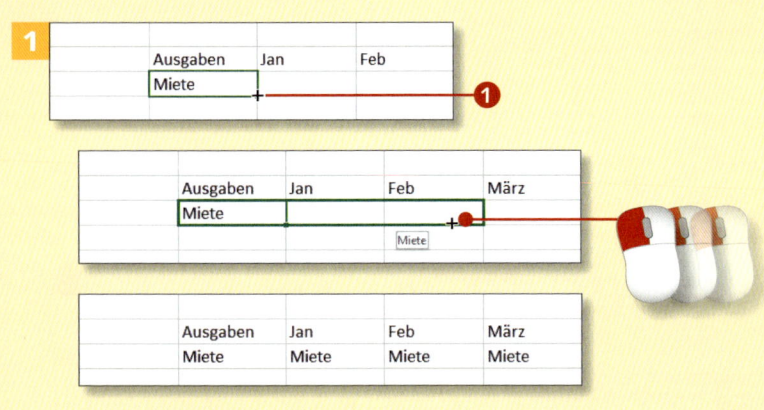

Mit den Methoden, die wir in diesem Abschnitt beschreiben, lässt sich in Excel viel Tipparbeit sparen.

Schritt 1

Wenn sich ein Eintrag über mehrere Spalten oder Zeilen wiederholt, können Sie ihn leicht kopieren. Aktivieren Sie die erste Zelle, und führen Sie den Mauszeiger genau an die rechte untere Ecke (er wird zu einem Kreuz ❶). Halten Sie die Maustaste gedrückt, und ziehen Sie den Rahmen über die nächsten Spalten oder Zeilen.

Schritt 2

Ebenso einfach erzeugen Sie eine aufsteigende Reihe. Schreiben Sie z. B. »1.« in die erste Zelle. Dann füllen Sie wie eben beschrieben die Spalte oder Zeile aus. Der Anfangswert der Reihe ist übrigens beliebig, sie muss nicht mit »1.« beginnen.

Schritt 3

Wenn Sie nicht »1.«, sondern nur »1« eingeben und daraus eine Reihe erzeugen möchten, müssen Sie Excel die ersten beiden Werte mitteilen. Sie tragen also »1« und in die nächste Zelle »2« ein, markieren die beiden Zellen und füllen dann die nächsten Zellen durch Ziehen aus.

Schritt 4

Auch bei dieser Methode ermittelt Excel anhand der ersten beiden Werte die nächsten Schritte. Sie können beispielsweise auch »3« und »6« eingeben, Excel zählt dann weiter mit 9 etc.

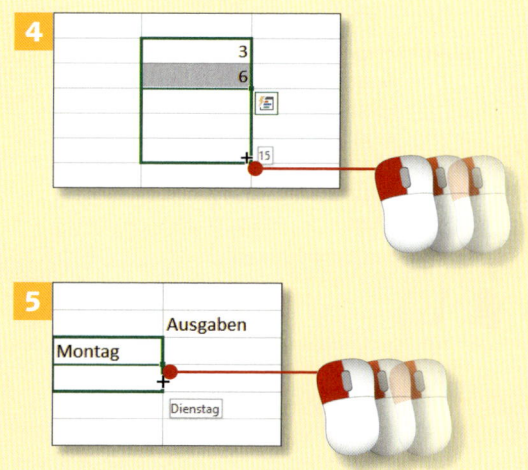

Schritt 5

Das Ausfüllen klappt nicht nur mit Zahlen. Um z. B. die Wochentage ausfüllen zu lassen, schreiben Sie einfach »Montag« in die erste Zelle, setzen den Cursor an die rechte untere Ecke und ziehen den Rahmen über die nächsten Zellen. Sobald Sie die Maustaste loslassen, sind die Zellen mit den Wochentagen gefüllt.

Schritt 6

Sie können überprüfen, welche Listen Excel anbietet. Klicken Sie auf **Datei ▸ Optionen ▸ Erweitert ❷**, und scrollen Sie in diesem Fenster bis zur Kategorie **Allgemein**. Hier klicken Sie auf **Benutzerdefinierte Listen bearbeiten**. Links sehen Sie die vorhandenen Listen.

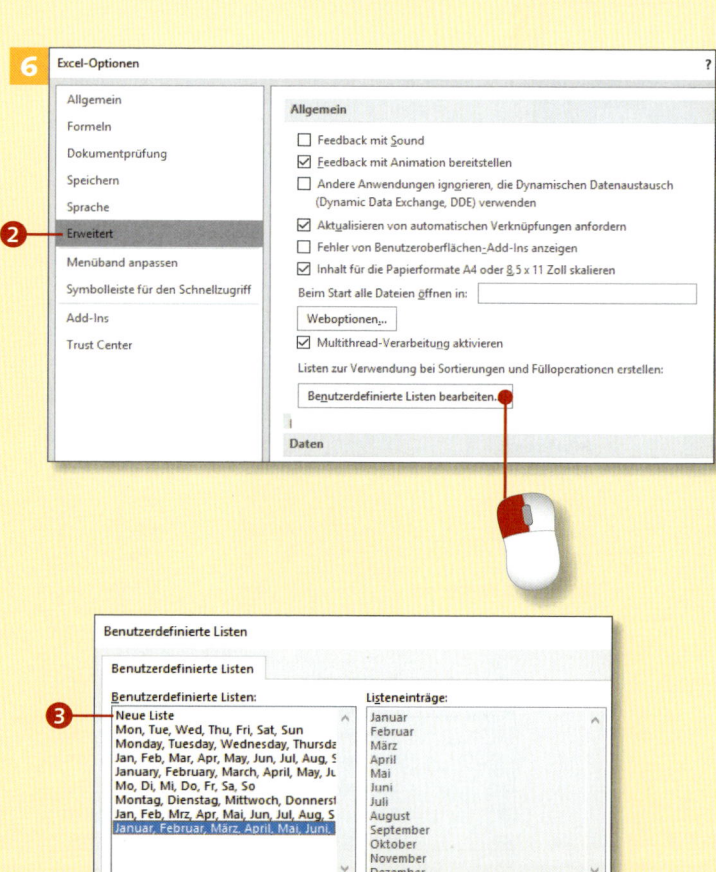

Eigene Listen

Mit **Neue Liste** ❸ legen Sie eine eigene Liste an. Geben Sie die Werte unter **Listeneinträge** untereinander ein, und wählen Sie **Hinzufügen**.

Markieren und gestalten

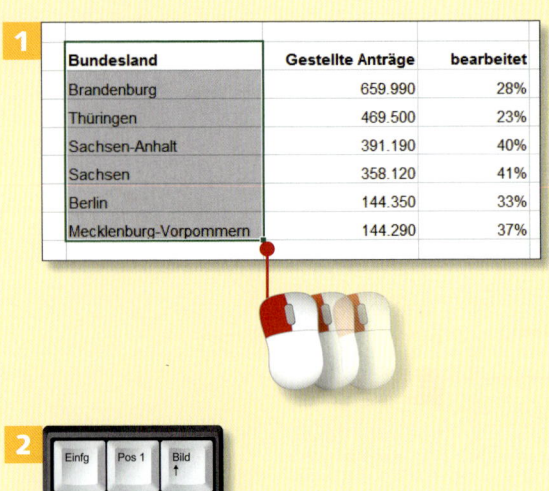

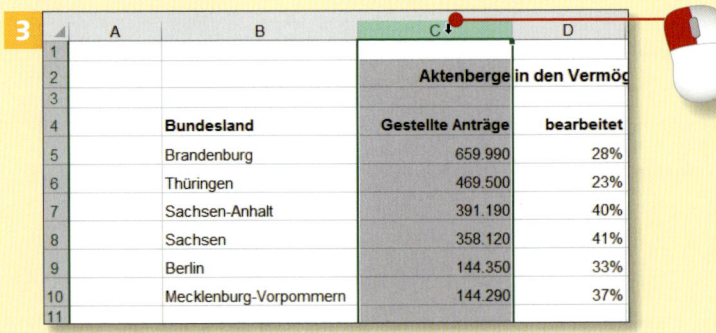

Es gibt viele Möglichkeiten, Zellen bzw. Spalten und Zeilen zu markieren und zu formatieren. Wir zeigen Ihnen in diesem Abschnitt diverse Kniffe.

Schritt 1

Zum Markieren von Spalten oder Zeilen können Sie einfach mit gedrückter Maustaste über den zu markierenden Bereich fahren. Auch wenn die erste Zelle des Bereichs nicht dunkler unterlegt wird, ist sie dennoch markiert.

Schritt 2

Sie können auch sehr bequem mit den Pfeiltasten ❶ markieren. Halten Sie ⇧ gedrückt, und wandern Sie mit einer der Pfeiltasten nach rechts, links, oben oder unten. Der Bereich wird entsprechend spalten- oder zeilenweise markiert.

Schritt 3

Eine ganze Spalte markieren Sie, indem Sie den Mauszeiger auf die Spaltenbezeichnung in der Kopfleiste führen (der Mauszeiger wird zu einem nach unten weisenden Pfeil) und klicken. Analog funktioniert dies beim Markieren einer Zeile.

Schritt 4

Zum Formatieren markierter Zell-
bereiche (oder einer einzelnen
Zelle) nutzen Sie die Befehle auf der
Registerkarte **Start**. In der Gruppe
Schriftart ❷ finden Sie die Einstellungen für die Schrift, in der Gruppe
Ausrichtung ❸ können Sie den
(markierten) Zellinhalt zentriert oder
rechtsbündig setzen.

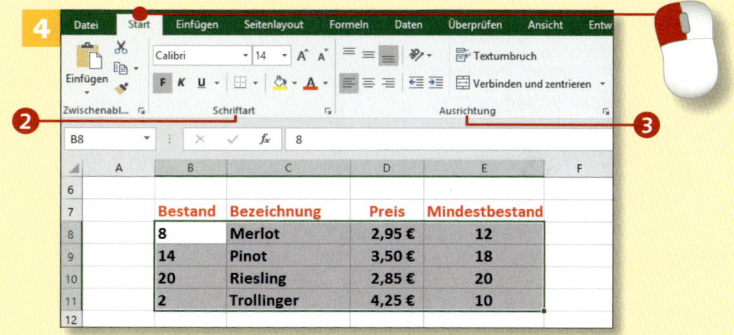

Schritt 5

Um die Standardeinstellung **Unten
ausrichten** zu verändern, klicken
Sie auf **Oben ausrichten** (der Inhalt
der Zelle rutscht an den oberen
Rand der Zelle) oder **Zentriert ausrichten ❹**.

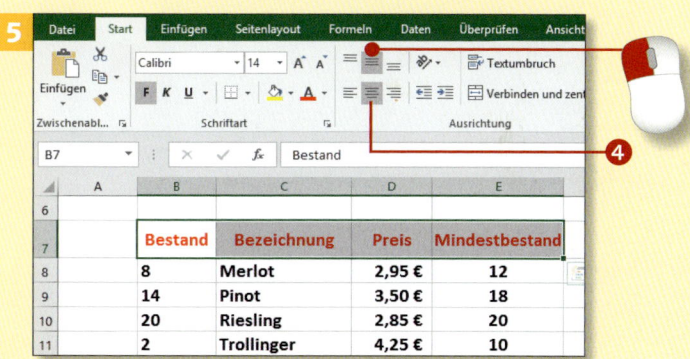

Schritt 6

In der Gruppe **Ausrichtung** finden
Sie auch die Schaltfläche **Ausrichtung**. Ein Klick auf den Pfeil bietet
die Möglichkeit, Text oder Zahlen
im gewünschten Winkel zu drehen,
z. B. mit **Gegen den Uhrzeigersinn
drehen**.

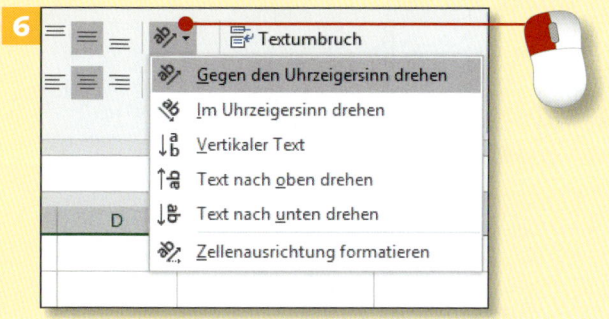

Markieren und gestalten (Forts.)

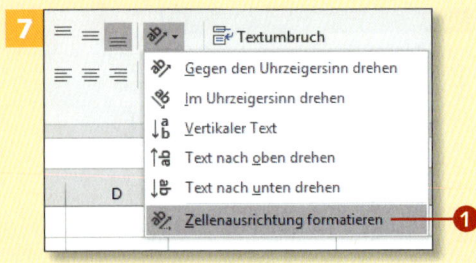

Schritt 7

Um die Drehung selbst zu bestimmen, klicken Sie auf **Zellenausrichtung formatieren** ❶. Dadurch öffnet sich der Dialog **Zellen formatieren** mit der Registerkarte **Ausrichtung**. Ziehen Sie hier mit gedrückter Maustaste an dem Zeiger im Bereich **Ausrichtung**.

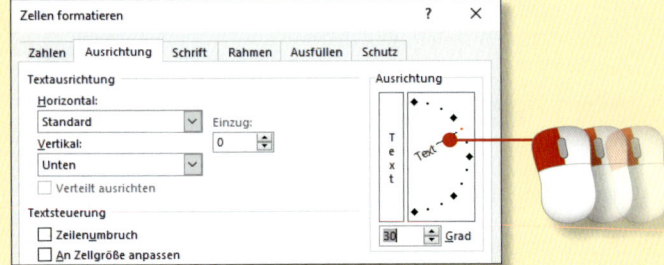

Schritt 8

Sie haben diverse Möglichkeiten, Zahlen zu formatieren. Ein Klick auf **Start ▸ Buchhaltungszahlenformat** weist einer Zahl zwei Nachkommastellen und das Euro-Zeichen zu.

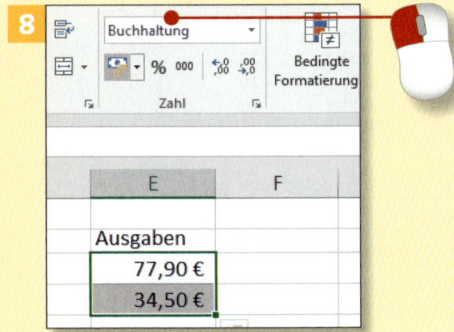

Schritt 9

Weitere Zahlenformate finden Sie im Menü der Schaltfläche **Zahlenformat** und im Dialog **Zellen formatieren**. Um ihn aufzurufen, klicken Sie z. B. auf den Pfeil ❷ an der Gruppe **Zahl** oder auf **Weitere Buchhaltungsformate** im Menü der Schaltfläche **Buchhaltungszahlenformat**.

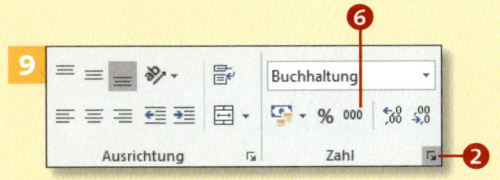

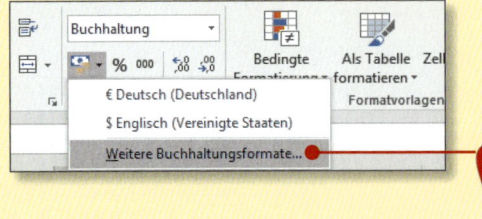

Den Grad eingeben

Anstatt in Schritt 7 an dem Zeiger zu ziehen, um den Zellinhalt diagonal auszurichten, können Sie im Feld darunter auch eine genaue Gradzahl eingeben.

Schritt 10

Im Dialog **Zellen formatieren** wählen Sie auf der Registerkarte **Zahlen** ❸ zunächst die Kategorie, z. B. **Zahl** ❹. Fügen Sie dann das 1.000er-Trennzeichen ❺ hinzu – eine entsprechende Schaltfläche gibt es auch in der Gruppe **Zahl** (❻ in Bild 9) –, und bestimmen Sie die Formatierung für negative Werte.

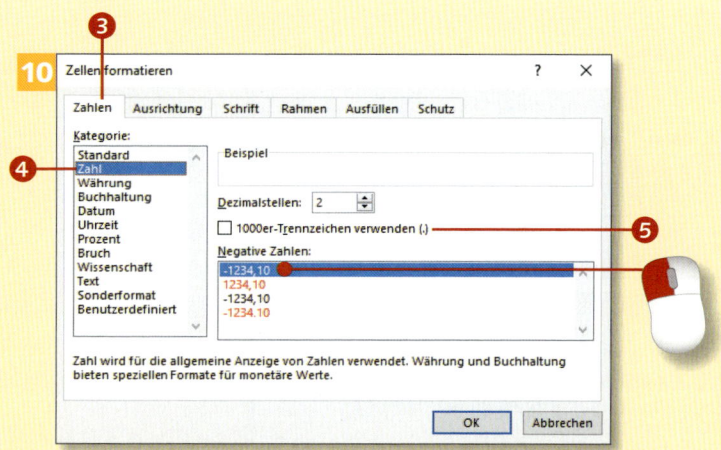

Schritt 11

Im Dialog **Zellen formatieren** sehen Sie die Registerkarte **Rahmen** ❼. Klicken Sie links auf eine Linie ❽ und dann z. B. auf **Außen** und/oder **Innen**, um einen markierten Bereich mit einem Rahmen zu versehen.

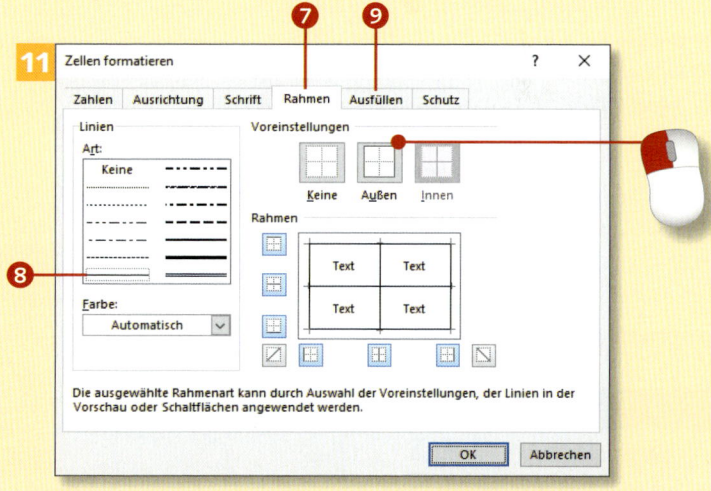

Schritt 12

Beachten Sie zum Formatieren von Tabellen auch die **Zellenformatvorlagen** auf der Registerkarte **Start**. Im Menü können Sie eine Vorlage für die markierte Tabelle auswählen.

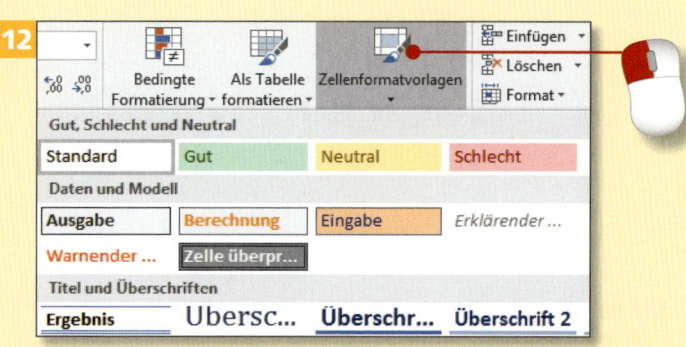

> **Währung und Farben**
>
> Wenn Sie in Schritt 10 links die Kategorie **Währung** aufrufen, können Sie rechts eine passende Währung wählen. Über die Farbpalette auf der Registerkarte **Ausfüllen** (❾ in Bild 11) erhalten Zellen einen farbigen Hintergrund.

Zellinhalte löschen und korrigieren

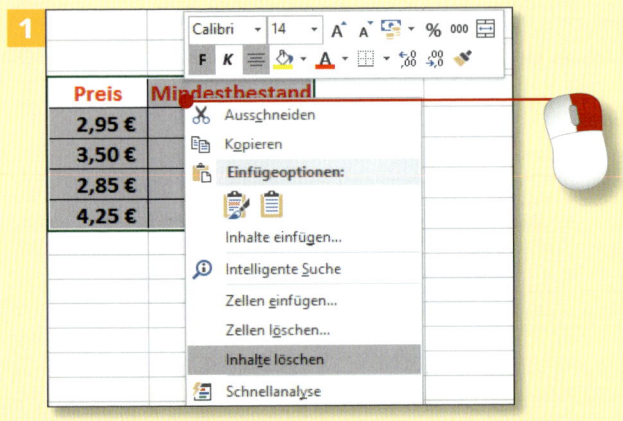

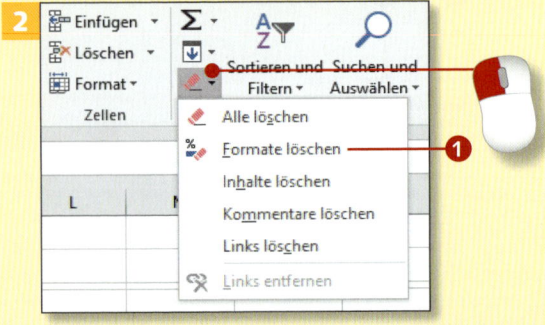

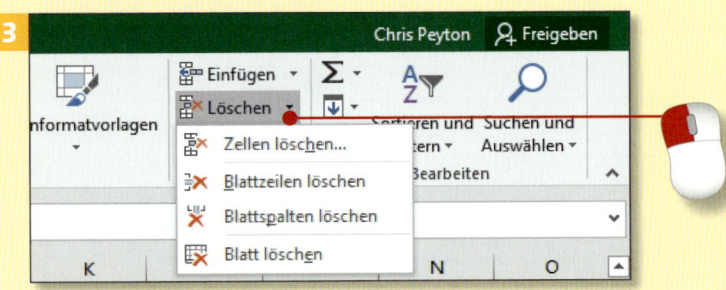

> ## ! Zeilen oder Spalten löschen
> Mit den Befehlen **Blattzeilen löschen** bzw. **Blattspalten löschen** im Menü **Löschen** werden die Zeilen bzw. Spalten ohne weitere Nachfrage entfernt.

Es gibt viele Möglichkeiten, Zellinhalte zu löschen oder zu korrigieren. Dafür ist die Bearbeitungsleiste wichtig.

Schritt 1

Um den gesamten Inhalt einer oder mehrerer Zellen zu löschen, markieren Sie den Bereich und drücken `Entf`. Alternativ rufen Sie mit der rechten Maustaste das Kontextmenü auf und wählen **Inhalte löschen**. Rahmen und Linien bleiben erhalten.

Schritt 2

Sie können auch die Schaltfläche **Löschen** (Gruppe **Bearbeiten** der Registerkarte **Start**) nutzen. Klicken Sie auf den Pfeil und auf **Alle löschen**. Um nur die Formatierung zu entfernen, klicken Sie auf **Formate löschen ❶**.

Schritt 3

Wenn Sie eine Zeile oder eine Spalte (inklusive Inhalt) entfernen möchten, klicken Sie hinein. Um mehrere Zeilen oder Spalten auf einmal zu löschen, müssen Sie sie vorher markieren. Dann klicken Sie in der Gruppe **Zellen** auf den Pfeil unter **Löschen** und wählen eine Option.

Schritt 4

Wenn Sie auf **Löschen ▸ Zellen lö-schen** klicken, öffnet sich ein kleiner Dialog, in dem Sie wählen können, was gelöscht werden soll ❷.

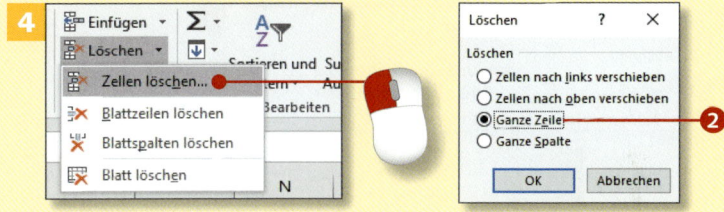

Schritt 5

Zum Korrigieren nutzen Sie die Bearbeitungsleiste, in der der Inhalt der aktiven Zelle steht. Setzen Sie den Cursor in die Leiste, und löschen Sie die Zeichen je nach Cursorposition mit `Entf` oder `←`. Fehlende Zeichen fügen Sie einfach ein.

Schritt 6

Texteingaben können Sie leicht korrigieren. Aktivieren Sie die erste Zelle der Tabelle, und klicken Sie auf der Registerkarte **Überprüfen** auf **Rechtschreibung** ❸. Im zugehörigen Dialog werden falsch geschriebene Wörter angezeigt. Markieren Sie den richtigen Vorschlag ❹, und klicken Sie auf **Ändern**.

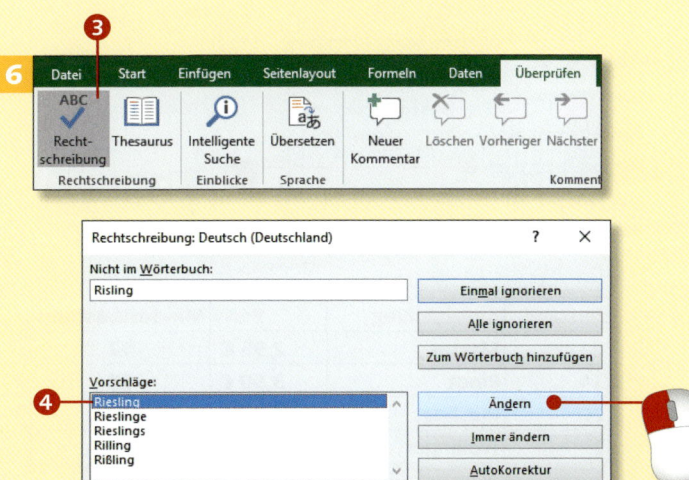

Korrektur in der Zelle

Anstatt Korrekturen in der Bearbeitungsleiste vorzunehmen, können Sie den Cursor auch per Doppelklick in die Zelle setzen oder `F2` drücken und die Eingaben dann wie üblich korrigieren.

Zeilen und Spalten einfügen

Es kommt vor, dass Sie innerhalb einer bereits geschriebenen Tabelle eine weitere Spalte oder Zeile benötigen. Das ist kein Problem, Sie können beides nachträglich einfügen.

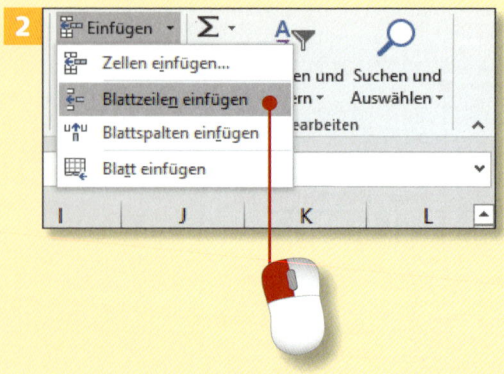

Schritt 1

Um eine zusätzliche Zeile einzufügen, aktivieren Sie die Zeile, *über der* die neue Zeile eingefügt werden soll. Klicken Sie dann auf den Pfeil an der Schaltfläche **Einfügen** auf der Registerkarte **Start**.

Schritt 2

Wählen Sie die Option **Blattzeilen einfügen**. Die neue Zeile wird ergänzt. Um mehrere Zeilen gleichzeitig einzufügen, markieren Sie so viele Zeilen, wie Sie benötigen, bevor Sie auf **Blattzeilen einfügen** klicken.

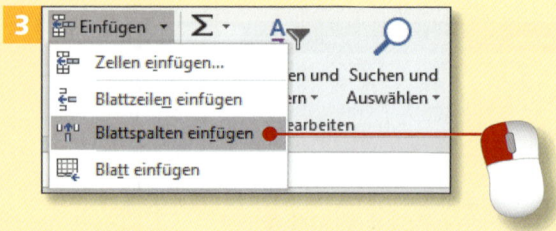

Bestand	Bezeichnung	Preis	Mindestbestand
8	Merlot	2,95 €	12
14	Pinot	3,50 €	18
20	Riesling	2,85 €	20
2	Trollinger	4,25 €	10

Schritt 3

Spalten einzufügen ist genauso einfach. Aktivieren Sie die Spalte, *neben der links* eine neue Spalte eingefügt werden soll. Klicken Sie dann auf **Blattspalten einfügen**.

Schritt 4

Anstatt Spalten oder Zeilen direkt einzufügen, können Sie auch einen Dialog aufrufen und dann festlegen, ob Sie eine Spalte oder Zeile einfügen möchten. Klicken Sie dazu auf die Option **Zellen einfügen** im Menü der Schaltfläche **Einfügen**.

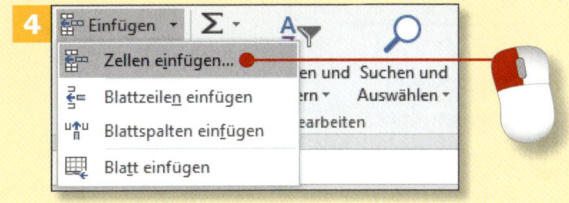

Schritt 5

Im Dialog **Zellen einfügen** aktivieren Sie die Option **Ganze Zeile** oder **Ganze Spalte** ❶ und klicken auf **OK**. Eine Zeile wird oberhalb der aktuellen Zeile eingefügt, eine Spalte links von der aktuellen Spalte.

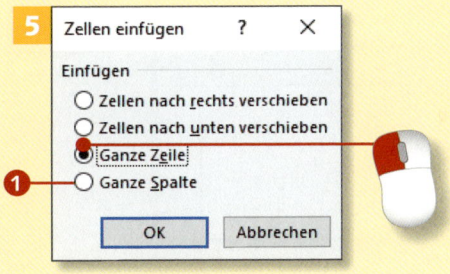

Schritt 6

Den Dialog **Zellen einfügen** können Sie auch über das Kontextmenü einer Zelle aufrufen. Klicken Sie die Zelle mit der rechten Maustaste an, und wählen Sie im Menü **Zellen einfügen**.

i

Kopf- und Fußzeilen einfügen

Um Kopf- oder Fußzeilen einzufügen (Informationen, die auf jeder gedruckten Seite angezeigt werden), klicken Sie auf der Registerkarte **Einfügen** auf **Kopf- und Fußzeile**.

Tabellen mit Flash Fill vervollständigen lassen

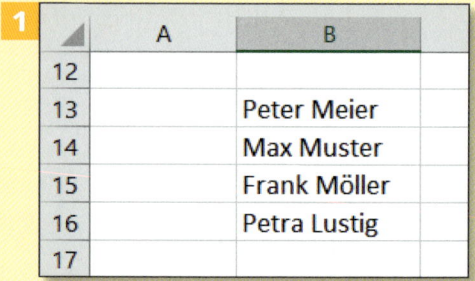

Excel 2016 hat eine praktische, relativ neue Funktion an Bord: Flash Fill oder auch »Blitzvorschau«. Mit dieser Funktion lassen Sie Spalten nach einem bestimmten Muster ausfüllen.

Schritt 1

Sie haben in einer Namensliste Vornamen und Nachnamen in eine Spalte geschrieben, für die Auswertung brauchen Sie die Daten aber getrennt. Mit der Funktion *Flash Fill* geht das ganz schnell.

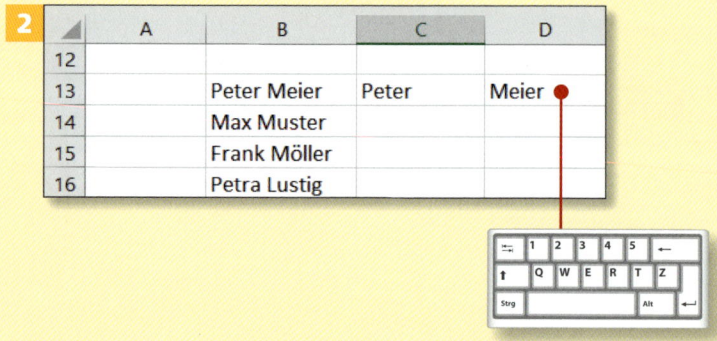

Schritt 2

Schreiben Sie in den Spalten rechts neben der Liste die Daten der ersten Zeile so, wie Sie sie brauchen, also den Vornamen und den Nachnamen in getrennten Spalten.

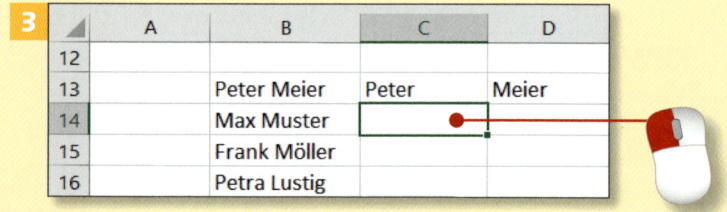

Schritt 3

Um nun die erste dieser Spalten mit den Vornamen ausfüllen zu lassen, markieren Sie die Zelle unter dem ersten Vornamen mit einem Klick.

Flash Fill oder Blitzvorschau

Im Englischen nennt sich diese Funktion *Flash Fill*; warum man für die deutsche Übersetzung »Blitzvorschau« gewählt hat, bleibt etwas unklar.

Schritt 4

Dann wechseln Sie zur Registerkarte **Daten** und klicken hier in der
Gruppe **Datentools** auf **Blitzvorschau**. Die Spalte wird »blitzartig«
ausgefüllt.

Schritt 5

Um die Spalte mit den Nachnamen
ausfüllen zu lassen, verfahren Sie genauso. Markieren Sie die leere Zelle
unter dem ersten Nachnamen, und
klicken Sie auf **Blitzvorschau**.

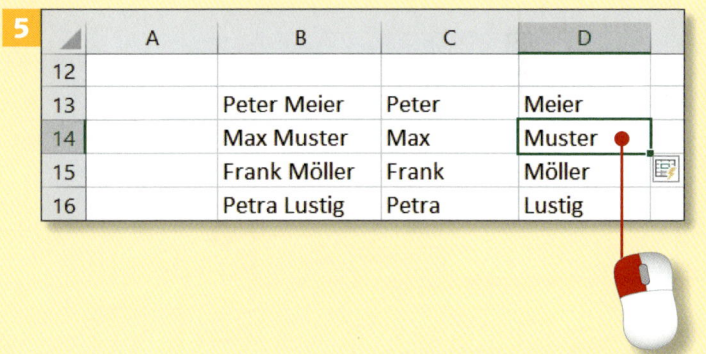

Schritt 6

Nach dem Ausfüllen erscheint ein
kleines Symbol mit Optionen für die
Blitzvorschau. Klicken Sie darauf. Im
zugehörigen Menü können Sie die
Blitzvorschau rückgängig machen ❶
oder die ausgefüllten Zellen zur weiteren Bearbeitung markieren ❷.

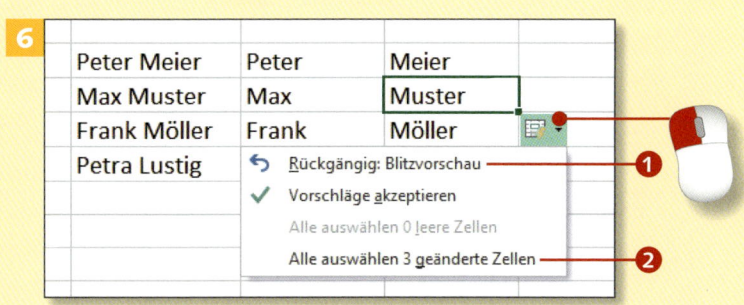

Viele Spalten ausfüllen lassen

Sie sind bei der Verwendung der
Blitzvorschau nicht (wie im Bei-
spiel) auf zwei Werte beschränkt.
Sie können beliebig viele Spalten
ausfüllen lassen, z. B. Vorname,
Nachname, Ort usw.

Summen erzeugen

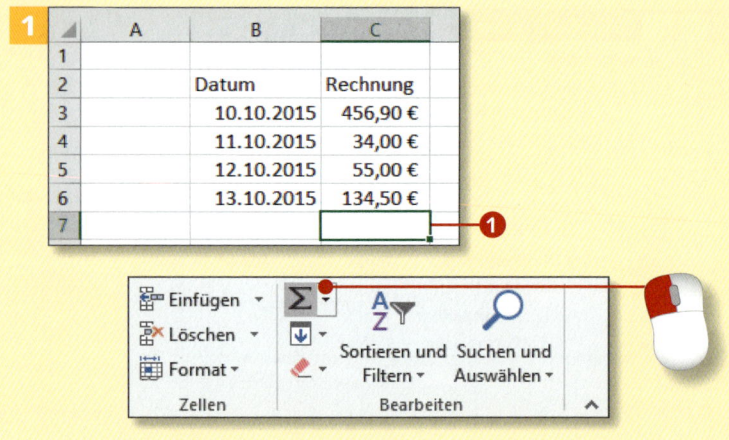

Zum Addieren von Zahlen bietet Excel ein besonderes Symbol, mit dem Sie eine Summe blitzschnell errechnen können.

Schritt 1

Es ist sehr einfach, eine Zahlenreihe in einer Spalte zu addieren. Markieren Sie die leere Zelle unterhalb der Zahlenkolonne ❶, und klicken Sie auf die Schaltfläche **AutoSumme** in der Gruppe **Bearbeiten** der Registerkarte **Start**.

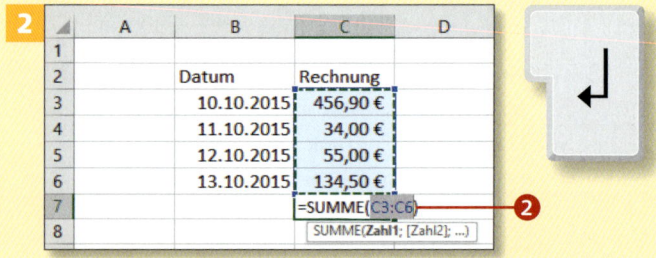

Schritt 2

Sie sehen dann einen Laufrahmen, der die Zahlen umschließt. In der Ergebniszelle erscheint die Summenformel ❷. Drücken Sie jetzt einfach die ⏎-Taste. Das Ergebnis der Addition, die Summe, erscheint in der Zelle ❸.

Schritt 3

Falls der Laufrahmen nicht die Zellen umfasst, die addiert werden sollen, können Sie den Bereich verändern. Klicken Sie doppelt in die Zelle mit der Summenformel, und korrigieren Sie die Zelladressen. Dann drücken Sie die ⏎-Taste.

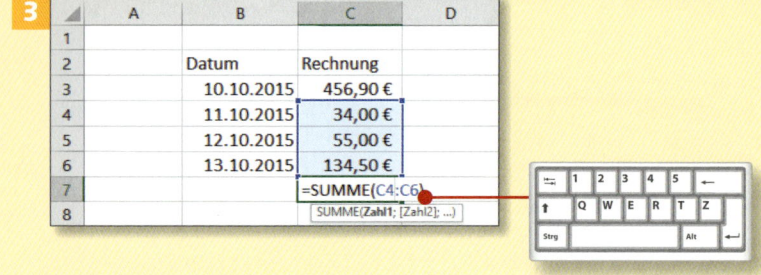

Schritt 4

Sofern es sich um einen zusammen-
hängenden Bereich handelt, können
Sie die zu addierenden Zahlen auch
zuerst markieren und dann auf **Auto-
Summe** (siehe Bild zu Schritt 1) klicken; das Ergebnis erscheint unterhalb oder – bei einer Zeile – rechts
neben den markierten Zahlen.

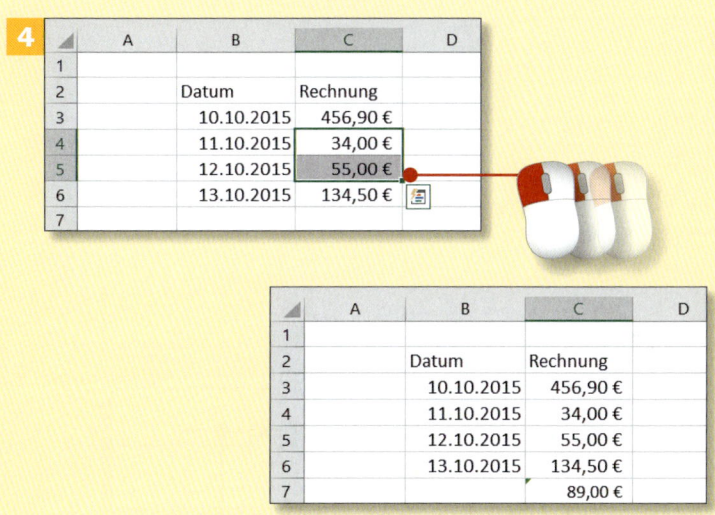

Schritt 5

Achten Sie nach der Summenbildung
auf die Bearbeitungsleiste. Wenn Sie
die Zelle mit dem Ergebnis markieren, erscheint in der Bearbeitungsleiste die Formel für die Summe ❹
und nicht das Ergebnis. So können
Sie auch zukünftig nachvollziehen,
in welchen Bereichen Sie gerechnet
haben.

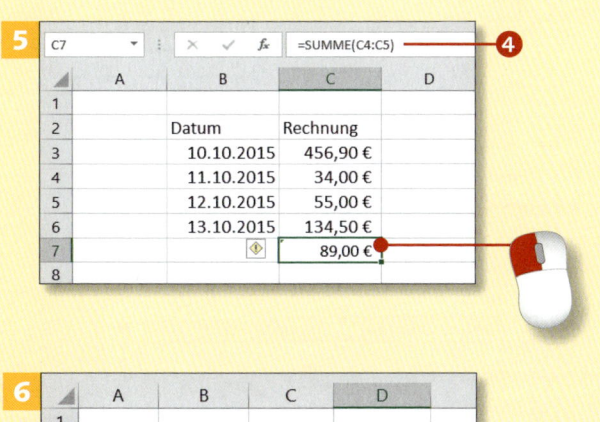

Schritt 6

Wenn Sie Zahlen addieren möchten,
die verstreut in einer Tabelle liegen,
geben Sie zunächst das Gleichheitszeichen in die Ergebniszelle ein.
Dann klicken Sie die erste Zahl oder
Zelle an, drücken +, klicken die
nächste Zahl oder Zelle an, drücken
+, bevor Sie die nächste Zahl oder
Zelle anklicken, etc. Um das Ergebnis zu erhalten, drücken Sie statt der
+-Taste ↵.

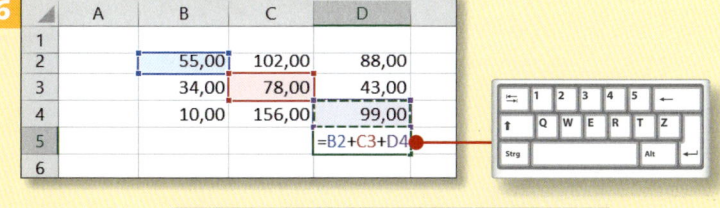

Formeln für die Grundrechenarten

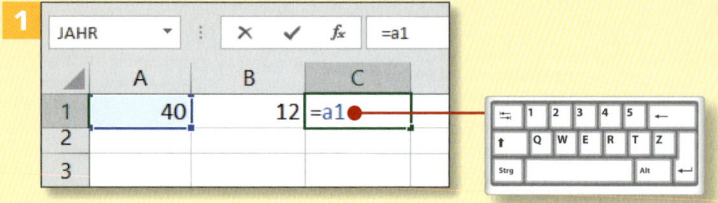

Excel ist ein toller Rechenkünstler, aber entscheidend sind die Formeln/ Funktionen, die Sie eingeben. Ist die Formel falsch, werden Sie auch ein falsches Ergebnis erhalten.

Schritt 1

Wenn Sie die Formel in die Ergebniszelle schreiben, nutzen Sie die *Zelladressen* (z. B. A1) und nicht die konkreten Zahlen.

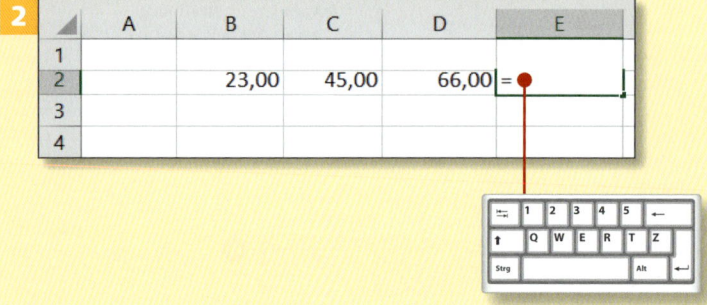

Schritt 2

Um wenige Zahlen zu addieren, geht das auch ohne die Funktion **Auto-Summe**. Aktivieren Sie die Ergebniszelle, und tippen Sie das Gleichheitszeichen (⇧ + 0) ein, um die Formel zu beginnen.

Schritt 3

Sie müssen die Zelladressen nicht von Hand eintragen. Klicken Sie die erste Zahl oder Zelle an, und drücken Sie die + -Taste. Dann klicken Sie die nächste Zahl oder Zelle an. Sollen nur diese beiden Zellen addiert werden, drücken Sie ↵ . Ansonsten wiederholen Sie den Vorgang mit weiteren Zellen.

ℹ Mit Zelladressen rechnen

Durch die Verwendung von Zelladressen bleiben Formeln flexibel. Verändern Sie in der Tabelle einen Wert, wird das Ergebnis aktualisiert (weil Excel mit dem aktuellen Inhalt der Zelle rechnet).

Schritt 4

Ähnlich bilden Sie auch die Formeln für andere Grundrechenarten. Für eine Subtraktion nutzen Sie anstelle der +-Taste den normalen Bindestrich auf der Tastatur oder das Minuszeichen auf dem Nummernblock.

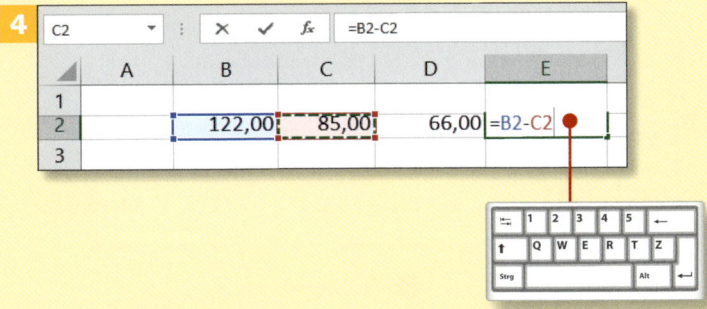

Schritt 5

Sie wollen Zahlen multiplizieren? Schreiben Sie das Gleichheitszeichen in die Ergebniszelle, klicken Sie die erste Zelle an, und drücken Sie entweder das Sternchen auf der Tastatur (⇧ + 0) oder das Malzeichen auf dem Nummernblock. Dann klicken Sie die zweite Zelle an und drücken ↵.

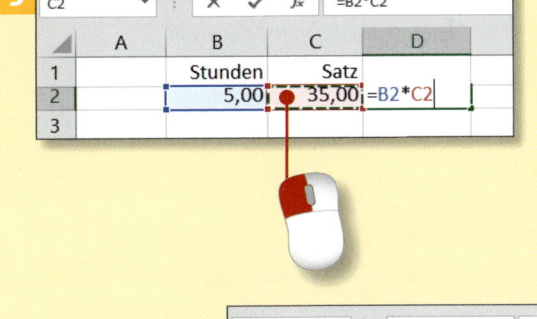

Schritt 6

Um eine Zahl durch eine andere zu teilen, verwenden Sie entweder den Schrägstrich (⇧ + 7) oder das Teilungszeichen auf dem Nummernblock; ansonsten gehen Sie genauso vor wie bei den anderen Grundrechenarten. Entfernen Sie wenn nötig einige Dezimalstellen des Ergebnisses (**Start ▸ Zahl ▸ Dezimalstelle löschen ❶**).

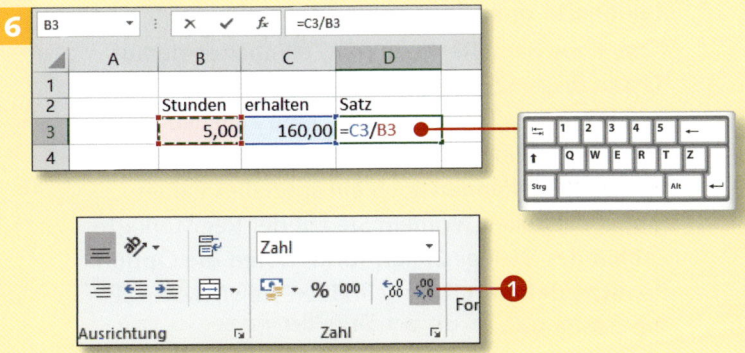

Formeln für die Grundrechenarten (Forts.)

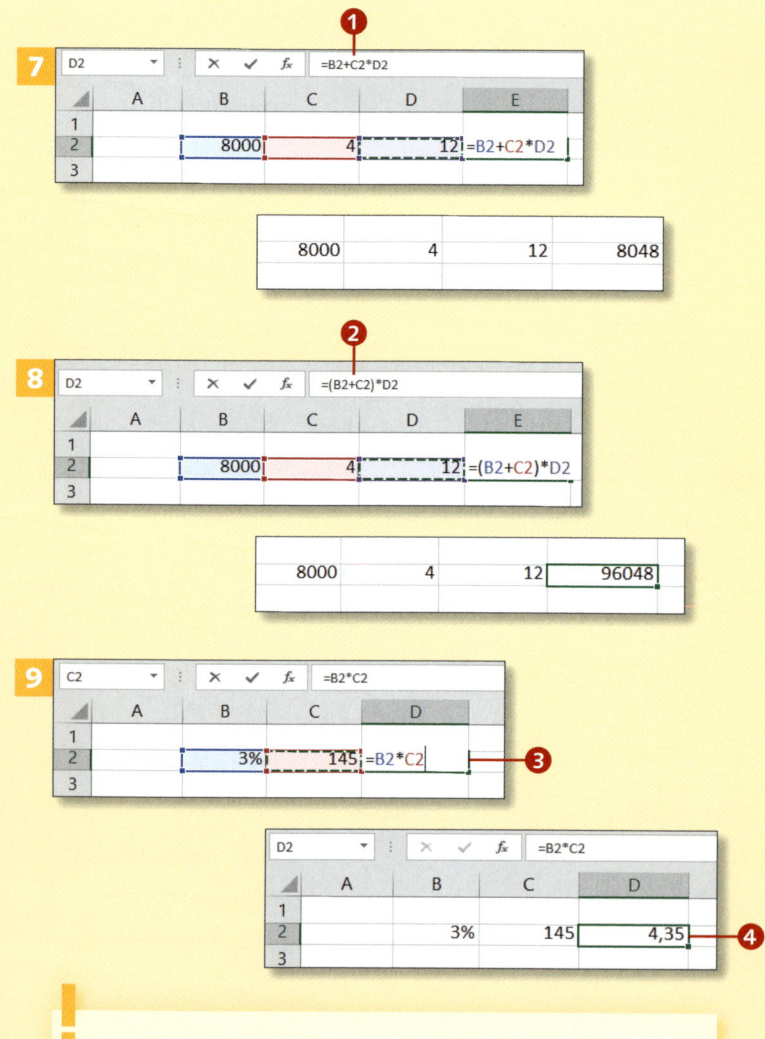

Schritt 7

Sie wenden beim Rechnen »normale« mathematische Regeln an. Vor allem gilt: Punkt- geht vor Strichrechnung. Wenn Sie z. B. »8000+4*12« (bzw. die passenden Zelladressen) eingeben ❶, wird erst 4 mal 12 gerechnet und dann 8.000 addiert.

Schritt 8

Sie müssen also unter Umständen Klammern ❷ in der Formel verwenden. Sie bewirken dann, dass zuerst die ersten beiden Zahlen addiert werden und dann die Multiplikation folgt.

Schritt 9

Auch Prozentrechnung ist in Excel einfach. Wenn Sie 3 % von 145 errechnen möchten, schreiben Sie »3%« in eine Zelle, »145« in eine andere. In der Ergebniszelle multiplizieren Sie die beiden Zellen einfach ❸. Das Prozentzeichen sorgt für die Teilung durch 100 ❹.

! Zellinhalte ohne Text

Achten Sie beim Rechnen mit Zellinhalten darauf, dass in diesen Zellen kein Text steht. Schreiben Sie z. B. nicht »19% MwSt.« in eine Zelle, sondern den Wert in eine Zelle und »MwSt.« in die Zelle daneben. Sie können auch ein spezielles Zahlenformat einstellen. Wählen Sie auf der Registerkarte **Zahlen** des Dialogs **Zellen formatieren** die Option **Benutzerdefiniert**, und schreiben Sie »MwSt.« als **Typ** neben **0%**.

Schritt 10

Zum Errechnen eines Prozentsatzes ist es am einfachsten, für die Ergebniszelle ein Prozentformat einzustellen. Klicken Sie auf der Registerkarte **Start** in der Gruppe **Zahl** auf die Schaltfläche **Prozentformat**. Dieses Format sorgt dafür, dass der Zellinhalt mit Hundert multipliziert wird.

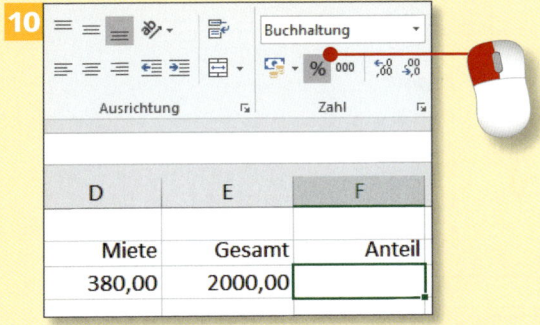

Schritt 11

Wenn z. B. die Ausgaben für Ihre Miete in Zelle B3 stehen und Ihre Gesamtausgaben in Zelle C3, lautet die Formel zur Berechnung des Mietanteils in Prozent dann einfach: »=B3/C3« (vorausgesetzt, dass die Ergebniszelle das Zahlenformat **Prozent** hat). Drücken Sie ⏎, um das Ergebnis zu erhalten.

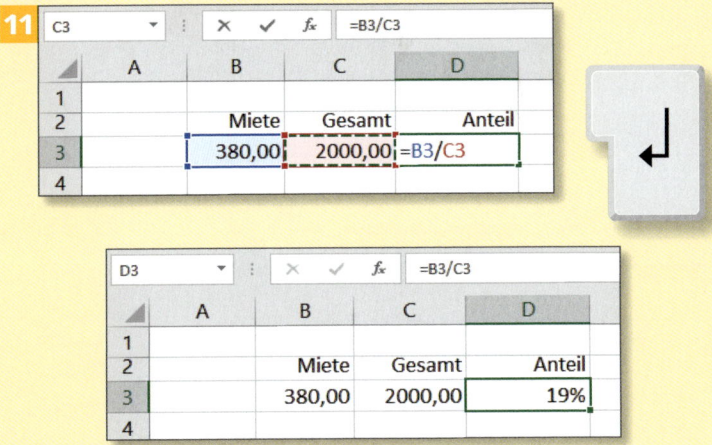

Schritt 12

Ist die Ergebniszelle bei einer solchen Berechnung nicht mit dem Zahlenformat **Prozent** versehen, müssten Sie die Formel um »*100« ergänzen ❺. Das Ergebnis erscheint dann allerdings ohne Prozentzeichen.

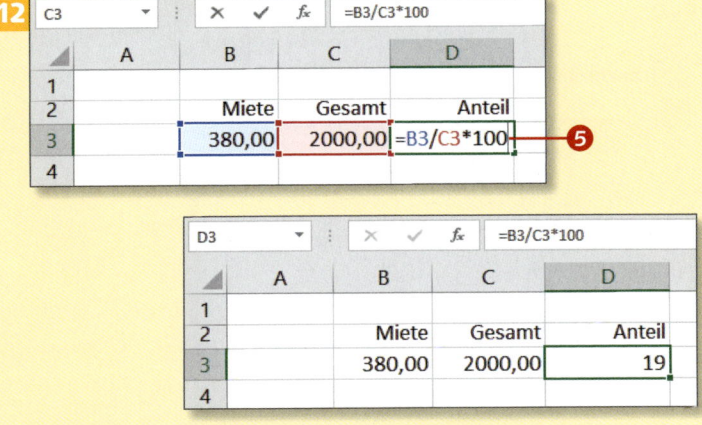

Mittelwert und Minimal-/Maximalwerte

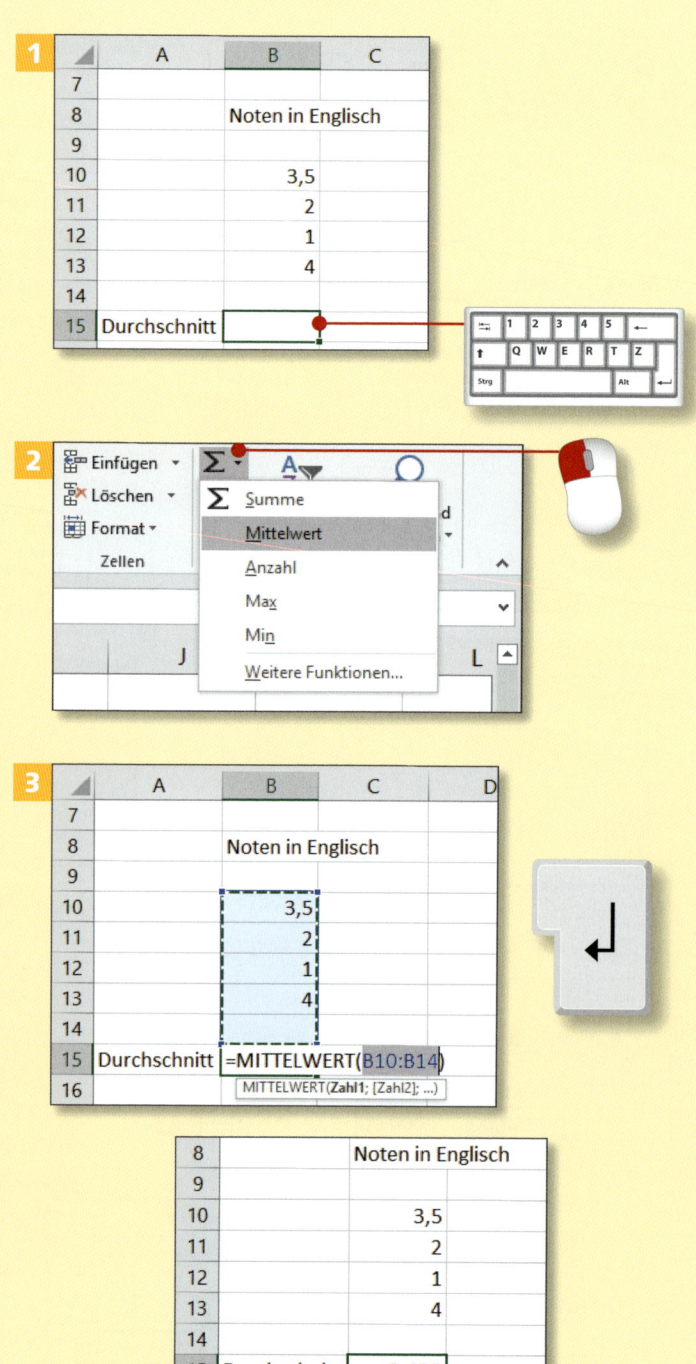

Wenn Sie den Notendurchschnitt Ihres Kindes errechnen möchten, greifen Sie einfach zur Funktion »Mittelwert«. Mit »Min« und »Max« sehen Sie im Nu die kleinsten oder größten Werte einer Liste.

Schritt 1

Erstellen Sie eine Tabelle, in der Sie die entsprechenden Noten auflisten. Schreiben Sie die Noten einfach untereinander in die Spalte. In eine Zelle schreiben Sie »Durchschnitt«.

Schritt 2

Markieren Sie die Zelle, in der das Ergebnis stehen soll, und öffnen Sie das Menü der Schaltfläche **Auto-Summe** auf der Registerkarte **Start**. Klicken Sie darin auf **Mittelwert**.

Schritt 3

Daraufhin wird ein Rahmen um den zu errechnenden Bereich gelegt und die Funktion in der Ergebniszelle angezeigt. Drücken Sie nun einfach ⏎. Das Ergebnis ist ein Mittelwert, der Sie hoffentlich zufrieden stimmt!

Schritt 4

Genauso einfach ist es, den größten Wert anzeigen zu lassen. Bei einer kleinen Liste erkennen Sie ihn sofort, aber nicht bei Listen, die sich über mehrere Seiten erstrecken, z. B. Artikellisten. Markieren Sie die Ergebniszelle ❶, und klicken Sie im Menü der Schaltfläche **AutoSumme** auf **Max**.

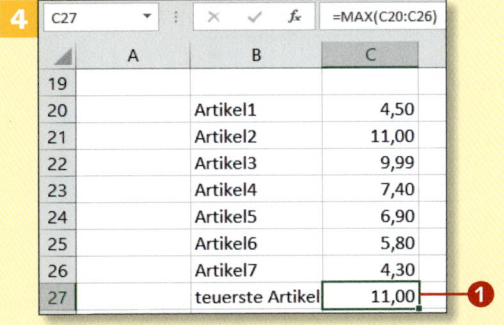
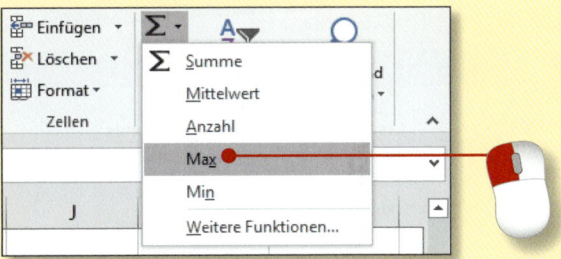

Schritt 5

Um sich den kleinsten Wert einer Liste anzeigen zu lassen, verfahren Sie ebenso, nur dass Sie im Menü der Schaltfläche **AutoSumme** auf **Min** klicken.

Schritt 6

Theoretisch können Sie Funktionen wie **Mittelwert**, **Max** und **Min** auch per Hand eingeben. Sie schreiben »=Mittelwert(Zelladresse1:Zelladresse2)« und drücken dann die ⏎-Taste.

---

i

Schreibweise von Funktionen

Der zu berechnende Zellbereich wird in Klammern gesetzt. Der Doppelpunkt zwischen zwei Zelladressen bedeutet im Klartext »bis«.

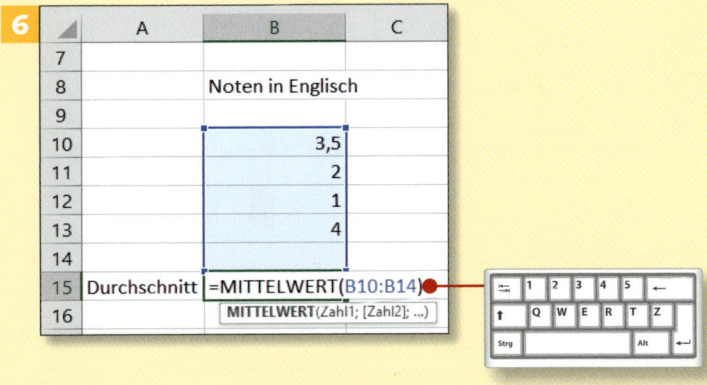

Die WENN-Funktion nutzen

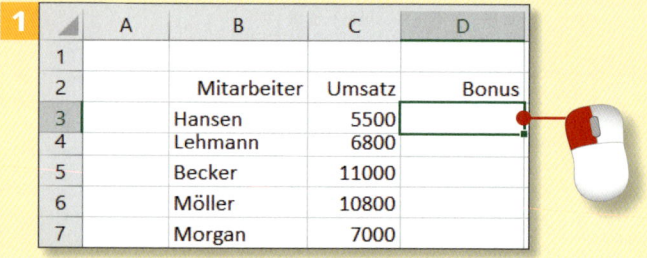

Zu den »klassischen« Funktionen ge-hört die vielfältig einsetzbare Wenn-dann-sonst-Funktion.

Schritt 1

Zunächst ein einfaches Beispiel: Alle Mitarbeiter, die einen Umsatz über 10.000 € erreicht haben, erhalten einen Sonderbonus von 200 €. Aktivieren Sie die erste Zelle der Spalte *Bonus*.

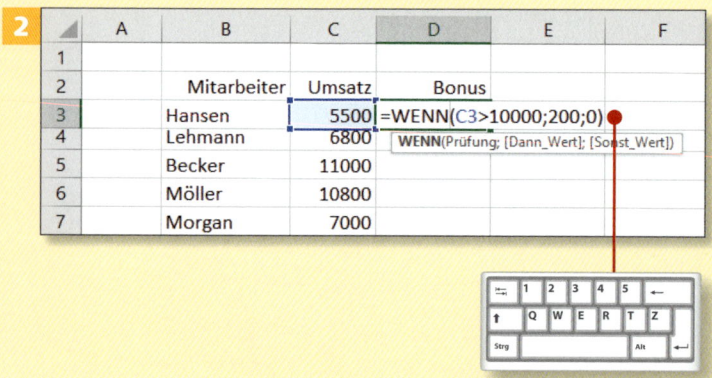

Schritt 2

Schreiben Sie nun »=WENN(C3> 10000;200;0)«. Die Funktion be-ginnt mit »Wenn«; in der Klammer steht die Referenzzelle, hier also die erste Zelle in der Spalte *Umsatz*, dann das Zeichen für »größer als«, dann ein Semikolon gefolgt von der Dann-Anweisung, also 200, dann ein zweites Semikolon gefolgt von der Sonst-Anweisung. Schließen Sie die Klammer, und drücken Sie ↵.

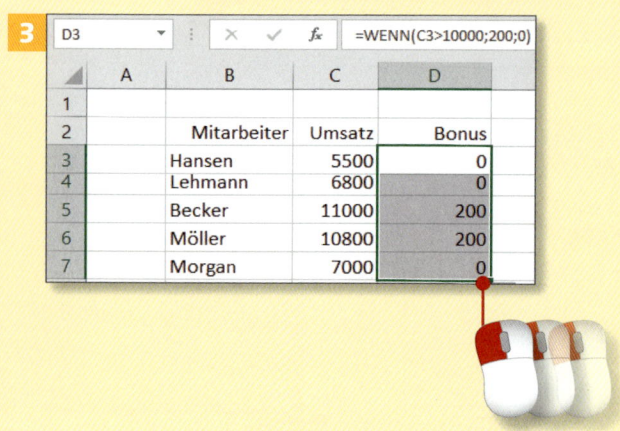

Schritt 3

In der ersten Ergebniszelle steht nun »0«, da die Bedingung nicht erfüllt wird. Übertragen Sie die Funktion in die übrigen Zellen, indem Sie das kleine Quadrat an der rechten Ecke der Zelle mit gedrückter Maustaste nach unten ziehen.

Schritt 4

Wenn je nach Bedingung ein Text erscheinen soll, müssen Sie diesen Text in Anführungszeichen setzen. Sie schreiben dann z. B. »=WENN(C3>10000;200;"kein Bonus")«. Sobald Sie ⏎ drücken, erscheint der Text in der Zelle.

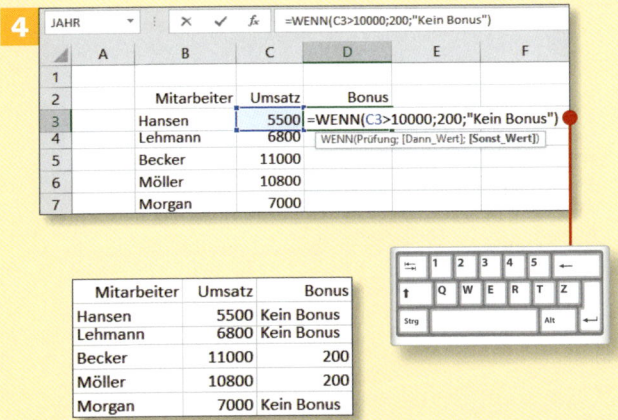

Schritt 5

Die Wenn-dann-sonst-Funktion kann auch geschachtelt werden: Mitarbeiter, deren Umsatz höher als 12.000 € ist, erhalten einen Bonus von 300 €. Beginnen Sie mit dieser Bedingung. Nach der ersten Dann-Definition setzen Sie ein Semikolon, schreiben erneut »WENN« (und formulieren die zweite Bedingung.

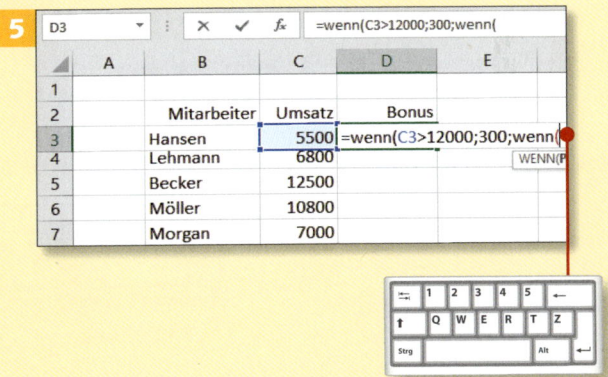

Schritt 6

Sie schreiben also »=WENN(C3>12000;300;WENN(C3>10000;200;"kein Bonus"))«. Da Sie zwei Klammern geöffnet haben, müssen Sie am Ende auch zwei Klammern schließen.

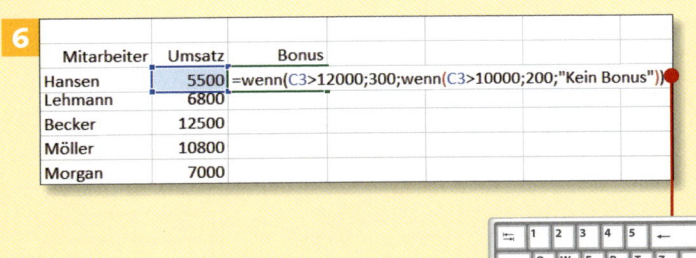

Präzise Eingabe

Wenn Sie die Funktion nicht präzise eingeben, erhalten Sie ein falsches Ergebnis und/oder einen Hinweis, der mitunter auch einen Korrekturvorschlag enthält, den Sie übernehmen können.

Die WENN-Funktion nutzen (Forts.)

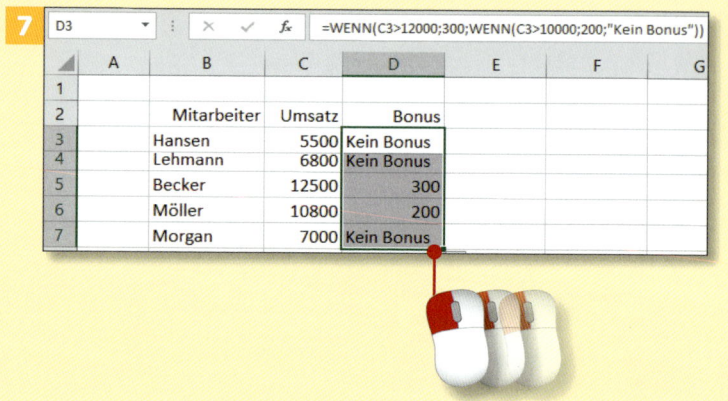

Schritt 7

Dann verfahren Sie wie gehabt: Nach der Eingabe der Funktion drücken Sie die ⏎-Taste und füllen die übrigen Zellen durch Ziehen mit gedrückter Maustaste mit der Funktion.

Schritt 8

Solche Schachtelungen sind theoretisch endlos möglich. Jede neue Bedingung beginnt wieder mit »WENN(«. Noch ein Beispiel: Je nach erreichter Punktzahl in einem Test werden die Noten errechnet. Sie beginnen die Definition mit dem höchsten Wert, am Ende schließen Sie hintereinander so viele Klammern, wie Sie vorher geöffnet haben.

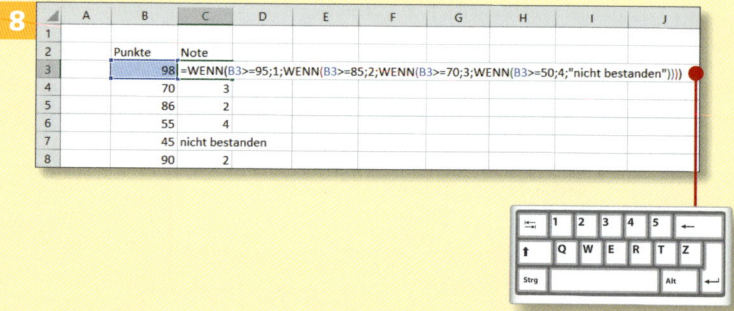

Schritt 9

Sie können in der Dann-Anweisung auch eine Berechnung formulieren, beispielsweise einen prozentualen Bonus. Statt eines absoluten Wertes geben Sie dann die Berechnung ein, z. B. den Umsatz mal 10 %: »=WENN(C11>10000;C11*10%;" kein Bonus")«.

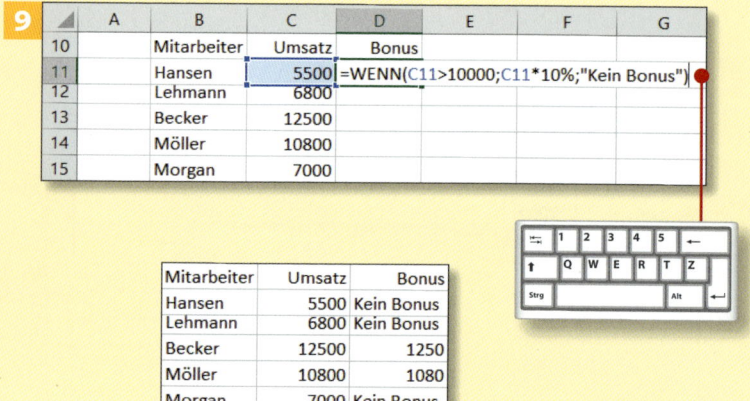

Schritt 10

Verschachtelte Bedingungen müssen Sie manuell eingeben. Ansonsten können Sie die WENN-Funktion auch per Befehl einfügen. Markieren Sie die Zelle, in der die Funktion stehen soll, und wählen Sie im Menü der Schaltfläche **AutoSumme** (Registerkarte **Start**) den Eintrag **Weitere Funktionen**.

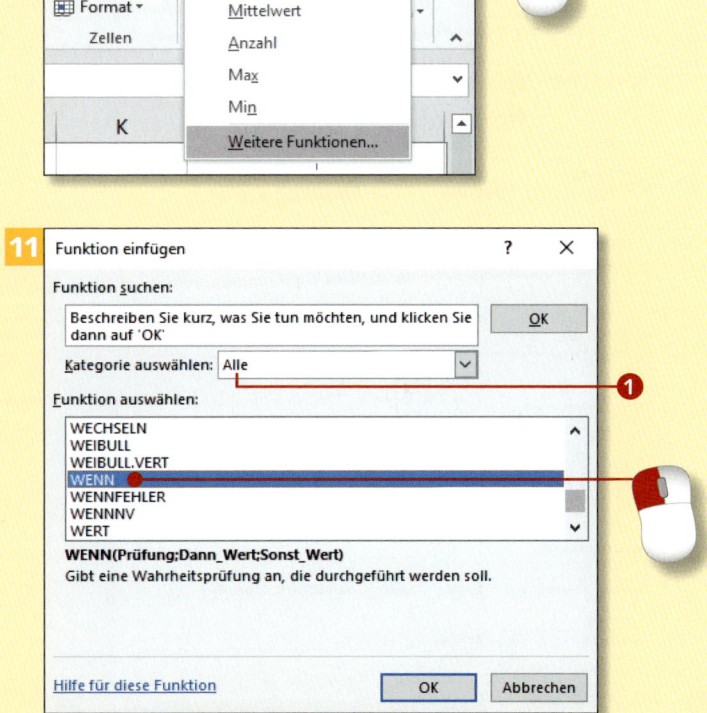

Schritt 11

Dies öffnet den Dialog **Funktion einfügen**. Wählen Sie im Feld **Kategorie auswählen** die Option **Alle** ❶, und scrollen Sie in der Liste **Funktion auswählen** bis zum Eintrag **WENN**. Klicken Sie dann auf **OK**.

Schritt 12

Im Dialog **Funktionsargumente** tragen Sie die einzelnen Bedingungen für die Funktion in die drei Felder ein: oben ❷ die Wenn-Bedingung, im zweiten Feld, was passieren soll, wenn die Bedingung erfüllt wird ❸, und im dritten Feld die Sonst-Anweisung. Text muss hier nicht in Anführungszeichen gesetzt werden. Dann klicken Sie auf **OK**.

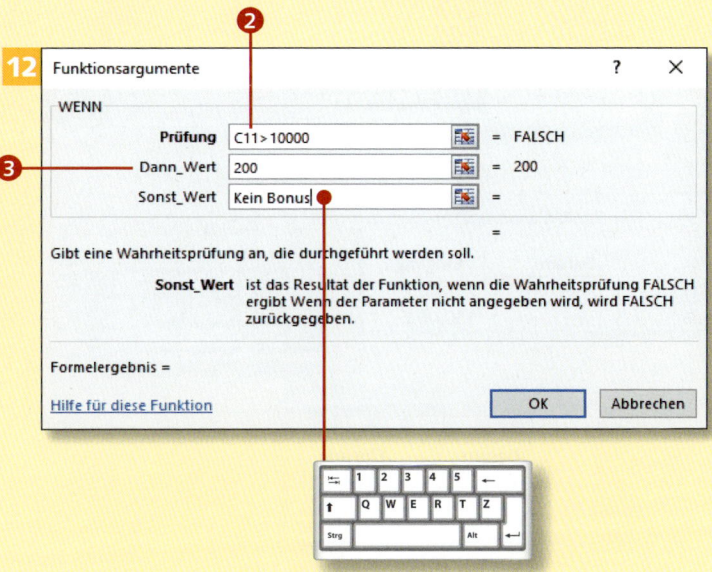

Funktionen für Datum und Uhrzeit

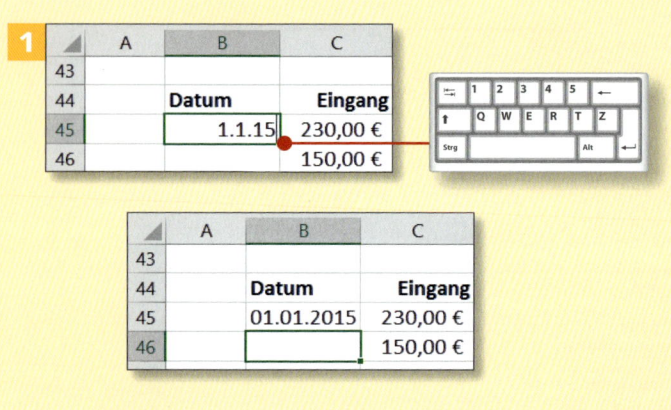

Sie können in Excel-Tabellen Datums-angaben und Uhrzeiten eingeben und mit diesen Angaben auch rechnen.

Schritt 1

Normalerweise erkennt Excel, wenn Sie ein Datum eingeben, und forma-tiert die Zelle automatisch nach dem Muster *tt.mm.jjjj*. Aus der Eingabe »1.1.15« wird »01.01.2015«, sobald Sie die ⏎-Taste gedrückt haben.

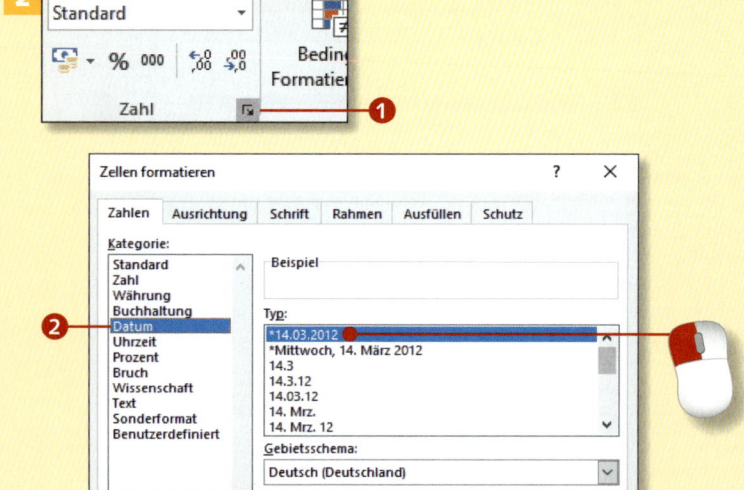

Schritt 2

Um ein anderes Format einzustellen, klicken Sie auf den kleinen Pfeil ❶ an der Gruppe **Zahl** der Register-karte **Start**. Im Dialog **Zellen for-matieren** wählen Sie **Datum** ❷ und unter **Typ** ein Format für die Datums-anzeige. Mit **OK** fügen Sie es ein.

Schritt 3

Sie können das Datum auch mit einer Funktion eingeben. Damit be-wirken Sie, dass es bei jedem Öffnen des Dokuments aktualisiert wird. Schreiben Sie »=heute()« in die Zelle, und drücken Sie ⏎ (oder klicken Sie in einen anderen Bereich).

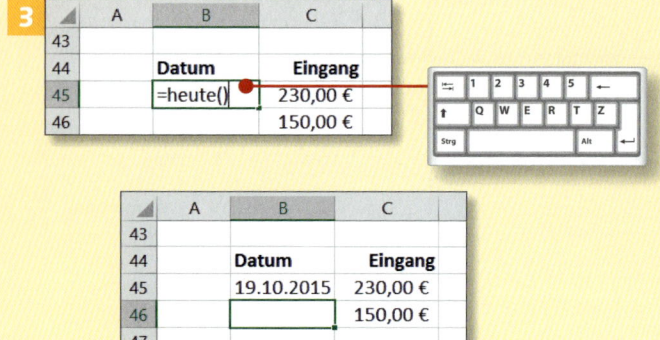

Schritt 4

Uhrzeiten geben Sie mit einem Doppelpunkt ein, z. B. »8:15.« Excel ändert diese Eingabe automatisch in »08:15«. Überprüfen Sie das Format (**hh:mm** ❸) für Stunden (hh) und Minuten (mm) im Dialog **Zellen formatieren** auf der Registerkarte **Zahlen**.

Schritt 5

Um eine Anzahl von Stunden zu berechnen, erstellen Sie eine Tabelle mit der Anfangszeit (*Von*) und der Endzeit (*Bis*). In der Zelle, in der Sie die Stundenanzahl errechnen möchten, geben Sie die Formel ein: »=(ZelladresseBis-Zelladresse-Von)*24.« Drücken Sie nach der Eingabe der Formel die ⏎-Taste.

Schritt 6

Achten Sie darauf, dass die Ergebnis-zelle das richtige Format hat. Dazu klicken Sie im Dialog **Zellen forma-tieren** auf der Registerkarte **Zahlen** auf **Zahl** und dann auf **OK**.

i

Das Ergebnis als Dezimalzahl

Wenn Sie in der Formel für die Berechnung der Stundenzahl den Teil »*24« weglassen, erhalten Sie das Ergebnis nicht in Dezimalein-heiten, sondern im Format *hh:mm*.

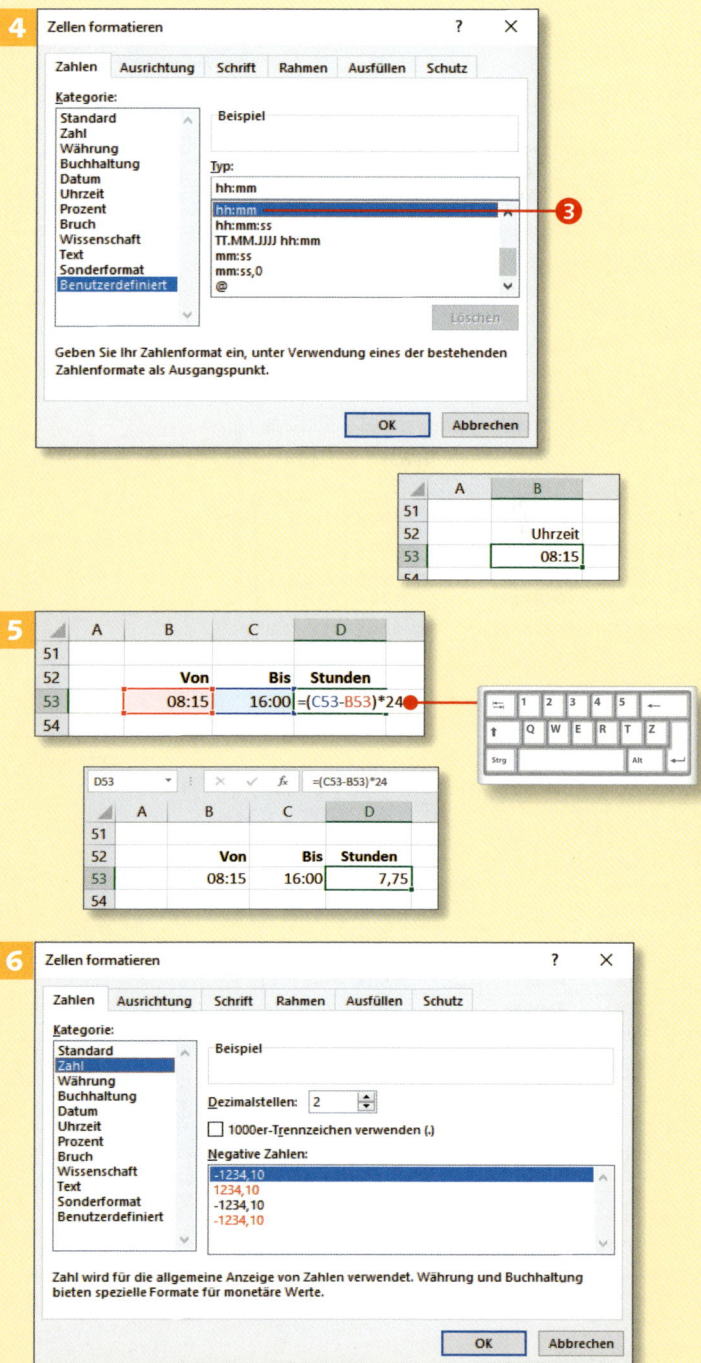

Absolute und relative Zellbezüge

In diesem Abschnitt geht es um Berechnungen mit absoluten Bezügen. Wir zeigen Ihnen auch, wie Sie bei solchen Rechenoperationen Formeln für andere Zellen übernehmen.

Schritt 1

In vielen Berechnungen können Sie eine Formel problemlos durch Ziehen mit der Maus auf andere Zellen übertragen, weil mit Zelladressen gerechnet wird, die durch das Ausfüllen einfach »weitergezählt« werden, z. B. von »B2*C2« in Zeile 2 zu »B3*C3« in Zeile 3 usw. (*relativer Bezug*).

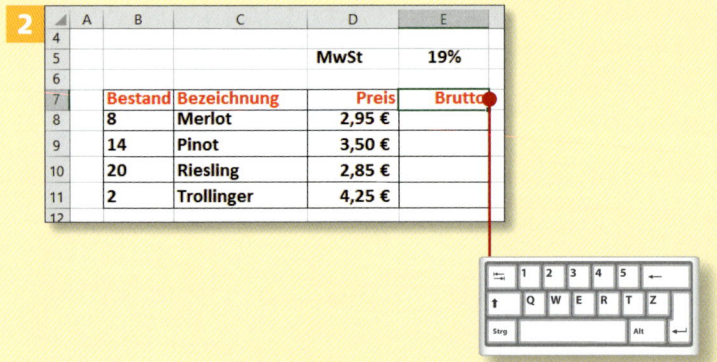

Schritt 2

Es gibt aber Rechenoperationen, bei denen ein Wert »fest« ist; dann handelt es sich um einen *absoluten Bezug*. Ein Beispiel: Der Mehrwertsteuersatz für eine Liste mit Nettobeträgen steht in einer Extrazelle.

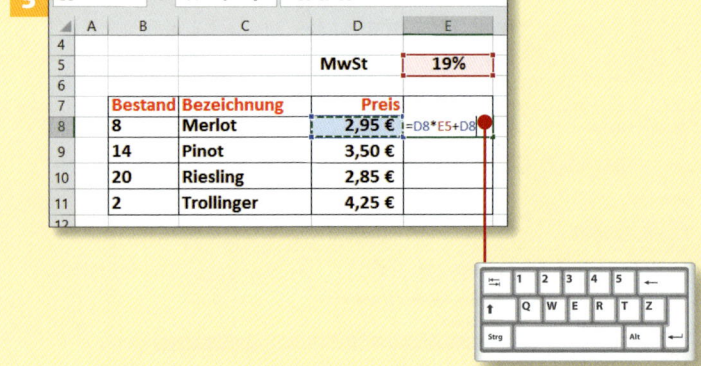

Schritt 3

Um die Bruttobeträge zu errechnen, benötigen Sie eine einfache Formel: Nettobetrag mal 19 % plus Nettobetrag. Im Beispiel geben wir also die Formel »=D8*E5+D8« in die erste Ergebniszelle ein.

Schritt 4

Auch für die übrigen Formeln benötigen Sie jedes Mal die Zelladresse, in der »19%« steht (*absoluter Bezug*). Damit die Formel korrekt bleibt, müssen Sie die Zeile »fixieren«, indem Sie ein Dollarzeichen davorsetzen: »E$5«. Die Spaltennummer bleibt in diesem Beispiel sowieso unverändert.

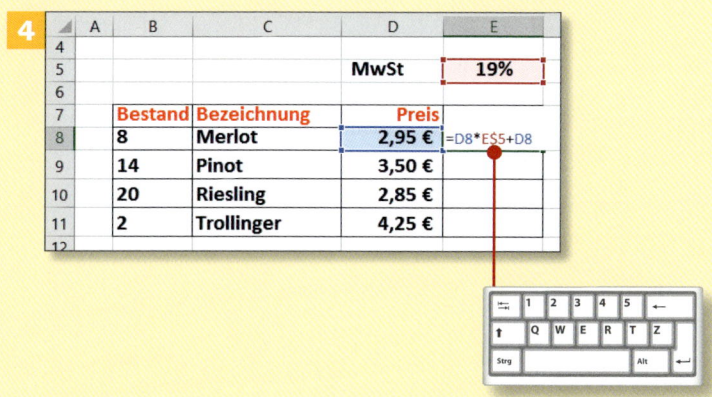

Schritt 5

Durch das Dollarzeichen erkennt Excel, dass es sich bei dieser Zellenangabe um einen festen (absoluten) Wert handelt. Bestätigen Sie die geänderte Formel mit der ⏎-Taste. Die Berechnung wird jetzt funktionieren wie gewünscht.

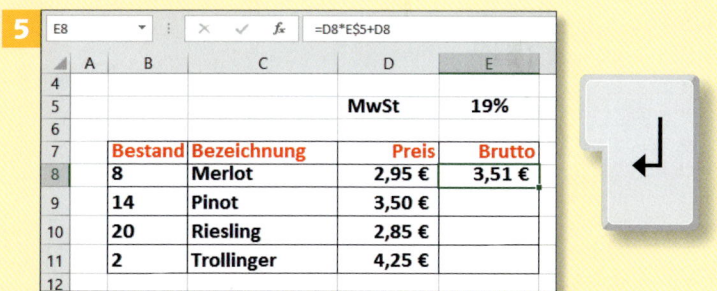

Schritt 6

Klicken Sie auf das kleine Quadrat, und übertragen Sie die Formel durch Ziehen auf die nächsten Zellen. Die Berechnung wird in jeder Zeile korrekt durchgeführt, da der Mehrwertsteuersatz für jede Zeile aus Zelle E5 genommen wird ❶.

Absolute/relative Bezüge

Wenn Sie den Cursor in der Bearbeitungsleiste vor die Zelladresse setzen und F4 drücken, wird eine relative Zelladresse zu einer absoluten und umgekehrt.

Zellinhalte verknüpfen

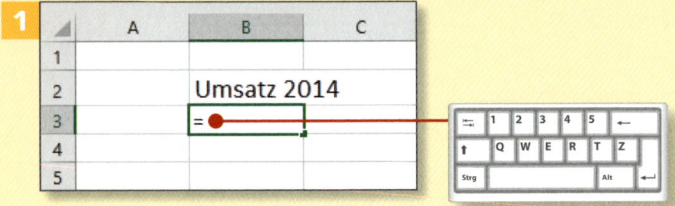

In Excel können Sie auch Werte miteinander verknüpfen, die auf verschiedenen Tabellenblättern oder in verschiedenen Dateien liegen. Dies bewirkt, dass Änderungen automatisch übernommen werden.

Schritt 1

Um eine Zelle mit dem Wert einer Zelle auf einem anderen Tabellenblatt zu verknüpfen, tippen Sie zunächst ein Gleichheitszeichen in die Zelle für die Verknüpfung.

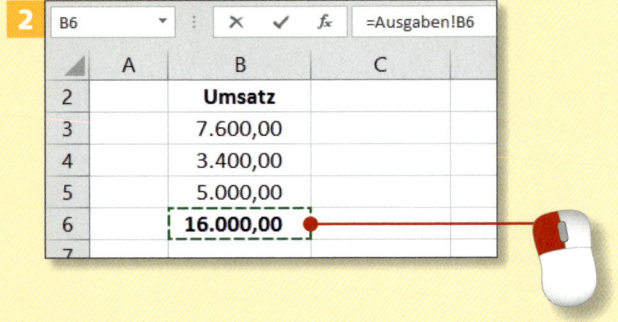

Schritt 2

Dann wechseln Sie zu dem Tabellenblatt, auf dem der Wert steht, den Sie verknüpfen möchten. Markieren Sie hier die entsprechende Zelle, und drücken Sie ⏎.

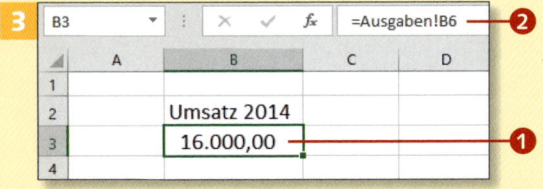

Schritt 3

Daraufhin wird automatisch wieder das ursprüngliche Tabellenblatt aktiviert. Der Wert des zweiten Tabellenblatts steht nun in der Zelle ❶. In der Bearbeitungsleiste wird seine Herkunft angezeigt: der Name des Tabellenblatts, dahinter ein Ausrufezeichen und die Zelladresse ❷.

Verknüpfungen zwischen Excel-Mappen

Verknüpfungen funktionieren nicht nur zwischen den Tabellenblättern einer Arbeitsmappe, sondern auch zwischen verschiedenen Arbeitsmappen. Schreiben Sie dazu den Dateinamen in eckigen Klammern vor die Verknüpfung: »[Budget.xlsx]«.

Schritt 4

Die beiden Zellen sind nun miteinander verknüpft, Änderungen in der
Ursprungszelle werden also an die
Zelle mit der Verknüpfung weiterge-
geben. Verändern Sie einmal einen
der Werte, über den die Summe
berechnet wurde. Auch in der Verknüpfung erscheint dann die neue
Summe ❸.

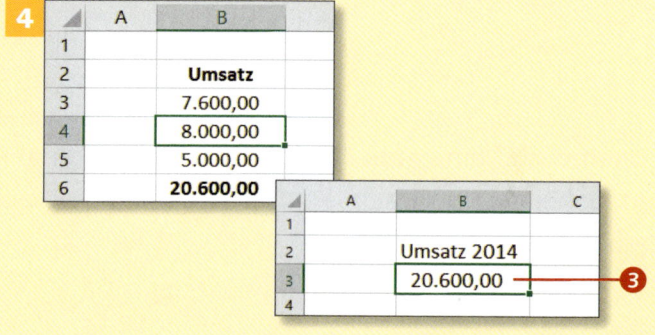

Schritt 5

Sie können den verknüpften Wert
auch um eine Berechnung ergänzen.
Dazu setzen Sie den Cursor in die
Bearbeitungsleiste und geben die
Formel ein.

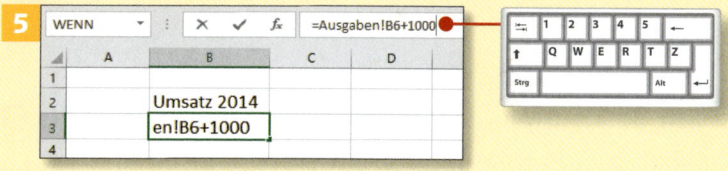

Schritt 6

Wenn Sie eine Arbeitsmappe öffnen möchten, die eine Verknüpfung
enthält, deren Quelle verschoben
wurde (z. B. in einen anderen Ordner), erhalten Sie einen Hinweis.
Klicken Sie darin auf **Aktualisieren**. Im nächsten Dialog klicken Sie
auf **Weiter** (wenn die Werte nicht
aktualisiert werden müssen) oder
auf **Verknüpfungen bearbeiten**.
Im gleichnamigen Dialog markieren
Sie die Quelle, die nicht gefunden
wurde ❹, und klicken auf **Quelle
ändern**, um ihren neuen Speicherort
anzugeben.

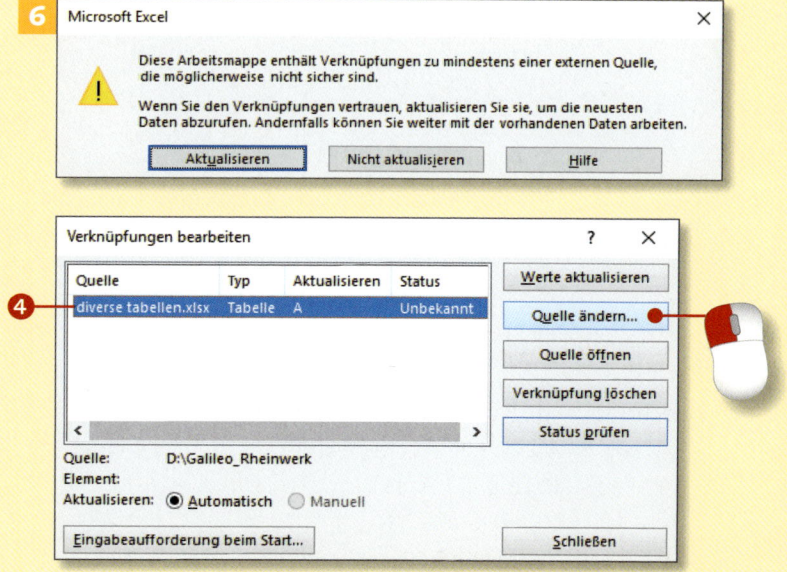

Kapitel 6
Diagramme mit Excel erstellen

Diagramme sind eine gute Methode, Zahlenmaterial interessant und anschaulich darzustellen. Sehen Sie in diesem Kapitel selbst, wie einfach das geht und wie Sie Diagramme weiterbearbeiten können.

Ein Diagramm erstellen

Die klassischen Diagrammformen stehen Ihnen in Excel mit einem Klick zur Verfügung. Auf der Basis einer Tabelle erstellen Sie beispielsweise im Nu ein Säulendiagramm ❶.

Die Diagrammtools

Mit den Mitteln der Registerkarte **Diagrammtools** ❷ lässt sich jedes Diagramm ganz leicht bearbeiten und formatieren. Weisen Sie ihm zum Beispiel einen anderen Aufbau (ein anderes Layout) oder eine neue Farbgebung zu.

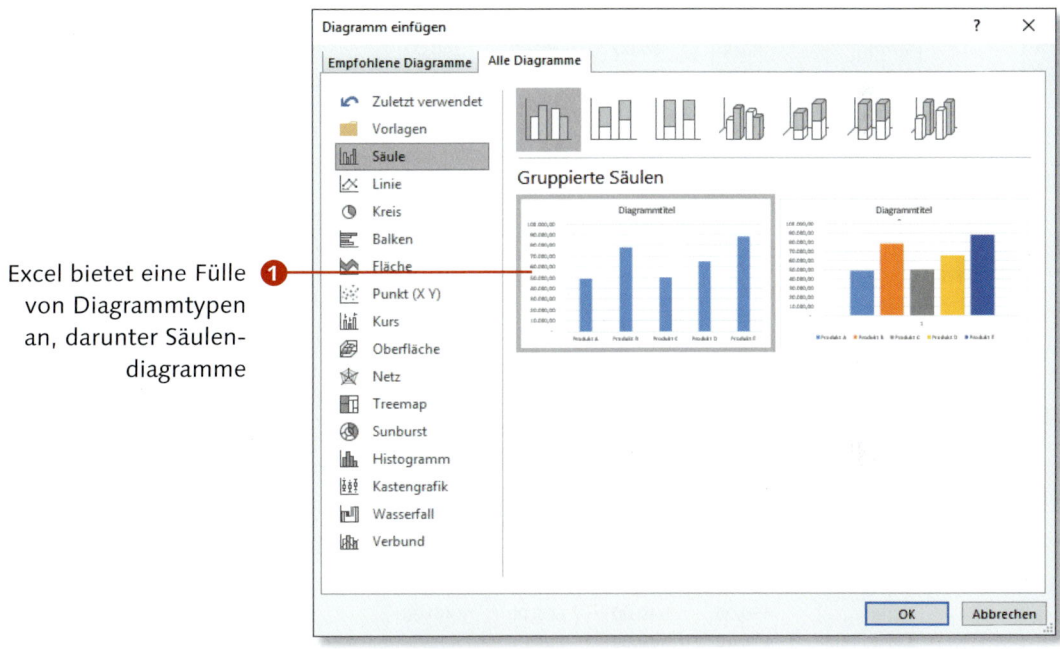

Excel bietet eine Fülle ➊ von Diagrammtypen an, darunter Säulendiagramme

➋ Sie können das Aussehen Ihrer Diagramme leicht verändern.

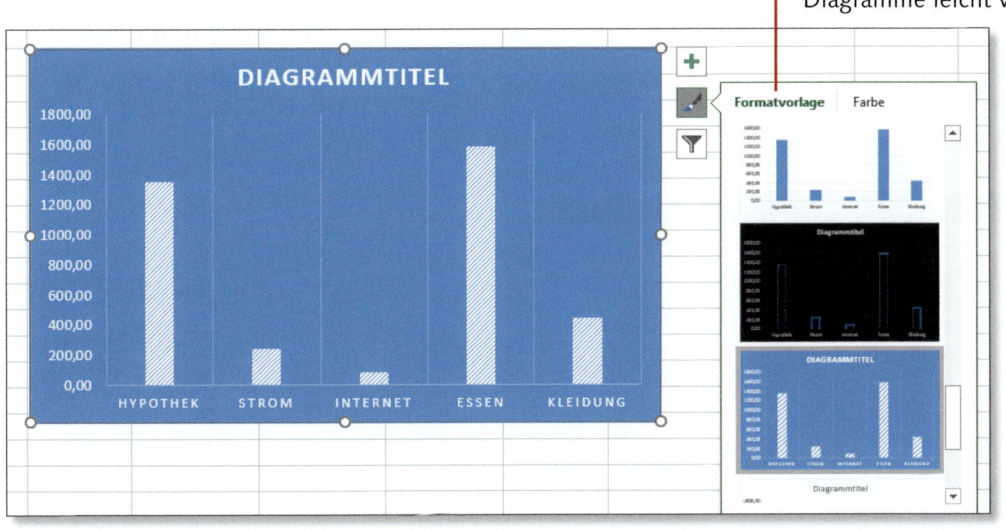

Ein Säulendiagramm erzeugen

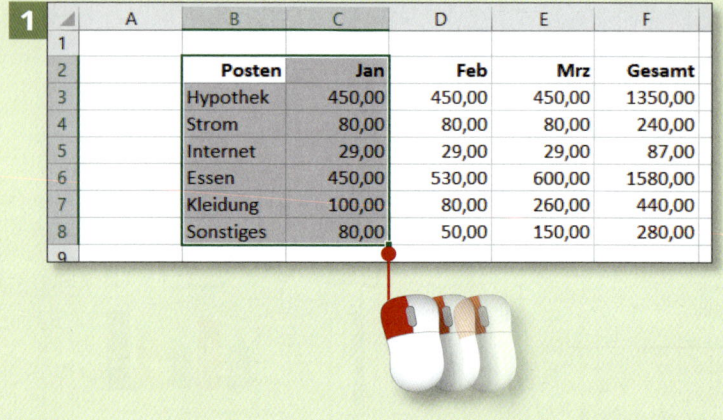

Diagramme sind ein probates Mittel, um Zahlenmaterial anschaulich darzustellen. Mit Excel können Sie in wenigen Schritten beeindruckende Diagramme erstellen.

Schritt 1

Ein Diagramm basiert zunächst immer auf einer Tabelle. In dieser Tabelle markieren Sie die Spalten und/oder Zeilen, die (bzw. deren Zellinhalt) Sie für das Diagramm nutzen wollen.

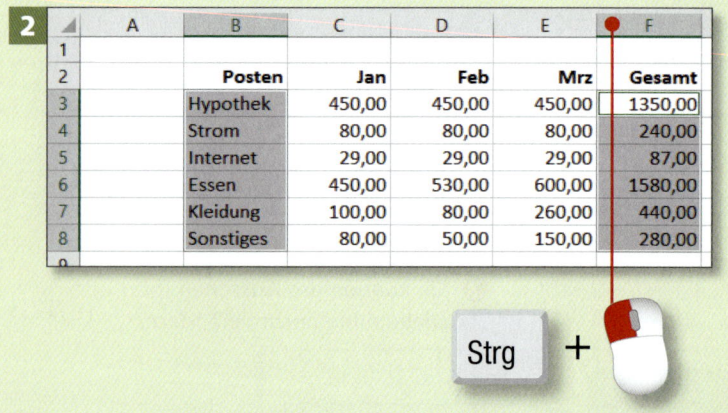

Schritt 2

Wenn nur einzelne, nicht zusammenhängende Spalten bzw. Zeilen der Tabelle für das Diagramm wichtig sind, nutzen Sie die Möglichkeit der Mehrfachmarkierung: Halten Sie Strg gedrückt, und klicken Sie nacheinander auf die benötigten Spalten oder Zeilen.

Schritt 3

In unserem Beispiel erstellen wir ein Säulendiagramm. Nachdem Sie die Spalten und Zeilen mit den Daten markiert haben, aktivieren Sie die Registerkarte **Einfügen**. Hier klicken Sie auf den Pfeil an der Schaltfläche **Säule**.

Schritt 4

Das Menü bietet eine Reihe unterschiedlicher Varianten des Typs **Säule**. Um ein eher schlichtes Diagramm einzufügen, klicken Sie im Bereich **2D-Säule** auf die Variante **2D-Säulen (Gruppiert)**.

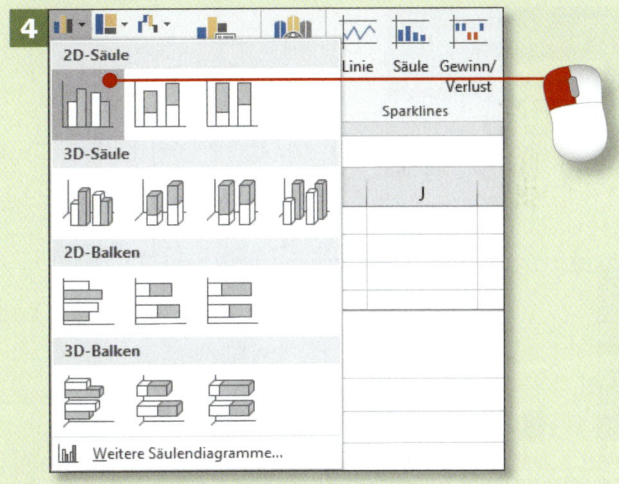

Schritt 5

Das Ergebnis lässt nicht lange auf sich warten. Sofort erscheint das entsprechende Diagramm als Grafik auf Ihrem Tabellenblatt.

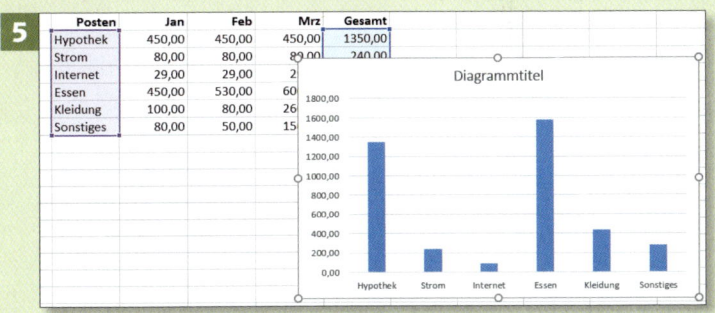

Schritt 6

Um das Diagramm zu verschieben, führen Sie den Mauszeiger darauf. Sobald Sie den Vierfachpfeil sehen, können Sie das Diagramm mit gedrückter Maustaste bewegen – bei einem Touchscreen verschieben Sie das Diagramm einfach mit dem Finger.

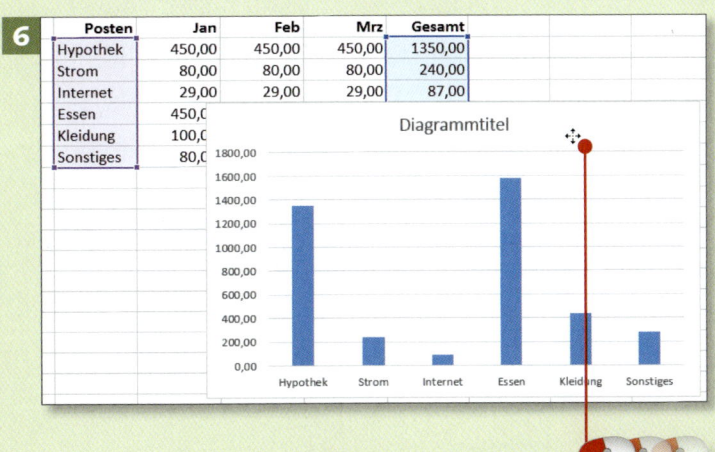

Welcher Diagrammtyp passt?

Die Wahl des Diagrammtyps hängt davon ab, was Sie ausdrücken wollen. Während Säulendiagramme z. B. für den Vergleich von Werten geeignet sind, zeigen Kreisdiagramme anteilige Werte an einem Ganzen.

Ein Säulendiagramm nachbearbeiten

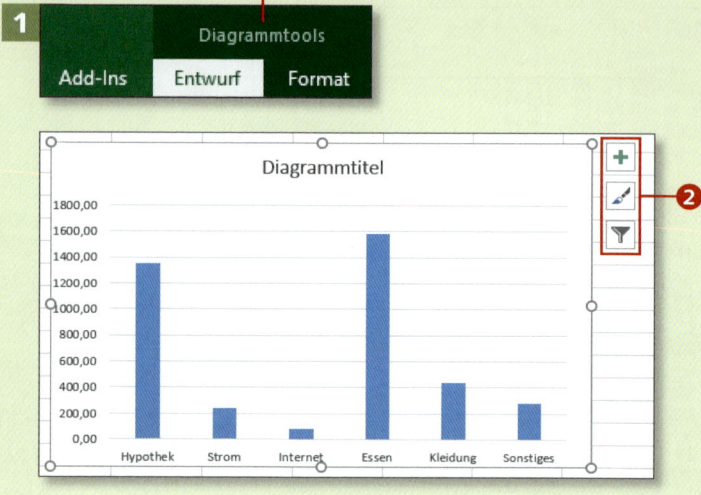

Wie Sie gesehen haben, ist ein Diagramm im Nu erstellt. Vielleicht genügt es aber Ihren optischen Ansprüchen noch nicht. Dann können Sie es auf verschiedene Arten bearbeiten und formatieren.

Schritt 1

Klicken Sie das Diagramm an, um die Registerkarte **Diagrammtools** ❶ einzublenden. Auf dessen Registerkarten **Entwurf** und **Format** finden Sie alle Funktionen zur weiteren Bearbeitung. Weitere Möglichkeiten bieten die drei Schaltflächen ❷ neben dem Diagramm.

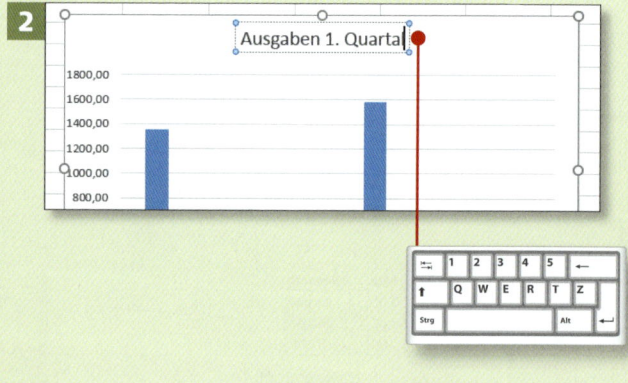

Schritt 2

Als Erstes soll der Diagrammtitel geändert werden, damit man sofort erkennt, worum es geht. Klicken Sie das Textfeld an, setzen Sie den Cursor an den Anfang des Textes, und geben Sie den Titel ein. Löschen Sie den Platzhaltertext.

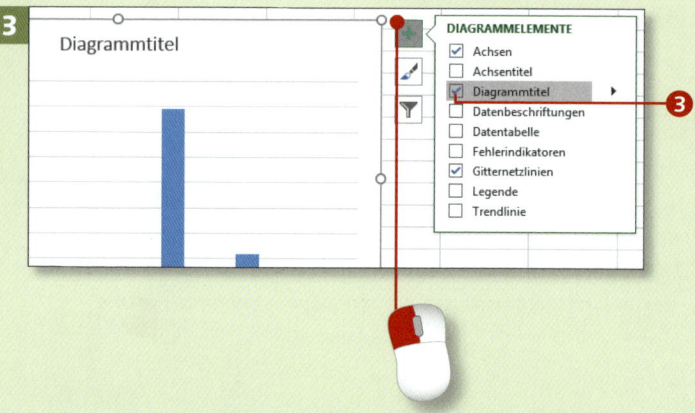

Schritt 3

Falls gar kein Diagrammtitel angezeigt wird, klicken Sie auf die Schaltfläche **Diagrammelemente** und setzen im Untermenü ein Häkchen vor der Option **Diagrammtitel** ❸.

Schritt 4

Auch die Achsen sollen eine Beschriftung erhalten. Dazu klicken Sie auf **Diagrammelemente** und aktivieren die Option **Achsentitel** ❹.

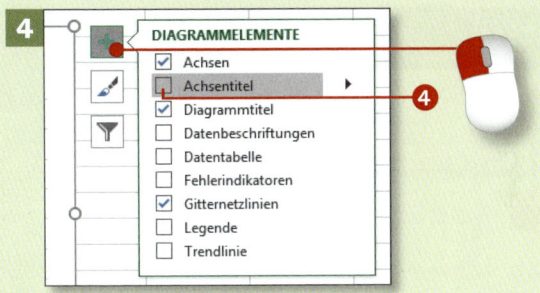

Schritt 5

Sowohl an der vertikalen als auch an der horizontalen Achse erscheinen Textfelder mit dem Platzhaltertext »Achsentitel«. Setzen Sie den Cursor in ein solches Textfeld, und geben Sie einen passenden Achsentitel ein.

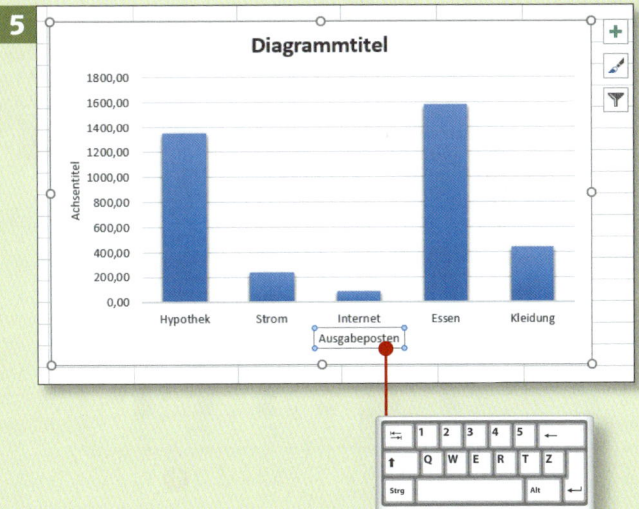

Schritt 6

Sie können auch bestimmen, wie die *Gitternetzlinien* auf dem Diagramm verlaufen. Dazu öffnen Sie das Menü **Diagrammelemente** und klicken hier auf den Pfeil neben der Option **Gitternetzlinien**. Im Untermenü setzen Sie z. B. ein Häkchen vor **Primäres Hauptgitter vertikal**.

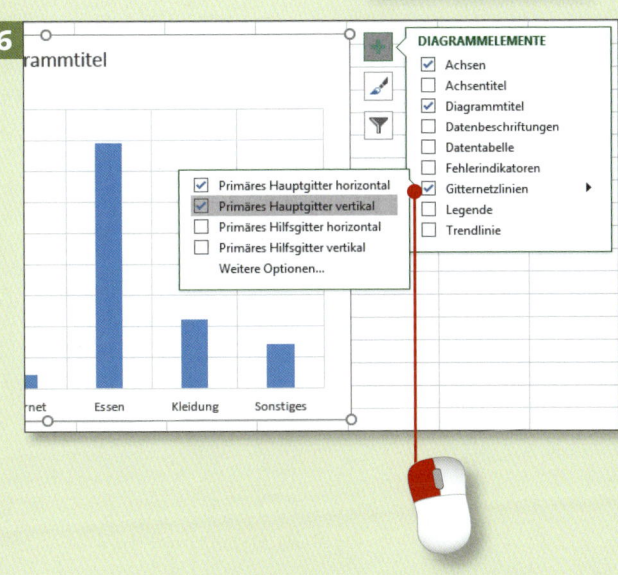

Textfelder formatieren

Um die Textfelder für die Beschriftungen zu bearbeiten, können Sie die Schaltflächen unter **Diagrammtools** auf der Registerkarte **Format** nutzen, z. B. **Fülleffekte** (siehe dazu auch den Rest dieser Anleitung).

Ein Säulendiagramm nachbearbeiten (Forts.)

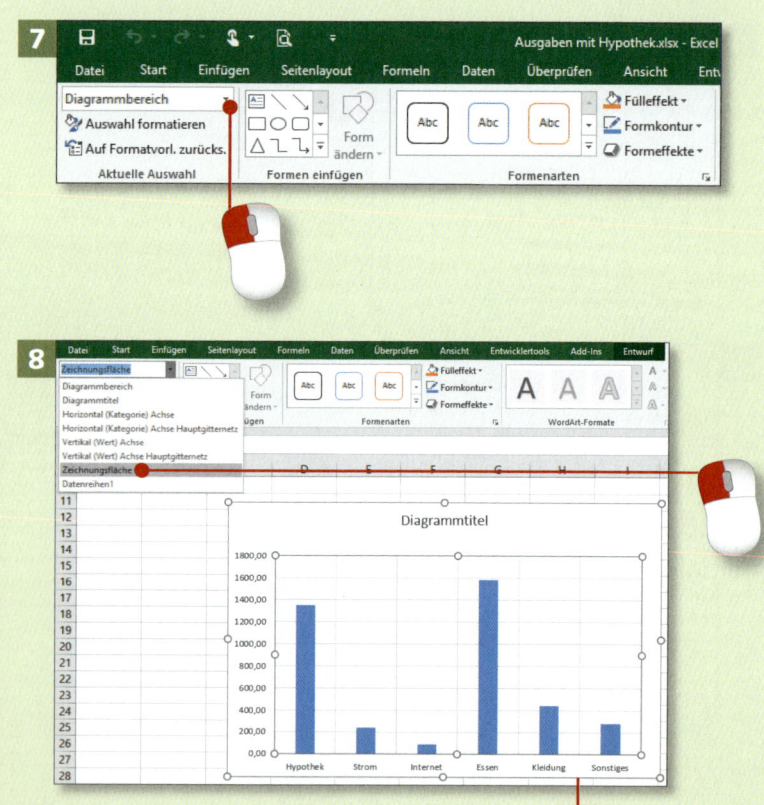

Schritt 7

Ein Diagramm besteht aus diversen Elementen, z. B. dem Diagrammbereich, der Zeichnungsfläche und den Datenreihen. All diese Elemente können Sie gesondert formatieren. Markieren Sie dazu das Element. Es lässt sich auch bequem über das Menü der Schaltfläche **Diagrammelemente** (unter **Diagrammtools** auf der Registerkarte **Format**) auswählen.

Schritt 8

Klicken Sie auf den Pfeil, und markieren Sie im Menü das Element, das Sie bearbeiten möchten, z. B. **Zeichnungsfläche**. Ein Markierungsrahmen legt sich um diese Fläche im Diagramm **1**.

Schritt 9

Zum Formatieren klicken Sie auf **Auswahl formatieren**. Das ruft rechts den Aufgabenbereich für die Formatierung des jeweiligen Diagrammelements auf; für die Bearbeitung der Zeichnungsfläche finden Sie hier die Optionen **Füllung** und **Rahmen** **2**.

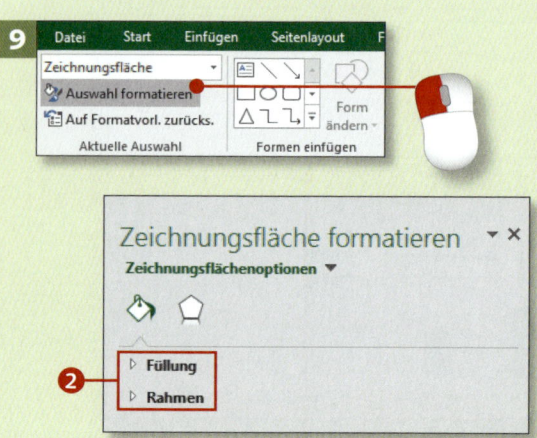

Schritt 10

Um die Zeichnungsfläche mit einer Hintergrundfarbe zu versehen, klicken Sie auf **Füllung** ❸ und aktivieren die Option **Einfarbige Füllung** ❹. Wählen Sie dann per Klick auf das Feld **Farbe** eine Farbe aus.

Schritt 11

Sie können auch Vorlagen zur Formatierung nutzen. Aktivieren Sie unter **Diagrammtools** die Registerkarte **Entwurf**. Fahren Sie hier mit der Maus über die Auswahl **Diagrammformatvorlagen**. Sobald Sie eine Vorlage anklicken, wird das Format auf Ihr Diagramm übertragen.

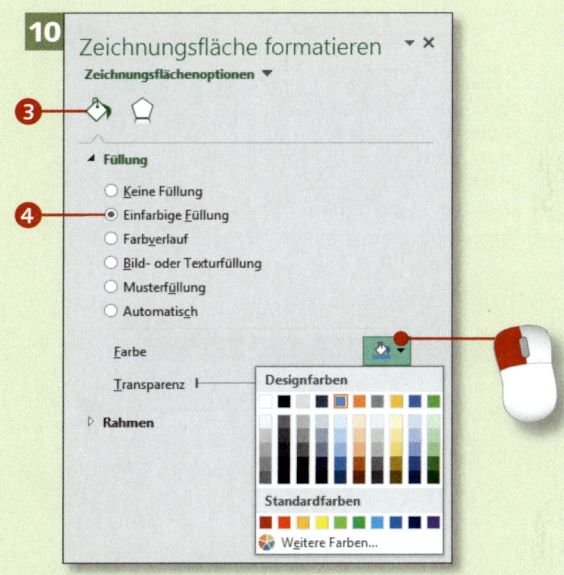

Schritt 12

Eine Vorlage lässt sich mit einfachen Handgriffen variieren. Um z. B. die Farbe der Säulen zu ändern, markieren Sie die Säulen, klicken auf die Schaltfläche **Farben ändern** und wählen im Menü eine Farbe aus.

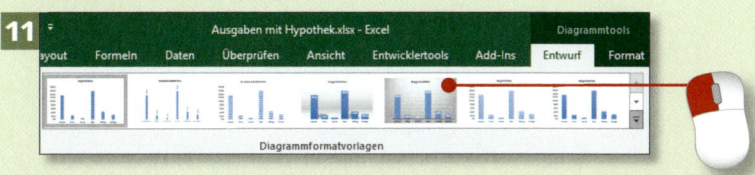

Diagrammformatvorlagen
Mit der Zuweisung einer Diagrammformatvorlage werden alle vorherigen Einstellungen überlagert.

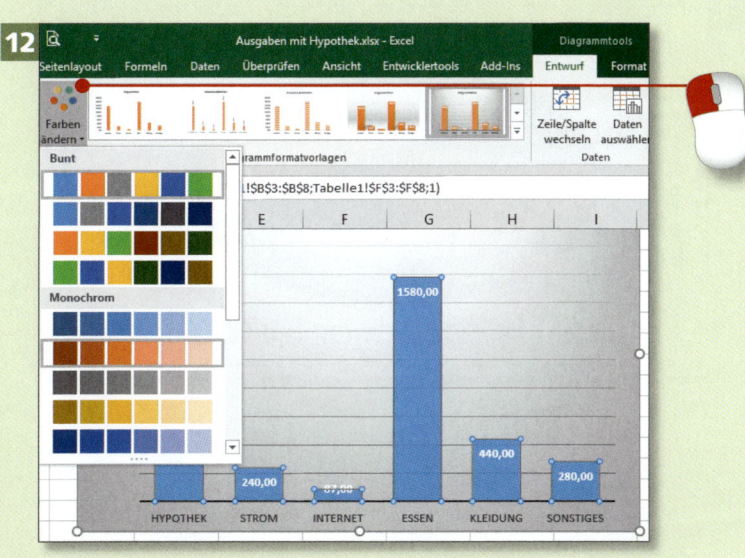

Anteile in Kreisdiagrammen darstellen

Kreisdiagramme – auch als »Torten-diagramme« bekannt – lassen auf ei-nen Blick bestimmte Anteile an einem Ganzen erkennen. Selbst Prozentzah-len können hinzugefügt werden, ohne dass Sie Ihre Rechenkünste bemühen müssen.

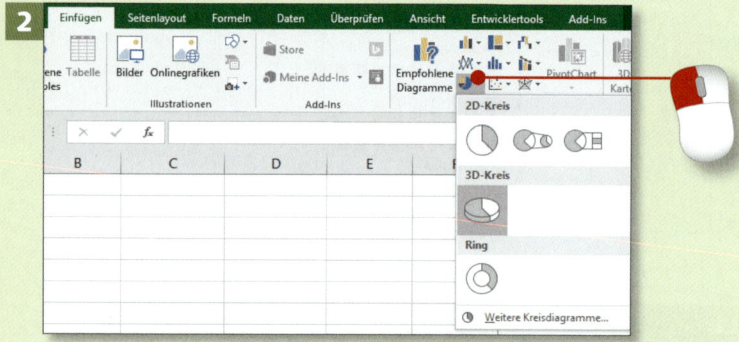

Schritt 1

In einem Kreisdiagramm soll ange-zeigt werden, welchen Anteil die einzelnen Produkte am Umsatz im Ausland haben. Folglich müssen die Spalten *Produkt* und *Ausland* markiert werden (mit gedrückter Strg-Taste).

Schritt 2

Wenn beide Spalten markiert sind, klicken Sie auf der Registerkarte **Einfügen** auf den Pfeil an der Schaltfläche **Kreis- oder Ringdia-gramm einfügen**. Im Menü klicken Sie auf **3D-Kreis**.

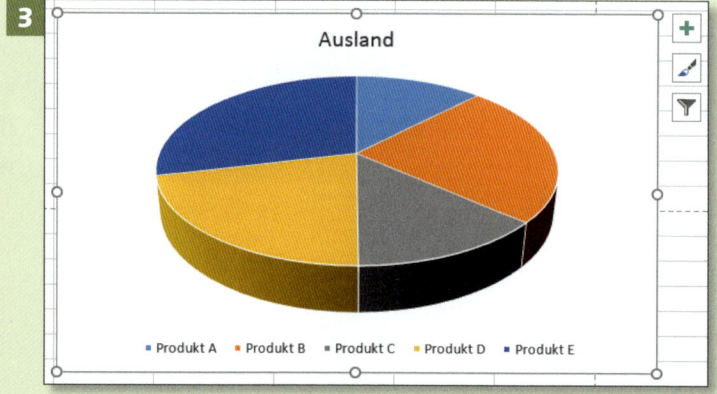

Schritt 3

Wieder hat Excel blitzschnell ein Diagramm erstellt. Die einzelnen Produkte bilden die Legende. Die »Tortenstücke« symbolisieren in un-terschiedlichen Farben den jeweili-gen Anteil am Umsatz.

Schritt 4

Die Überschrift »Ausland« soll geändert werden. Markieren Sie das
Textfeld, und setzen Sie den Cursor
vor den Text. Dann schreiben Sie die
Überschrift »Anteil am Auslandsum-
satz« und löschen den ursprünglichen Text.

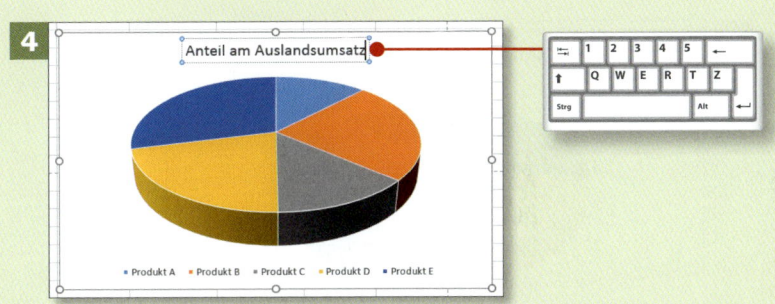

Schritt 5

Die Prozentanteile können Sie
ebenfalls leicht anzeigen lassen.
Klicken Sie auf das Plus neben dem
Diagramm und im Menü auf den
kleinen Pfeil am Eintrag **Datenbeschriftungen**.

Schritt 6

Im Untermenü klicken Sie auf **Weitere Optionen**. Im Aufgabenbereich
Datenbeschriftungen formatieren
setzen Sie schließlich ein Häkchen
vor die Option **Prozentsatz ❶**.

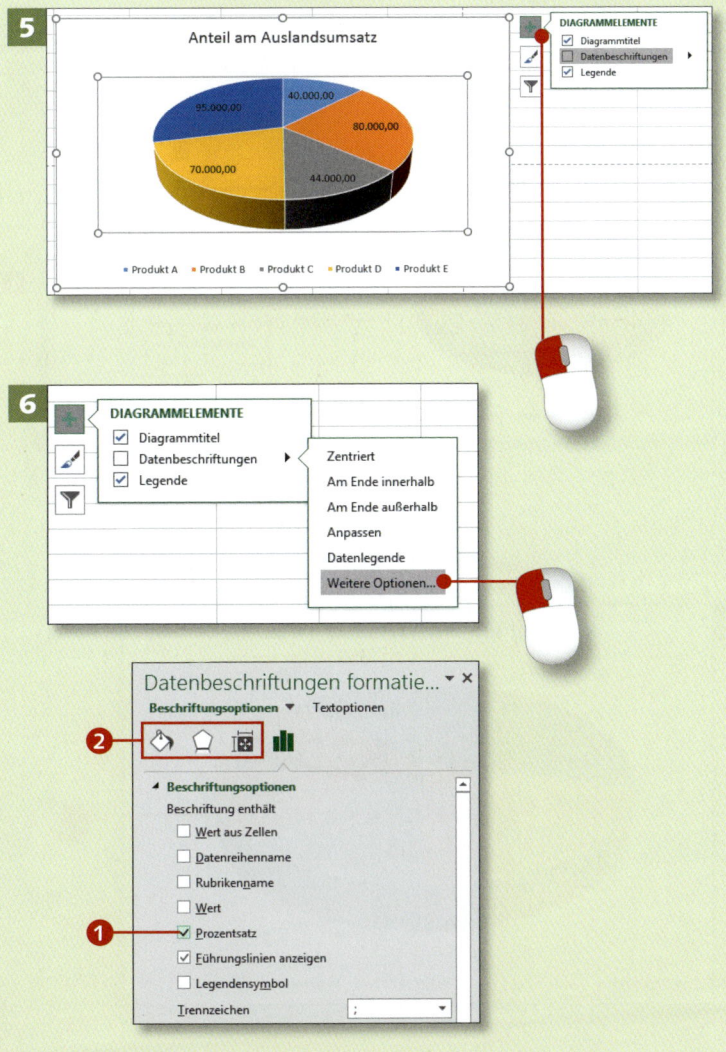

Textfelder formatieren

In den Menüs **Füllung und Linie**,
Effekte und **Größe und Eigenschaften ❷** finden Sie eine Fülle
von Gestaltungs- und Einstellungsmöglichkeiten für Textfelder.

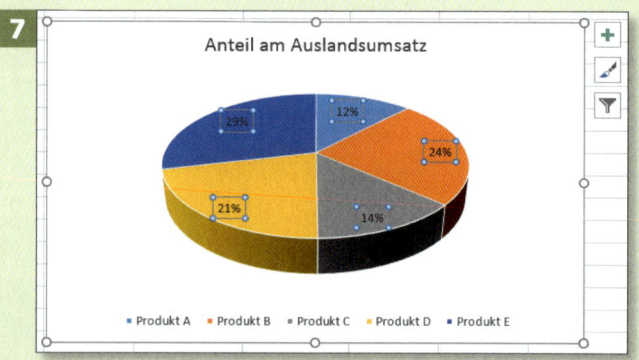

Schritt 7

Deaktivieren Sie gegebenenfalls die Option **Wert** (**1** in Bild 8), damit die Anzeige übersichtlich bleibt. Sie sehen nun die Tortenstücke mit entsprechenden Prozentsätzen. Auf diese Weise können Sie auf den ersten Blick erkennen, welches Produkt am erfolgreichsten war.

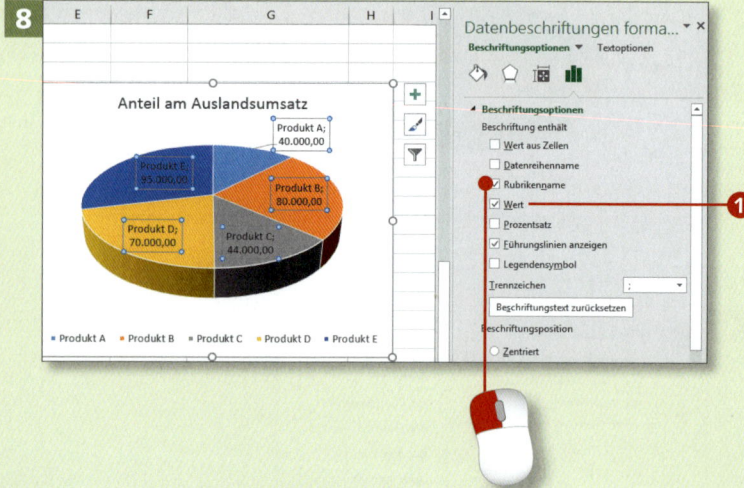

Schritt 8

Auch die Produktbezeichnungen können direkt auf den Segmenten auftauchen. Dazu aktivieren Sie im Aufgabenbereich **Datenbeschriftungen formatieren** die Option **Rubrikenname**.

Schritt 9

Die Tortenstücke haben jeweils eine Farbe. Sie können einzelnen Segmenten eine andere Farbe geben. Markieren Sie das Segment per Mausklick, indem Sie es zweimal hintereinander – aber nicht doppelt, also nicht zu schnell in Folge – anklicken.

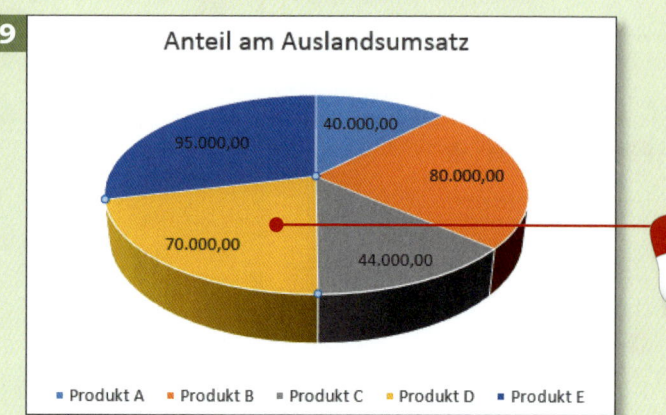

Das Diagramm ist verknüpft

Das Diagramm ist direkt mit der zugrundeliegenden Tabelle verbunden. Wenn Sie einen Wert in der Tabelle ändern, ändert sich auch die Größe des Tortenstücks (der Prozentsatz).

Schritt 10

Klicken Sie dann auf **Auswahl formatieren** ganz links auf der Registerkarte **Format** unter **Diagrammtools**. Daraufhin wird der Aufgabenbereich **Datenpunkt formatieren** rechts auf dem Bildschirm eingeblendet.

Schritt 11

Klicken Sie hier auf **Füllung und Linie** ❷, und aktivieren Sie die Option **Einfarbige Füllung** ❸. Klicken Sie dann auf den Auswahlpfeil am Feld **Füllfarbe**, und entscheiden Sie sich für eine kräftige Kontrastfarbe.

Schritt 12

Sie können das Diagramm auf ein anderes Tabellenblatt verschieben. Dazu klicken Sie unter **Diagrammtools** auf der Registerkarte **Entwurf** auf **Diagramm verschieben**. Im Dialog markieren Sie dann **Neues Blatt** ❹ oder wählen im Menü des Feldes **Objekt in** ❺ das gewünschte Tabellenblatt.

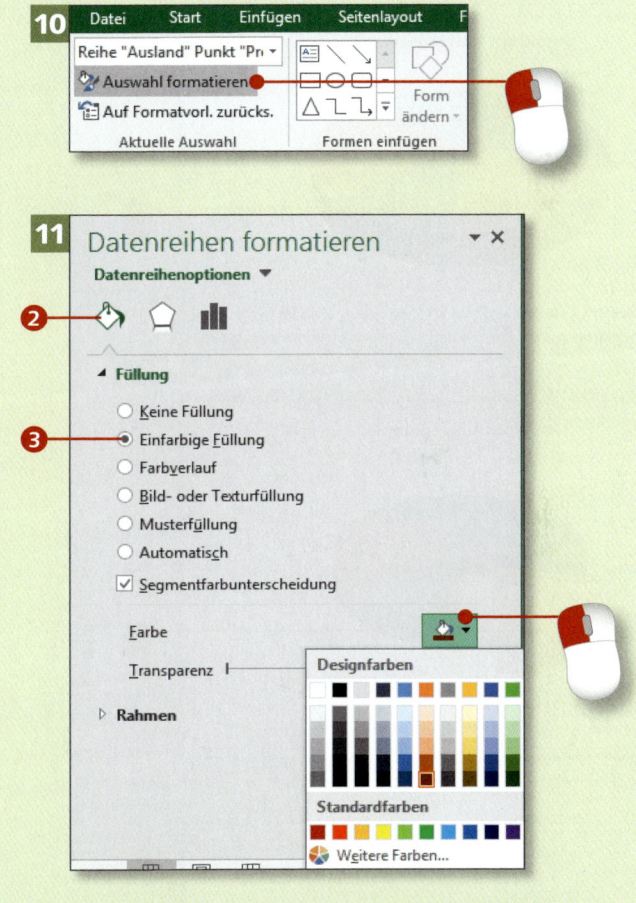

> **Neues Tabellenblatt**
> Wenn Sie das Diagramm verschieben und im Dialog **Neues Blatt** wählen, wird automatisch ein neues Tabellenblatt mit dem Namen *Diagramm1* erzeugt, das lediglich das Diagramm enthält.

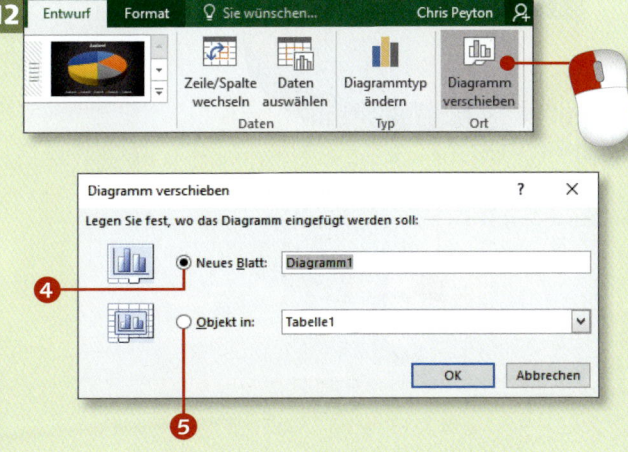

Ein »Tortenstück« herausrücken

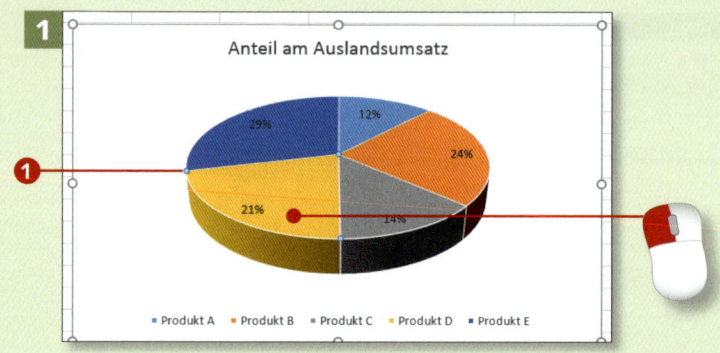

Um den Blick auf wichtige Informationen zu lenken, können Sie ein »Tortenstück« aus dem Diagramm herausziehen und das betreffende Segment auf diese Weise besonders hervorheben.

Schritt 1

Markieren Sie das Segment, das Sie herausziehen möchten. Dazu klicken Sie es zweimal hintereinander an, machen aber keinen klassischen Doppelklick, sondern pausieren kurz zwischen den Klicks. An den Ziehpunkten ❶ am »Tortenstück« erkennen Sie, ob die Markierung geglückt ist.

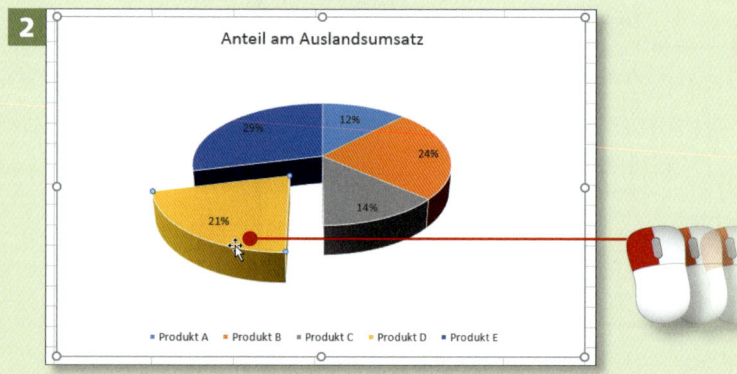

Schritt 2

Führen Sie den Mauszeiger auf das »Tortenstück«. Sie sehen dann den Vierfachpfeil. Ziehen Sie nun das Segment mit gedrückter Maustaste ein wenig aus der »Torte« heraus.

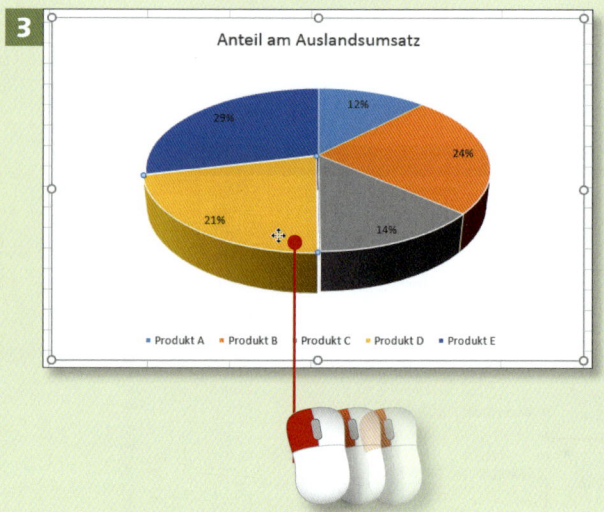

Schritt 3

Auf diese Weise, also mit gedrückter linker Maustaste, können Sie das Segment auch wieder in die »Torte« hineinschieben, wenn Sie die Hervorhebung nicht mehr benötigen.

Schritt 4

Um das herausgezogene »Torten-stück« weiter zu formatieren, kli-cken Sie es mit rechts an (achten Sie darauf, dass es markiert ist) und wählen **Datenpunkt formatieren** im Kontextmenü.

Schritt 5

Der Aufgabenbereich **Datenpunkt formatieren** bietet diverse Einstel-lungsmöglichkeiten. Klicken Sie z. B. auf die Schaltfläche **Effekte ❷** und dann auf den Eintrag **3D-Format** (sofern Sie ein 3D-Kreisdiagramm eingefügt haben).

Schritt 6

Mit den Optionen dieser Kategorie lässt sich das Aussehen des Seg-ments in vielerlei Hinsicht verän-dern. Stellen Sie z. B. eine andere Abschrägung ein ❸ und über das Menü des Feldes **Material** einen anderen Effekt für die Oberfläche.

3D-Drehung

Sie können die Einstellungen für die 3D-Drehung auch direkt auf-rufen, indem Sie im Kontextmenü eines Segments auf **3D-Drehung** (❹ in Bild 4) klicken.

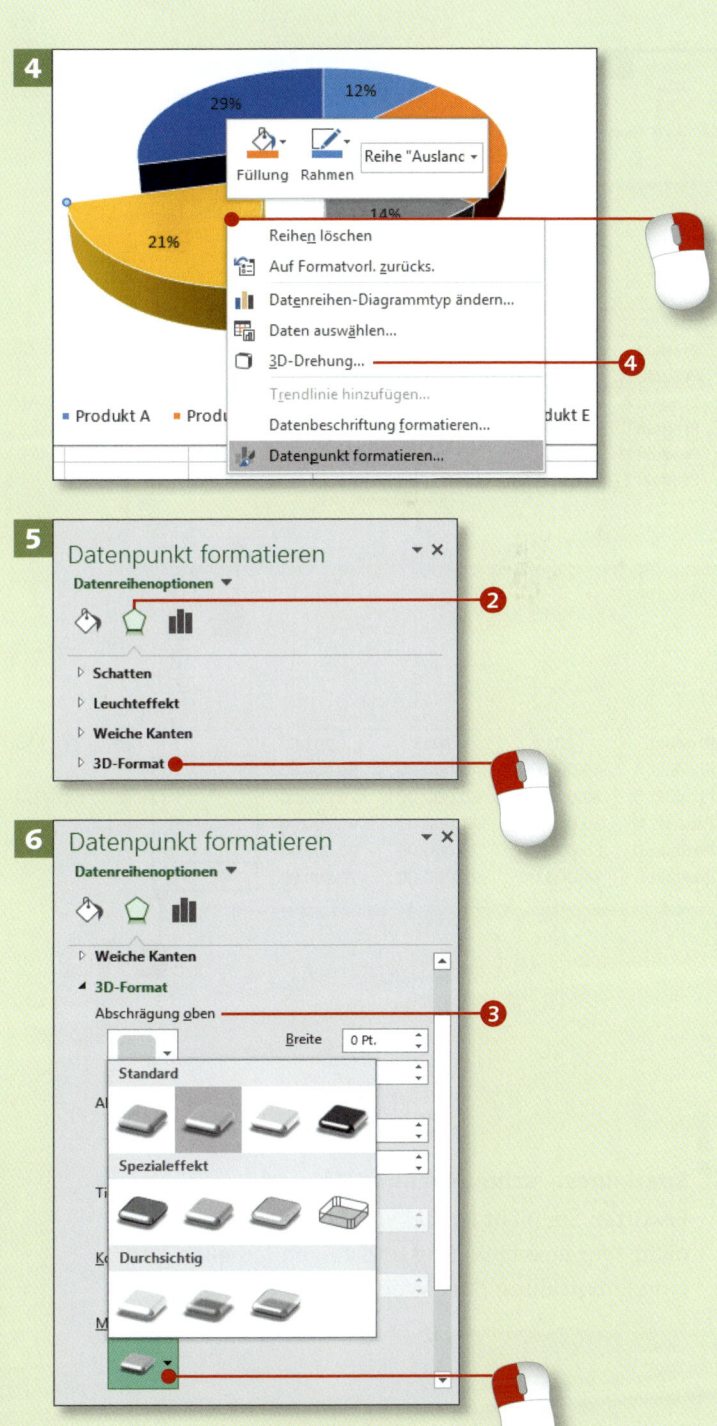

Kleine Diagramme mit Sparklines

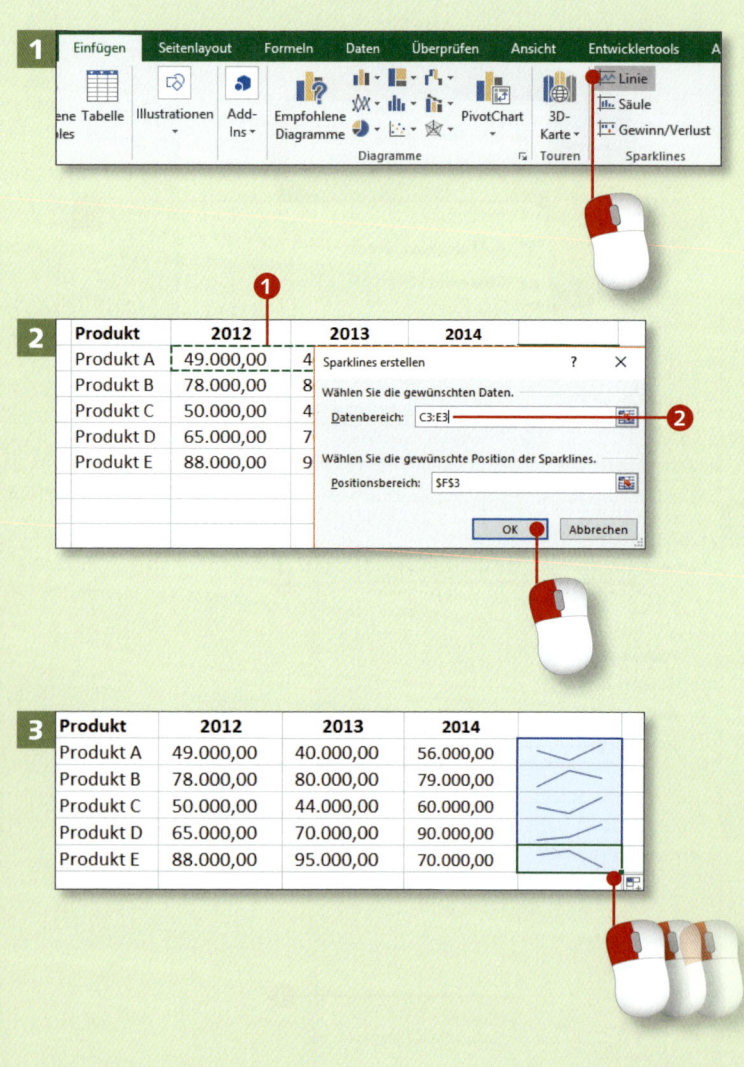

Noch recht neu sind Sparklines. Dahinter verbergen sich kleine Diagramme, die Sie direkt in eine Zelle einfügen.

Schritt 1

Markieren Sie die Zelle, in der das Minidiagramm erscheinen soll, und klicken Sie auf der Registerkarte **Einfügen** in der Gruppe **Sparklines** z. B. auf **Linie**.

Schritt 2

Ein kleiner Dialog öffnet sich. Markieren Sie in der Tabelle den Bereich mit den Daten, die im Sparkline-Diagramm dargestellt werden sollen (hier der Produktabsatz für drei Jahre ❶). Die Zelladressen werden in den Dialog übernommen ❷. Klicken Sie auf **OK**, um das Sparkline einzufügen.

Schritt 3

Für die nächsten Produkte können Sie die Zellen bequem ausfüllen. Setzen Sie den Cursor an die untere rechte Ecke der ersten Zelle mit dem Sparkline, und ziehen Sie den Rahmen nach unten. Im Nu tauchen in allen Zellen kleine Sparklines auf.

Sparklines – schmückendes Beiwerk!

Erwarten Sie nicht zu viel von Sparklines: Sie sind nicht sehr aussagekräftig und zeigen lediglich grob eine Entwicklung oder Werte.

Schritt 4

Sie können die kleinen Sparklines bearbeiten. Markieren Sie die Zellen, und aktivieren Sie unter **Sparklinetools** auf der Registerkarte **Entwurf** z. B. die Option **Höchstpunkt**. Dadurch erscheinen am höchsten Punkt kleine Markierungspunkte in den Sparklines.

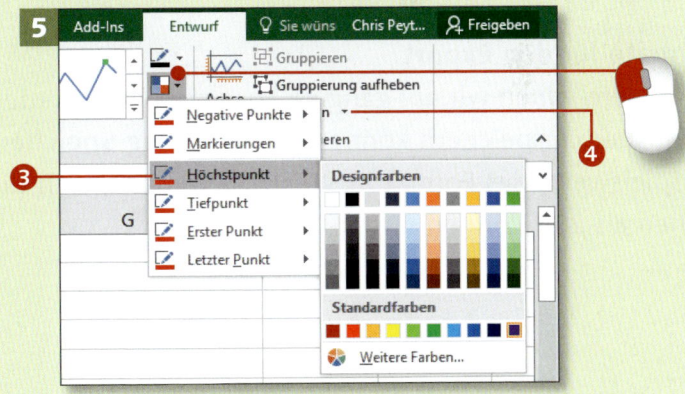

Produkt	2012	2013	2014	
Produkt A	49.000,00	40.000,00	56.000,00	
Produkt B	78.000,00	80.000,00	79.000,00	
Produkt C	50.000,00	44.000,00	60.000,00	
Produkt D	65.000,00	70.000,00	90.000,00	
Produkt E	88.000,00	95.000,00	70.000,00	

Schritt 5

Die Farbe der Höchstpunkte lässt sich auch ändern. Klicken Sie auf **Datenpunktfarbe**, und zeigen Sie hier auf **Höchstpunkt** ❸. In der Farbpalette wählen Sie eine Farbe für diesen Punkt aus.

Schritt 6

Die Farbe der Linien selbst ändern Sie über das Menü der Schaltfläche **Sparklinefarbe**, die Sie ebenfalls unter **Sparklinetools** auf der Registerkarte **Entwurf** finden.

ℹ

Sparklines löschen

Auf der Registerkarte **Sparklinetools** unter **Entwurf** finden Sie auch die Schaltfläche **Löschen** (unter **Gruppierung aufheben** in Bild 5 ❹) zum Entfernen ausgewählter Sparklines.

Kapitel 7
Listen und Datenbanken in Excel

Excel kann auch als Datenbankprogramm genutzt werden. Wie Sie Listen erstellen oder Daten sortieren und filtern, erfahren Sie in diesem Kapitel.

Listen und Datenbanken anlegen

Wir beschreiben zunächst, wie Sie eine einfache Liste anlegen, wie Sie diese Liste formatieren und ihre Einträge alphabetisch sortieren. Darüber hinaus lernen Sie die Filterfunktion ❶ von Excel kennen und erfahren, wie Sie Ihre Datenbanken am besten planen.

Formate für den Export

Außerdem gehen wir auf gängige Formate ein, in denen Sie Excel-Dateien für den Datenaustausch speichern können ❷. Im Dialog **Speichern unter** können Sie als Dateityp beispielsweise das Format XLS einstellen, damit sich die Datei auch mit älteren Excel-Versionen als 2013 öffnen lässt.

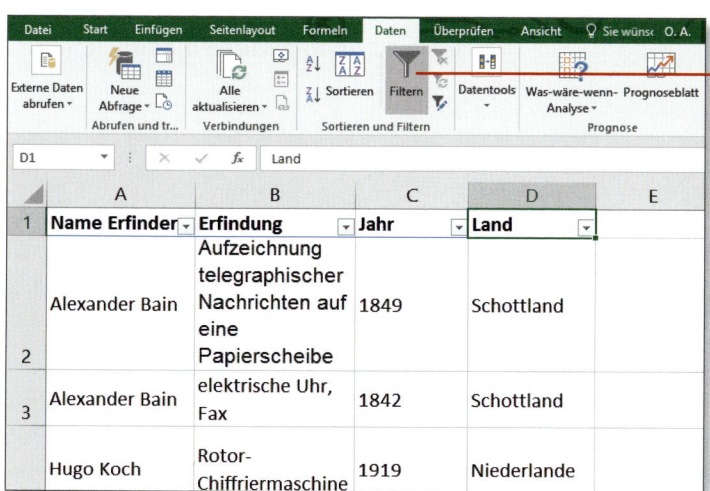

Legen Sie Listen an, und filtern Sie die Daten.

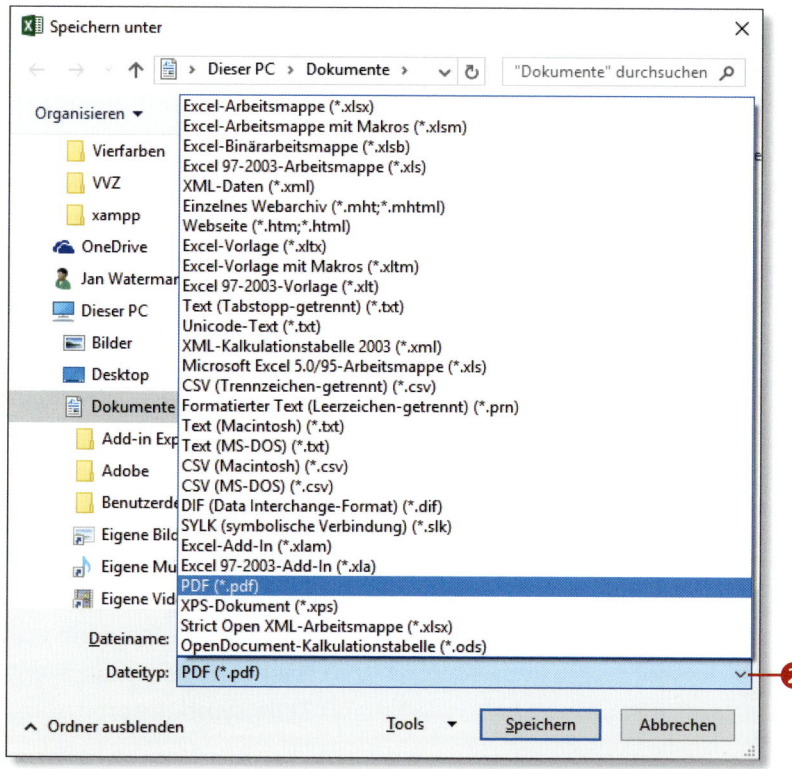

Ihnen stehen viele verschiedene Formate zur Verfügung.

Daten in eine Liste eintragen

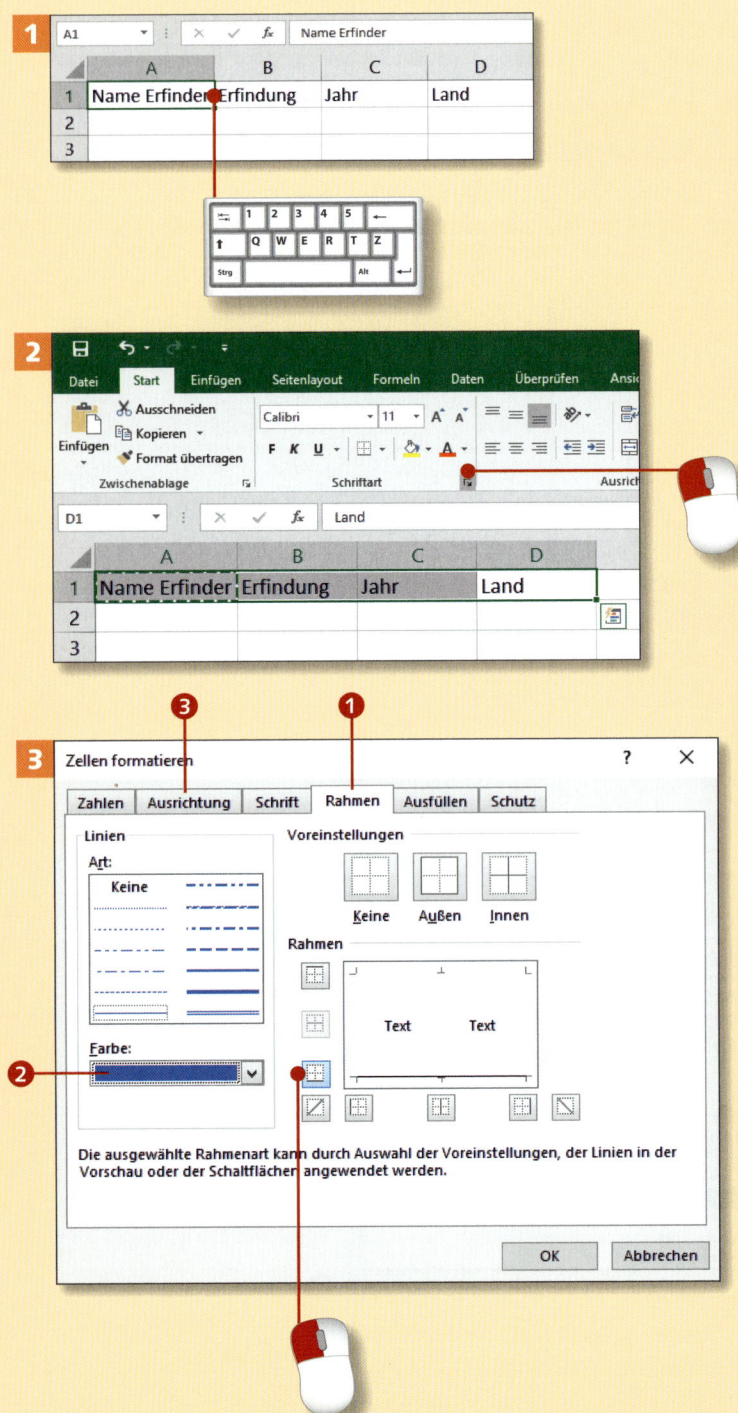

Excel ist zwar kein Datenbankprogramm, aber es bietet gewisse Funktionen, mit denen Sie Listen verwalten und ähnlich nutzen können.

Schritt 1

Da der Bildschirm in Spalten und Zeilen eingeteilt ist, ist es einfach, eine tabellarische Liste zu erstellen. Schreiben Sie die Überschriften der Liste Spalte für Spalte in eine Zeile. Im Beispiel erstellen wir eine Erfinderliste. Passen Sie die Spaltenbreiten an.

Schritt 2

Die Überschriften lauten: *Name Erfinder*, *Erfindung*, *Jahr*, *Land*. Markieren Sie die Zeile, und öffnen Sie den Dialog **Zellen formatieren**, indem Sie auf der Registerkarte **Start** auf den Pfeil an der Gruppe **Schriftart** (oder **Ausrichtung** oder **Zahl**) klicken.

Schritt 3

Im Dialog **Zellen formatieren** aktivieren Sie die Registerkarte **Rahmen ❶**. Wählen Sie eine Linienfarbe ❷, und klicken Sie dann auf die Schaltfläche, die eine Linie unterhalb der Zelle symbolisiert.

Schritt 4

Für die Eingabe der Daten ist es sinnvoll, dafür zu sorgen, dass der Text in den Zellen umbrochen wird. Markieren Sie mehrere Zeilen, und klicken Sie auf der Registerkarte **Start** auf die Schaltfläche **Textumbruch**.

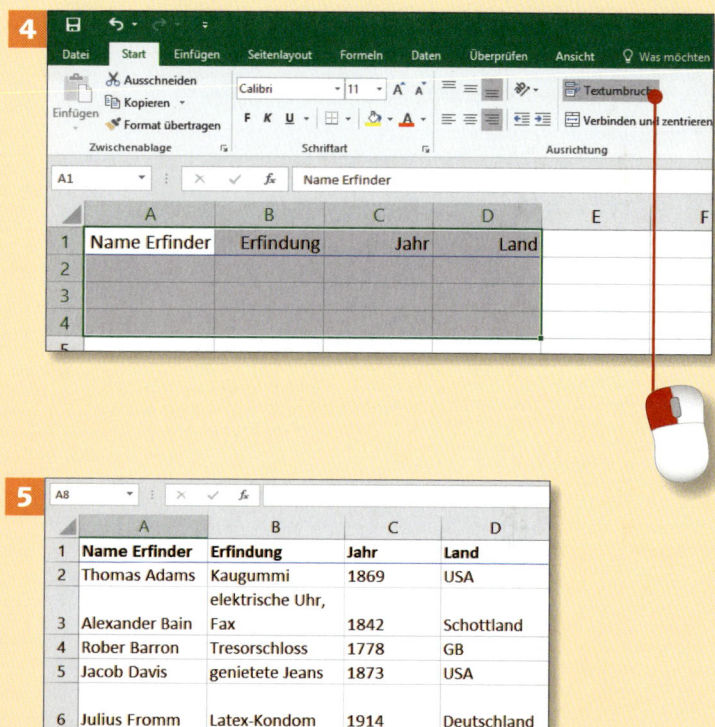

Schritt 5

Füllen Sie nun die Tabelle mit Daten. Sie werden sehen, dass längere Eingaben am Ende der Zelle dank des Zeilenumbruchs in die nächste Zeile rutschen. Passen Sie bei Bedarf die Spaltenbreite erneut an.

Schritt 6

Ändern Sie gegebenenfalls auch die Ausrichtung des Textes in den Zellen. Standardmäßig steht der Text am unteren Rand; markieren Sie die Zellen, für die Sie die Ausrichtung ändern möchten, und klicken Sie z. B. auf **Zentriert ausrichten**, um den Text mittig zwischen dem oberen und unteren Rand zu positionieren.

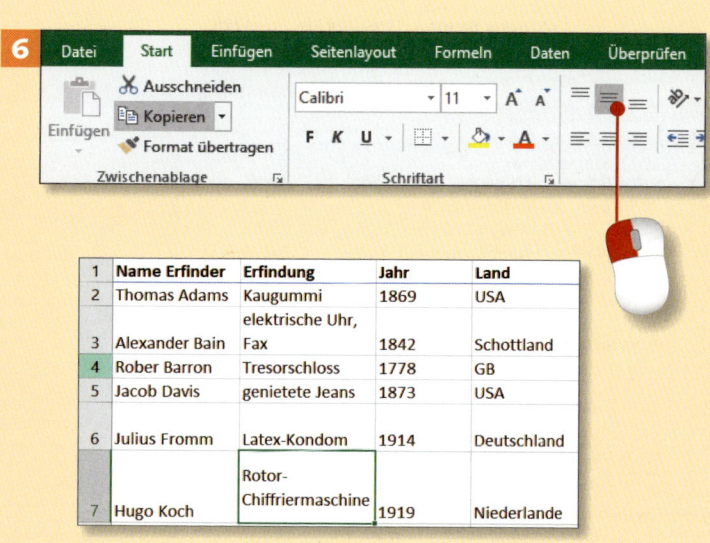

Zeilenumbrüche einfügen

Einen Zeilenumbruch können Sie auch im Dialog **Zellen formatieren** auf der Registerkarte **Ausrichtung** (❸ in Bild 3) festlegen.

Daten in Listen sortieren

Ignorieren Sie bei der Eingabe von Daten ruhig die alphabetische (oder auch eine numerische) Reihenfolge. Excel kann die Sortierung im Nu für Sie erledigen.

Schritt 1

Um alphabetisch zu sortieren, setzen Sie den Cursor in die Spalte, deren Eingaben geordnet werden sollen. Klicken Sie dann auf der Registerkarte **Start** auf die Schaltfläche **Sortieren und Filtern**.

	A	B	C	D
1	Name Erfinder	Erfindung	Jahr	Land
2	Alexander Bain	elektrische Uhr, Fax	1842	Schottland
3	Jacob Davis	genietete Jeans	1873	USA
4	Thomas Adams	Kaugummi	1869	USA
5	Julius Fromm	Latex-Kondom	1914	Deutschland
6	Hugo Koch	Rotor-Chiffriermaschine	1919	Niederlande
7	Rober Barron	Tresorschloss	1778	GB

Schritt 2

Im zugehörigen Menü wählen Sie die Option **Von A bis Z sortieren**. Der Erfolg zeigt sich unmittelbar: Die Eingaben wurden in eine alphabetische Reihenfolge gebracht (natürlich nicht nur die Titel, sondern die kompletten Datensätze).

	A	B	C	D
1	Name Erfinder	Erfindung	Jahr	Land
2	Alexander Bain	Aufzeichnung telegraphischer Nachrichten auf eine Papierscheibe	1849	Schottland
3	Alexander Bain	elektrische Uhr, Fax	1842	Schottland
4	Hugo Koch	Rotor-Chiffriermaschine	1919	Niederlande
5	Jacob Davis	genietete Jeans	1873	USA
6	Julius Fromm	Latex-Kondom	1914	Deutschland
7	Rober Barron	Tresorschloss	1778	GB
8	Thomas Adams	Kaugummi	1869	USA

Schritt 3

Wenn Sie z. B. nach dem Erfinder sortieren möchten und ein Name mehrfach auftaucht, nimmt Excel automatisch das erste Feld zum Sortieren hinzu. »Alexander Bain – Aufzeichnung telegraphischer Nachrichten« steht nach der Sortierung also vor »Alexander Bain – elektrische Uhr / Fax« ❶.

Schritt 4

Sie können auch eine bestimmte Sortierreihenfolge vorgeben. Sie möchten beispielsweise nach Autor und nach Erscheinungsjahr sortieren? Setzen Sie den Cursor in die Spalte *Autor*, klicken Sie auf **Sortieren und Filtern** und im Menü auf **Benutzerdefiniertes Sortieren**.

Schritt 5

Im Dialog **Sortieren** wählen Sie im Feld **Sortieren nach ❷** den Eintrag **Name Erfinder**. In den anderen beiden Feldern belassen Sie es bei **Werte ❸** und **A bis Z ❹**. Für das zweite Sortierkriterium klicken Sie auf **Ebene hinzufügen ❺** und wählen im Feld **Dann nach** den Eintrag **Jahr**. Nach einem Klick auf **OK** erhalten Sie das Ergebnis.

Schritt 6

Um nur nach dem Jahr zu sortieren, setzen Sie den Cursor in die entsprechende Spalte und klicken im Menü der Schaltfläche **Sortieren und Filtern** auf **Nach Größe sortieren (aufsteigend)**. Auf diese Weise steht die älteste Erfindung am Anfang der Liste.

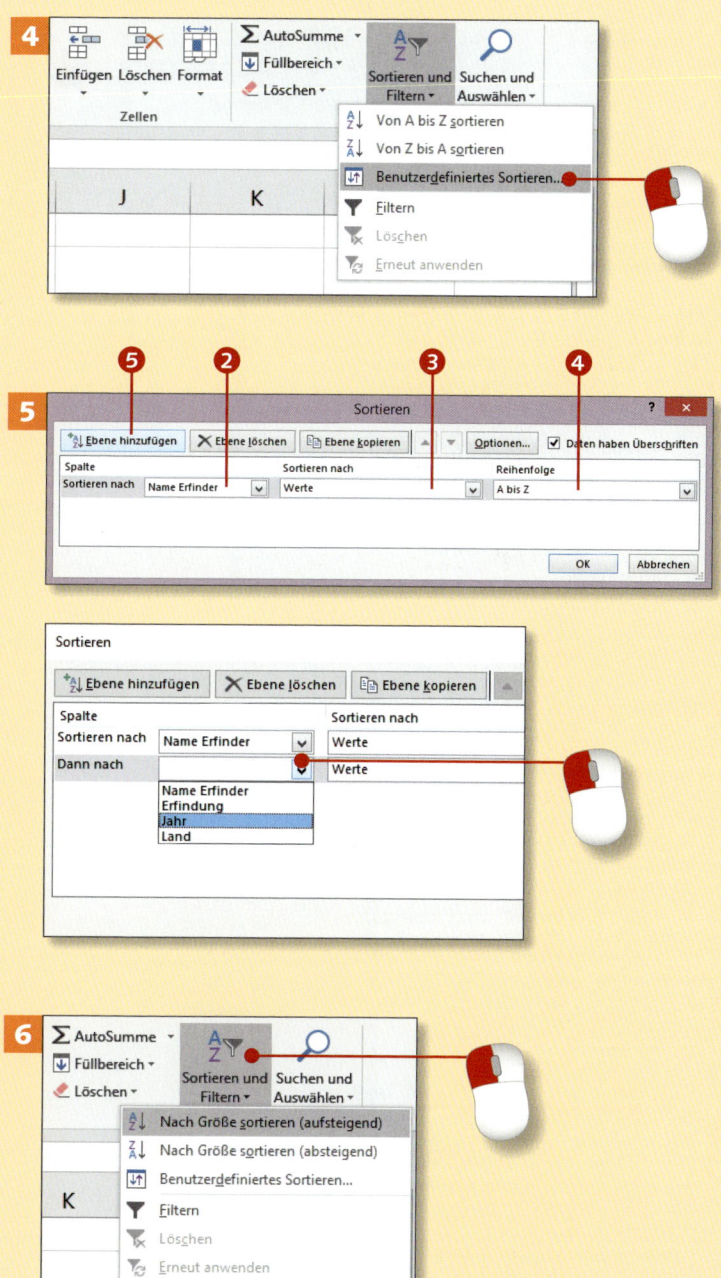

Auswählen und filtern

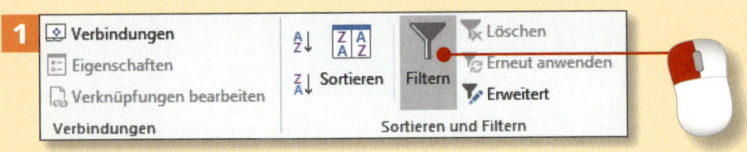

Excel bietet ein paar einfache Wege der Filterung von Datensätzen; außerdem können Sie Bedingungen definieren und Ihre Auswahl mit UND oder ODER einschränken.

Schritt 1

Markieren Sie irgendeine Zelle in der Liste, und aktivieren Sie die Registerkarte **Daten**. Hier klicken Sie auf die Schaltfläche **Filtern**.

Schritt 2

Die Überschriften der Spalten erhalten daraufhin Auswahlpfeile. Wenn Sie auf einen dieser Pfeile klicken, öffnet sich ein Menü, in dem die Einträge der entsprechenden Spalte jeweils mit einem Auswahlkästchen angezeigt werden.

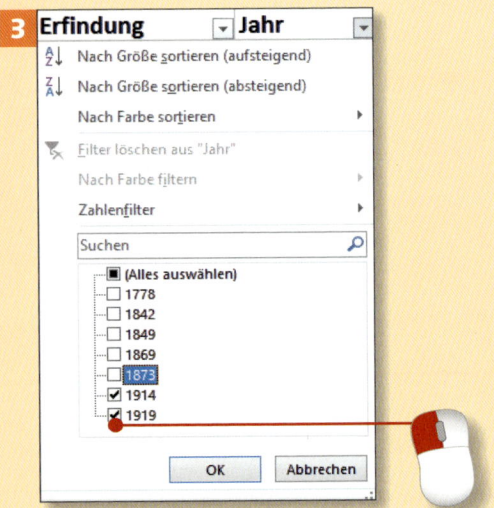

Schritt 3

Um den Filter anzuwenden, deaktivieren Sie die Einträge, die nicht angezeigt werden sollen. Um nur Erfindungen aus dem 20. Jahrhundert anzeigen zu lassen, deaktivieren Sie alle anderen Häkchen und bestätigen Ihre Auswahl mit **OK**. Das Symbol ❶ am Feld verändert sich.

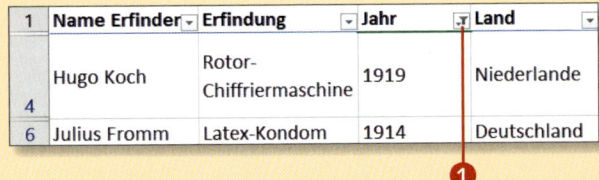

Schritt 4

Um den Filter bzw. alle Filter aufzu-
heben und wieder alle Datensätze
anzeigen zu lassen, klicken Sie auf
das kleine Filtersymbol ❷ an der
jeweiligen Überschrift, aktivieren im
Menü den Eintrag **(Alles auswählen)**
und klicken auf **OK**.

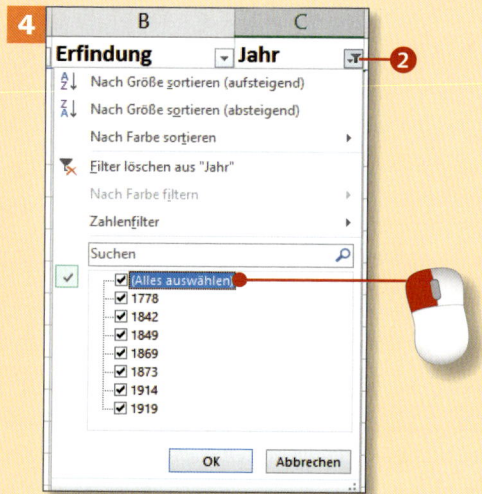

Schritt 5

Excel bietet die Möglichkeit, Filter-
kriterien selbst zu definieren. Klicken
Sie auf den Auswahlpfeil der zu
durchsuchenden Spalte, und wählen
Sie **Textfilter** (bzw. **Zahlenfilter**) ▸
Benutzerdefinierter Filter im Menü.

Schritt 6

Im Dialog **Benutzerdefinierter Au-
toFilter** können Sie Bedingungen für
die Auswahl der Datensätze festlegen. Möchten Sie sich beispielsweise
alle Länder mit dem Anfangsbuchstaben »S« anzeigen lassen? In diesem Fall wählen Sie **entspricht** ❸
und geben im Feld daneben »S*« ein.

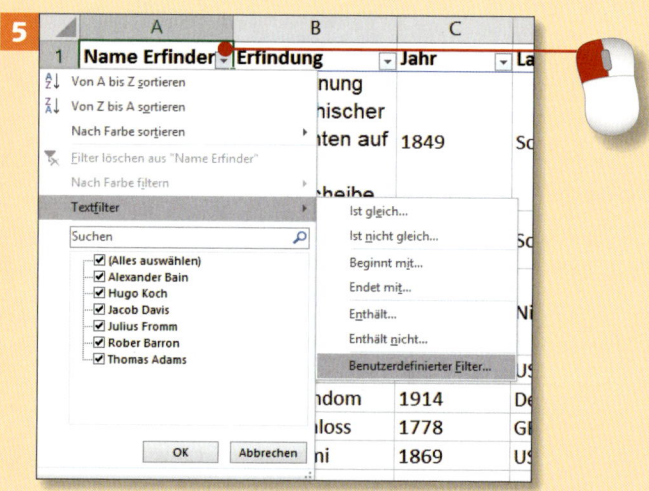

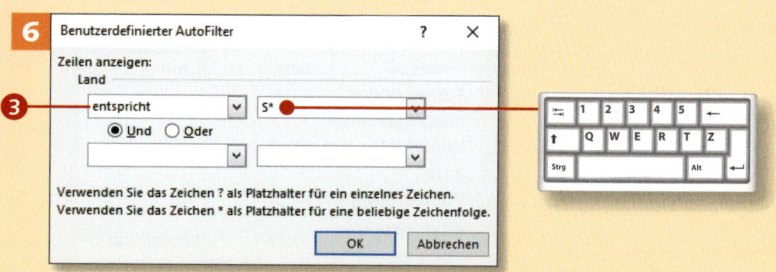

Auswählen und filtern (Forts.)

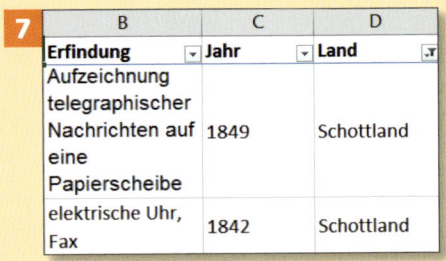

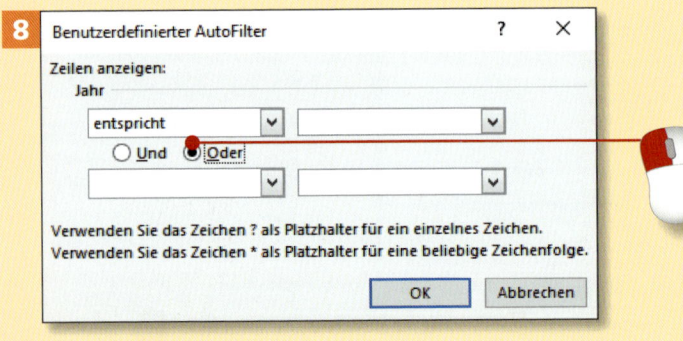

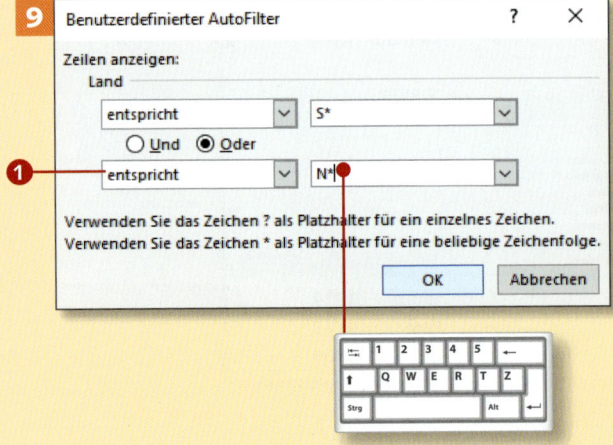

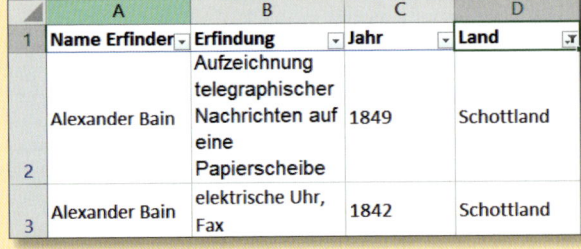

Schritt 7

Das Sternchen steht für eine beliebige Zeichenfolge. Nachdem Sie auf **OK** geklickt haben, erhalten Sie eine Liste, in der nur die Datensätze auftauchen, deren Länder mit »S« beginnen.

Schritt 8

Kriterien lassen sich auch kombinieren. Sollen z. B. nicht nur alle Länder mit »S« angezeigt werden, sondern auch alle Länder mit »N«, erstellen Sie eine *Oder-Abfrage*. Rufen Sie den Dialog **Benutzerdefinierter Auto-Filter** auf, und aktivieren Sie die Option **Oder**.

Schritt 9

In den beiden ersten Feldern definieren Sie die Auswahl wie in Schritt 6. In der zweiten Zeile wählen Sie im ersten Feld wieder **entspricht** ❶, und im Feld daneben geben Sie »N*« ein.

Schritt 10

Anders funktioniert die *Und-Abfrage*. Wenn Sie die Option **Und** wählen, werden nur die Datensätze angezeigt, die beide Kriterien erfüllen. Ein Beispiel: Geben Sie unter **Land** das Kriterium **beginnt mit** ❷ und den Anfangsbuchstaben »S« ❸ ein. Dann klicken Sie auf **Und**.

Schritt 11

Um alle Länder mit »S« anzuzeigen, aber nicht die, deren Name mit »Sp« beginnt, stellen Sie in der **Und**-Zeile **beginnt nicht mit** ❹ ein und schreiben ins Feld daneben »Sp«.

Schritt 12

Wenn Sie nach dem Erfindungsjahr filtern möchten, deaktivieren Sie im Filtermenü die entsprechenden Jahreszahlen ❺, oder Sie klicken auf **Zahlenfilter ▸ Größer als**. Im Dialog geben Sie im rechten Feld z. B. »1873« ein ❻.

i

Filter löschen

Um alle Filter loszuwerden, klicken Sie im Menü des Filters auf **Filter löschen aus »[Überschrift]«** ❼.

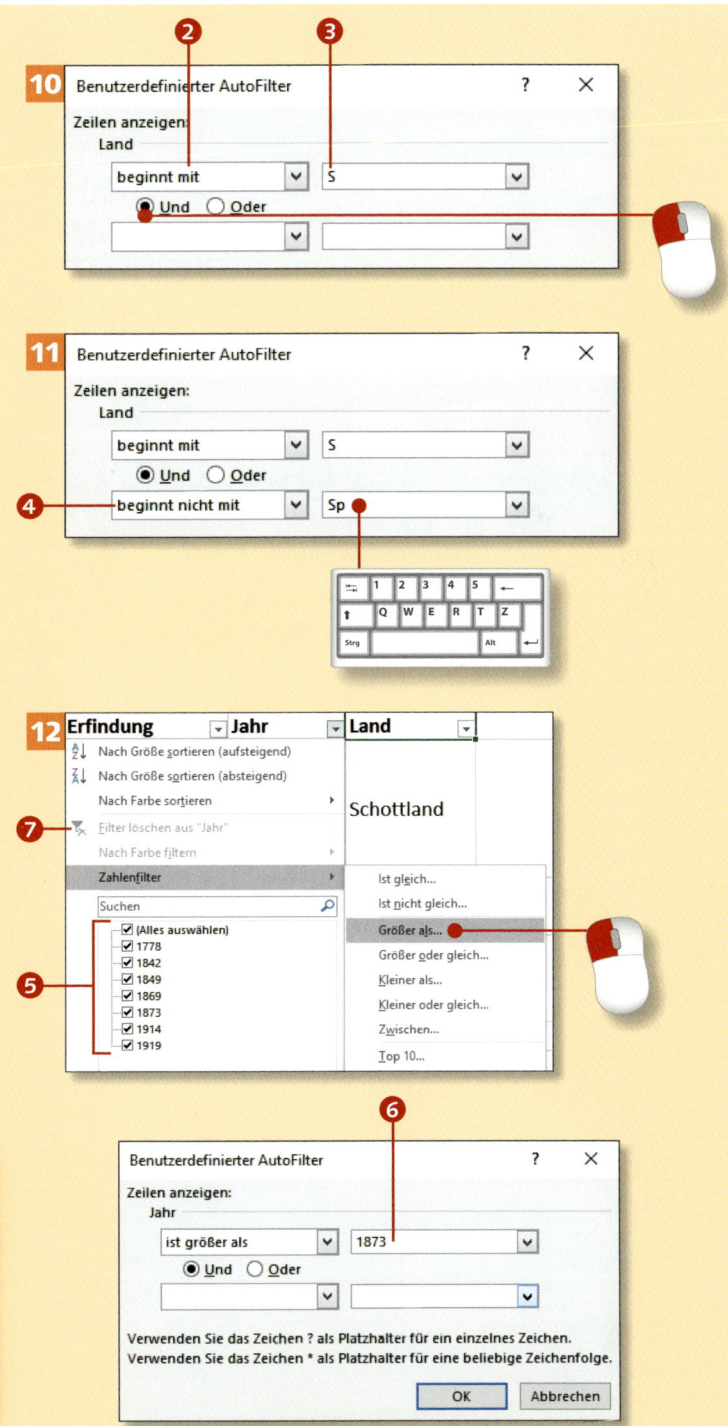

Eine Datenbanktabelle planen

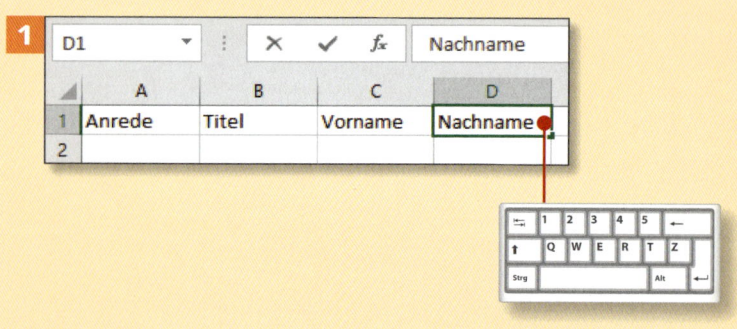

Der Umgang mit Datenbanktabellen ist einfacher, wenn Sie sich vorher ein paar Gedanken machen. Am Beispiel einer einfachen Adressliste zeigen wir Ihnen die wichtigsten Schritte.

Schritt 1

Sammeln Sie die Informationen, die Sie erfassen möchten, z. B. Anrede, Titel, Vorname, Nachname, Straße, Hausnummer etc. Schreiben Sie sie jeweils in eine Spalte.

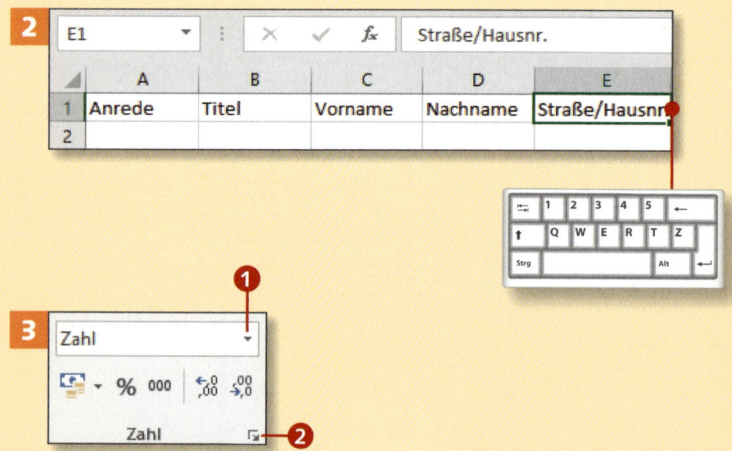

Schritt 2

Fassen Sie Informationen zusammen, die Sie bei der zukünftigen Verwendung der Daten nicht einzeln einsetzen werden; Sie können demnach *Straße* und *Hausnummer* in einer Spalte zusammenfassen.

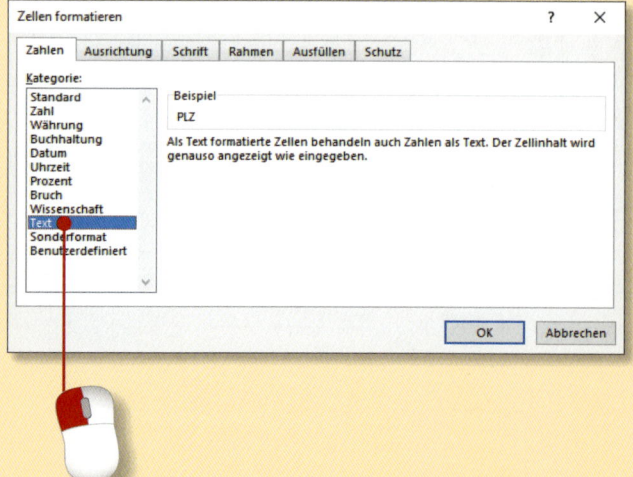

Schritt 3

Je nachdem, welcher Datentyp in den Spalten erwartet wird, passen Sie die Formatierung an ❶. Damit auch Postleitzahlen, die mit einer Null beginnen, richtig erscheinen, weisen Sie dieser Spalte explizit das Format **Text** zu (den Dialog öffnen Sie über den Pfeil an der Gruppe **Zahl** ❷).

Schritt 4

Überlegen Sie sich, welche Werte in welcher Spalte auftauchen können/ werden und ob Einschränkungen sinnvoll sind. Im Beispiel könnten wir die Spalte *Anrede* auf *Herr* und *Frau* und die Spalte *Titel* auf *Dr.* und *Prof.* beschränken.

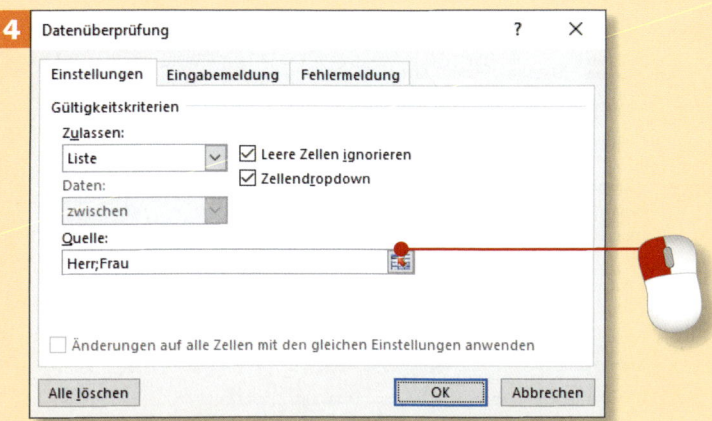

Schritt 5

Um diese Beschränkung für die Felder einzugeben, markieren Sie die Zellen in der Spalte **A** unter **Anrede** und klicken auf der Registerkarte **Daten** auf **Datenüberprüfung**.

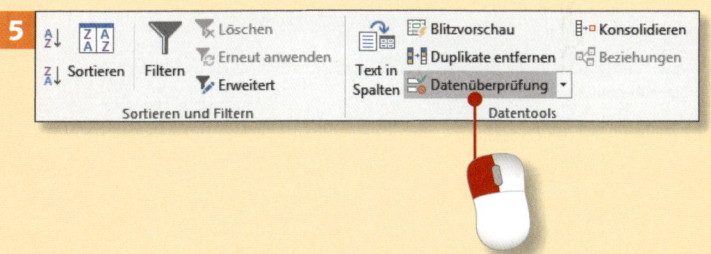

Schritt 6

Im Dialog **Datenüberprüfung** wählen Sie auf der Registerkarte **Einstellungen** im Feld **Zulassen** den Eintrag **Liste** ❸. In das Feld **Quelle** tippen Sie die zulässigen Werte durch Semikolon getrennt ein.

ℹ Datenüberprüfung

Mit der Datenüberprüfung sorgen Sie dafür, dass nur bestimmte Werte in eine Zelle eingegeben werden dürfen. Sie haben die Möglichkeit, eine Eingabemeldung zu formulieren, die erscheint, wenn die Zelle aktiviert wird. Bei nicht gültigen Werten erscheint ein kleiner Dialog mit einer Fehlermeldung.

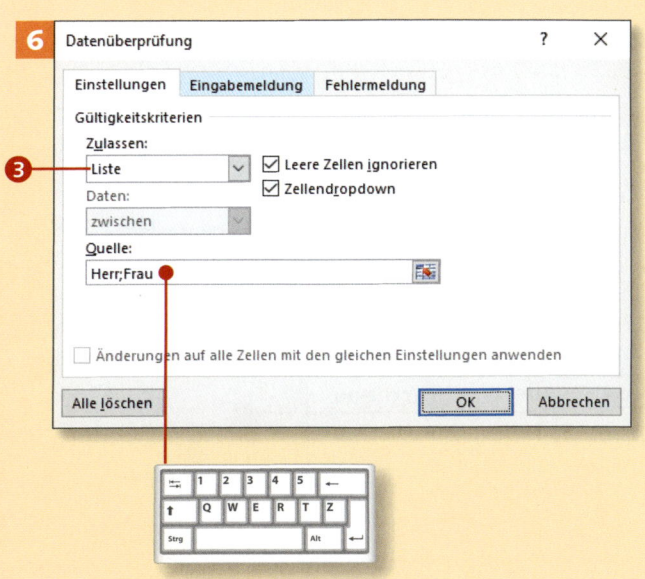

Eine Datenbanktabelle planen (Forts.)

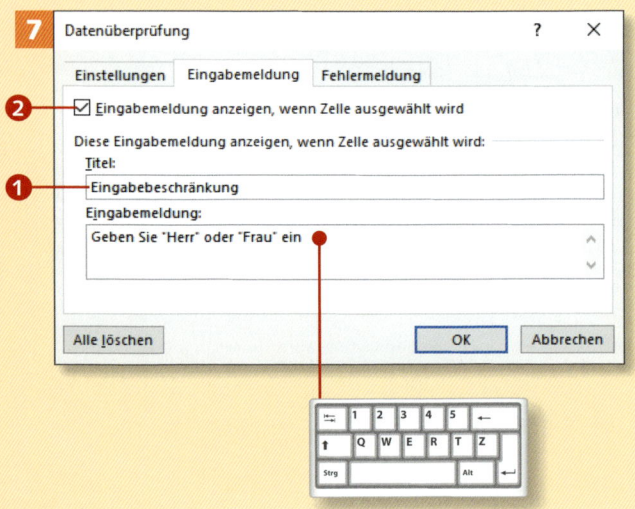

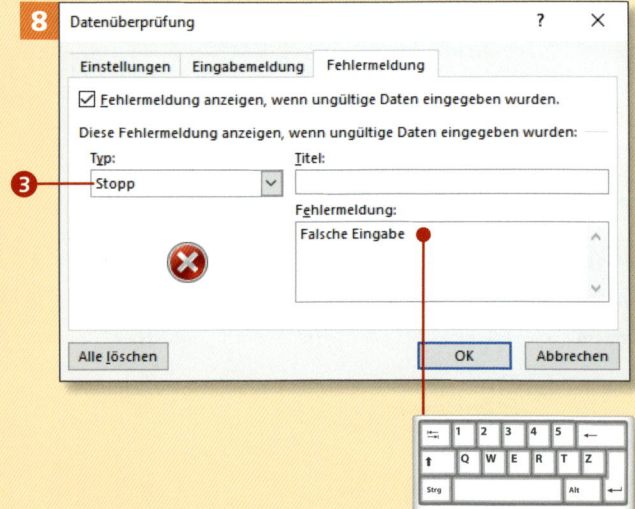

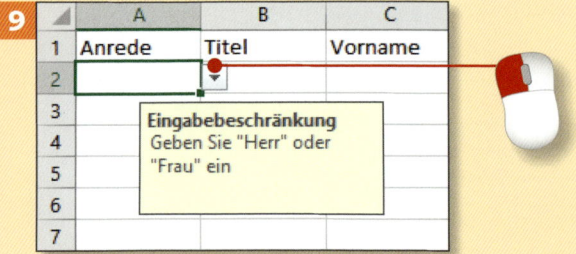

Schritt 7

Wechseln Sie jetzt zur Registerkarte **Eingabemeldung**. Geben Sie einen **Titel** für die Meldung ❶ und einen Text im Feld **Eingabemeldung** ein. Wenn Sie auf die Eingabemeldung verzichten möchten, deaktivieren Sie die oberste Option ❷.

Schritt 8

Aktivieren Sie die Registerkarte **Fehlermeldung**. Hier entscheiden Sie sich für ein Symbol ❸ und geben einen Text für die **Fehlermeldung** ein, die erscheinen soll, wenn ungültige Werte eingegeben werden.

Schritt 9

An der Zelle ist nun ein Auswahlpfeil, über den Sie die zulässigen Werte auswählen können.

Gültigkeitskriterien

Statt einer Liste können Sie im Dialog **Datenüberprüfung** auch andere Gültigkeitskriterien festlegen, z. B. einen Zahlen- oder Datumsbereich.

Schritt 10

Sie können einen ungültigen Wert eingeben. Aber sobald Sie die Zelle verlassen, beispielsweise indem Sie mit der Maus in eine andere Zelle klicken, erscheint eine Fehlermeldung.

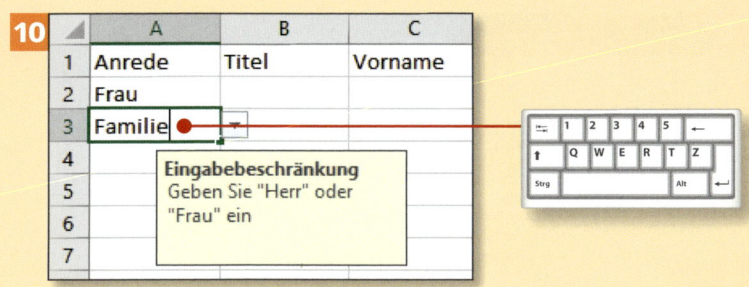

Schritt 11

Wenn Sie auf **Wiederholen** ❹ klicken, ist die fragliche Zelle mit dem ungültigen Wert wieder aktiviert. Mit **Abbrechen** ❺ wird wieder die leere Zelle angezeigt, und Sie können eine Eingabe aus der Liste auswählen.

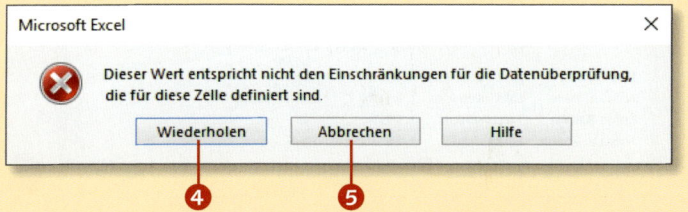

Schritt 12

Auf die gleiche Weise (also so, wie ab Schritt 5 beschrieben) können Sie die Eingabemöglichkeiten in der Spalte *Titel* beschränken und eine Auswahlliste zur Verfügung stellen.

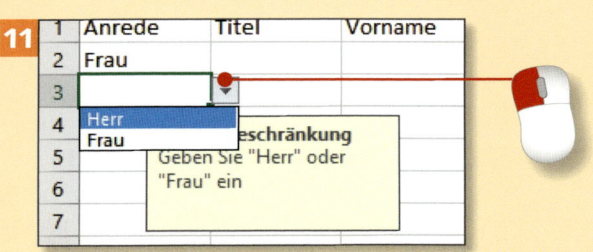

Hinweismeldungen

Auf der Registerkarte **Fehlermeldung** des Dialogs **Datenüberprüfung** (siehe Schritt 8) können Sie zwischen drei Typen wählen. **Warnung** und **Information** lassen ungültige Werte zu, weisen aber unterschiedlich »streng« auf den Fehler hin; der Typ **Stopp** verhindert jegliche fehlerhafte Eingabe.

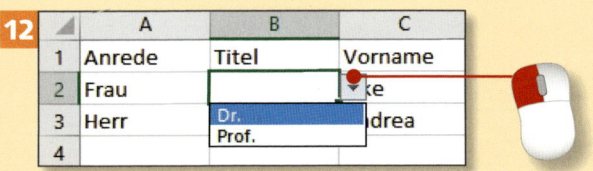

Daten in ein Universalformat exportieren

Wenn Sie Ihre Daten in Excel gesammelt haben, können Sie sie problemlos in gängige Formate für den Datenaustausch speichern. Wir zeigen Ihnen hier die Schritte.

Schritt 1

Aktivieren Sie das Tabellenblatt, auf dem sich Ihre Datenliste befindet. Dies ist notwendig, weil einige Exportformate nur mit einem Arbeitsblatt umgehen können.

Schritt 2

Klicken Sie auf **Datei ▸ Speichern unter ❶**. Klicken Sie auf **Dieser PC ❷** und dann auf **Durchsuchen**. Im Dialog **Speichern unter** klicken Sie auf den Pfeil am Feld **Dateityp**. In der Liste sehen Sie alle Dateitypen, die Excel beim Speichern unterstützt.

Schritt 3

Wählen Sie ein Format. Sehr gängig ist **CSV (Trennzeichen-getrennt) (*.csv) ❸**. Es speichert jeden Datensatz in einer Zeile, wobei alle Felder durch ein Semikolon getrennt werden. Vergeben Sie gegebenenfalls einen anderen Dateinamen ❹, und klicken Sie auf **Speichern**.

Schritt 4

Anschließend weist Excel Sie darauf hin, dass der ausgewählte Dateityp nur ein Arbeitsblatt speichern kann. Klicken Sie in diesem Dialog auf **OK**.

Schritt 5

Excel informiert Sie darüber, dass das CSV-Format keine Formatierungen unterstützt. Sofern Sie die Arbeitsmappe noch nicht gespeichert hatten, klicken Sie auf **Nein** und holen es nach. Beginnen Sie dann erneut bei Schritt 1. Mit **Ja** wird der Export durchgeführt.

Schritt 6

Sie erkennen den Export daran, dass als Dateityp **Microsoft Excel-CSV-Datei** ❺ angegeben wird. Ansonsten sieht alles so aus wie zuvor. Den Unterschied sehen Sie erst, wenn Sie die Datei schließen und anschließend wieder öffnen.

> ### Das CSV-Format
>
> CSV ist ein gängiges Format, um Daten zwischen Programmen auszutauschen. Es lässt sich problemlos in die meisten Datenbankprogramme importieren. Auch Excel unterstützt den Import von CSV-Dateien.

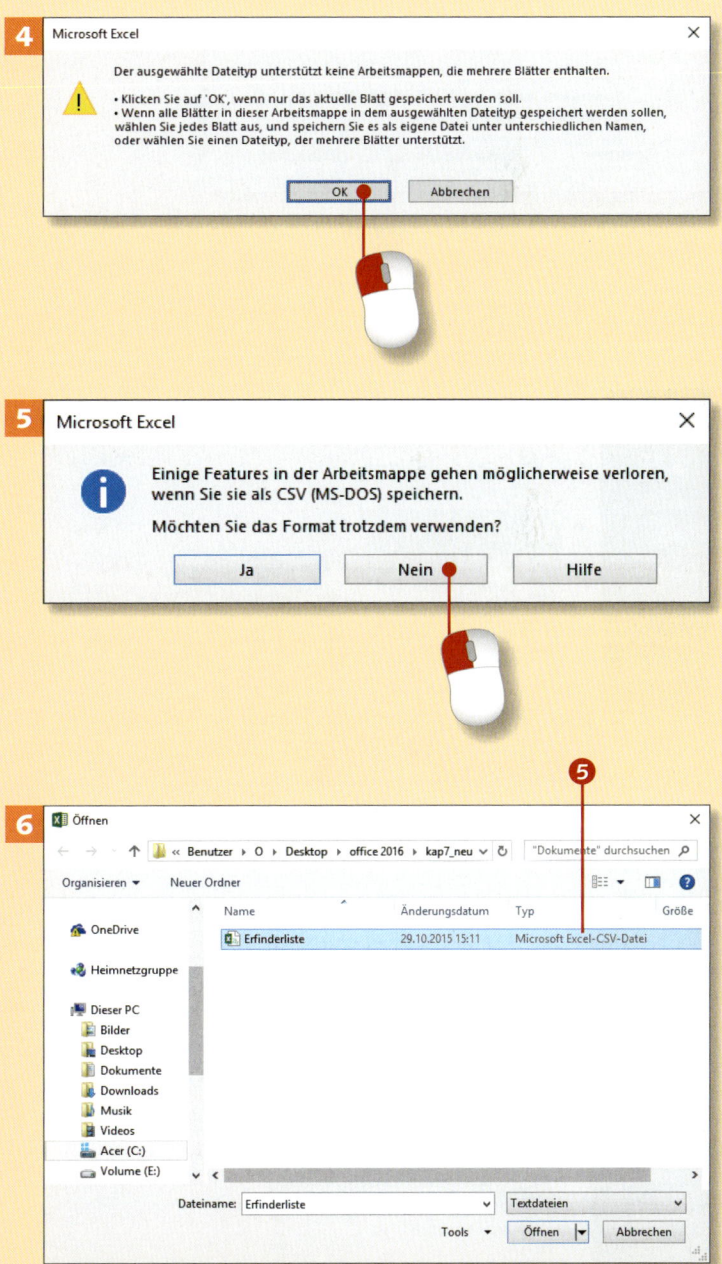

Daten in ein Universalformat exportieren (Forts.)

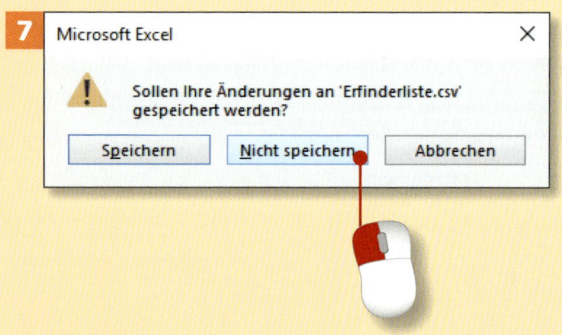

Schritt 7

Schließen Sie die Datei. Die Nachfrage, ob Sie die Änderungen speichern möchten, können Sie mit **Nicht speichern** beantworten, da Sie ja die aktuelle Fassung der Datei exportiert haben.

Schritt 8

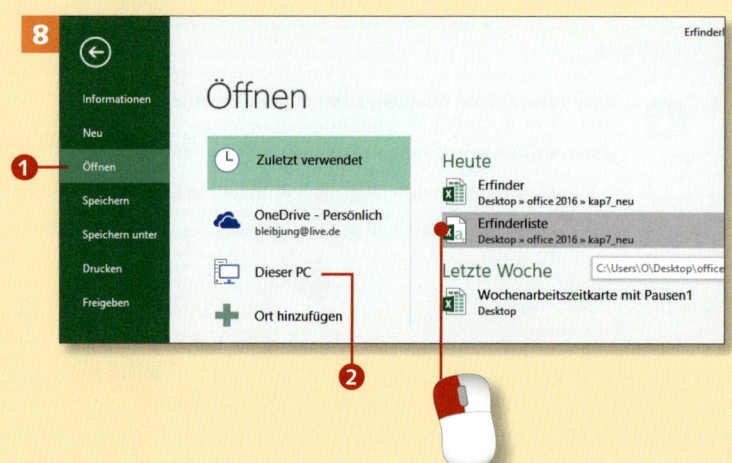

Klicken Sie auf **Datei ▸ Öffnen** ❶. Womöglich finden Sie die CSV-Datei gleich in der Kategorie **Zuletzt verwendet**, von wo aus Sie sie einfach per Mausklick öffnen können.

Schritt 9

Ansonsten klicken Sie auf **Dieser PC ▸ Durchsuchen**. Im Dialog **Öffnen** wählen Sie in der Auswahlliste des Feldes **Dateiformate** – hier steht vermutlich **Alle Dateien (*.*)** – den Eintrag **Textdateien**.

> **i**
>
> **CSV ist nicht gleich CSV**
> Neben dem Format **CSV (Trennzeichen-getrennt)** gibt es auch **CSV (MS-DOS)**. Dieses Format kann weniger Zeichen darstellen, u. a. keine Umlaute oder Währungszeichen wie €. Diese Zeichen werden dann durch andere Zeichen ersetzt, das Eurozeichen z. B. durch ein Fragezeichen.

Schritt 10

Wechseln Sie in den Ordner, in dem Sie die CSV-Datei gespeichert haben. Markieren Sie die Datei, und klicken Sie auf **Öffnen** ❷, oder klicken Sie doppelt auf die Datei.

Schritt 11

Jetzt sehen Sie die Änderung gegenüber einer »normalen« Excel-Datei deutlich: Es gibt nur noch ein Arbeitsblatt mit den Daten ❸, und alle Formatierungen und Umlaute sind verschwunden.

Schritt 12

Wenn Sie die Datei im Editor öffnen, sehen Sie, dass die Daten jeweils in einer Zeile stehen und die einzelnen Felder durch Semikola getrennt sind. (In Windows 8.1 rufen Sie den Editor übrigens auf, indem Sie auf dem Startbildschirm **Alle Apps** einblenden. In der Kategorie **Windows-System** finden Sie das Symbol für den Editor.)

Welches Dateiformat?

Welches Dateiformat Sie für den Export und Austausch Ihrer Daten verwenden, ist abhängig davon, welches Format das Programm unterstützt, in das die Daten importiert werden sollen.

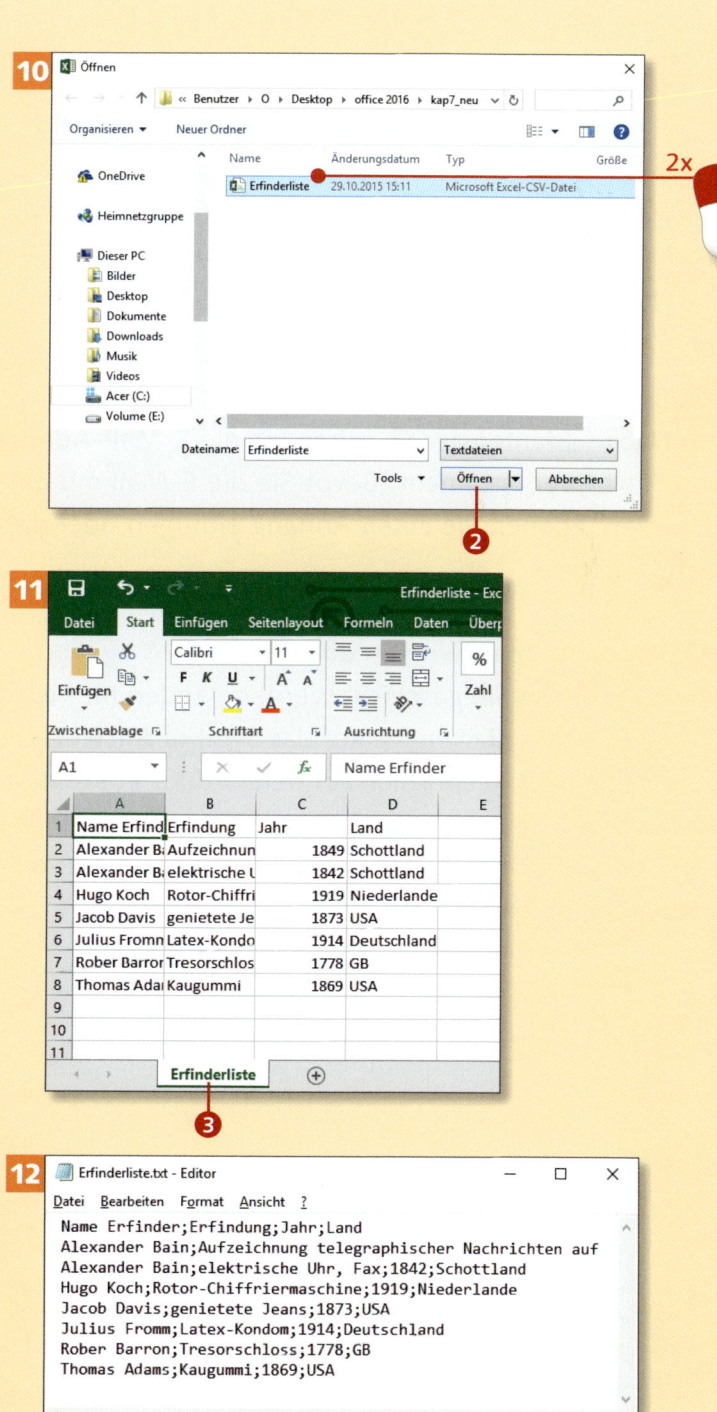

Kapitel 8
E-Mails schreiben mit Outlook

Outlook ist in erster Linie ein E-Mail-Programm. Sobald Sie ein Konto eingerichtet haben, können Sie E-Mails versenden und empfangen, sie bearbeiten, beantworten und weiter leiten.

Mails schreiben und versenden

Im Nachrichtenfenster ❶ geben Sie die E-Mail-Adresse des Empfängers ein und schreiben den Text Ihrer Nachricht. Bevor Sie die E-Mail mit einem Klick auf **Senden** auf den Weg schicken, können Sie einen Anhang einfügen oder die E-Mail z. B. als besonders wichtig kennzeichnen.

Mails lesen, beantworten und löschen

E-Mails, die an Sie geschickt werden, landen im **Posteingang** ❷. Per Doppelklick öffnen Sie die E-Mail. Klicken Sie auf das Symbol **Antworten**, um direkt auf die E-Mail zu reagieren. Mit einem Rechtsklick auf den Ordner **Posteingang** öffnen Sie dessen Kontextmenü und können neue Unterordner anlegen, um Ihre E-Mails zu sortieren. Spam-Mails im Ordner **Junk-E-Mail** löschen Sie im Kontextmenü mit einem Klick auf den Befehl **Ordner leeren** auf einen Schlag.

1 Schreiben Sie Ihre Nachricht, und ergänzen Sie sie um weitere Informationen.

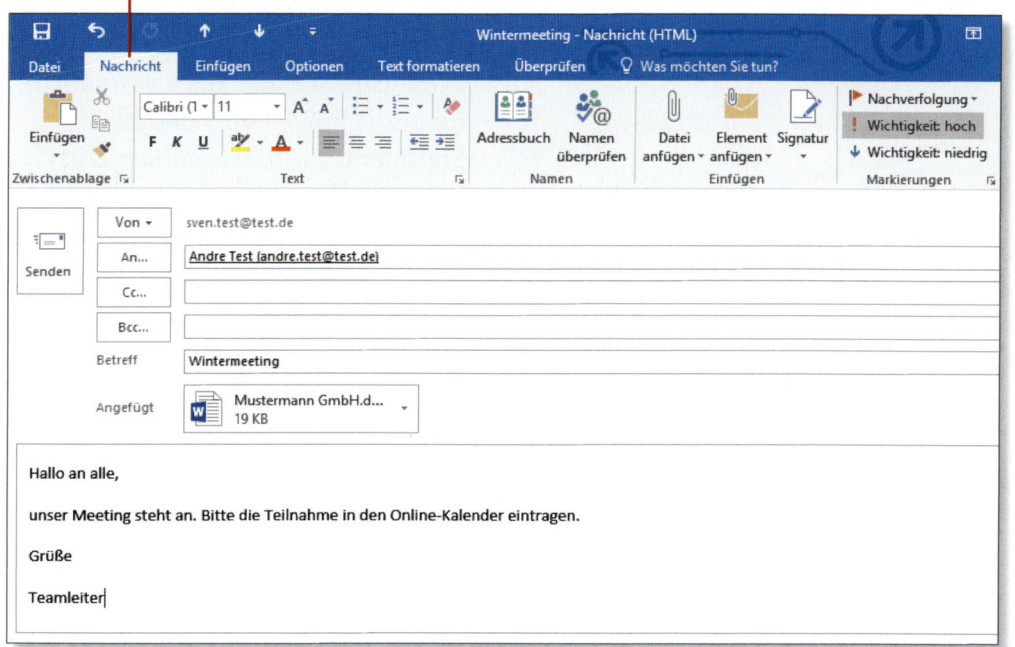

Ihre E-Mails werden im **Posteingang** zum Bearbeiten gesammelt. **2**

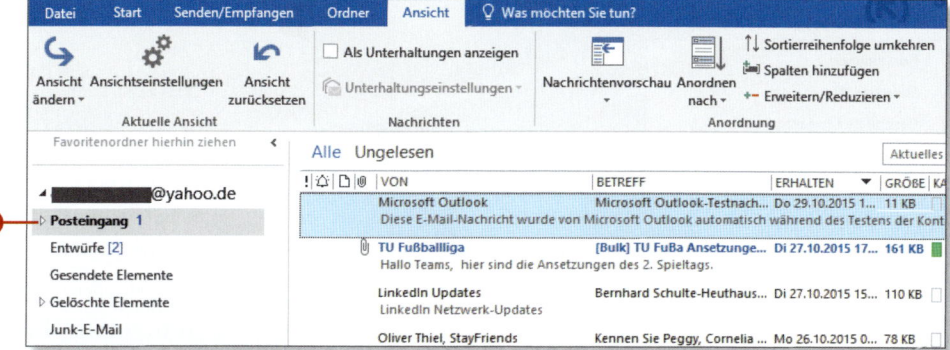

Den Outlook-Bildschirm kennenlernen

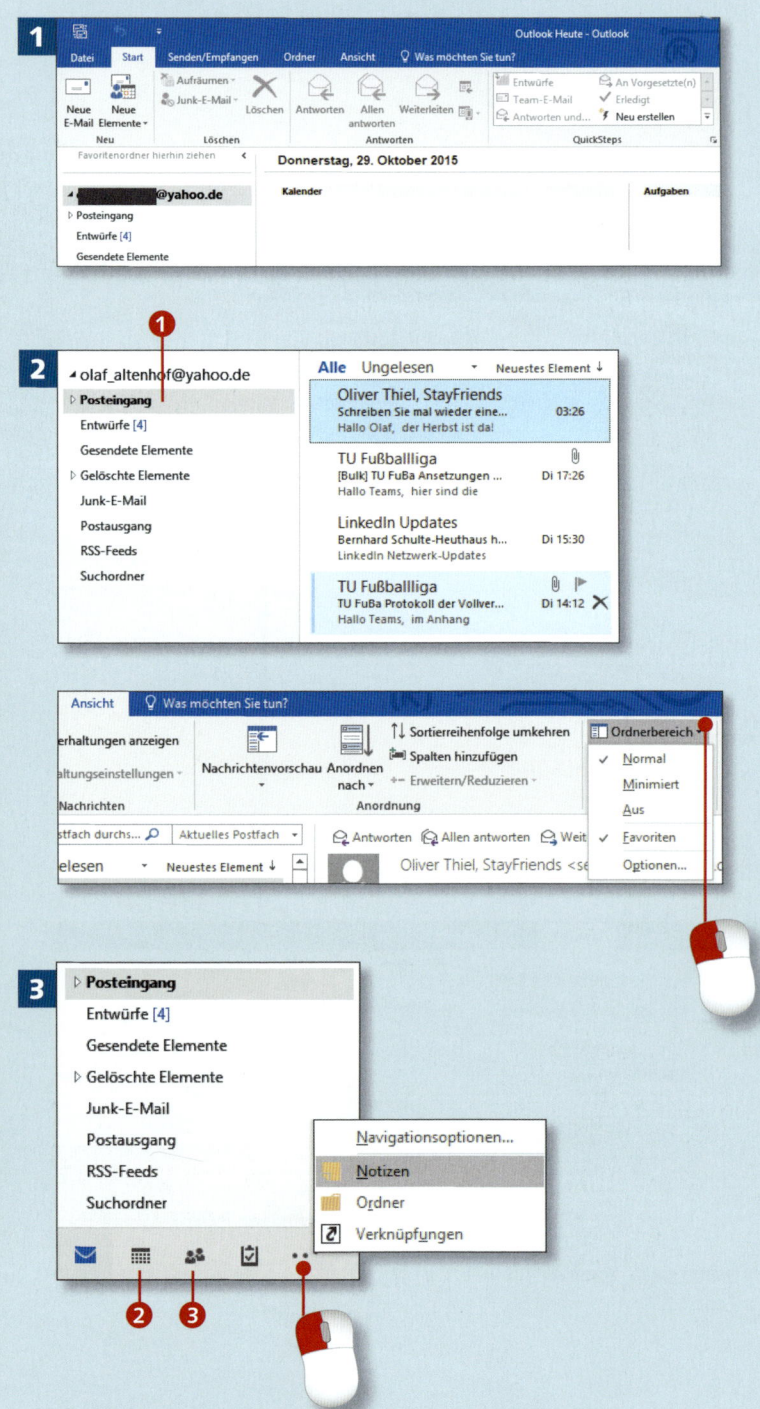

Schauen Sie sich zuerst ein wenig in Outlook um. Über den Ordnerbereich links auf dem Bildschirm gelangen Sie zu allen Ordnern und Modulen.

Schritt 1

Wenn Sie Outlook 2016 aufrufen (über die Kachel im Windows-Startmenü), wird vermutlich **Outlook Heute** angezeigt, mit einem Überblick über Termine, Aufgaben und Nachrichten. Sie öffnen die Elemente, indem Sie sie anklicken.

Schritt 2

Sofern der Ordnerbereich eingeblendet ist, klicken Sie einfach auf **Posteingang** ❶, um zur Auflistung Ihrer eingegangenen E-Mails zu gelangen. Sehen Sie den Ordnerbereich nicht, klicken Sie auf der Registerkarte **Ansicht** auf **Ordnerbereich ▸ Normal**.

Schritt 3

Unten gibt es Schaltflächen, um zu anderen Modulen von Outlook zu wechseln: **Kalender** ❷ und **Kontakte** ❸. Über das Symbol mit den drei Punkten öffnen Sie ein Menü, in dem Sie **Notizen** aufrufen – kleine gelbe Zettel, auf denen Sie etwas notieren können.

Schritt 4

Sie können Outlook auch so einrichten, dass es nicht mit **Outlook
Heute** geöffnet wird, sondern in
dem Modul, das Sie regelmäßig
verwenden möchten (meistens **Posteingang**). Dazu wählen Sie **Datei ▸
Optionen ④ ▸ Erweitert**.

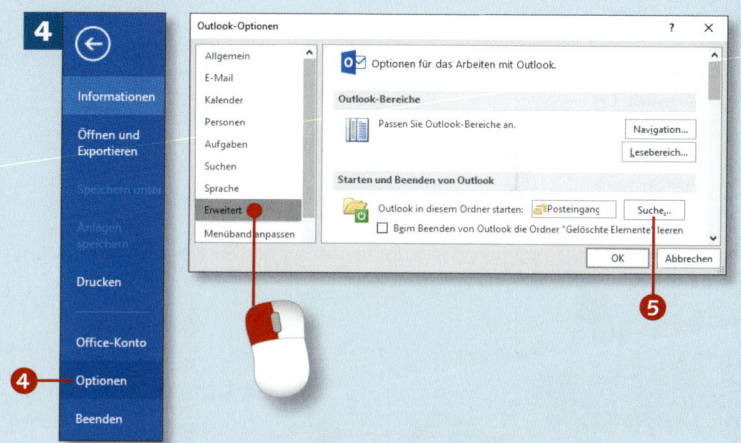

Schritt 5

Klicken Sie neben dem Feld **Outlook in diesem Ordner starten** auf
die Schaltfläche **Suche ⑤**. Im Dialog
Ordner auswählen markieren Sie
Posteingang und klicken auf **OK**.

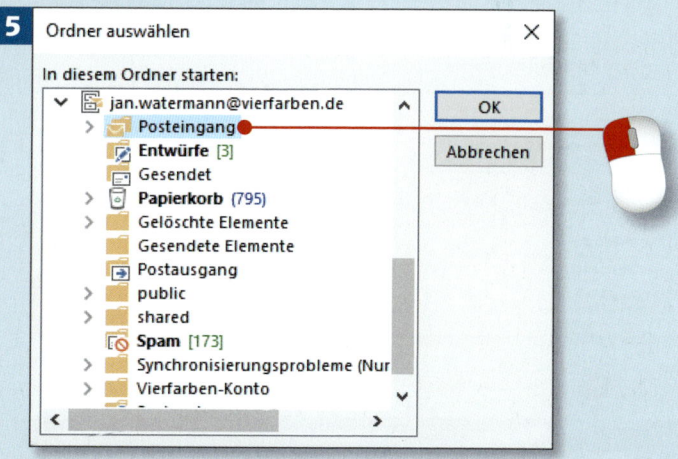

Schritt 6

Auch in Outlook gibt es Registerkarten, allerdings weniger als in den
anderen Office-Programmen: **Datei**
für den Backstage-Bereich, **Start**,
Senden/Empfangen, **Ordner** und
Ansicht. Je nach aktivem Modul
enthalten sie unterschiedliche Befehle.

＋＋

Kalender dauerhaft einblenden
Um dauerhaft einen kleinen
Monatskalender eingeblendet zu
bekommen, klicken Sie auf der
Registerkarte **Ansicht** auf **Aufga-
benleiste ▸ Kalender**.

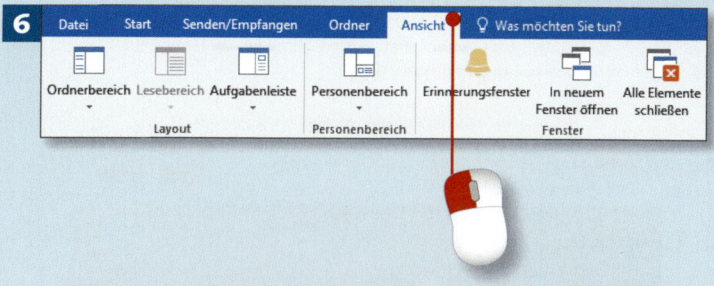

Die Ordner und Ansichten von Outlook

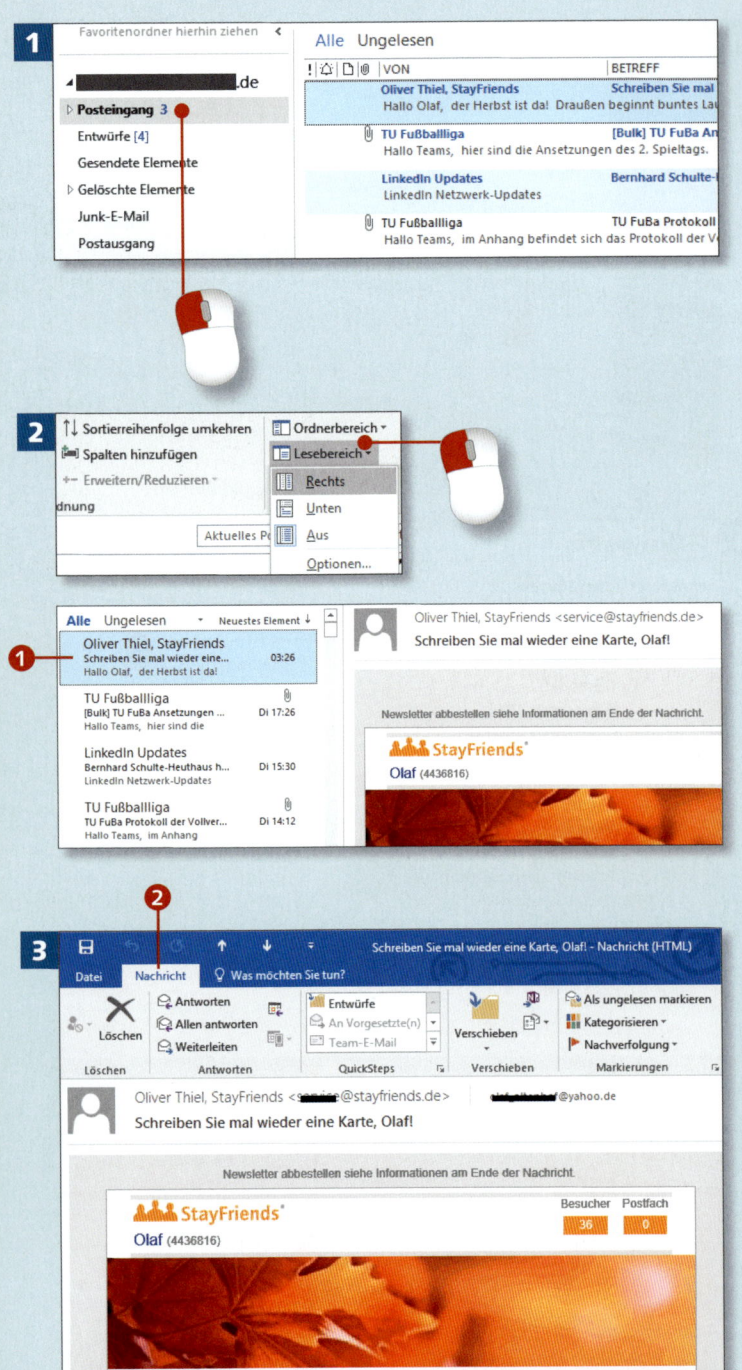

Für die Verwaltung Ihrer E-Mail-Korrespondenz sieht Outlook von Haus aus einige Ordner vor: »Posteingang«, »Gesendete Elemente«, »Entwürfe«, »Gelöschte Elemente« und »Junk-E-Mail«.

Schritt 1

Klicken Sie im Ordnerbereich auf **Posteingang**. Daraufhin werden alle Mail-Ordner angezeigt. In der Mitte sehen Sie die erhaltenen E-Mails (mit der Betreffzeile). Die ungelesenen Mails sind fett und mit blauer Schrift hervorgehoben.

Schritt 2

Um eine E-Mail als Vorschau zu sehen, aktivieren Sie den Lesebereich auf der Registerkarte **Ansicht** über **Lesebereich ▸ Rechts** oder **Unten**. Dann klicken Sie die Mail ❶ einfach an. Eine gelesene E-Mail wird nicht mehr fett hervorgehoben.

Schritt 3

Ein Doppelklick auf eine E-Mail in dieser Liste öffnet ein neues Fenster, das nur diese E-Mail anzeigt (das *Nachrichtenfenster*). Dieses Fenster enthält auf der Registerkarte **Nachricht** ❷ Befehle zur schnellen und bequemen Bearbeitung der E-Mail.

Schritt 4

Im Navigationsbereich gibt es auch den Ordner **Entwürfe**. Darin speichert Outlook E-Mails, die Sie begonnen, aber noch nicht abgeschickt haben. Per Klick öffnen Sie den Ordner. Die Zahl hinter dem Eintrag zeigt an, wie viele E-Mails sich in einem Ordner befinden.

Schritt 5

Klicken Sie auf **Gesendete Objekte**, um – wie der Name sagt – eine Liste aller von Ihnen gesendeten E-Mails zu erhalten. Nach dem Versand werden Mails automatisch in diesem Ordner gespeichert.

Schritt 6

In den Ordner **Junk-E-Mail** verschiebt Outlook automatisch alle E-Mails, die gewissen Kriterien entsprechen, aufgrund deren Outlook davon ausgeht, dass es sich um Spam-Mails (auch Junk-Mails) handelt. Vermissen Sie also eine Mail, kann es sein, dass Outlook sie als Spam kategorisiert hat.

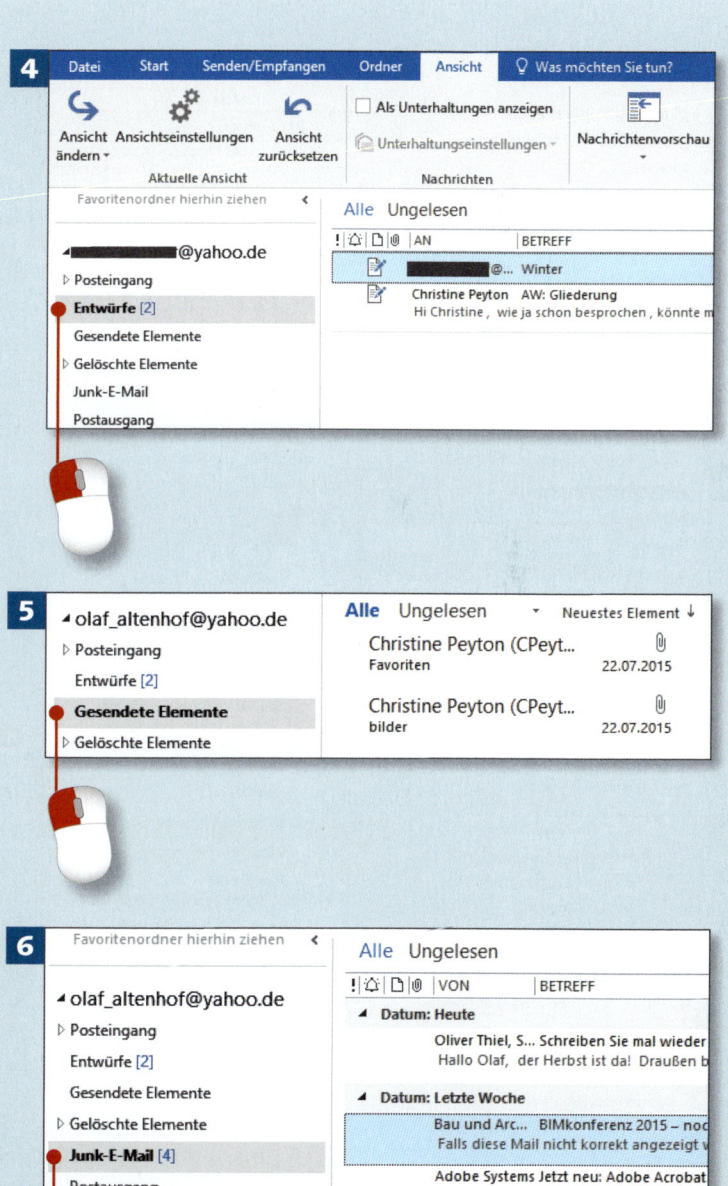

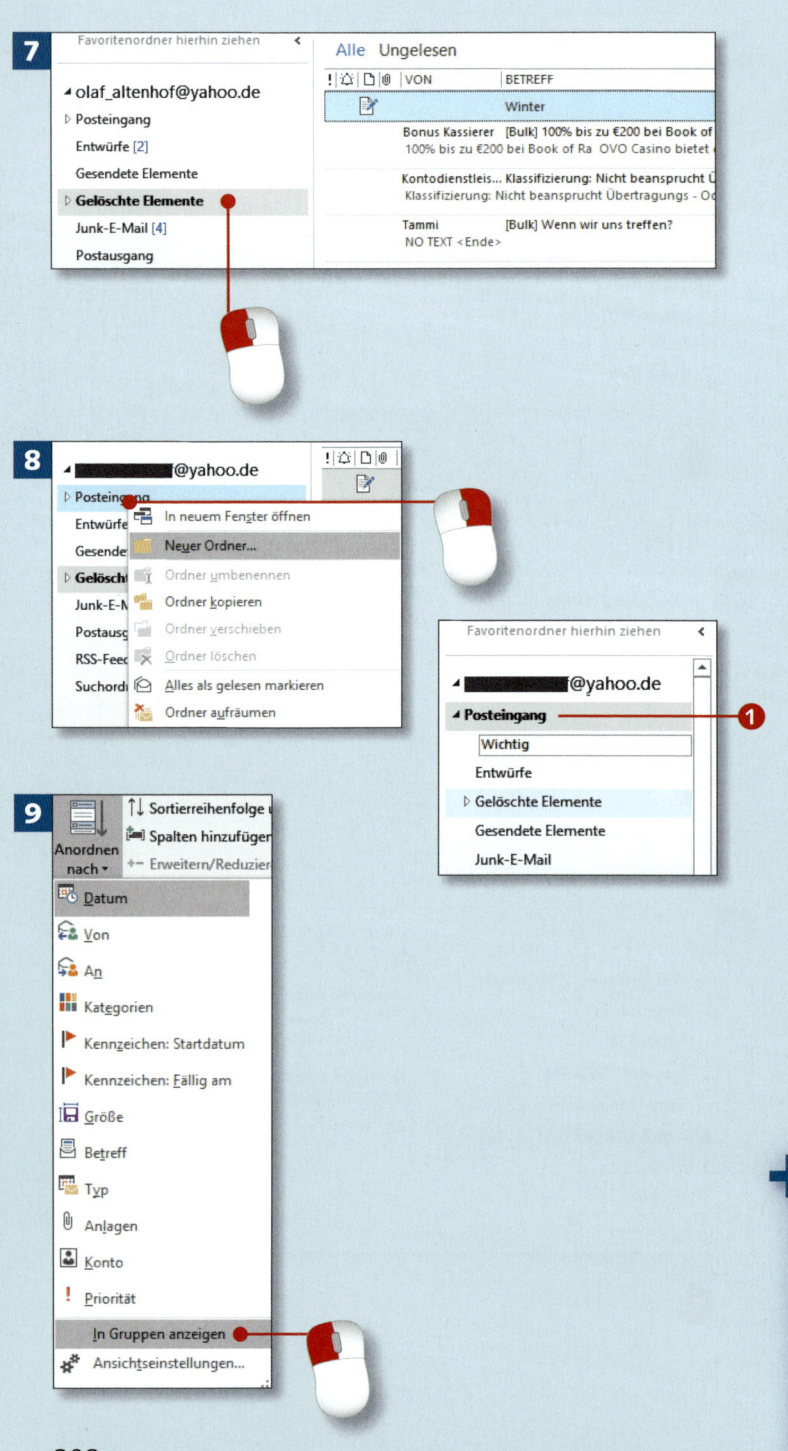

Schritt 7

Es gibt von Haus aus auch noch den Ordner **Gelöschte Elemente**. Hier landen zunächst alle Mails, die Sie gelöscht haben. Um E-Mails tatsächlich zu löschen, müssen Sie sie auch noch aus diesem Ordner entfernen.

Schritt 8

Sie können auch eigene Ordner anlegen. Dazu klicken Sie den **Posteingang** mit rechts an und wählen **Neuer Ordner**. In das leere Kästchen schreiben Sie den Namen des neuen Ordners ❶ und drücken ⏎.

Schritt 9

Standardmäßig gruppiert Outlook die Mails im **Posteingang** nach Tagen. Wenn Ihnen dies nicht gefällt, können Sie es ausschalten. Öffnen Sie dazu auf der Registerkarte **Ansicht** das Feld **Anordnen nach**, und entfernen Sie das Häkchen vor **In Gruppen anzeigen**.

Outlook auf die Taskleiste legen
Legen Sie sich Outlook am besten auf die Taskleiste. Dazu klicken Sie die Kachel auf dem Startbildschirm mit der rechten Maustaste an und wählen **An Taskleiste anheften**.

Schritt 10

Wenn Sie schon im **Posteingang** ein bisschen mehr als nur den Betreff sehen möchten, klicken Sie auf der Registerkarte **Ansicht** auf **Nachrichtenvorschau**. Im Menü wählen Sie die Anzahl der Zeilen, die angezeigt werden sollen.

Schritt 11

Ungelesene Mails werden im **Posteingang** fett dargestellt. Um eine Mail, die Sie bereits geöffnet haben, wieder fett anzuzeigen, klicken Sie auf der Registerkarte **Start** auf die Schaltfläche **Ungelesen/Gelesen**. Im Kontextmenü einer Mail finden Sie diesen Befehl auch.

Schritt 12

Sehr übersichtlich wird Ihr **Posteingang** mit Kategorien. Dazu markieren Sie eine Mail und klicken auf der Registerkarte **Start** auf **Kategorisieren**. Im Untermenü wählen Sie eine Farbe für diese Mail aus.

! E-Mails mit Kategorien

Die Farbe für eine Kategorie müssen Sie jeder Mail einzeln zuweisen, sie gilt nicht generell für den Absender.

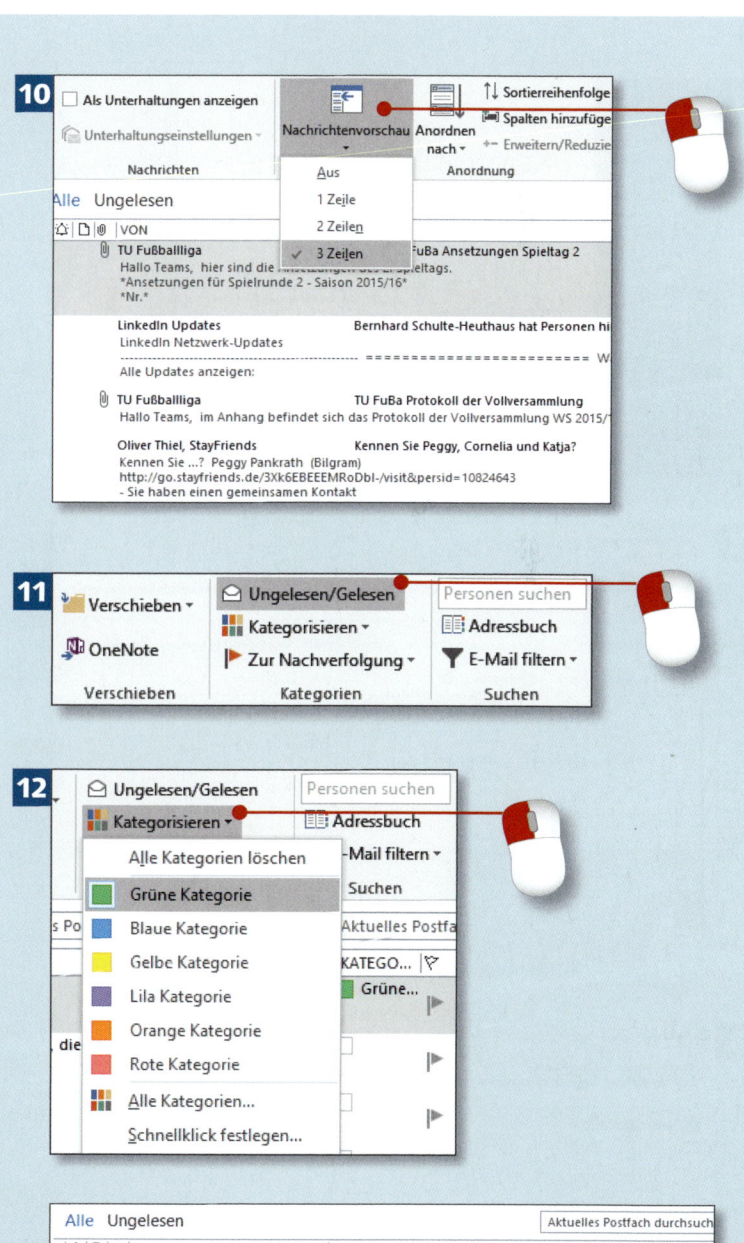

Ein E-Mail-Konto einrichten und testen

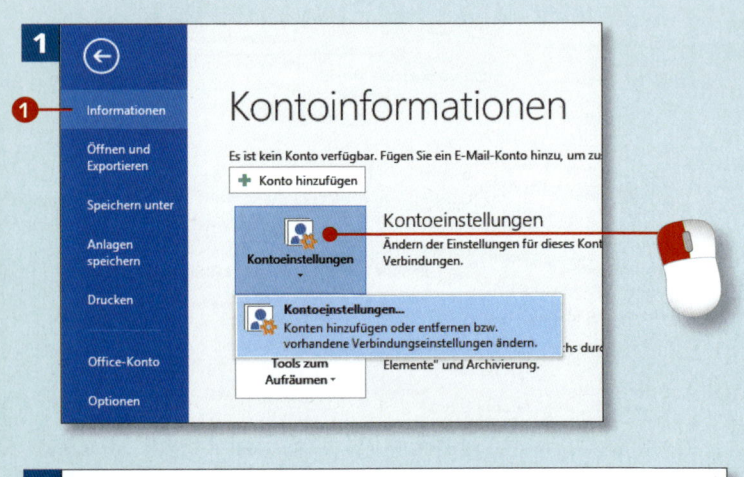

Bevor Sie mit Outlook E-Mails empfangen und versenden können, müssen Sie Ihr E-Mail-Konto konfigurieren. Das klingt komplizierter, als es ist. Wir zeigen Ihnen, wie einfach es geht.

Schritt 1

Klicken Sie auf **Datei ▸ Informationen** ❶. Wählen Sie im Menü der Schaltfläche **Kontoeinstellungen** den Eintrag **Kontoeinstellungen**.

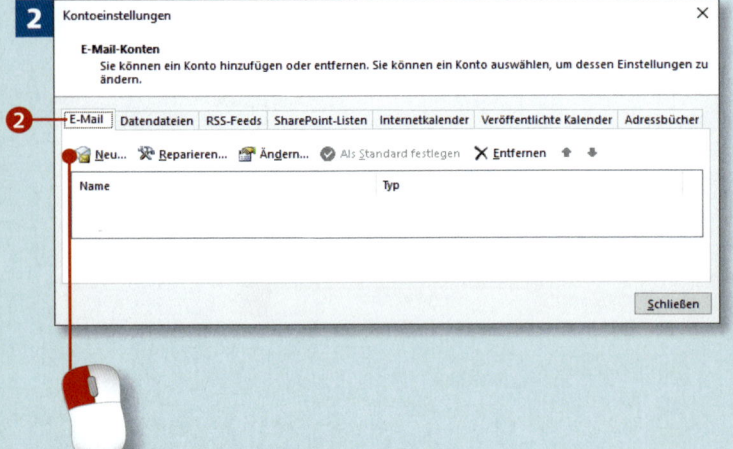

Schritt 2

Im Dialog **Kontoeinstellungen** rufen Sie die Registerkarte **E-Mail** ❷ auf. Auf dieser Registerkarte finden Sie alle konfigurierten E-Mail-Konten aufgelistet – bis jetzt also keins! Klicken Sie auf die Schaltfläche **Neu**.

Schritt 3

Im Dialog **Konto hinzufügen** wählen Sie die Option **Manuelle Konfiguration oder zusätzliche Servertypen**, weil die automatische Konfiguration erfahrungsgemäß oft nicht richtig funktioniert. Dann klicken Sie auf **Weiter** ❸.

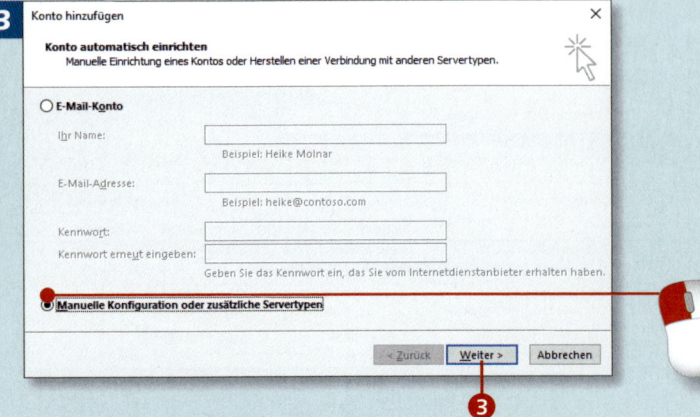

Schritt 4

Wählen Sie **POP oder IMAP**, um ein entsprechendes Konto zu konfigurieren.

Schritt 5

Im zugehörigen Dialog füllen Sie alle Felder aus. Bei **Ihr Name** ❹ geben Sie Ihren Namen ein (er wird beim Empfänger angezeigt). Im Feld **E-Mail-Adresse** ❺ tragen Sie die Adresse ein, die Sie von Ihrem Provider bekommen haben. Auch die Informationen für die Felder **Posteingangsserver** und **Postausgangsserver (SMTP)** sollte Ihr Provider Ihnen mitgeteilt haben.

Schritt 6

Es fehlen noch die Anmeldeinformationen. **Benutzername** (häufig identisch mit Ihrer E-Mail-Adresse) und **Kennwort** ❻ haben Sie von Ihrem Provider. Aktivieren Sie die Option **Kennwort speichern**, damit Sie es nicht bei jeder Verbindung mit dem Mailserver eingeben müssen.

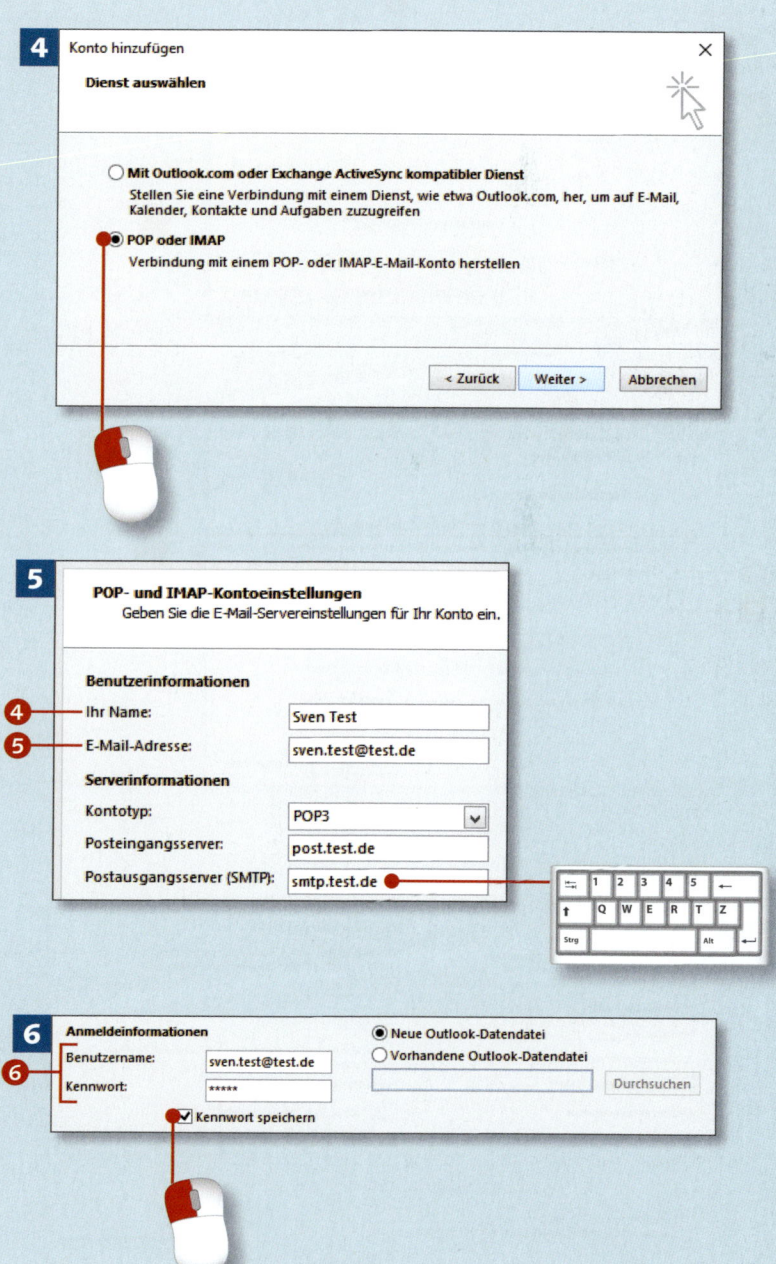

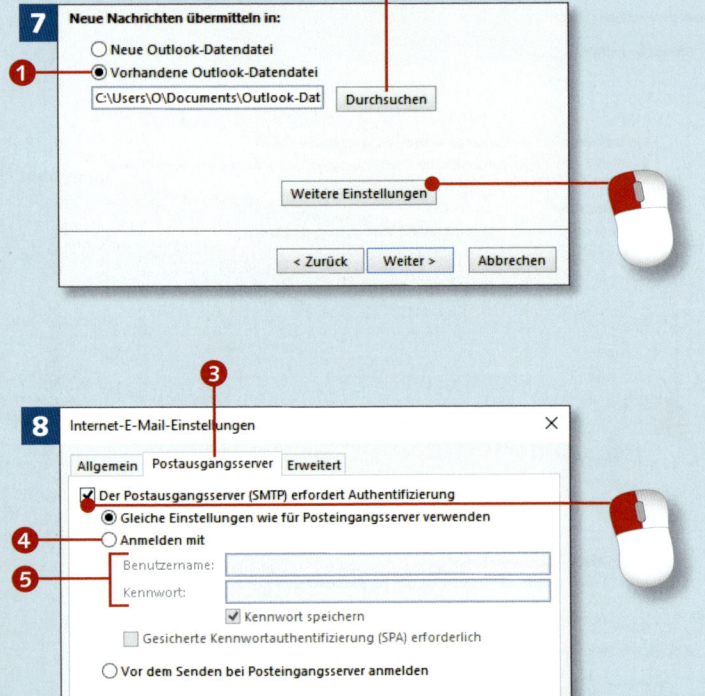

Schritt 7

Legen Sie fest, wo empfangene E-Mails gespeichert werden. Normalerweise verwenden Sie die vorhandene Datendatei. Aktivieren Sie diese Option ❶, und wählen Sie die entsprechende Datei über die Schaltfläche **Durchsuchen** ❷ aus. Die meisten Provider verlangen eine Authentifizierung für den Mailversand. Klicken Sie also auf **Weitere Einstellungen**.

Schritt 8

Wechseln Sie zur Registerkarte **Postausgangsserver** ❸. Aktivieren Sie hier die oberste Option. In den meisten Fällen verwenden die Postausgangsserver die gleichen Zugangsdaten wie der Eingangsserver, so dass Sie es bei der Standardoption belassen können ❹. Hat Ihr Provider Ihnen spezielle Daten für den Postausgangsserver gegeben, geben Sie sie im Bereich **Anmelden mit** ❺ ein.

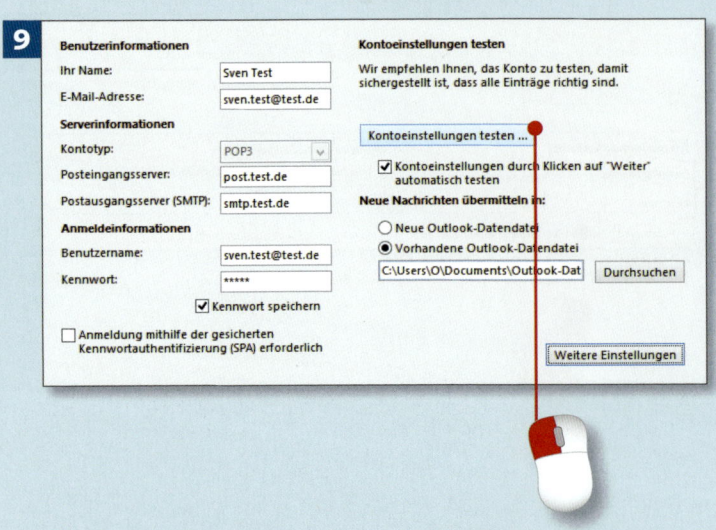

Schritt 9

Der Dialog **Internet-E-Mail-Einstellungen** ist nun fertig ausgefüllt. Testen Sie die Kontoeinstellungen durch Klick auf die entsprechende Schaltfläche.

Schritt 10

Zunächst wird versucht, eine Verbindung zu Posteingangs- und Postausgangsserver herzustellen. Sie sollten also mit dem Internet verbunden sein. Wenn alles glattgeht, erhalten Sie auf der Registerkarte **Aufgaben** die Statusanzeige **Erledigt** ❻. Etwaige Probleme werden auf der Registerkarte **Fehler** ❼ aufgelistet.

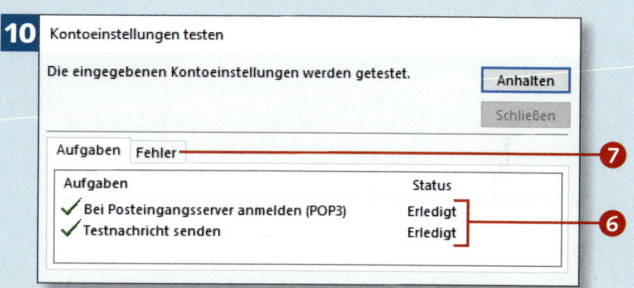

Schritt 11

Wenn die Kontoeinstellungen korrekt sind, können Sie den Testdialog schließen und die weiteren Dialoge mit **Weiter** bestätigen. Abschließend erhalten Sie eine Erfolgsmeldung. Klicken Sie hier auf **Fertig stellen**.

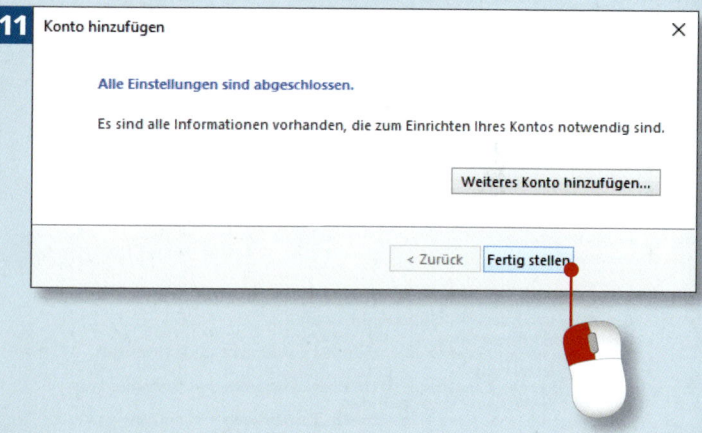

Schritt 12

Das neue Konto wird im Dialog **Kontoeinstellungen** ❽ angezeigt. Wenn Sie die Kontoeinstellungen bearbeiten möchten, markieren Sie das entsprechende Konto und klicken auf die Schaltfläche **Ändern**. Dann öffnet sich der bereits gezeigte Dialog mit Ihren Eingaben.

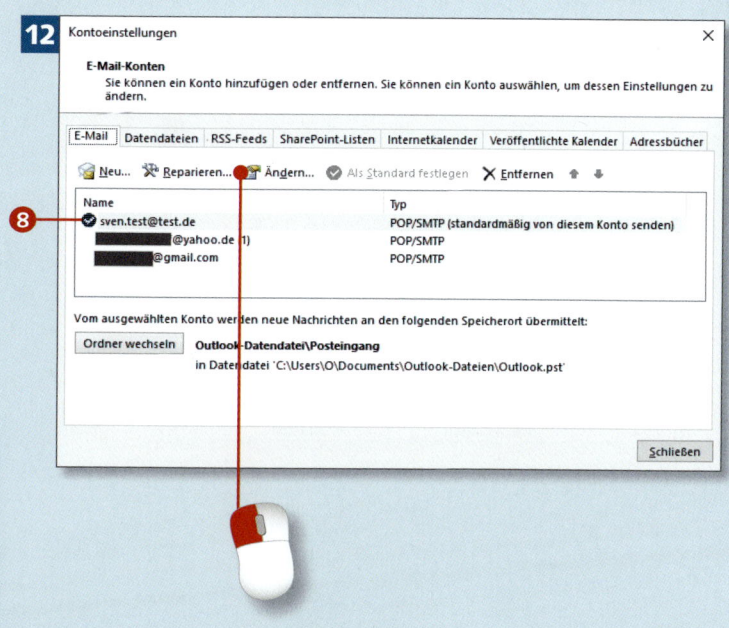

i

Die Datendatei

Weitere Informationen über die PST-Datei bietet der Abschnitt »E-Mails archivieren« auf Seite 232.

E-Mails lesen – der Posteingang

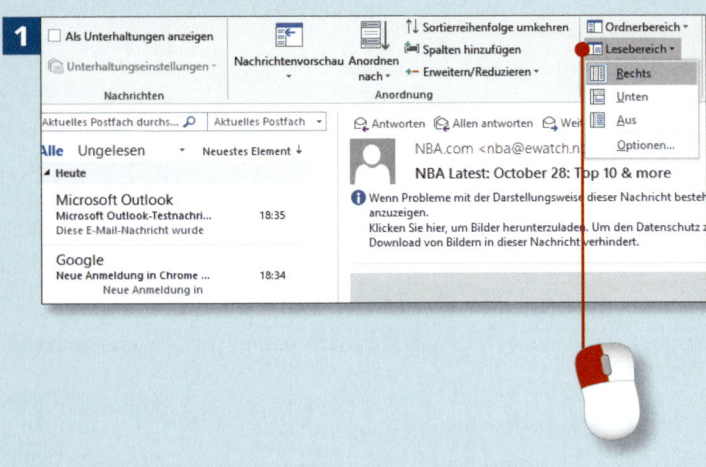

Im »Posteingang« werden alle Ihre Mails gesammelt. Zum Lesen der Mails gibt es einen praktischen Lesebereich.

Schritt 1

Um eine Mail zu lesen, müssen Sie sie nicht per Doppelklick öffnen, sondern können eine Vorschau ansehen. Wenn der Lesebereich nicht eingeschaltet ist, klicken Sie auf der Registerkarte **Ansicht** auf **Lesebereich** und entscheiden im Menü, wo der Bereich auftauchen soll (rechts oder unten).

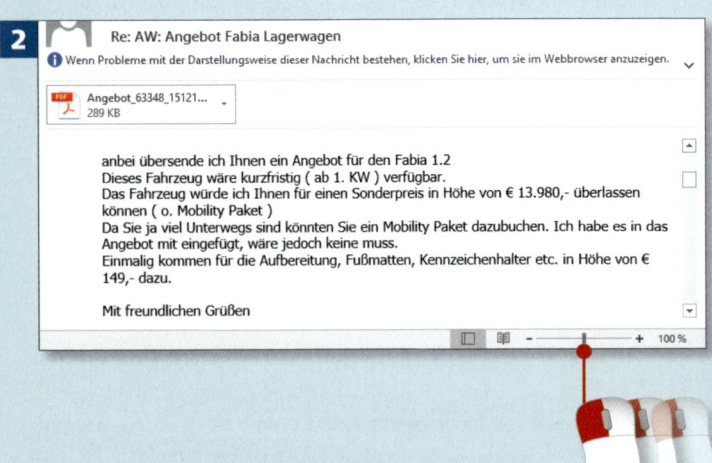

Schritt 2

Wenn die Brille nicht zur Hand ist und Sie den Text der Mail nicht recht lesen können, verändern Sie einfach den Zoom. Unterhalb des Lesebereichs gibt es einen Zoomregler, mit dem Sie die Größe der Anzeige verstellen können. Verschieben Sie ihn mit gedrückter Maustaste.

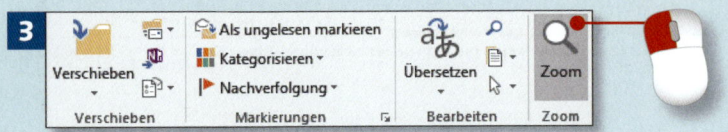

Schritt 3

In einer geöffneten Mail finden Sie auf der Registerkarte **Nachricht** ganz rechts die Schaltfläche **Zoom**. Mit einem Klick darauf öffnen Sie den Dialog, in dem Sie den Zoom einstellen können.

Schritt 4

Wenn Sie die Mails im **Posteingang** nach Datum gruppieren lassen (siehe Schritt 9 auf Seite 208), können Sie einzelne Tage für einen besseren Überblick ausblenden. Klicken Sie einfach auf den Pfeil an dem Tag, den Sie ausblenden möchten.

Schritt 5

Beim Lesen einer Mail öffnet sich manchmal ein kleiner Dialog, der Sie auffordert, eine Lesebestätigung zu schicken. Wenn Sie hier auf **Ja** klicken, erfährt der Absender, dass die Mail gelesen wurde.

Schritt 6

Wenn Sie eine Mail geöffnet haben und vorangegangene Mails vom selben Absender finden möchten, klicken Sie in einer geöffneten Mail auf **Verwandt ▸ Nachrichten vom gleichen Absender**.

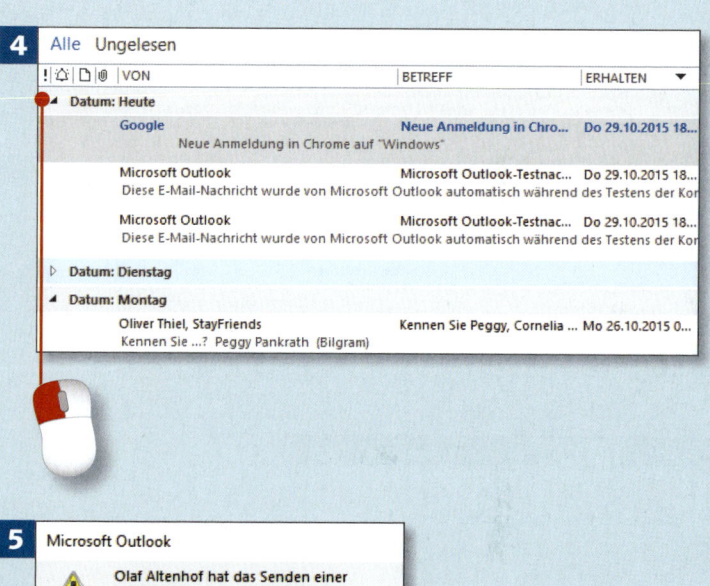

ℹ️

Lesebestätigung anfordern

Um selbst eine Lesebestätigung für gesendete Mails anzufordern, öffnen Sie unter **Datei ▸ Optionen** das Fenster **E-Mail**. Unter **Verlauf** setzen Sie ein Häkchen bei **Lesebestätigung, die das Anzeigen der Nachricht durch den Empfänger bestätigt**.

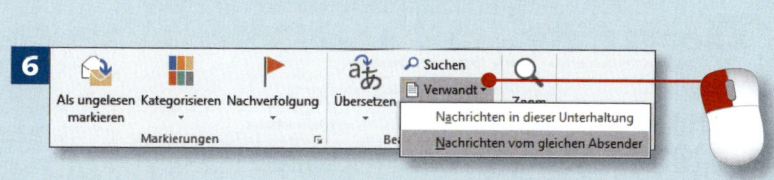

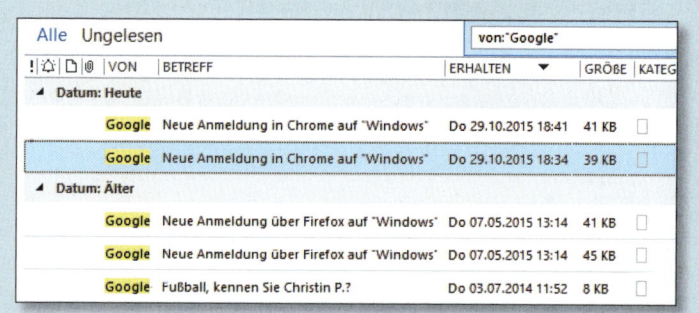

E-Mails schreiben und versenden

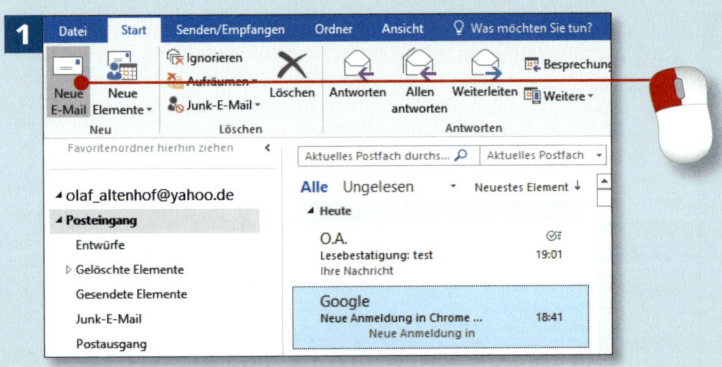

Die wichtigste Funktion eines E-Mail-Programms wie Outlook ist es, E-Mails zu schreiben und zu senden.

Schritt 1

Um eine neue E-Mail zu schreiben, klicken Sie auf der Registerkarte **Start** auf die Schaltfläche **Neue E-Mail**.

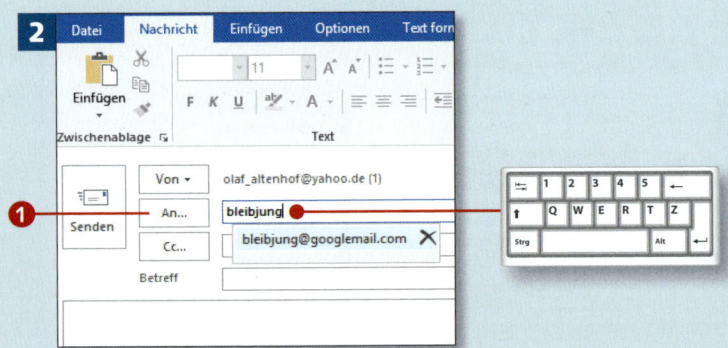

Schritt 2

Ein neues Fenster wird geöffnet. Schreiben Sie die Adresse des Empfängers in die Zeile **An**. Wenn Outlook eine E-Mail-Adresse bekannt ist (z. B. aus den Outlook-Kontakten), wird ein Vorschlag eingeblendet; drücken Sie die ⏎-Taste, um ihn zu übernehmen.

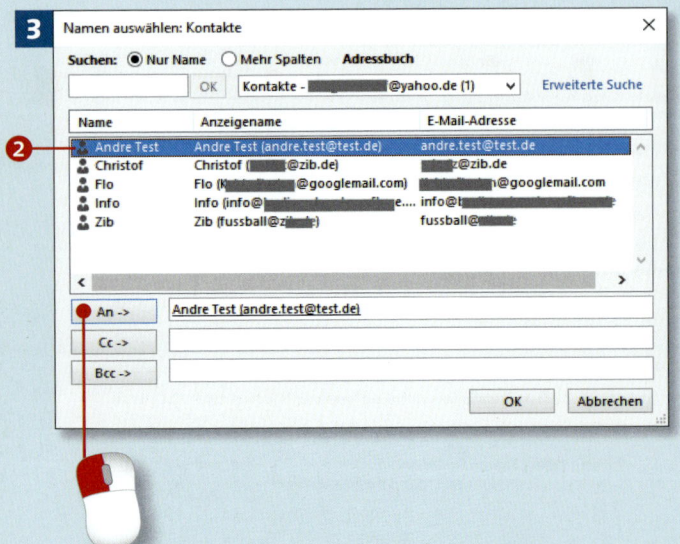

Schritt 3

Sie können auch auf **An** ❶ klicken. Daraufhin wird ein Dialog geöffnet, in dem Sie Kontakte per Klick in die Empfängerliste aufnehmen können. Markieren Sie den Kontakt ❷, und klicken Sie auf die Schaltfläche **An**, **Cc** oder **Bcc**, je nachdem, wie die Adresse verwendet werden soll.

Schritt 4

Wenn Sie Ihre E-Mail an weitere Personen verschicken möchten (ohne das Adressbuch zu bemühen), schreiben Sie die Adressen in die Zeile **Cc**, jeweils getrennt durch ein Semikolon. Die Empfänger erhalten dann eine Kopie der Mail, ihre Adressen sind für alle Empfänger sichtbar.

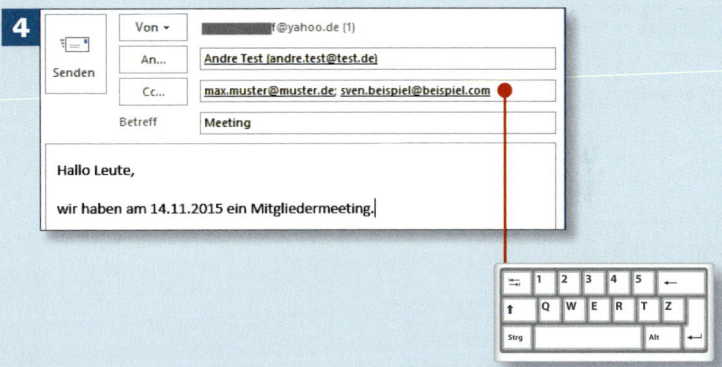

Schritt 5

Um zu verhindern, dass die Adressen der Kopie-Empfänger sichtbar sind, tragen Sie sie in das **Bcc**-Feld ein, das standardmäßig nicht eingeblendet wird. Wechseln Sie zur Registerkarte **Optionen**, und klicken Sie hier auf die Schaltfläche **Bcc**.

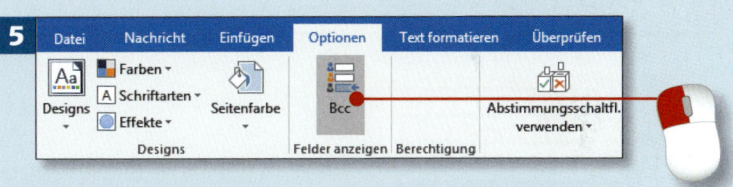

Schritt 6

Im Nachrichtenfenster gibt es nun das zusätzliche Feld **Bcc** ❸. Hier tragen Sie die Adressen der Empfänger ein, die für die anderen Empfänger nicht angezeigt werden sollen. *Bcc* steht übrigens für *Blind Carbon Copy* (Blindkopie).

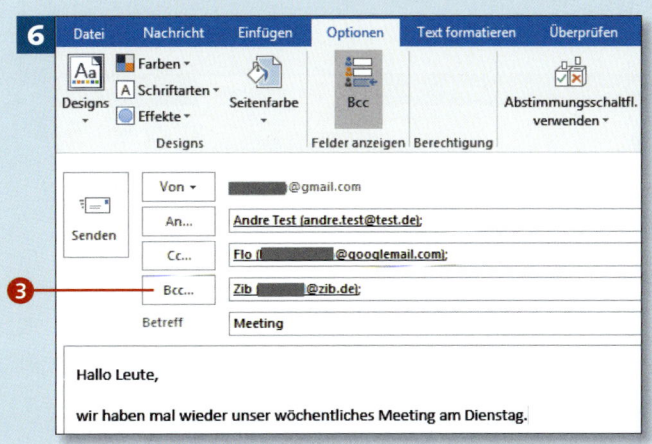

Groß- und Kleinschreibung

E-Mail-Adressen müssen zwar präzise eingegeben werden, aber die Groß- und Kleinschreibung spielt keine Rolle. *HansMeier@google.com* funktioniert genauso wie *hansmeier@google.com*.

E-Mails schreiben und versenden (Forts.)

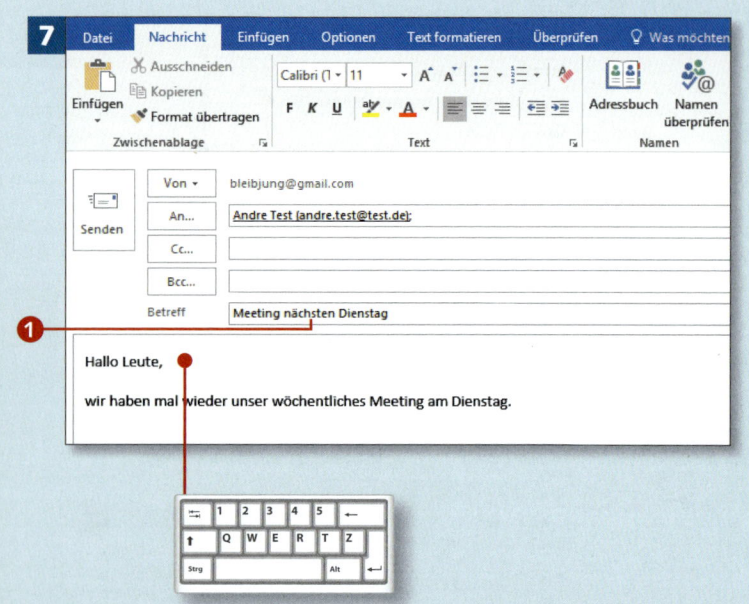

Schritt 7

Geben Sie Ihrer neuen E-Mail einen aussagekräftigen Betreff ❶. Anschließend schreiben Sie den Text der E-Mail. Bei HTML-Mails stehen Ihnen die Formatierungen zur Verfügung, die Sie aus Word kennen.

Schritt 8

Sie können E-Mails in verschiedenen Formaten verschicken. Um sie ohne weitere Formatierung zu versenden, wählen Sie das Textformat. Klicken Sie dazu auf der Registerkarte **Text formatieren** auf **Nur Text**.

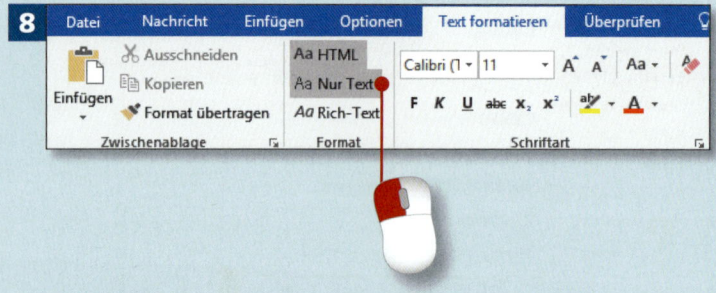

Schritt 9

Sie können auch in Outlook auf die Rechtschreibprüfung zurückgreifen. Wechseln Sie dazu zur Registerkarte **Überprüfen**, und klicken Sie auf die Schaltfläche **Rechtschreibung und Grammatik**. Es öffnet sich der Aufgabenbereich, den Sie bereits aus Word kennen (siehe Seite 64).

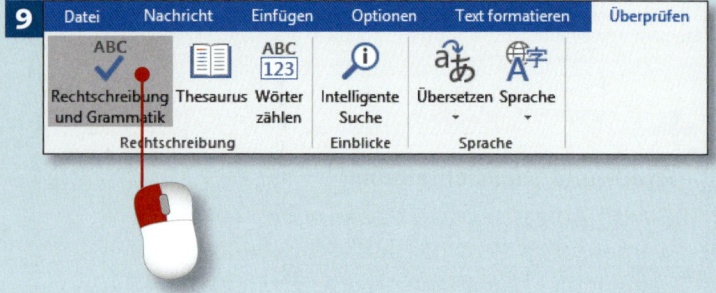

i

Adressen im Adressbuch

Die Adressen im Adressbuch stammen aus den Outlook-Kontakten. Sofern für den Kontakt eine E-Mail-Adresse angegeben wurde, wandert der Eintrag automatisch ins Adressbuch.

Schritt 10

Sie können den Empfänger auf die Dringlichkeit Ihrer Nachricht hinweisen. Klicken Sie dazu auf der Registerkarte **Nachricht** in einer neuen Mail auf **Wichtigkeit: hoch**. Eine solche Nachricht wird im **Posteingang** besonders hervorgehoben. Wie das aussieht, hängt vom E-Mail-Programm des Empfängers ab.

Schritt 11

Wenn Sie die Arbeit an einer E-Mail unterbrechen und das bisher Geschriebene speichern möchten, klicken Sie auf **Speichern** in der Symbolleiste für den Schnellzugriff (oder auf **Datei ▸ Speichern**). Anschließend schließen Sie die Nachricht. Sie finden alle gespeicherten Mails im Ordner **Entwürfe ❷**.

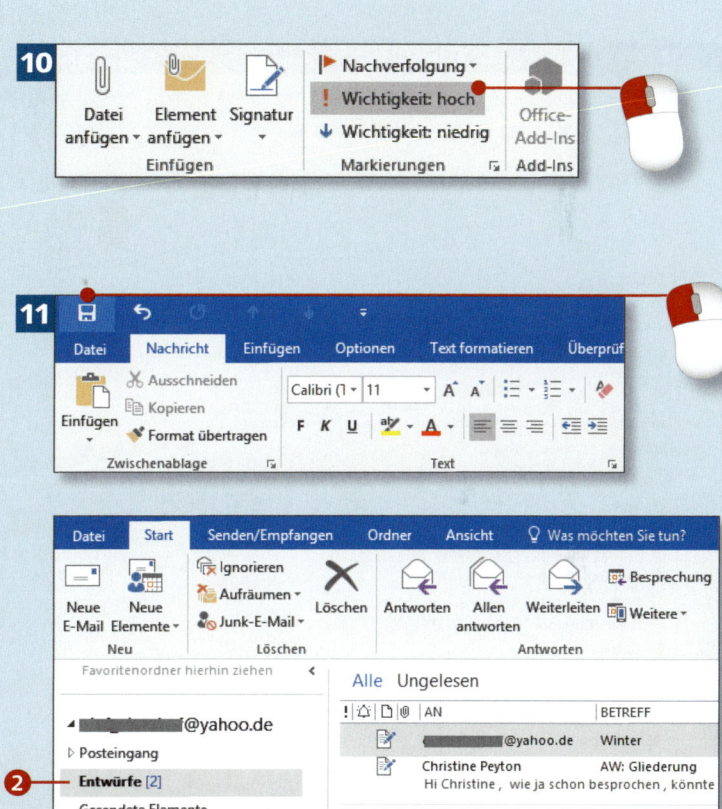

Schritt 12

Nun steht dem Versand der E-Mail nichts mehr im Wege. Klicken Sie auf **Senden ❸**. Zuvor können Sie – sofern Sie mehrere Konten haben – über die Schaltfläche **Von** auswählen, welches Konto für den Versand verwendet wird.

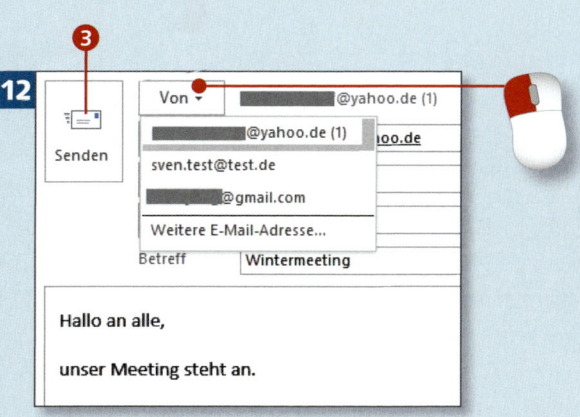

E-Mails mit Anlagen versenden

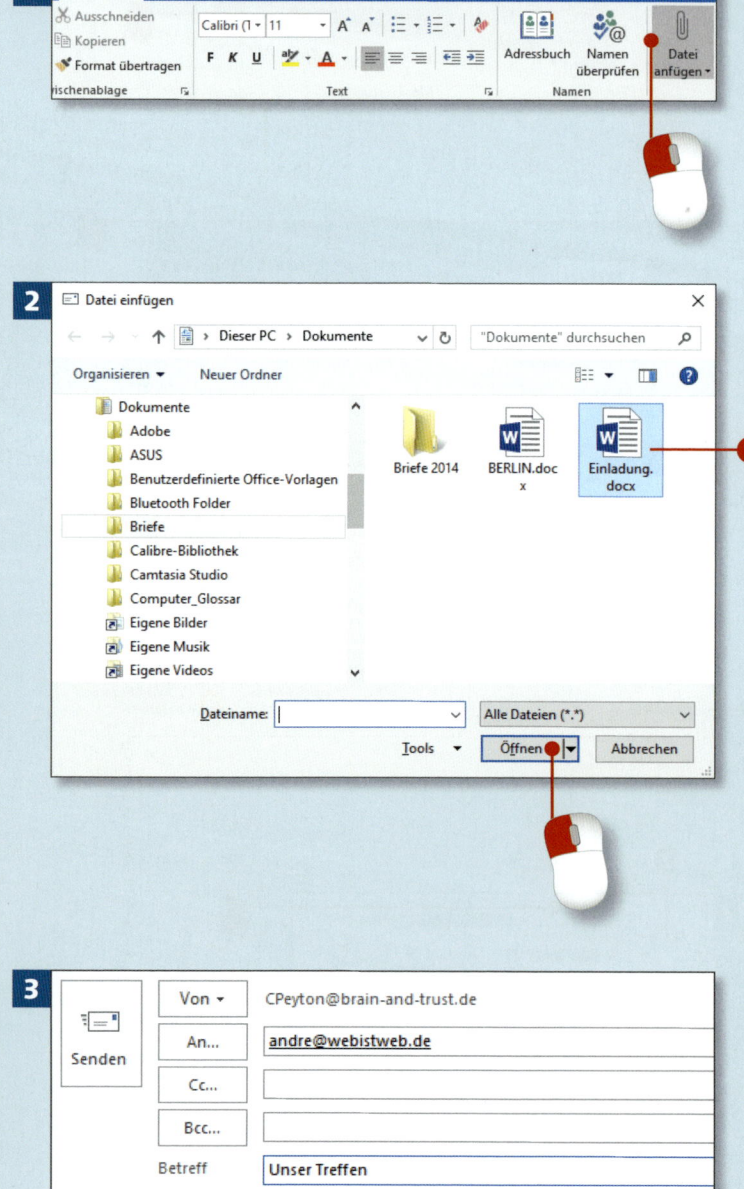

Schön an der Kommunikation mit E-Mails ist, dass Sie zusammen mit Ihren Nachrichten auch Dateien verschicken können.

Schritt 1

Wenn Sie eine E-Mail schreiben, an die Sie eine Datei anhängen möchten, klicken Sie auf der Registerkarte **Nachricht** auf **Datei anfügen**.

Schritt 2

Im Dialog **Datei einfügen** wählen Sie eine Datei aus ❶. Dann klicken Sie auf die Schaltfläche **Einfügen**. Sie können auch mehrere Dateien in diesem Dialog markieren und in einem Rutsch an die E-Mail anheften.

Schritt 3

Wenn Sie Dateien an Ihre E-Mail angeheftet haben, finden Sie unterhalb der Zeile **Betreff** die Zeile **Angefügt** ❷. Hier werden die Dateien (gegebenenfalls per Semikolon getrennt) aufgelistet. Hinter dem Dateinamen steht die Größenangabe.

Schritt 4

Wenn Sie versehentlich eine Datei zu viel angeheftet haben, können Sie sie schnell wieder entfernen. Klicken Sie sie mit rechts an, und wählen Sie **Anlage entfernen** im Kontextmenü.

Schritt 5

Sie können nicht nur Dateien anfügen, sondern auch Outlook-Elemente wie Kontakte. Bedenken Sie aber, dass auch der Empfänger Outlook verwenden muss, um damit umgehen zu können. Klicken Sie auf **Element anfügen ▸ Outlook-Element**.

Schritt 6

Dann wählen Sie das gewünschte Element aus. Klicken Sie zum Beispiel auf **Kontakte** ❸. Anschließend sehen Sie eine Liste all Ihrer Kontakte. Markieren Sie den gewünschten Kontakt, und klicken Sie auf **OK** ❹.

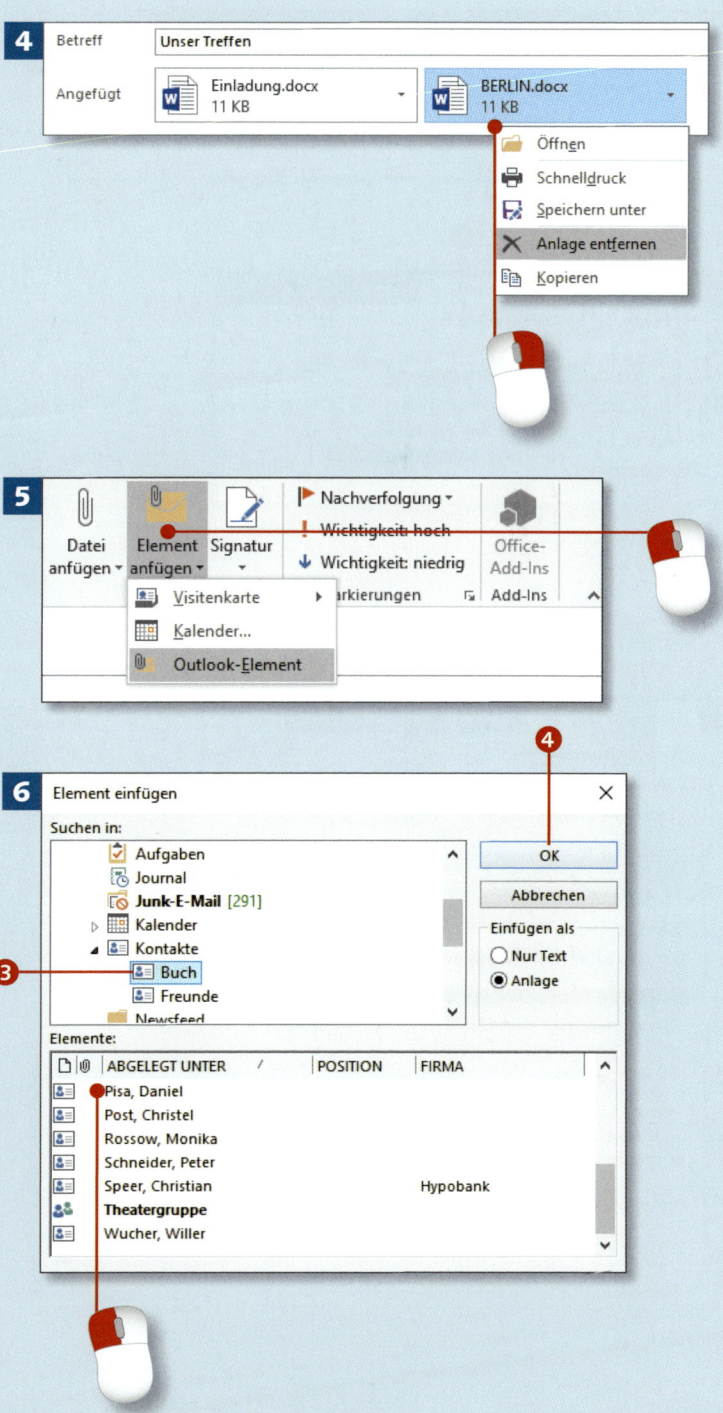

Dateigröße

Achten Sie darauf, nicht zu große Dateien anzuhängen (siehe Schritt 3), damit Sie die E-Mail problemlos verschicken können. Ein guter Richtwert sind 2 bis 3 MB.

Neue E-Mails abrufen

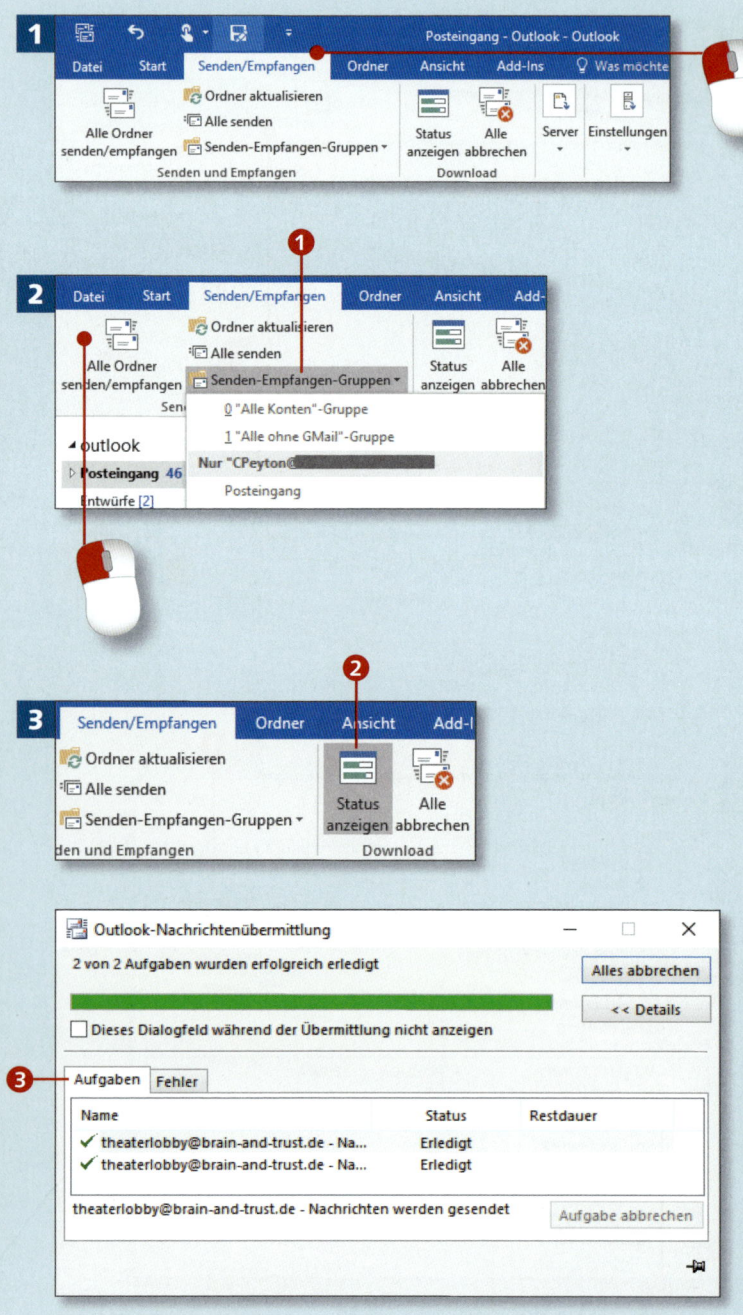

Sicher wollen Sie nicht nur E-Mails schreiben, sondern Ihre Post auch lesen.

Schritt 1

Bevor Sie Ihre Nachrichten ansehen können, müssen Sie sie vom Mailserver Ihres Providers abholen. Aktivieren Sie dazu im **Posteingang** den Reiter **Senden/Empfangen**.

Schritt 2

Dort klicken Sie auf **Alle Ordner senden/empfangen**. Ihre Mailkonten werden abgerufen und die neuen Nachrichten auf Ihren Rechner gespeichert. Möchten Sie nur einzelne Konten abrufen, wählen Sie sie über das Menü der Schaltfläche **Senden-Empfangen-Gruppen** ❶ aus.

Schritt 3

Um Übermittlungsfehler aufzuspüren oder den Fortschritt des Downloads zu verfolgen, klicken Sie auf **Status anzeigen** ❷. Im Dialog **Outlook-Nachrichtenübermittlung** sehen Sie auf der Registerkarte **Aufgaben** ❸, welche Konten erfolgreich abgefragt wurden.

Schritt 4

Empfangene Mails landen im **Post-eingang** ❹. E-Mails mit Dateian-hang werden mit einer Büroklammer gekennzeichnet. Um eine Mail in einem neuen Fenster zu öffnen, klicken Sie doppelt darauf.

Schritt 5

Einen Dateianhang können Sie auf Ihrem Rechner speichern. Klicken Sie die Nachricht an, so dass sie im Lesebereich angezeigt wird. Klicken Sie mit rechts auf den Anhang, und wählen Sie **Speichern unter**.

Schritt 6

Im Dialog **Anlage speichern** be-stimmen Sie den Speicherort ❺ und legen eventuell einen neuen Datei-namen fest ❻. Anschließend klicken Sie auf die Schaltfläche **Speichern**.

i

E-Mails abholen

Die »klassische« Post bleibt so lan-ge in Ihrem Briefkasten, bis Sie sie hereinholen. Ganz ähnlich bleiben alle E-Mails in Ihrem Postfach bei Ihrem Provider, bis Sie Outlook anweisen, die E-Mails abzuholen (siehe Schritt 2).

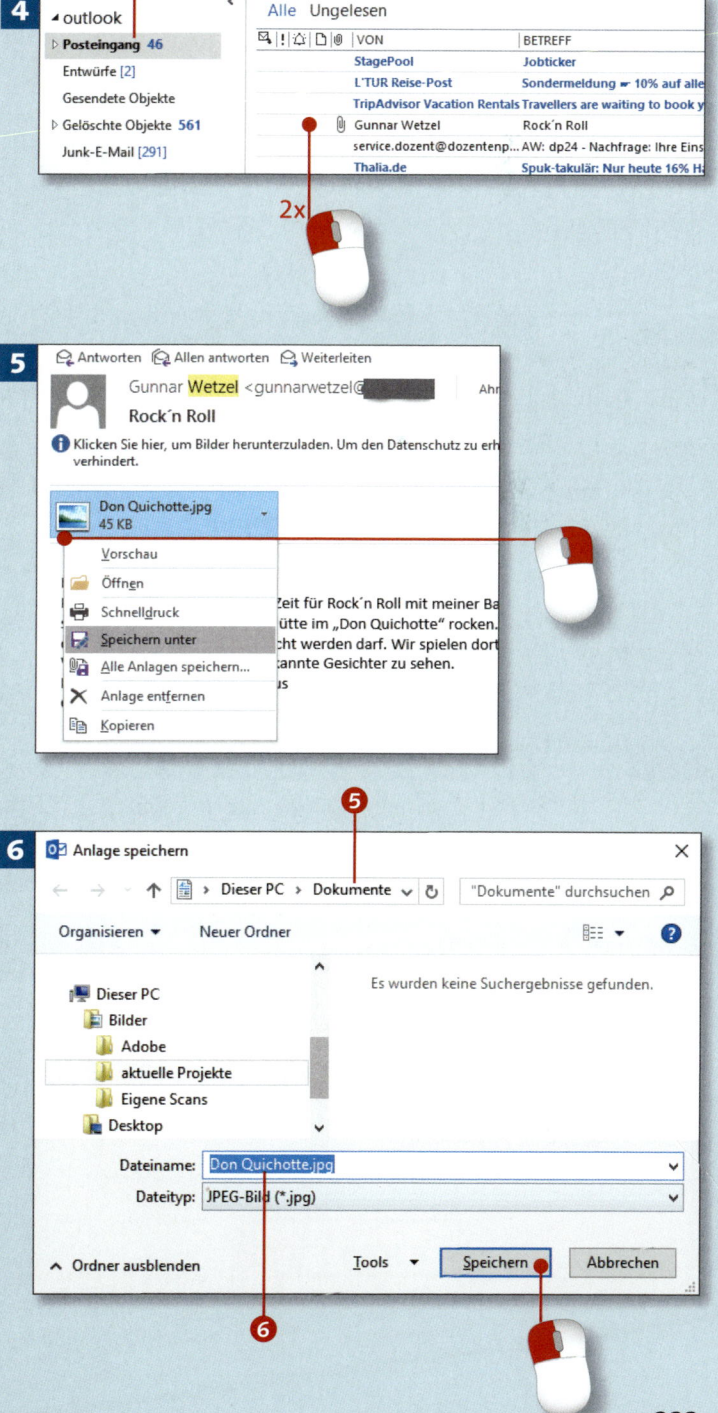

E-Mails beantworten

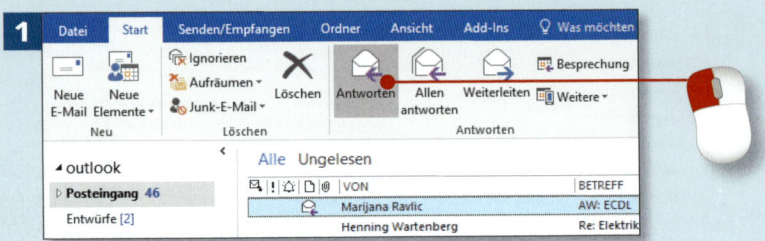

Damit Sie auf E-Mails reagieren können, gibt es die Funktion »Antworten«.

Schritt 1

Wenn Sie eine E-Mail sofort beantworten möchten, markieren Sie sie im **Posteingang**. Dann aktivieren Sie die Registerkarte **Start** und klicken auf **Antworten**.

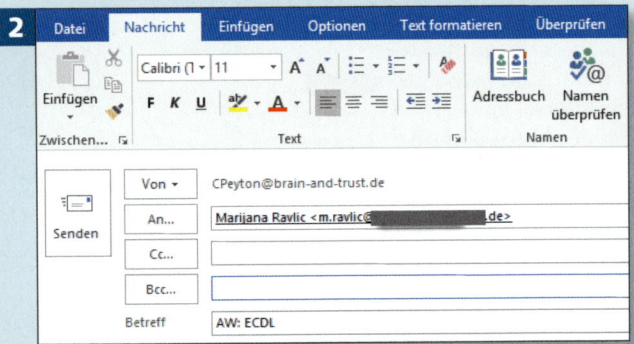

Schritt 2

Ein neues Fenster wird geöffnet, das genauso aussieht wie das für das Verfassen neuer Mails, nur dass hier bereits der Adressat eingetragen und der Text der alten Nachricht zu lesen ist. Ob und wie der Text der empfangenen Nachricht angefügt wird, können Sie festlegen. Dies zeigen wir ab Schritt 5.

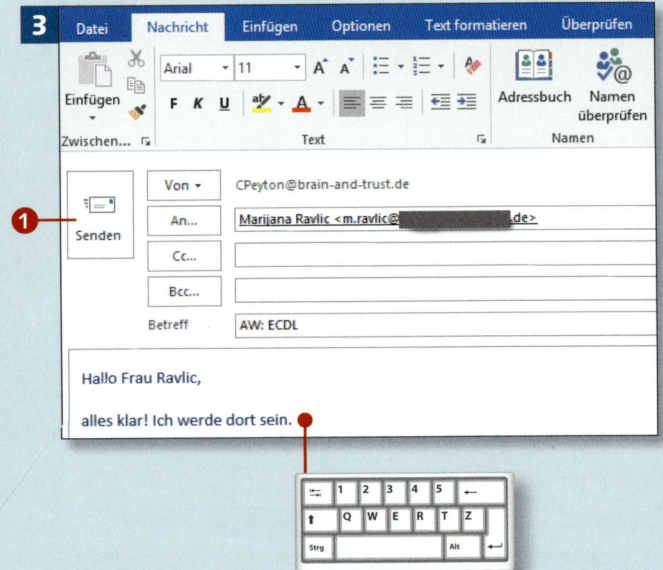

Schritt 3

Schreiben Sie wie gewohnt den Text Ihrer Nachricht. Anschließend können Sie sie entweder gleich versenden ❶ oder sie zunächst speichern und später versenden.

Mail vor dem Antworten öffnen
Sie können eine Mail auch öffnen und dann im Nachrichtenfenster auf **Antworten** klicken.

Schritt 4

Wenn Sie eine E-Mail erhalten haben, sondern an eine andere Person weiterleiten wollen, markieren Sie sie im **Posteingang** und klicken auf **Weiterleiten**. Auch hier öffnet sich ein neues Fenster, in dem der Text der alten Nachricht angezeigt wird. Im Betreff steht nicht **AW:** (wie beim Antworten), sondern **WG:**.

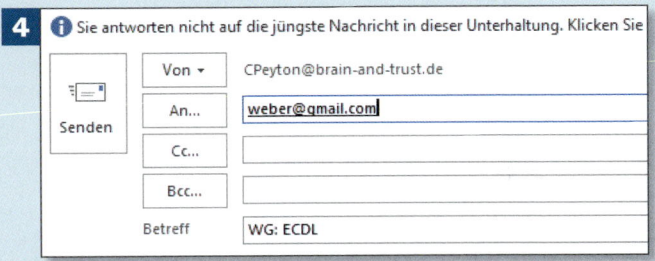

Schritt 5

Wenn Sie bestimmte Einstellungen im Zusammenhang mit dem Antworten oder Weiterleiten von E-Mails ändern möchten, rufen Sie die Outlook-Optionen auf. Klicken Sie dazu auf **Datei ▸ Optionen**.

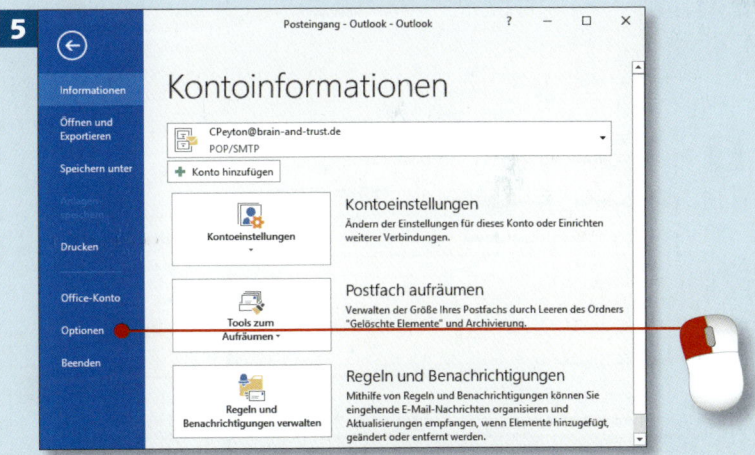

Schritt 6

Im Dialog **Outlook-Optionen** klicken Sie auf **E-Mail** ❷ und navigieren zum Bereich **Antworten und Weiterleitungen**. In den Feldern **Beim Antworten auf Nachrichten** ❸ und **Beim Weiterleiten von Nachrichten** wählen Sie, wie mit der Ursprungsnachricht verfahren wird. Sie können z. B. festlegen, dass sie als Anlage angehängt oder vollkommen ignoriert wird.

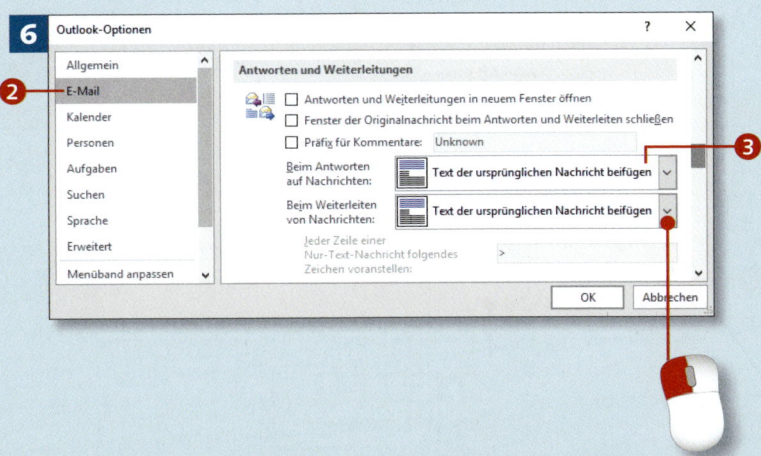

Signaturen einrichten und Designs verwenden

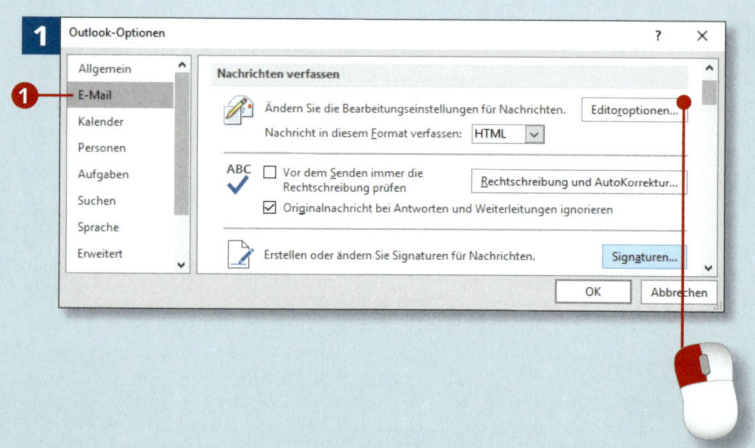

Wenn Sie viele E-Mails schreiben, ist es lästig, unter jeder E-Mail erneut die eigenen Kontaktdaten einzutragen. Für solche Informationen können Sie sich in Outlook eine Signatur einrichten, die Sie per Mausklick unter die E-Mail setzen.

Schritt 1

Um eine neue Signatur anzulegen, rufen Sie über **Datei ▸ Optionen** den Dialog **Outlook-Optionen** auf. Klicken Sie hier auf **E-Mail** ❶ und anschließend auf **Signaturen**.

Schritt 2

Im Dialog **Signaturen und Briefpapier** klicken Sie auf der Registerkarte **E-Mail-Signatur** auf die Schaltfläche **Neu**. Im folgenden Dialog geben Sie Ihrer neuen Signatur einen Namen.

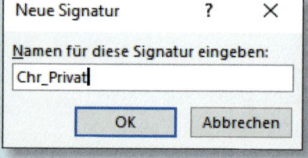

Schritt 3

Daraufhin erscheint dieser Name ❷ in der Liste **Signatur zum Bearbeiten auswählen**. Markieren Sie hier die neue Signatur, und geben Sie den Text für die Signatur im Feld **Signatur bearbeiten** ein. Auch in diesem Feld können Sie die üblichen Formatierungseinstellungen vornehmen.

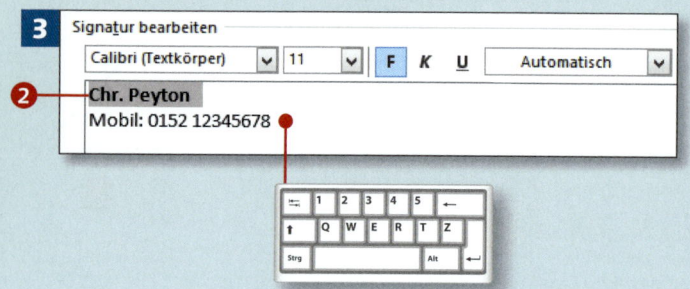

Schritt 4

Stellen Sie für diese Signatur noch ein, wann sie verwendet werden soll. Dies legen Sie rechts in den Feldern **Neue Nachrichten** ❸ und **Antworten/Weiterleitungen** fest. Klicken Sie nach allen Einstellungen zweimal auf **OK**.

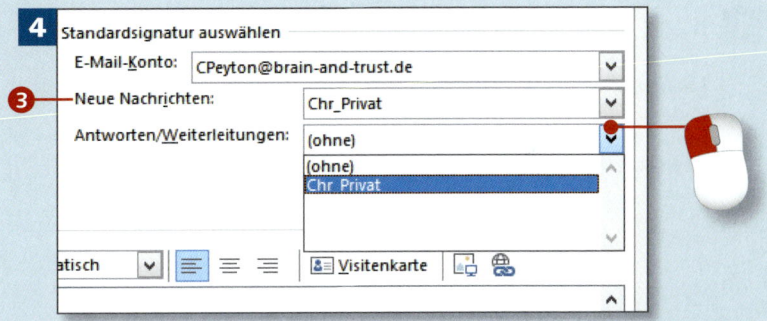

Schritt 5

Wenn Sie nun eine neue E-Mail schreiben, wird die Signatur im Nachrichtenfenster automatisch auftauchen.

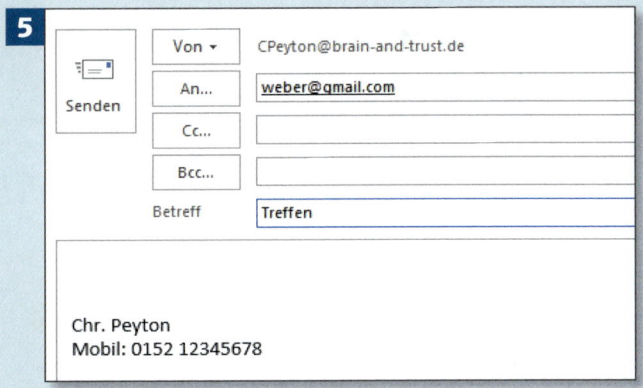

Schritt 6

Wenn Sie mehrere Signaturen eingerichtet haben, können Sie beim Erstellen einer E-Mail jedes Mal entscheiden, welche verwendet wird. Klicken Sie dazu im Nachrichtenfenster auf **Signatur**, und wählen Sie die gewünschte Signatur aus. Eine in der E-Mail vorhandene Signatur wird durch die neue ersetzt.

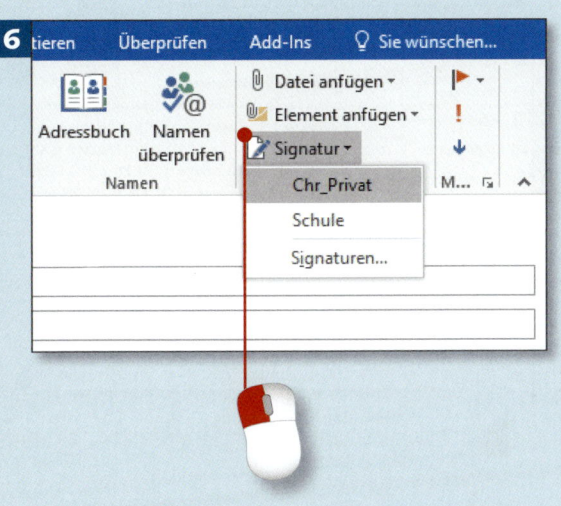

i

Signatur auswählen

Sie können es in den Feldern **Neue Nachrichten** und **Antworten/Weiterleitungen** auch bei der Einstellung **(ohne)** belassen (Schritt 4) und dann die Signatur für einzelne Nachrichten manuell auswählen (Schritt 6).

Schutz vor Phishing und Spam

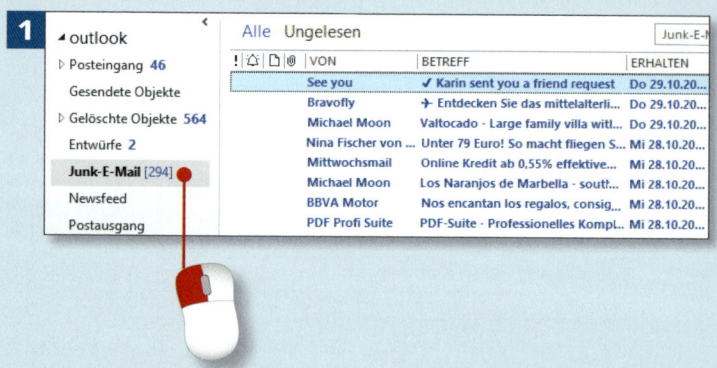

Wir wollen Ihnen nun einige Tipps geben, mit denen Sie Risiken des Internets wie lästigen Spam-Mails etc. begegnen können.

Schritt 1

Damit Ihr Posteingang nicht mit Spam-Mails und *Phishing* (Mails, die z. B. nach Passwörtern oder Bankdaten fragen) zugemüllt wird, stellt Outlook einen gesonderten Ordner dafür bereit und legt viele Mails mit Hilfe spezieller Filter automatisch dort ab. Klicken Sie auf **Junk-E-Mail**, um sich den Ordnerinhalt anzusehen.

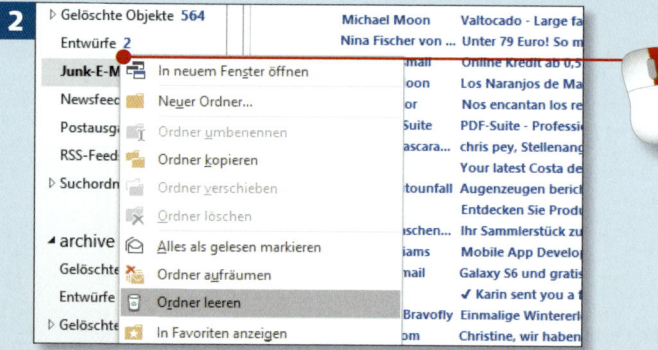

Schritt 2

Wenn Sie sicher sind, dass sich im Junk-E-Mail-Ordner tatsächlich nur Spam-Mails befinden, können Sie alle auf einen Schlag loswerden: Klicken Sie den Ordner mit der rechten Maustaste an, und wählen Sie **Ordner leeren**.

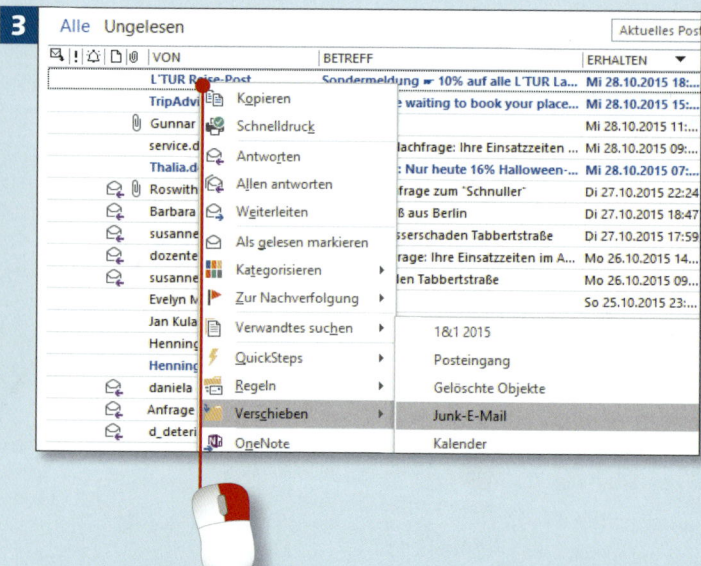

Schritt 3

Wenn Sie aus einem anderen Ordner eine einzelne E-Mail in den Junk-Ordner verbannen möchten, markieren Sie sie und klicken sie mit rechts an. Im Kontextmenü wählen Sie **Verschieben ▸ Junk-E-Mail**.

Schritt 4

Sie können dafür sorgen, dass Mails von einem bestimmten Absender automatisch in den Junk-Ordner verschoben werden. Klicken Sie eine solche Mail mit rechts an, und wählen Sie **Regeln ▸ Nachrichten von [Absender] immer verschieben**.

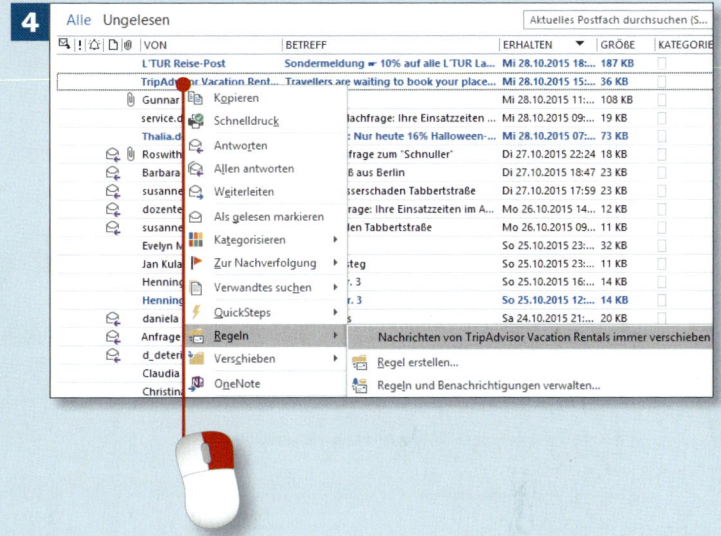

Schritt 5

Im zugehörigen Dialog **Regeln und Benachrichtigungen** markieren Sie den Ordner, in den die Mails in Zukunft automatisch verschoben werden sollen, also **Junk-E-Mail**. Bestätigen Sie Ihre Einstellung mit **OK**.

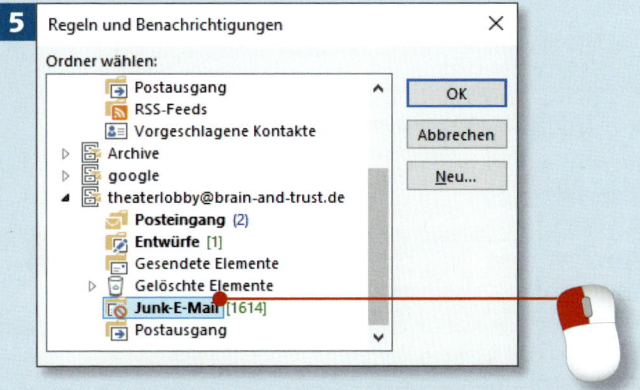

Schritt 6

Wie streng Outlook beim Aussortieren verfährt, können Sie überprüfen und notfalls ändern. Klicken Sie auf der Registerkarte **Start** auf **Junk-E-Mail ▸ Junk-E-Mail-Optionen**.

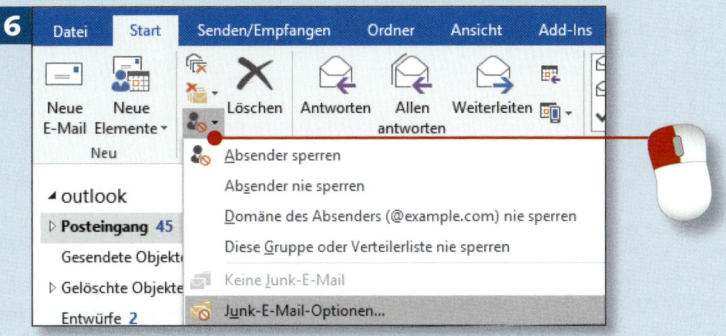

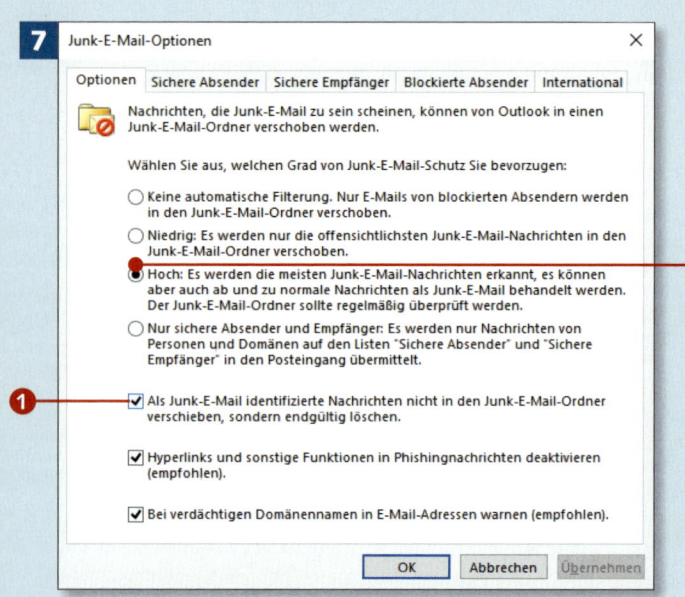

Schritt 7

Im Dialog **Junk-E-Mail-Optionen** stellen Sie auf der Registerkarte **Optionen** die Stärke des Junk-E-Mail-Filters ein. Wenn Sie Junk-Mails nicht erst verschieben, sondern endgültig löschen möchten, aktivieren Sie die entsprechende Option **1**.

Schritt 8

Wenn eine Mail versehentlich im Ordner **Junk-E-Mail** gelandet ist und Sie sie in den normalen **Posteingang** verschieben möchten, klicken Sie sie mit rechts an und wählen **Junk-E-Mail ▸ Keine Junk-E-Mail**.

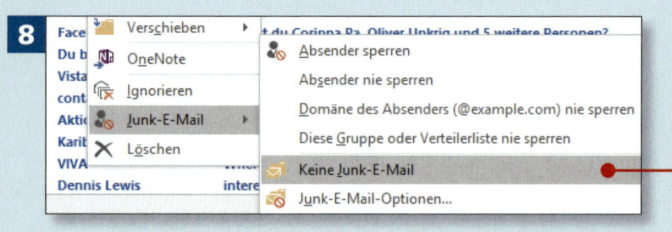

Schritt 9

Im folgenden Dialog können Sie entscheiden, ob zukünftig keine Nachricht dieses Absenders mehr als Spam eingestuft werden soll oder nur diese eine.

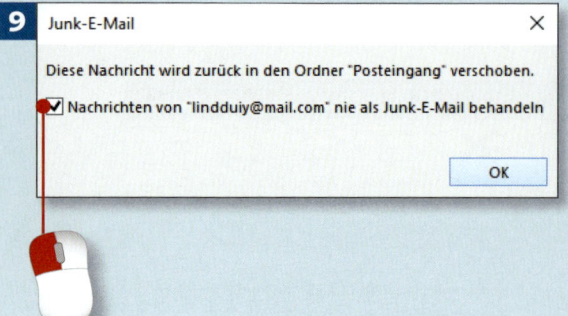

i

Der Ordner »Junk-E-Mail«
Wenn Sie einmal eine Mail in den Junk-Ordner verschoben haben, taucht der Ordner **Junk-E-Mail** direkt im Menü der Schaltfläche **Verschieben** auf der Registerkarte **Start** auf.

Schritt 10

Wenn Sie eine Mail im Ordner **Junk-E-Mail** entdecken, weitere Mails von dieser Domäne zukünftig aber im **Posteingang** landen sollen, markieren Sie die Mail und klicken auf der Registerkarte **Start** auf **Junk-E-Mail ▸ Domäne des Absenders nie sperren**.

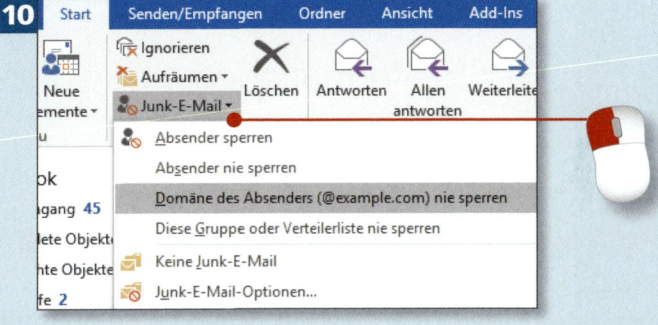

Schritt 11

Ein Dialog öffnet sich, der Ihnen mitteilt, dass der Absender zur Liste der sicheren Absender hinzugefügt wurde. Bestätigen Sie ihn mit **OK**.

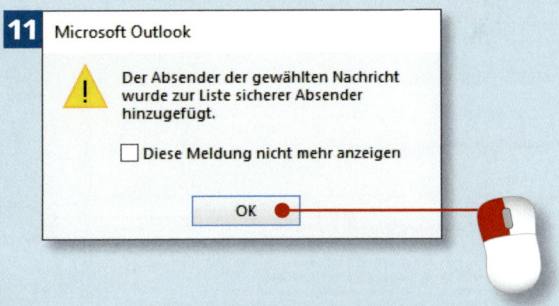

Schritt 12

Um (nach einer Weile) zu kontrollieren, welche E-Mail-Adressen zur Liste der sicheren Absender gehören, öffnen Sie über **Start ▸ Junk-E-Mail ▸ Junk-E-Mail-Optionen** den gleichnamigen Dialog. Wechseln Sie zur Registerkarte **Sichere Absender**. Hier finden Sie eine Liste aller als sicher eingestuften E-Mail-Adressen.

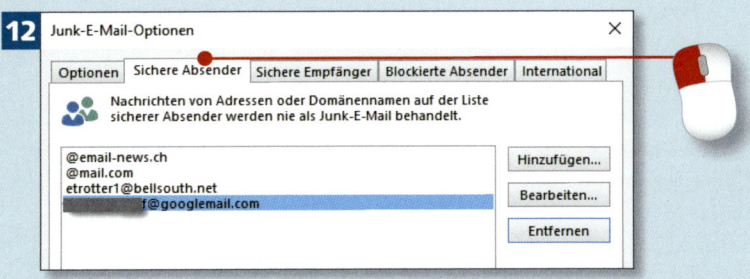

E-Mails archivieren

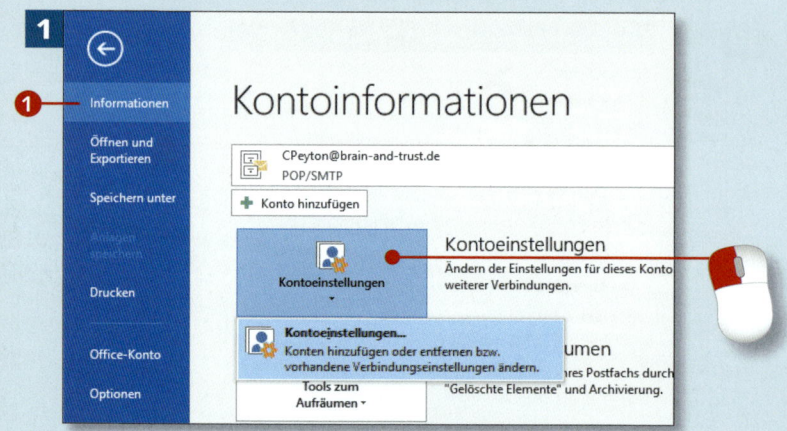

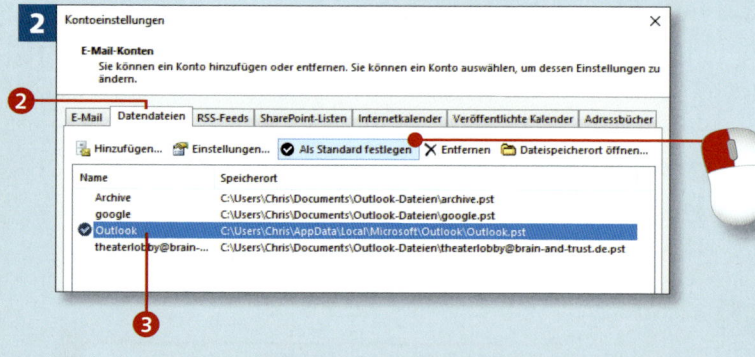

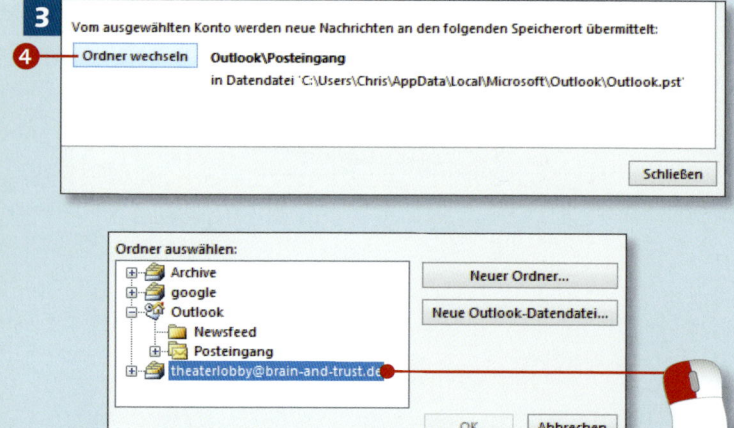

Zur Sicherheit können Ihre Mails archiviert werden – automatisch oder manuell.

Schritt 1

Alle E-Mails eines Kontos werden in einer einzigen Datendatei im PST-Format gesammelt. Wo sie abgelegt wird, sehen Sie unter **Datei ▸ Informationen ❶ ▸ Kontoeinstellungen ▸ Kontoeinstellungen**.

Schritt 2

Im Dialog **Kontoeinstellungen** wechseln Sie zur Registerkarte **Datendateien ❷**. Hier sehen Sie den Speicherort Ihrer PST-Datei(en). Um die Standard-PST-Datei zu ändern (sie wird in Outlook oberhalb des **Posteingangs** angezeigt), markieren Sie eine andere ❸ und klicken auf **Als Standard festlegen**.

Schritt 3

Sie können hier auch festlegen, dass E-Mails an ein anderes Konto weitergeleitet werden. Dazu klicken Sie auf der Registerkarte **E-Mail** auf **Ordner wechseln ❹**. Im zugehörigen Dialog markieren Sie den Ordner **Posteingang** des gewünschten Kontos und klicken auf **OK**.

Schritt 4

Sie können die PST-Datei regelmäßig archivieren – z. B. für den Fall, dass Outlook einmal nicht mehr funktioniert –, damit Sie die gesicherten Mails wieder einspielen können. Markieren Sie links den Ordner **Posteingang**, und klicken Sie auf der Registerkarte **Ordner** auf **Einstellungen für AutoArchivierung**.

Schritt 5

Im zugehörigen Dialog klicken Sie auf **Standardarchivierungseinstellungen 5**. Im Dialog **AutoArchivierung** setzen Sie ein Häkchen vor **AutoArchivierung alle** und legen im Feld daneben ein Intervall fest. Klicken Sie auf **OK**.

Schritt 6

Um die Archivierung manuell anzustoßen, klicken Sie auf **Datei ▸ Informationen ▸ Tools zum Aufräumen ▸ Archivieren**. Im Dialog aktivieren Sie die Option **Diesen Ordner und alle Unterordner archivieren 6**. Markieren Sie die Outlook-Konto-Datei **7**, damit alle Mail-Ordner archiviert werden, und legen Sie ein Datum für die Archivierung fest **8**. Aktivieren Sie auch die Option **Auch Elemente, für die »Keine AutoArchivierung« aktiviert ist 9**.

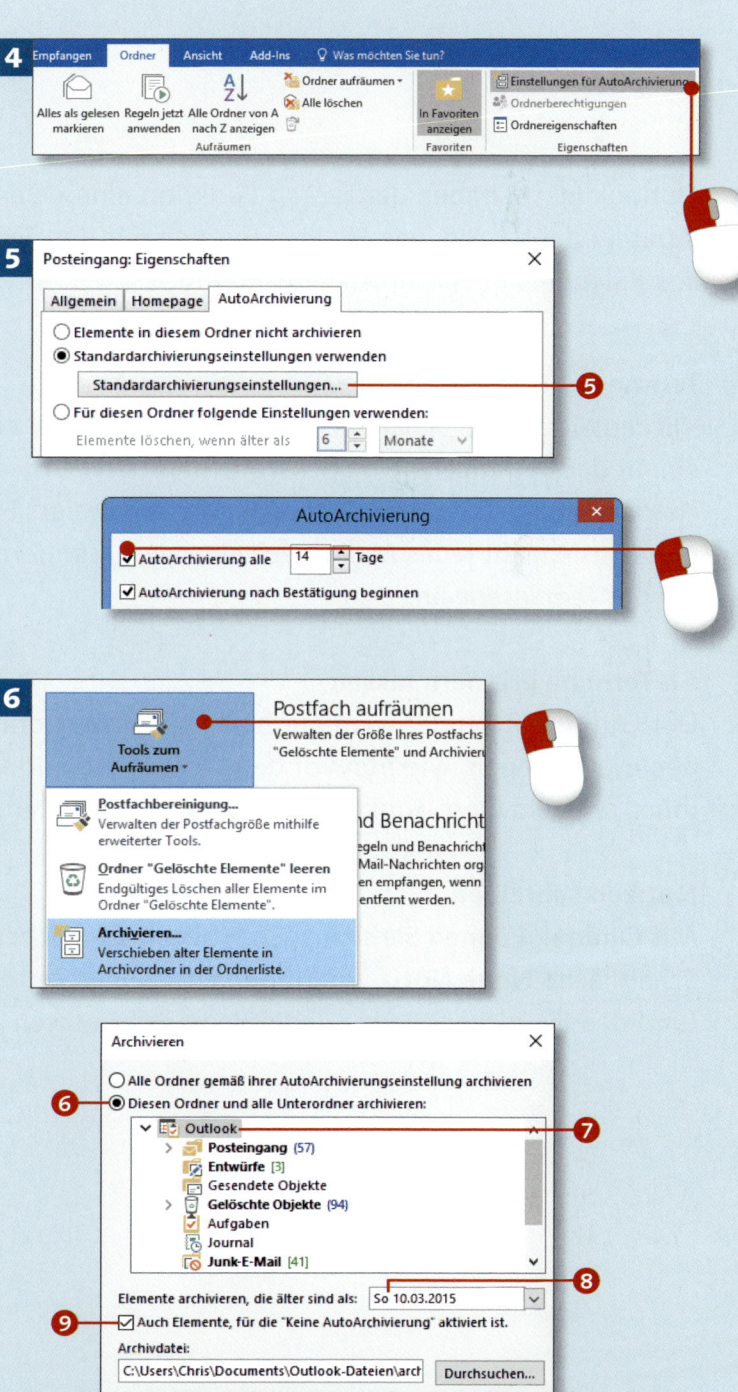

Kapitel 9
Mit Outlook Termine planen

Outlook bietet neben der E-Mail-Funktion einen elektronischen Kalender an. In diesem Kapitel erfahren Sie, wie Sie Ihre Termine mit den Tages-, Wochen- oder Monatsansichten des Kalenders übersichtlich verwalten.

Termine eintragen

Klicken Sie auf die Schaltfläche **Neuer Termin**, und geben Sie die Details Ihres Termins ❶ ein: in der Betreffzeile ein Stichwort, dann den Ort, den Zeitpunkt etc. Nach dem Speichern wird der Termin im Tageskalender angezeigt. Es gibt viele regelmäßige Termine. Sie müssen sie nicht jedes Mal erneut eintragen, sondern legen sie ein einziges Mal als sogenannte *Terminserie* an.

An Termine erinnern lassen

Der Outlook-Kalender wäre nur halb so viel wert ohne die Erinnerungsfunktion: Sie können u.a. angeben, wie früh vor dem Termin Sie erinnert werden wollen ❷. Wir zeigen Ihnen, wie Sie diese Funktion bestmöglich einstellen.

Notizen schreiben

Mit Outlook können Sie sich auch Notizen ❸ machen. Mit einem Klick auf die Schaltfläche **Neue Notiz** wird Ihnen ein kleiner Zettel angezeigt, den Sie füllen können (und den Sie nicht so leicht verlieren wie die echten Zettel, die Ihren Schreibtisch zieren).

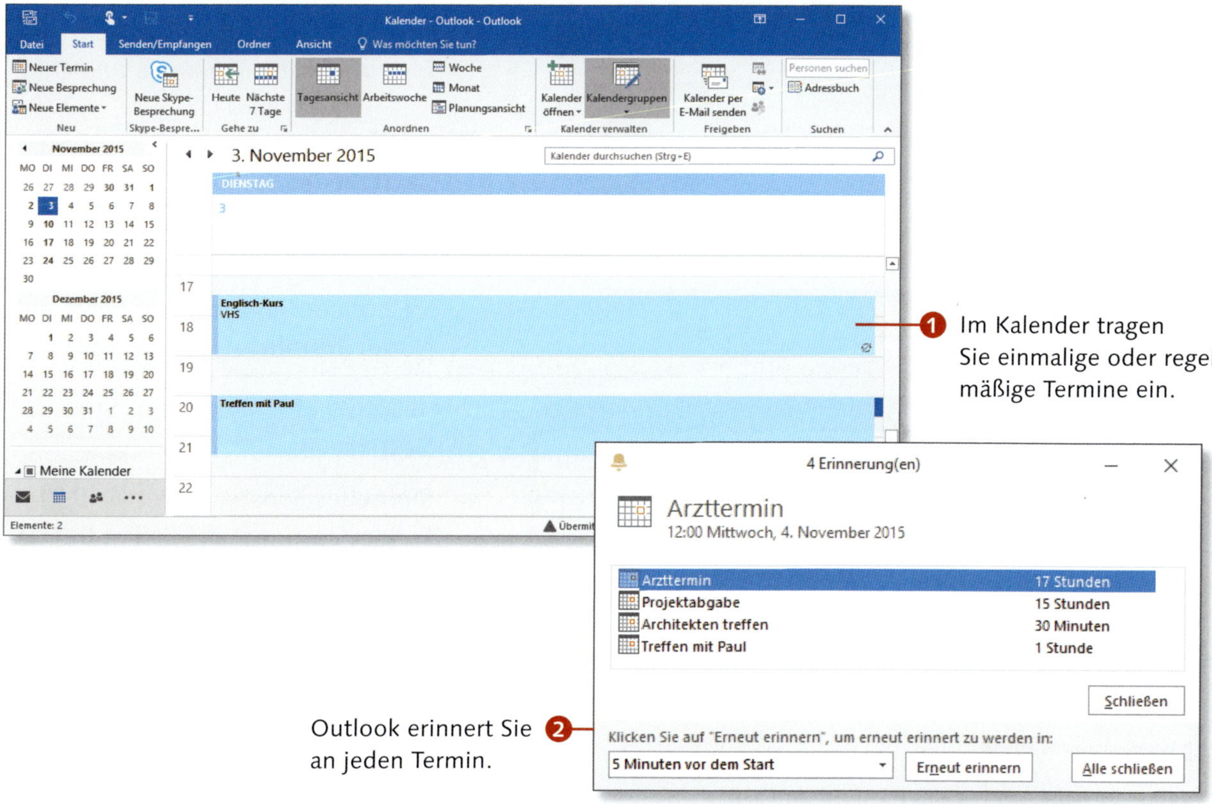

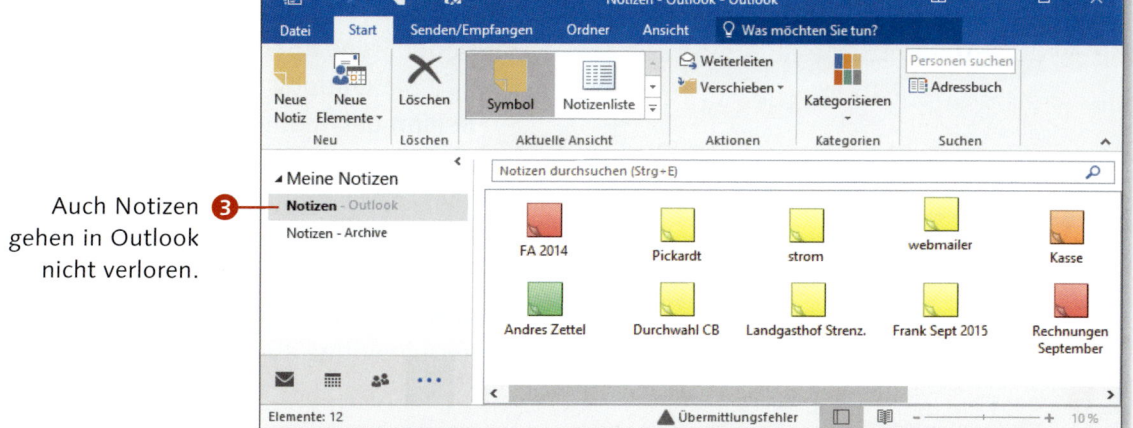

① Im Kalender tragen Sie einmalige oder regelmäßige Termine ein.

② Outlook erinnert Sie an jeden Termin.

③ Auch Notizen gehen in Outlook nicht verloren.

Termine eintragen, verschieben und löschen

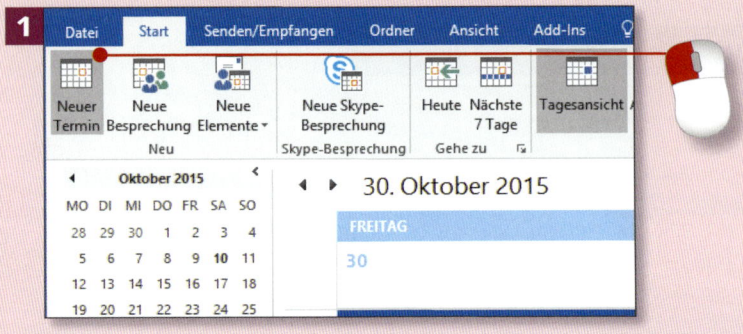

Wenn Sie den Kalender von Outlook nutzen, ist das Eintragen von Terminen natürlich das A und O.

Schritt 1

Um einen Termin für den ausgewählten Tag einzugeben, klicken Sie auf der Registerkarte **Start** auf **Neuer Termin**.

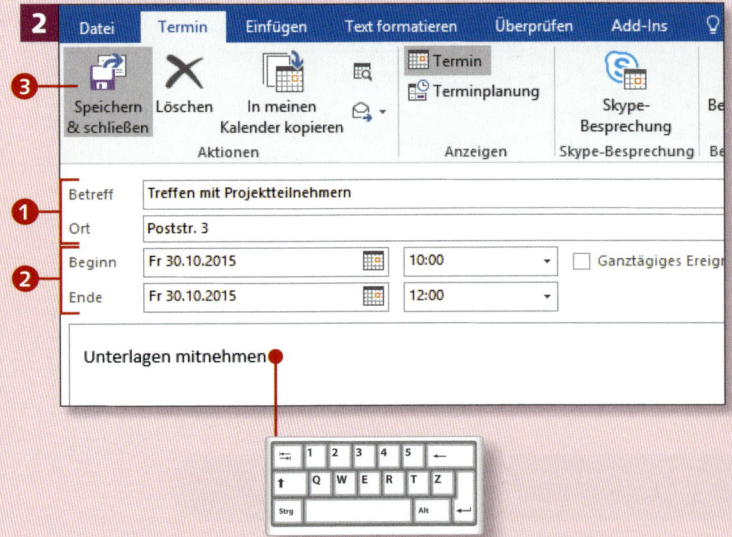

Schritt 2

Ein neues Fenster öffnet sich. Füllen Sie zuerst die Zeilen **Betreff** und **Ort** ❶ aus. Dann legen Sie über die Felder **Beginn** und **Ende** ❷ die Dauer des Termins fest. Im Textbereich können Sie weitere Informationen zu diesem Termin festhalten.

Schritt 3

In der Standardeinstellung erinnert Sie Outlook 15 Minuten vor Beginn des Termins. Wenn Sie diese Erinnerung nicht brauchen, klicken Sie auf die Schaltfläche **Erinnerung** und wählen im Menü **Ohne**. Klicken Sie auf **Speichern & schließen** (❸ in Bild 2), um den Termineintrag abzuschließen.

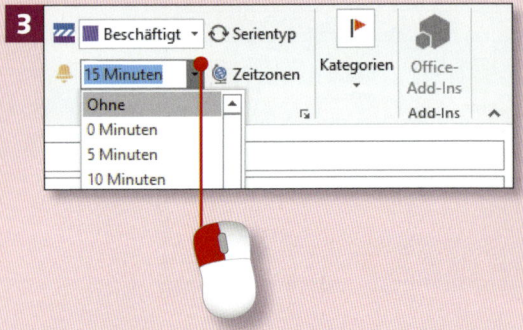

Schritt 4

Wenn Sie den Tag im Datumsnavigator ❹ auswählen, erscheint der Termin im Kalender. Um einen weiteren
Termin für diesen Tag einzutragen,
klicken Sie einfach doppelt auf die
entsprechende Uhrzeit im Tageskalender.

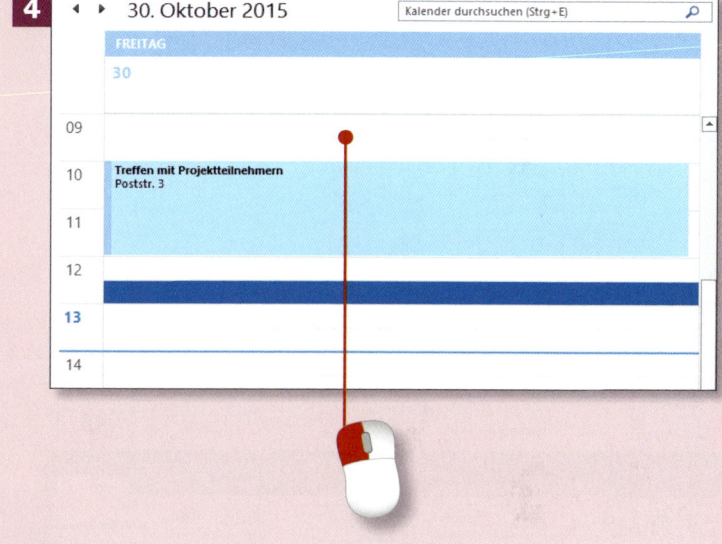

Schritt 5

Tragen Sie die Daten wie gehabt ein.
Sollte sich der Termin mit einem bereits eingetragenen überschneiden,
sehen Sie dies an der Darstellung
der Terminblöcke.

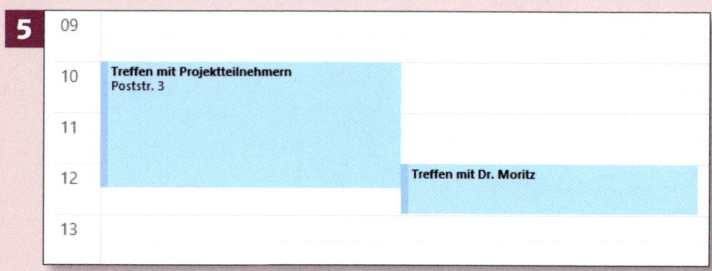

Schritt 6

Um einen Termin zu verschieben,
ziehen Sie den Eintrag mit gedrückter Maustaste auf einen anderen Tag
(im Datumsnavigator) oder auf eine
andere Uhrzeit. Natürlich können
Sie den Termin auch per Doppelklick
öffnen und eine neue Zeit festlegen.

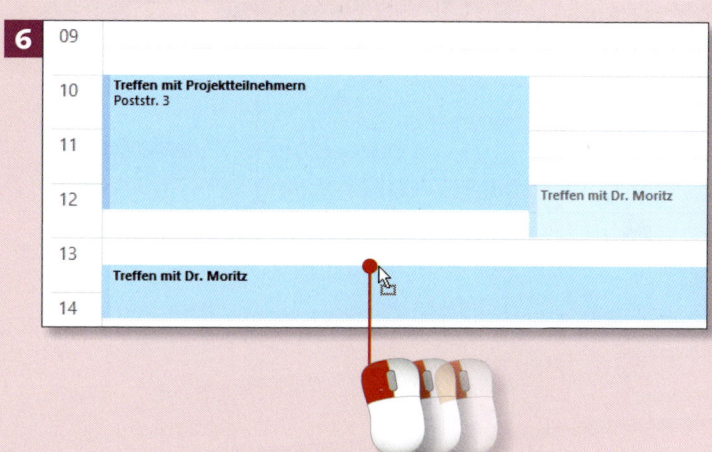

Termine eintragen und löschen

Sie können Termine auch direkt
in die Zeile der jeweiligen Uhrzeit
eintragen. Durch Drücken von
Entf löschen Sie einen Termin.

Termine nachbearbeiten

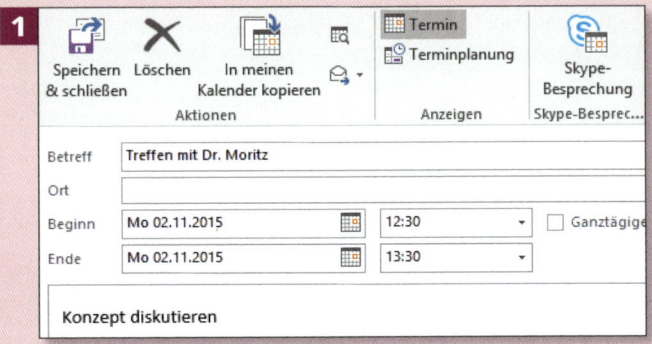

Während Sie in Ihrem klassischen Kalender eingetragene Termine durchstreichen müssen, wenn sie abgesagt werden, geht die Bearbeitung von Termineinträgen in Outlook ganz einfach. Sehen Sie selbst!

Schritt 1

Um Einträge und Einstellungen eines Termins zu ändern, klicken Sie in der Tagesansicht doppelt auf den Termin und nehmen alle Änderungen in dem bereits bekannten Fenster zur Termineingabe vor. Denken Sie daran, Ihre Änderungen zu speichern.

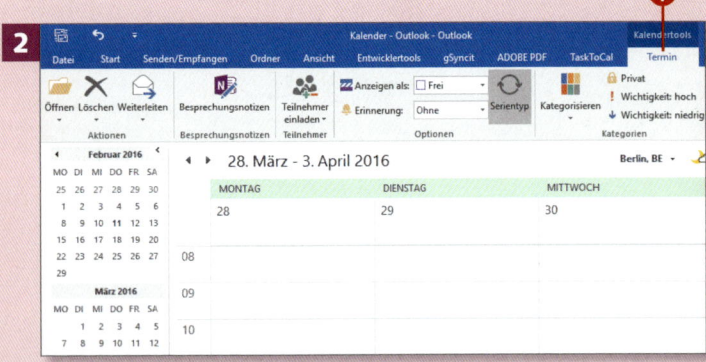

Schritt 2

Viele Einstellungen können Sie auch ändern, ohne das Terminfenster aufzurufen. Wenn Sie einen Termin anklicken, wird unter **Kalendertools** automatisch die Registerkarte **Termin** geöffnet ❶.

Schritt 3

Hier können Sie z. B. die Erinnerungsfunktion ❷ für den ausgewählten Termin wieder einstellen oder sich des Termins auch komplett entledigen, indem Sie auf **Löschen** klicken.

Schritt 4

Termine können in Outlook unterschiedlich markiert werden. Damit zeigen Sie den Status des Termins an. Sie wählen die Markierung im Menü des Feldes **Anzeigen als**. Wenn Sie einen Termin z. B. als **Beschäftigt** markieren, erhält er einen hellen lilafarbenen Balken.

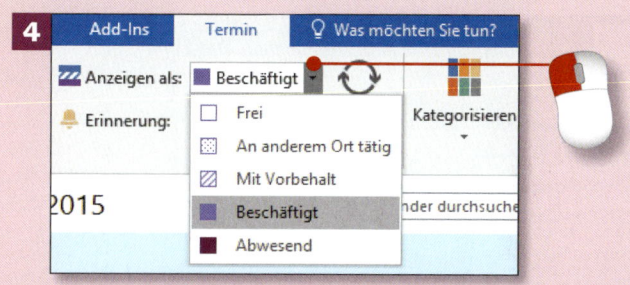

Schritt 5

Sie können Termine auch als wichtig oder weniger wichtig markieren ❸ (leider wird dies in den Übersichten nicht angezeigt). Darüber hinaus lassen sich Termine als **Privat** ❹ kennzeichnen, so dass die Details nicht einsehbar sind, falls Sie Ihren Kalender für andere Personen freigegeben haben. Private Termine erhalten in der Übersicht ein kleines Schloss ❺.

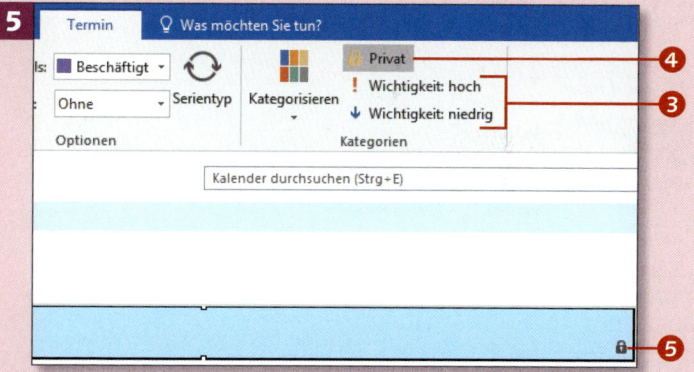

Schritt 6

Termine lassen sich in Kategorien zusammenfassen. Markieren Sie einen Termin, und klicken Sie auf **Kategorisieren**. Wählen Sie eine Kategorie. Der Termin erhält dann den farblichen Hintergrund dieser Kategorie.

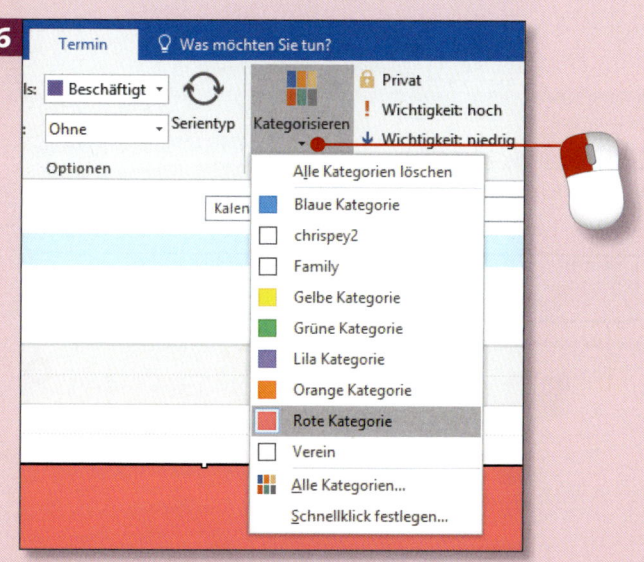

Wiederkehrende Termine

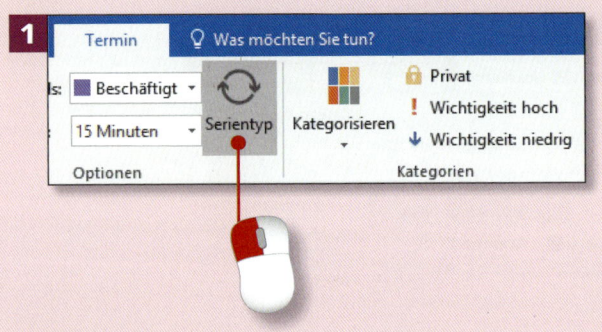

Viele Termine finden regelmäßig statt – auch sie lassen sich leicht festhalten.

Schritt 1

Um die fünf Termine Ihres Englisch-Kurses einzutragen, können Sie eine Terminserie einrichten. Markieren Sie einen bereits existierenden Termin, und klicken Sie unter **Kalendertools** auf der Registerkarte **Termin** auf **Serientyp**.

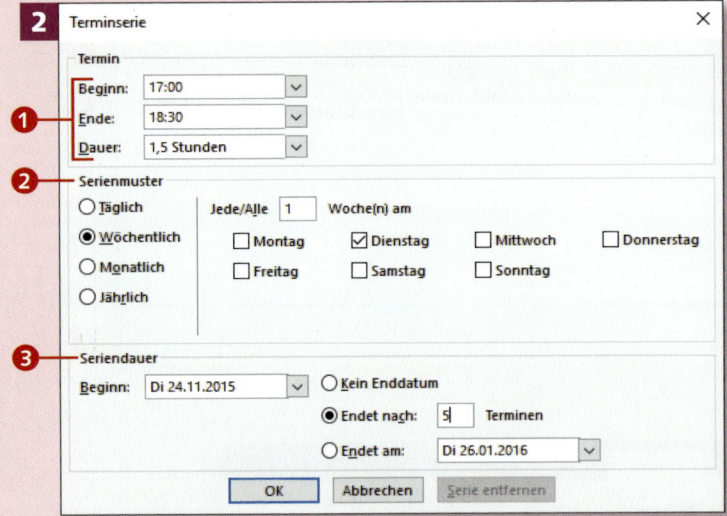

Schritt 2

Im Dialog **Terminserie** legen Sie die Anfangs- und Endzeit aller Termine fest ❶. Anschließend definieren Sie das **Serienmuster** ❷, z. B. an welchen Tagen der Woche der Termin stattfindet. Unter **Seriendauer** ❸ bestimmen Sie den ersten und den letzten Termin oder die Anzahl der Termine insgesamt.

Schritt 3

Die Termine werden einzeln in den Kalender eingetragen, aber durch einen Kreis aus Pfeilen ❹ gekennzeichnet. Wenn ein einzelner Termin einer Serie verschoben werden muss, klicken Sie ihn doppelt an, um das Terminfenster zu öffnen.

Schritt 4

In dem Dialog, der dann angezeigt wird, entscheiden Sie sich für die obere Option, da Sie nur den einen Termin ändern möchten. Dann klicken Sie auf **OK**.

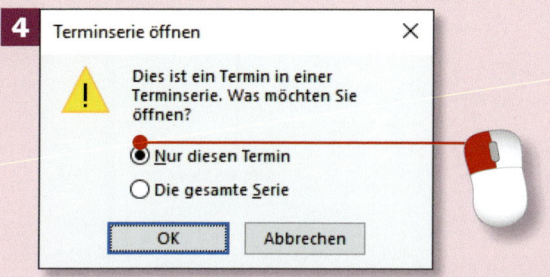

Schritt 5

Anschließend nehmen Sie die Änderungen auf der Registerkarte **Terminserienelement** vor. Ändern Sie z. B. die Anfangszeit ❺, und schreiben Sie eine Notiz in das Textfenster ❻. Vergessen Sie nicht, die Änderungen mit **Speichern & schließen** zu sichern.

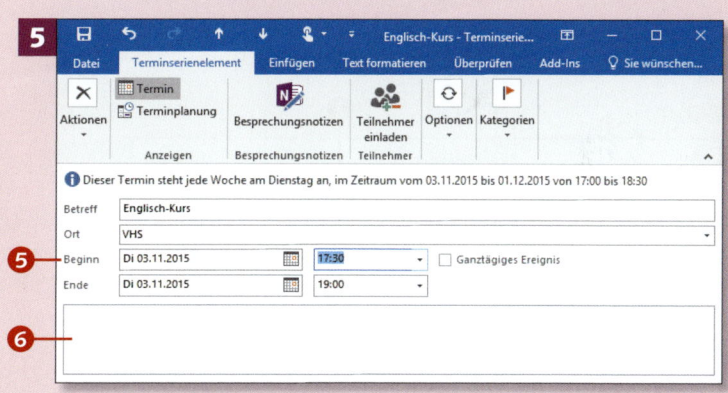

Schritt 6

In der Monatsübersicht sehen Sie, dass dieser eine Termin jetzt aus der Reihe tanzt ❼. Wenn Sie alle Termine der Serie ändern wollen, verfahren Sie wie beschrieben, nur dass Sie in dem Dialog aus Schritt 4 die untere Option wählen.

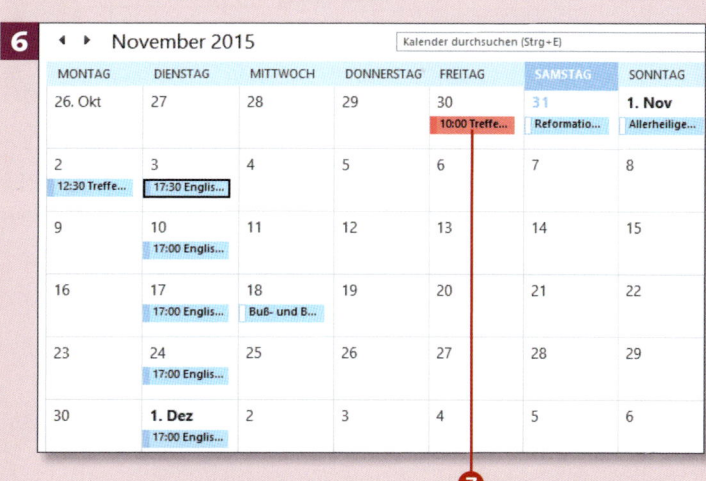

> **! Änderungen an der Serie**
>
> Wenn Sie einen einzelnen Termin einer Terminserie geändert haben und anschließend eine Änderung an der gesamten Terminserie vornehmen, wird die Änderung des Einzeltermins gelöscht.

Sich an Termine erinnern lassen

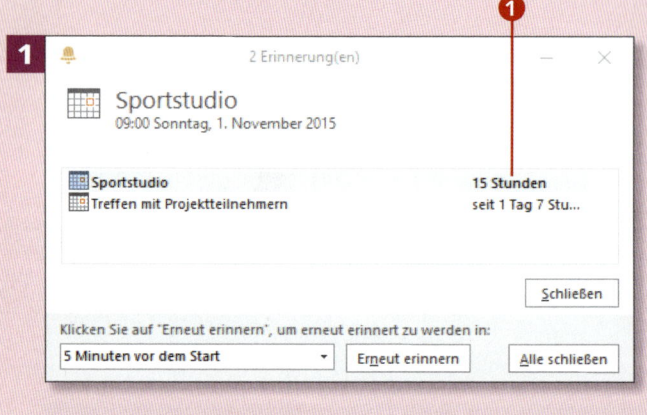

Niemand ist davor gefeit, Termine zu vergessen! Outlook hat eine Erinnerungsfunktion, die unserem Gedächtnis auf die Sprünge helfen soll.

Schritt 1

Wenn Sie Outlook öffnen und Termine mit Erinnerungen vorhanden sind, erscheint ein Dialog, der alle Erinnerungen auflistet. Auch überfällige Termine tauchen hier auf ❶.

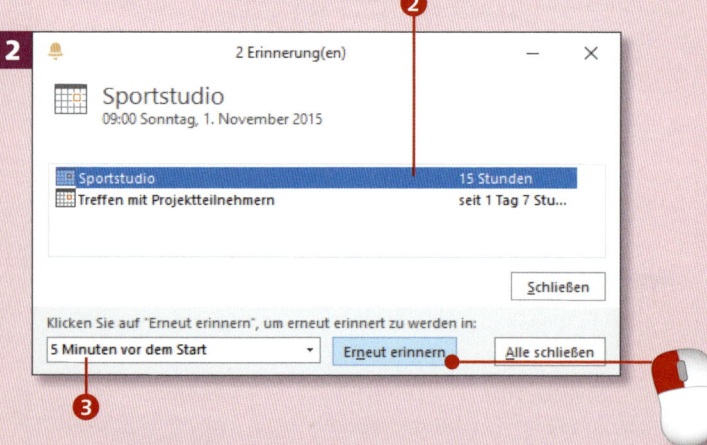

Schritt 2

Wenn Sie sich noch einmal an einen Termin erinnern lassen wollen, markieren Sie ihn in dieser Liste ❷ und entscheiden, wann Outlook Sie wieder erinnern soll ❸. Anschließend klicken Sie auf die Schaltfläche **Erneut erinnern**. Dieser Termin verschwindet vorerst aus der Liste.

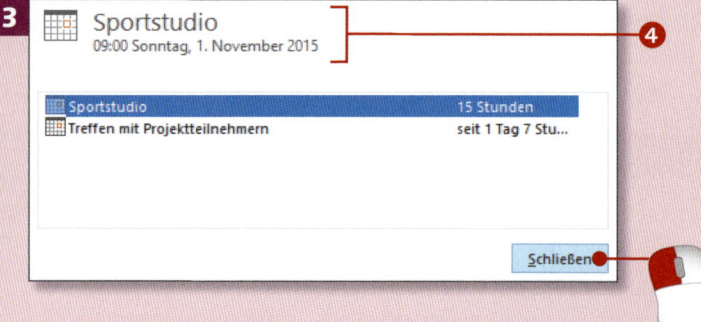

Schritt 3

Wenn Sie nicht erneut an einen Termin erinnert werden möchten, markieren Sie ihn und klicken auf die Schaltfläche **Schließen**. Die Informationen zu dem markierten Termin werden im Kopf des Dialogs ❹ angezeigt.

Schritt 4

Wenn Sie das Terminfenster für eine
Erinnerung einsehen möchten, klicken Sie den entsprechenden Termin
doppelt an. Anschließend können
Sie den Termin bearbeiten, der Eintrag bleibt aber im Erinnerungsfenster bestehen.

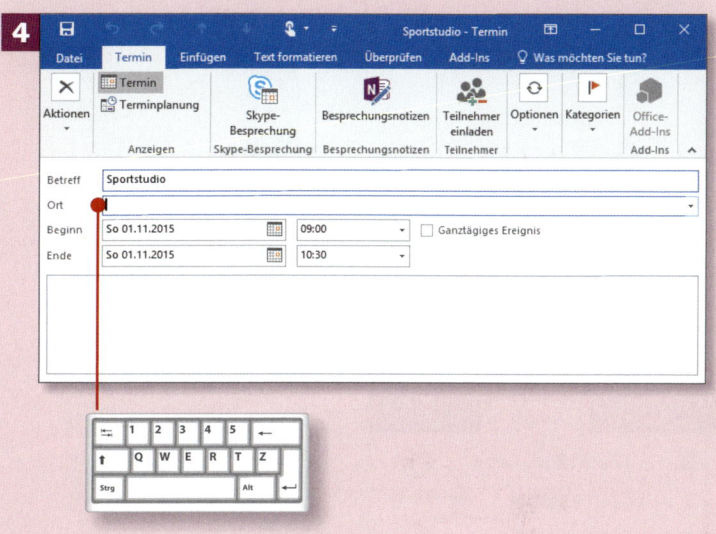

Schritt 5

Wenn Sie die Erinnerungen nicht
einzeln durchsehen wollen, klicken
Sie auf die Schaltfläche **Alle schließen**.

Schritt 6

Wenn Sie das Erinnerungsfenster per
Schließkreuz versehentlich geschlossen haben, ohne die Erinnerung
geprüft zu haben, können Sie das
Fenster über die Schaltfläche **Erinnerungsfenster** auf der Registerkarte
Ansicht erneut aufrufen.

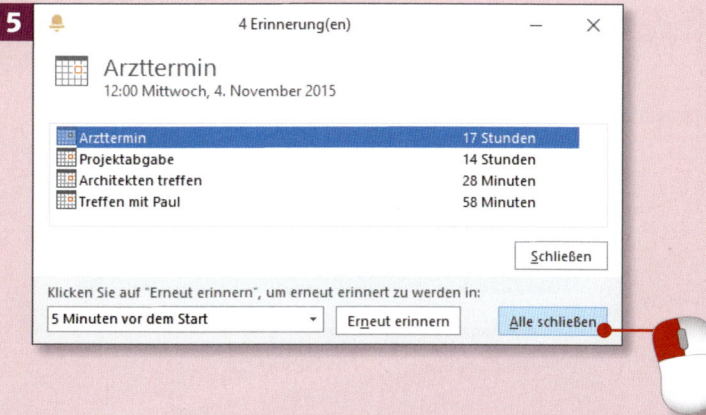

! Outlook muss geöffnet sein

Die Erinnerungsfunktion arbeitet
natürlich nur, wenn Outlook geöffnet ist!

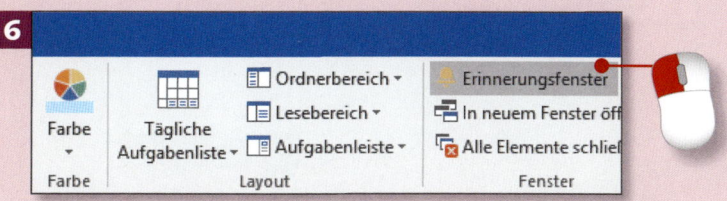

Sich an Termine erinnern lassen (Forts.)

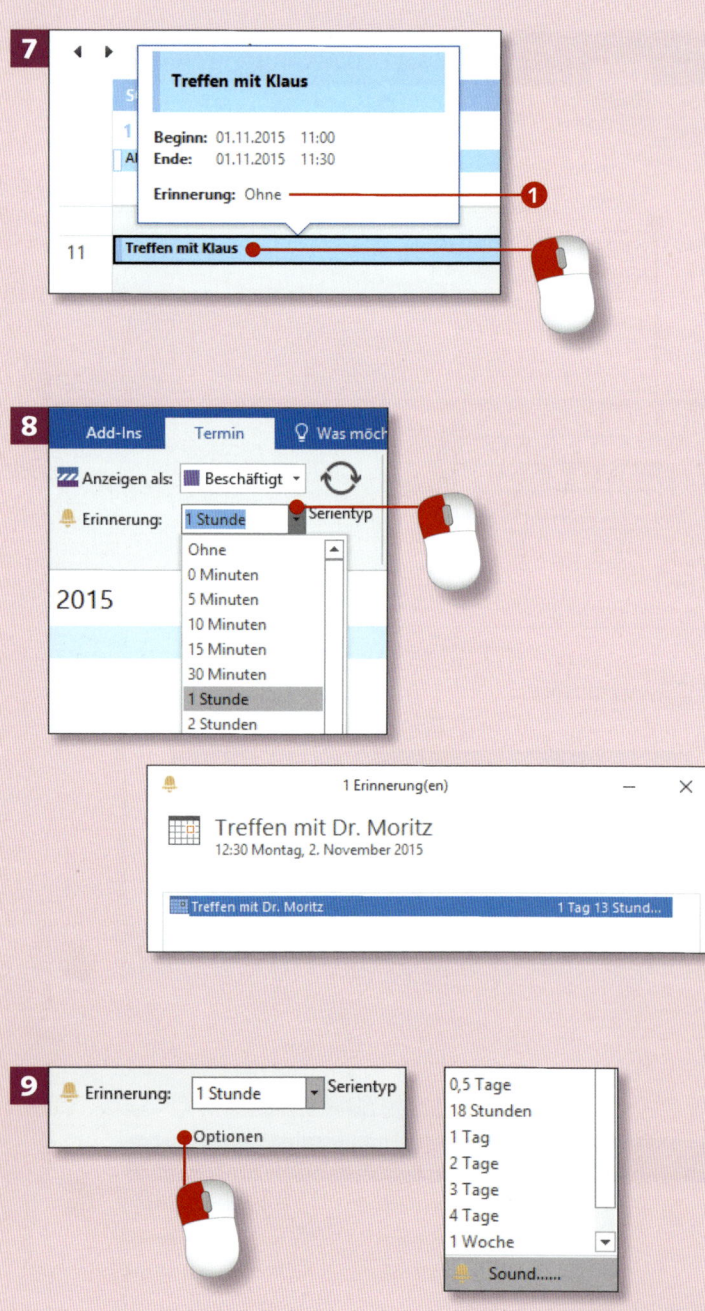

Schritt 7

Wenn Sie die Erinnerung an einen Termin versehentlich geschlossen haben, aber eigentlich weiterhin an den Termin erinnert werden möchten, können Sie die Erinnerung wieder aktivieren. Markieren Sie den betreffenden Termin. Sowohl auf der Registerkarte **Termin** (unter **Kalendertools**) als auch in einem Infofenster sehen Sie, dass die Erinnerung deaktiviert ist (**Ohne ❶**).

Schritt 8

Stellen Sie in der Auswahlliste der Schaltfläche **Erinnerung** den neuen Erinnerungszeitpunkt ein. Danach wird Outlook Sie wieder auf diesen Termin hinweisen.

Schritt 9

In der Standardeinstellung spielt Outlook einen kurzen Klang ab. Wenn Sie diesen Sound ändern und zum Beispiel lieber von »Hells Bells« auf einen Termin hingewiesen werden möchten, klicken Sie in der Auswahlliste der Schaltfläche **Erinnerung** auf die letzte Option **Sound**.

Schritt 10

Im Dialog **Erinnerungssound** klicken Sie auf die Schaltfläche **Durchsuchen** und suchen sich im Dialog **Sounddatei zur Erinnerung** eine neue Sounddatei aus.

Schritt 11

Wenn Sie jedem Termin mit Erinnerung ein kleines Glockensymbol hinzufügen möchten, klicken Sie im Dialog **Outlook-Optionen** auf **Kalender** ❷, und aktivieren Sie im Bereich **Kalenderoptionen** die Option **Glockensymbol für Termine und Besprechungen mit Erinnerungen im Kalender anzeigen**.

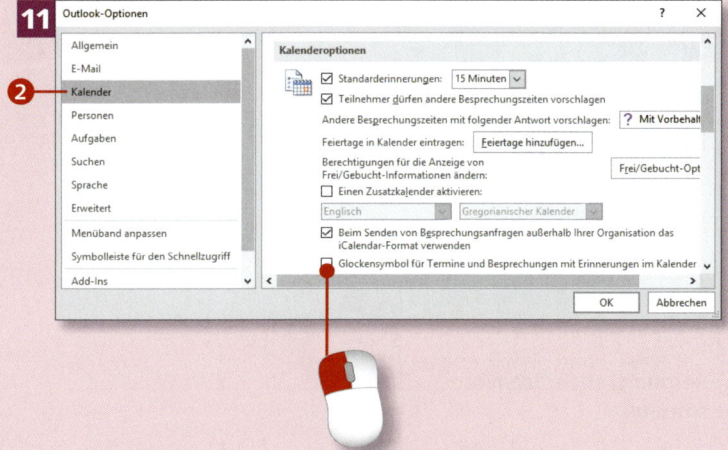

Schritt 12

In der Standardeinstellung werden alle neuen Termine mit einer Erinnerung von 15 Minuten vor Terminbeginn ausgestattet. Möchten Sie diesen Standard ändern, deaktivieren Sie die Option **Standarderinnerungen**, oder wählen Sie im Feld daneben eine andere Zeitspanne.

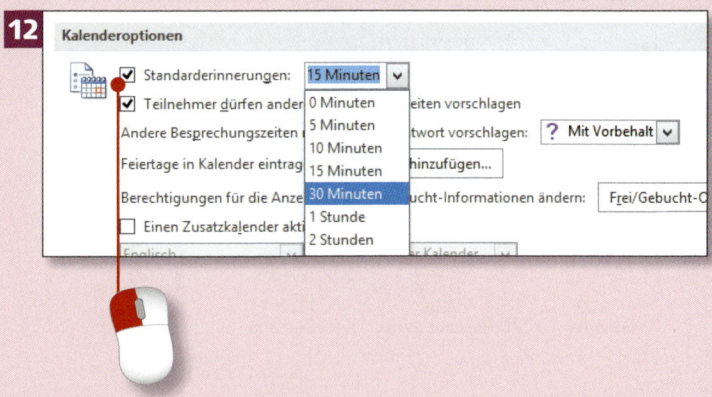

Eine Notiz anlegen

Jeder kennt die kleinen gelben Zettel, die man als Erinnerungsstütze oder Notiz auf dem Schreibtisch verteilen kann. Nutzen Sie sie auch in Outlook!

Schritt 1

Um eine neue Notiz anzulegen, klicken Sie im Navigationsbereich links unten auf das Symbol mit den drei Punkten. Im Menü wählen Sie **Notizen** ❶. Anschließend klicken Sie auf der Registerkarte **Start** auf **Neue Notiz**.

Schritt 2

Ein kleines Notizblatt wird geöffnet. Hier geben Sie einfach den Text Ihrer Notiz ein. Sobald Sie das Fenster mit dem Schließkreuz schließen, wird die Notiz gespeichert.

Schritt 3

In der Ansicht **Symbol** ❷ werden die Notizen noch kleiner angezeigt. Die erste Zeile der Notiz erscheint unter dem Symbol. Um eine Notiz zu öffnen, klicken Sie sie doppelt an.

i Symbol für die Notizen

Wenn Sie den Navigationsbereich breiter ziehen, taucht das Symbol zum Aufrufen der Notizen direkt dort auf.

Schritt 4

Auch die Notizen können Sie farblich kategorisieren. Markieren Sie dazu die Notiz, klicken Sie sie mit rechts an, und wählen Sie im Untermenü der Option **Kategorisieren** die gewünschte Kategorie.

Schritt 5

Klicken Sie in der Gruppe **Aktuelle Ansicht** auf **Notizenliste** ❸, um eine tabellarische Übersicht aller Notizen zu erhalten. Wenn Sie mit der rechten Maustaste auf die Kopfzeile der Tabelle klicken und im Menü **Anordnen nach** wählen, können Sie sich die Notizen nach Kategorien gruppiert anzeigen lassen.

Schritt 6

Wenn Sie eine Menge Notizen angelegt haben, ist die Suchfunktion hilfreich. Geben Sie den Suchbegriff in das Suchfeld oberhalb der Notizen ein. Schon während der Eingabe werden die ersten Treffer angezeigt, und der Suchbegriff wird in den Notizen hervorgehoben. Unter **Suchtools** wird die Registerkarte **Suchen** eingeblendet.

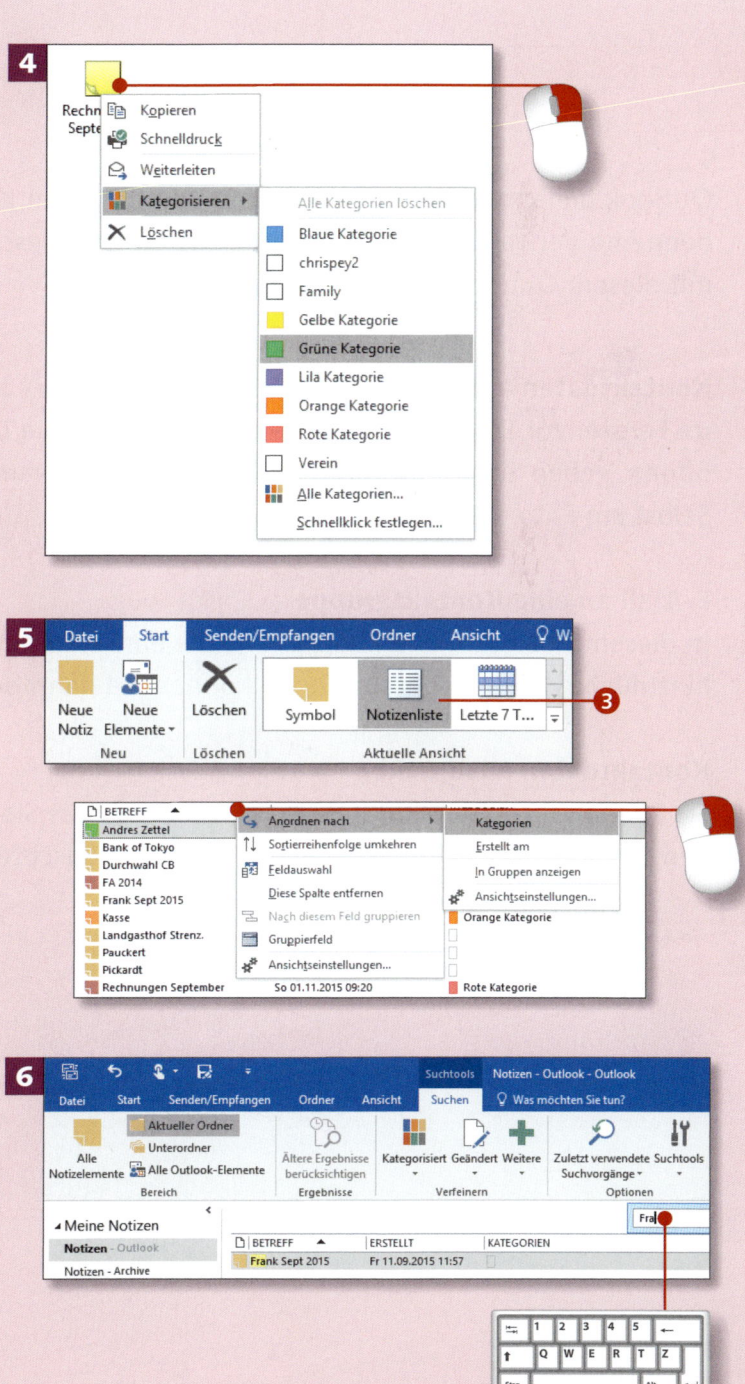

Kapitel 10
Kontakte und Adressen in Outlook verwalten

Outlook bietet neben der E-Mail-Funktion und dem Kalender auch ein Adressbuch für die bequeme Verwaltung all Ihrer Kontaktdaten. Wir beschreiben in diesem Kapitel, wie Sie mit diesem Outlook-Modul umgehen.

Kontaktdaten anlegen

Im Fenster zur Eingabe von Kontaktdaten **❶**, das Sie über das Symbol **Neuer Kontakt** öffnen, geben Sie die Details Ihres Kontaktes ein: Name, Adresse, Telefonnummern etc. Selbst ein Foto der Person können Sie hinzufügen.

E-Mail an eine Kontaktgruppe

In diesem Abschnitt erfahren Sie, wie Sie eine Kontaktgruppe **❷** anlegen und Mitglieder hinzufügen. Dieser Kontaktgruppe können Sie dann bequem eine E-Mail schicken.

Kontaktdaten ausdrucken

Sie können Ihre Kontaktdaten ausdrucken, so dass Sie sie auch ohne Rechner bei sich haben. Im Dialog **Drucken** **❸** stellen Sie die gewünschten Optionen ein.

1 Erstellen Sie Ihr Adressbuch bequem in Outlook.

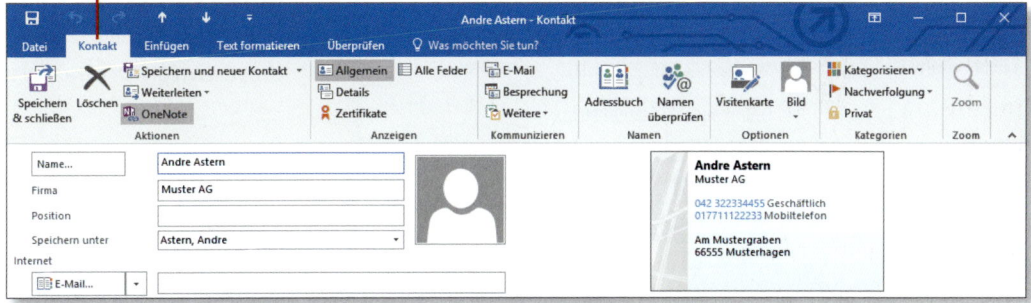

2 Legen Sie Kontaktgruppen
an, und verschicken Sie Ihre
E-Mails gleich an mehrere
Empfänger.

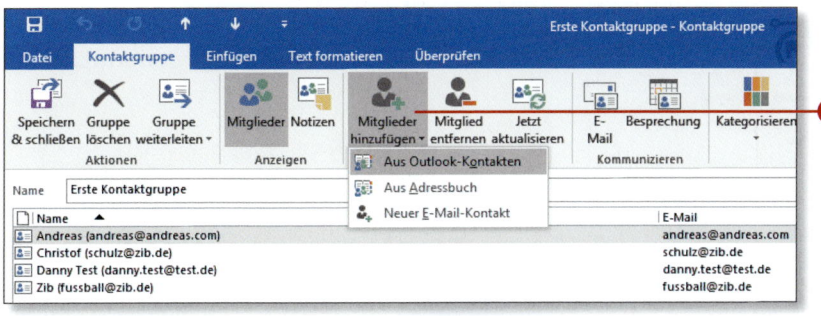

Drucken Sie Ihr
Outlook-Adressbuch
einfach aus. **3**

Die verschiedenen Ansichten für Kontakte

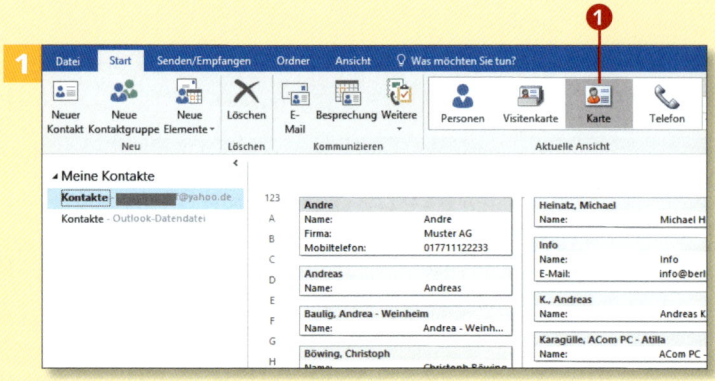

Mit dem Überbegriff »Kontakte« sind in Outlook einfach die Kontaktdaten Ihrer Freunde, Geschäftspartner etc. gemeint. Mit Outlook können Sie diese Daten prima verwalten.

Schritt 1

Sie öffnen das Kontaktfenster, indem Sie auf das Symbol **Kontakte** klicken. Rechts tauchen bisher angelegte Kontaktdaten auf. Diese Ansicht wird **Karte** ❶ genannt.

Schritt 2

Klicken Sie auf der Registerkarte **Start** in der Gruppe **Aktuelle Ansicht** auf **Visitenkarte**. Nun werden die Kontaktdaten wie auf Visitenkarten angezeigt. Einige Informationen fehlen in dieser Ansicht (sie gehören sozusagen nicht auf eine Visitenkarte).

Schritt 3

Klicken Sie in der Gruppe **Aktuelle Ansicht** auf **Liste**. Die Kontaktinformationen werden tabellarisch, also Zeile für Zeile dargestellt. In der Ansicht **Telefon** ❷ erhalten Sie ebenfalls eine tabellarische Ansicht, allerdings werden einige Adressinformationen unterschlagen, da der Fokus auf den Telefondaten liegt.

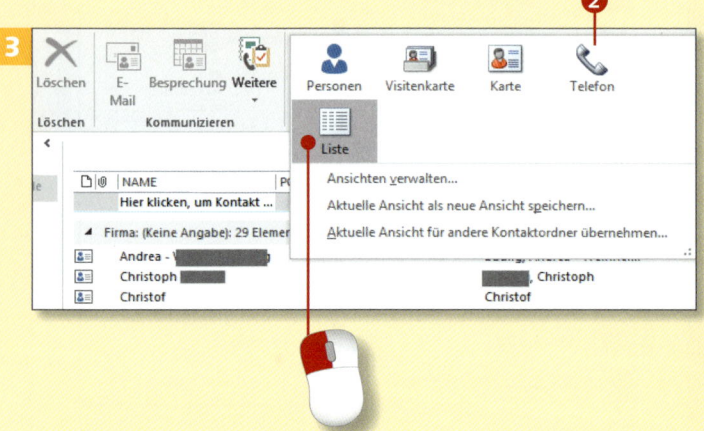

Schritt 4

Für einen schnellen Überblick ist die für einen Touchscreen optimierte Ansicht **Personen** passend. Hier werden nur die Namen angezeigt, gegebenenfalls mit einem Bild (wie Sie ein Bild ergänzen, erfahren Sie im Abschnitt »Einen neuen Kontakt anlegen« auf Seite 252).

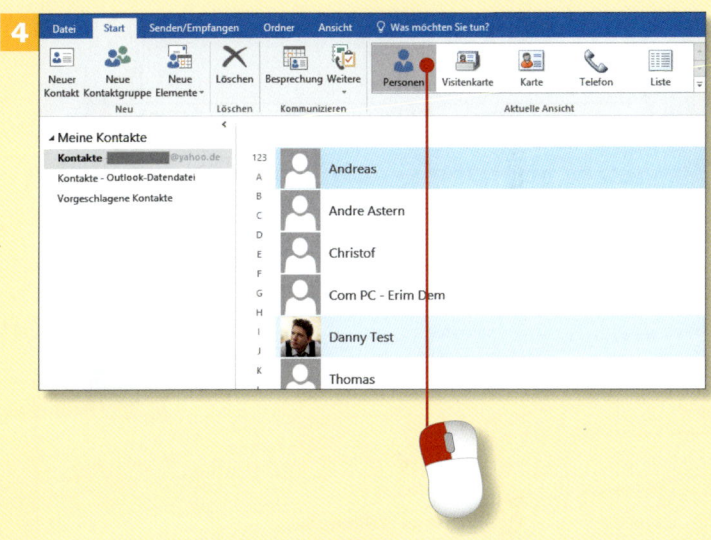

Schritt 5

Sie können die Breite der Spalten in den tabellarischen Ansichten verändern. Setzen Sie den Mauszeiger in dem grauen Balken auf die Trennlinie zwischen den Spalten, und ziehen Sie sie mit gedrückter Maustaste nach rechts oder links.

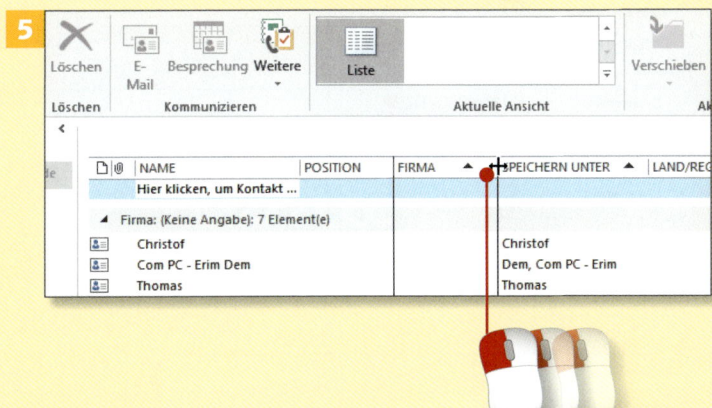

Schritt 6

Wenn Sie den grauen Balken mit der rechten Maustaste anklicken, öffnet sich das Kontextmenü. Hier finden Sie u. a. die Befehle zum Entfernen einer Spalte und zur Veränderung der Sortierreihenfolge.

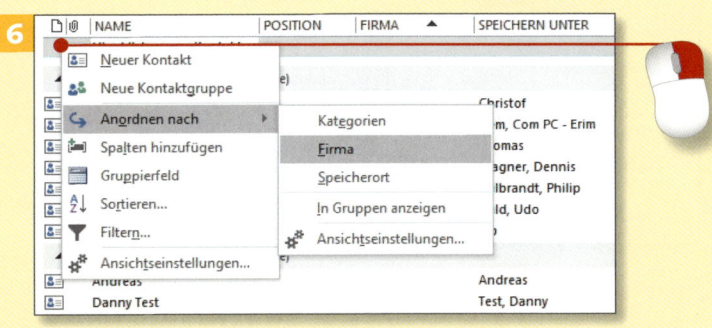

✚ Navigationsbereich minimieren

Sie können den Navigationsbereich verkleinern oder ausblenden. Klicken Sie auf der Registerkarte **Ansicht** auf **Navigationsbereich** und im Menü auf **Minimiert** bzw. **Aus**.

Einen neuen Kontakt anlegen

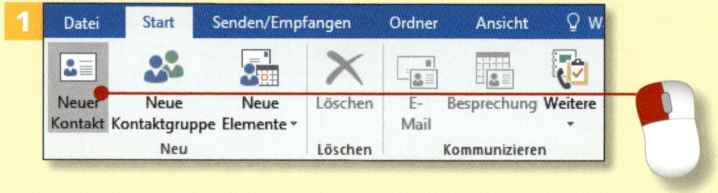

In den Outlook-Kontakten können Sie sortieren, Kontakte gruppieren oder nach bestimmten Daten suchen.

Schritt 1

Klicken Sie im Navigationsbereich unten rechts auf **Kontakte** und dann auf der Registerkarte **Start** in der Gruppe **Neu** auf **Neuer Kontakt**. Sie können auch mit der rechten Maustaste in das Kontaktfenster klicken und im Kontextmenü **Neuer Kontakt** wählen.

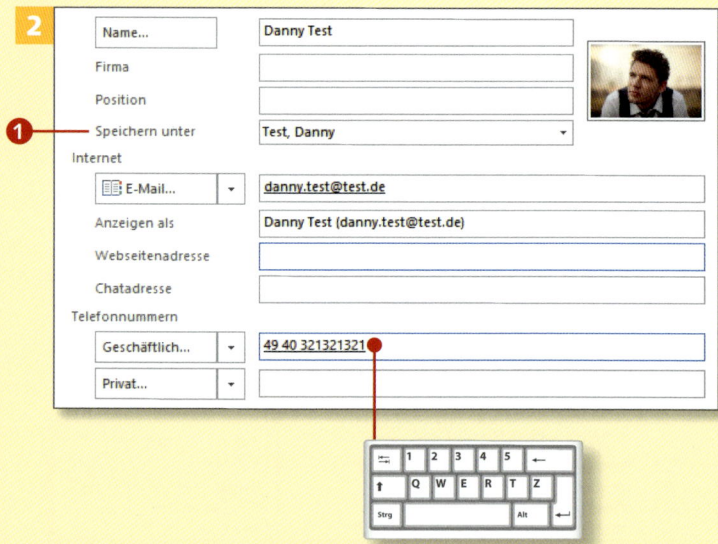

Schritt 2

Daraufhin öffnet sich ein neues Fenster. Beginnen Sie damit, den Namen einzutragen, und füllen Sie weitere Felder aus. Wenn Sie einen Vor- und einen Nachnamen eingegeben haben, steht im Feld **Speichern unter** ❶ automatisch der Nachname vorn.

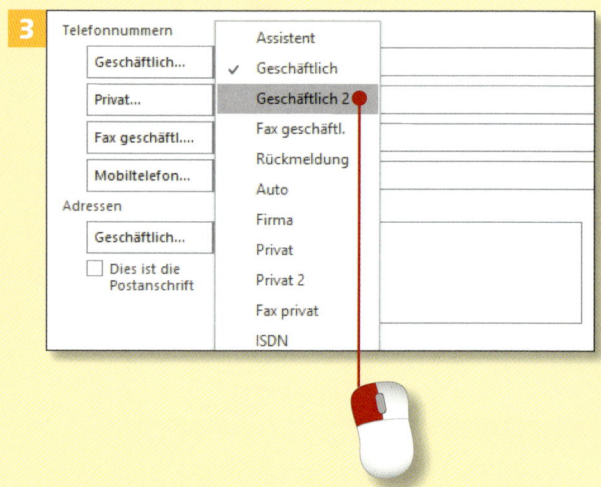

Schritt 3

Unter **Telefonnummern** können Sie mehrere Nummern eingeben. Um eine zweite Firmennummer einzutragen, klicken Sie auf den Pfeil am Feld **Geschäftlich** und wählen **Geschäftlich 2**. Nun ist das Feld wieder frei, die erste Nummer aber dennoch gespeichert.

Schritt 4

Die eigentliche Adresse geben Sie in dem größeren Feld im Bereich **Adresse** ein. Wenn die eingegebene Adresse auch die klassische Postanschrift ist, haken Sie die entsprechende Option ❷ an.

Schritt 5

Sie können ein Foto des Kontakts hinzufügen – sofern Sie eines auf Ihrem Rechner (oder USB-Stick) gespeichert haben. Klicken Sie auf den Platzhalter ❸. Daraufhin öffnet sich der Dialog **Kontaktbild hinzufügen**. Wählen Sie das Bild mit einem Doppelklick aus.

Schritt 6

In dem Textfeld rechts können Sie weitere Informationen zum Kontakt eingeben ❹. Zu guter Letzt speichern Sie Ihre Eingaben. Klicken Sie dazu auf der Registerkarte **Start** auf die Schaltfläche **Speichern & schließen**. Nun taucht der neue Kontakt in der Übersicht auf.

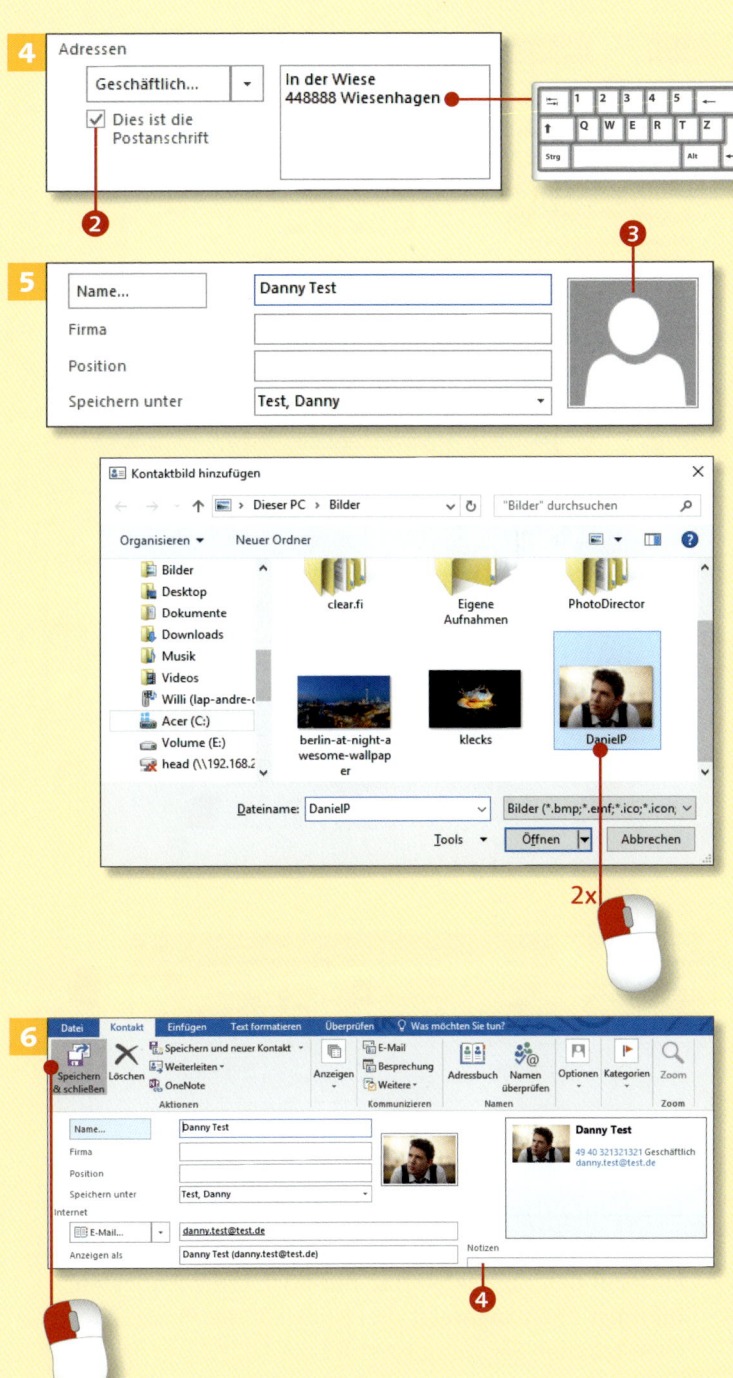

Kontaktdaten ändern

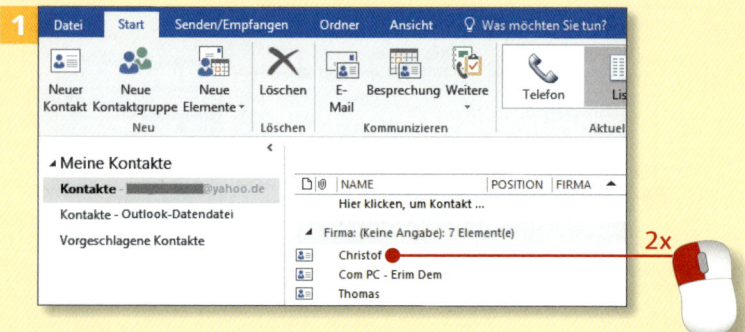

Kontakt- und Adressdaten ändern sich häufig. Veränderungen an den Kontaktinformationen lassen sich aber leicht vornehmen.

Schritt 1

Um Änderungen an einem Kontakt vorzunehmen, klicken Sie doppelt darauf; dabei ist es nicht relevant, in welcher Ansicht (**Karte**, **Liste**, **Telefon** oder **Visitenkarte**) Sie sich befinden.

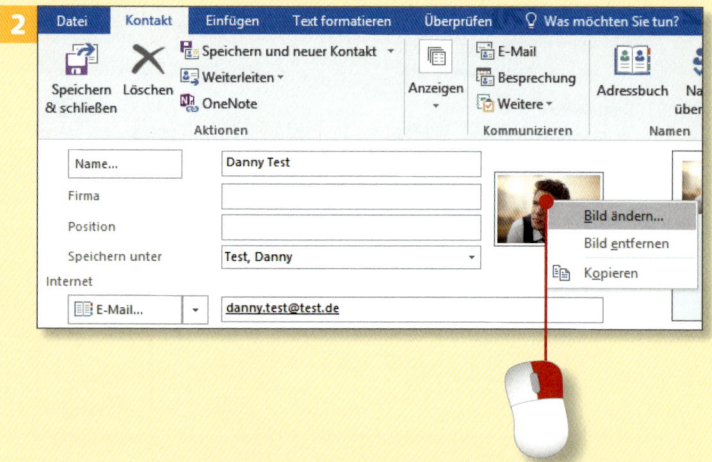

Schritt 2

Das Kontaktfenster wird geöffnet, und Sie können alle Informationen bearbeiten. Wenn Sie z. B. das Bild ändern oder löschen möchten, klicken Sie es mit der rechten Maustaste an und wählen den entsprechenden Befehl aus dem Kontextmenü.

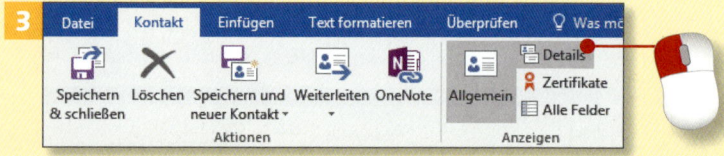

Schritt 3

Um z. B. das Geburtsdatum Ihres Kontakts aufzunehmen, klicken Sie auf der Registerkarte **Kontakt** in der Gruppe **Anzeigen** auf **Details**.

---

i

Das Kontaktfenster der Ansicht »Personen«

In der Ansicht **Personen** werden nach einem Doppelklick auf den Kontakteintrag nur noch die wichtigsten Informationen angezeigt. Per Klick auf die Pluszeichen blenden Sie weitere Felder ein.

Schritt 4

In der Detailansicht des Kontakts werden zusätzliche Felder angezeigt, u.a. **Geburtstag**. Sie können das Geburtsdatum eingeben oder es über den kleinen Kalender auswählen.

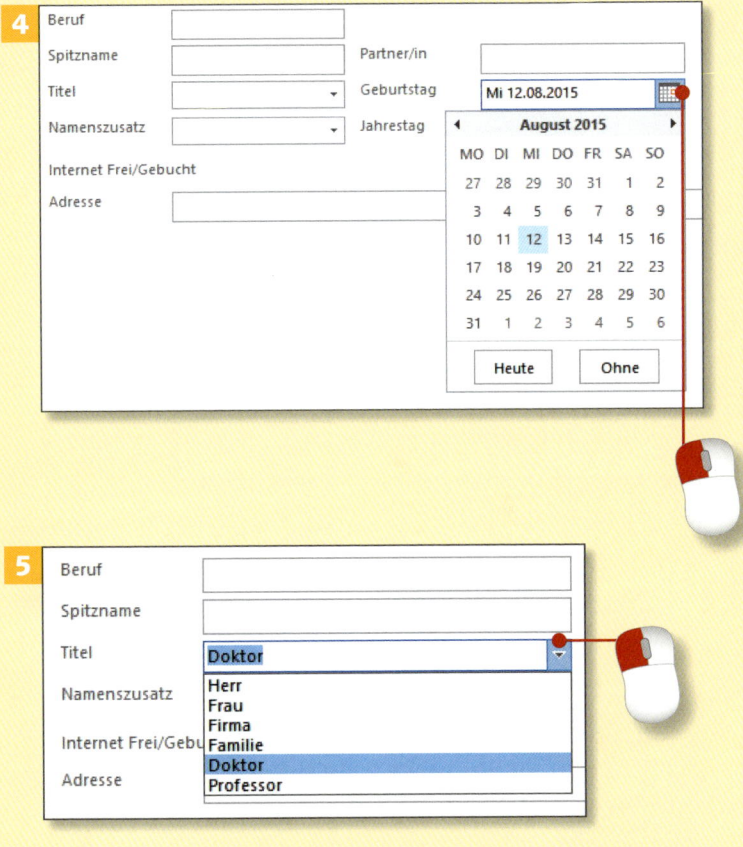

Schritt 5

Hat Ihr Kontakt mittlerweile einen Doktortitel? Dann unterschlagen Sie diesen nicht. Klicken Sie auf den Pfeil am Feld **Titel**, und wählen Sie hier **Doktor**. Der Titel wird dann vor dem Namen angezeigt.

Schritt 6

Von der Detailansicht gelangen Sie zurück zu den primären Informationen, indem Sie auf die Schaltfläche **Allgemein** klicken. Wenn das nicht notwendig ist, können Sie gleich auf **Speichern & schließen** ❶ klicken.

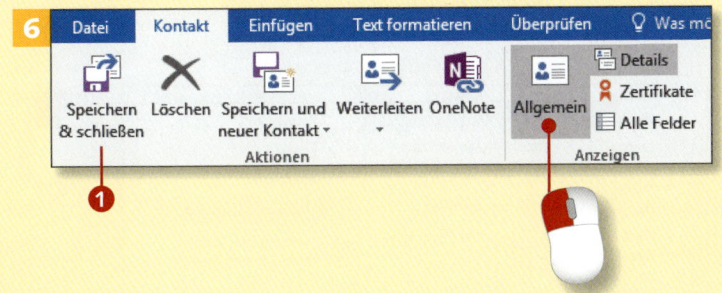

---

i **Geburtstage als Ereignis**

Alle Geburtstage, die Sie aufnehmen, werden automatisch als ganztägiges Ereignis im Outlook-Kalender angezeigt.

Kontakte sortieren und gruppieren

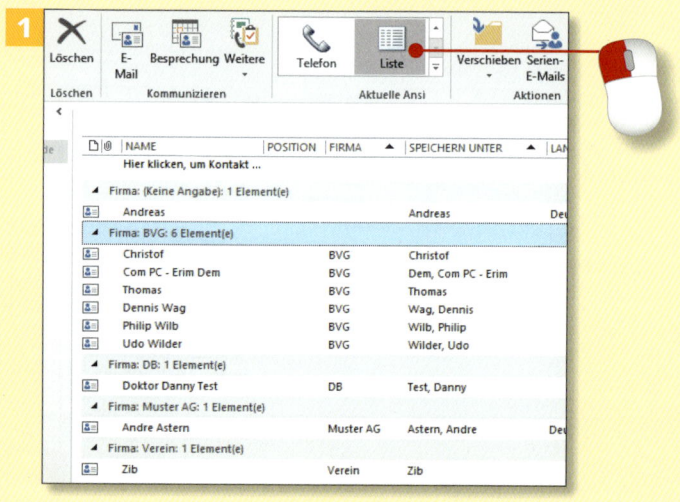

Je mehr Kontakte Sie sammeln, desto schwieriger wird es, einzelne Kontaktdaten schnell zu finden. Insofern ist es hilfreich, dass Sie die Kontakteinträge in den tabellarischen Ansichten sortieren und gruppieren können.

Schritt 1

Wechseln Sie zur Ansicht **Liste**. In der Standardeinstellung sehen Sie hier alle Kontakte gruppiert nach dem Eintrag im Feld **Firma** und alphabetisch nach dem Nachnamen sortiert.

Schritt 2

Wenn Sie die Gruppierung ändern möchten, klicken Sie auf den entsprechenden Spaltenkopf, zum Beispiel auf **Land/Region**. Ein nochmaliger Klick auf den Spaltenkopf kehrt die Reihenfolge innerhalb der Spalte um.

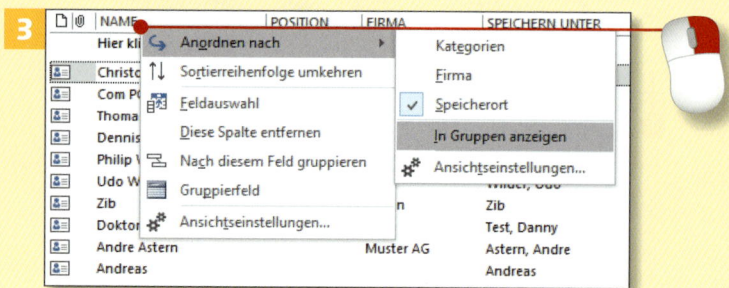

Schritt 3

Um die Unterteilung in Gruppen zu entfernen, klicken Sie mit der rechten Maustaste auf einen der Spaltenköpfe und wählen im Kontextmenü den Eintrag **Anordnen nach**. Im Untermenü deaktivieren Sie die Option **In Gruppen anzeigen**.

Schritt 4

Sie können auch mehrstufige Gruppierungen und Sortierungen durchführen. Klicken Sie dazu mit der rechten Maustaste auf einen Spaltenkopf, und wählen Sie im Kontextmenü den Eintrag **Ansichtseinstellungen**.

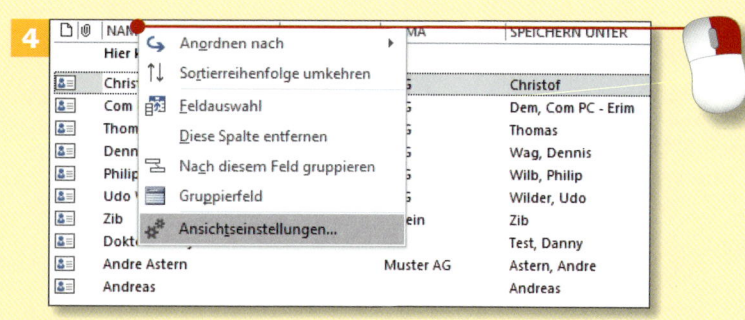

Schritt 5

Im Dialog **Erweiterte Ansichtseinstellungen** klicken Sie auf **Sortieren**. (Wenn Sie anstelle einer Sortierung eine Gruppierung vornehmen möchten, müssten Sie auf **Gruppieren** ❶ klicken.)

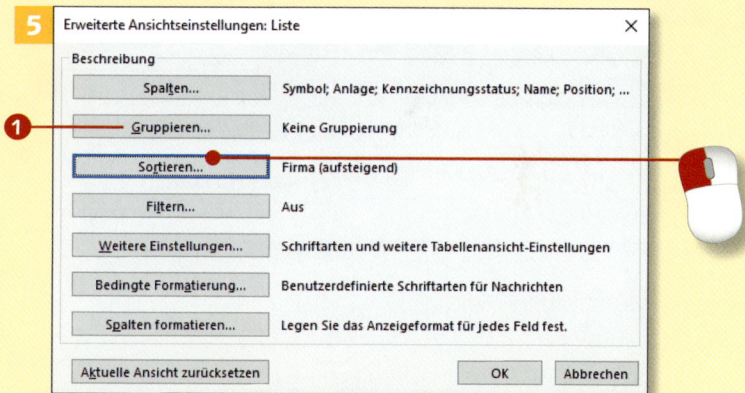

Schritt 6

Im Dialog **Sortieren** wählen Sie die Felder aus, nach denen sortiert werden soll, und legen die Sortierrichtung ❷ fest. Gruppierungen funktionieren analog. Zum Schluss klicken Sie auf **OK**.

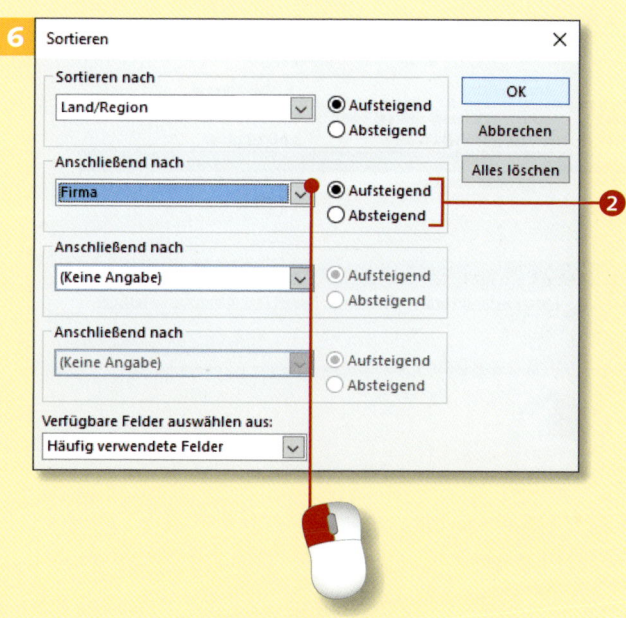

Nach Kontakten suchen

Um schnell Kontakte zu finden, drücken Sie `Strg` + `E` (oder klicken direkt in das Suchfeld oben rechts). Die Suche beginnt bereits nach der Eingabe der ersten Zeichen. Um wieder alle Kontakte anzuzeigen, klicken Sie auf das Schließkreuz neben dem Suchfeld.

Eine E-Mail an mehrere Kontakte schreiben

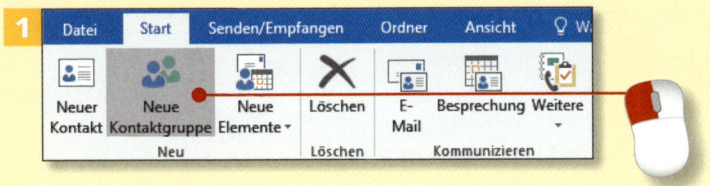

Wenn Sie mehrere Personen zu einer Kontaktgruppe zusammenfassen, genügt ein Mausklick, um alle Empfänger der E-Mail festzulegen.

Schritt 1

Um eine neue Kontaktgruppe anzulegen, klicken Sie auf der Registerkarte **Start** auf die Schaltfläche **Neue Kontaktgruppe**.

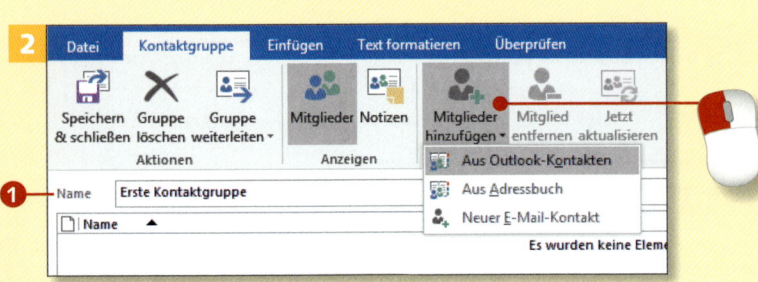

Schritt 2

Im Fenster der Kontaktgruppe geben Sie zunächst im Feld **Name** ❶ den Namen der Kontaktgruppe ein. Um Mitglieder hinzuzufügen, klicken Sie auf **Mitglieder hinzufügen**. Im Menü wählen Sie den Eintrag **Aus Outlook-Kontakten**.

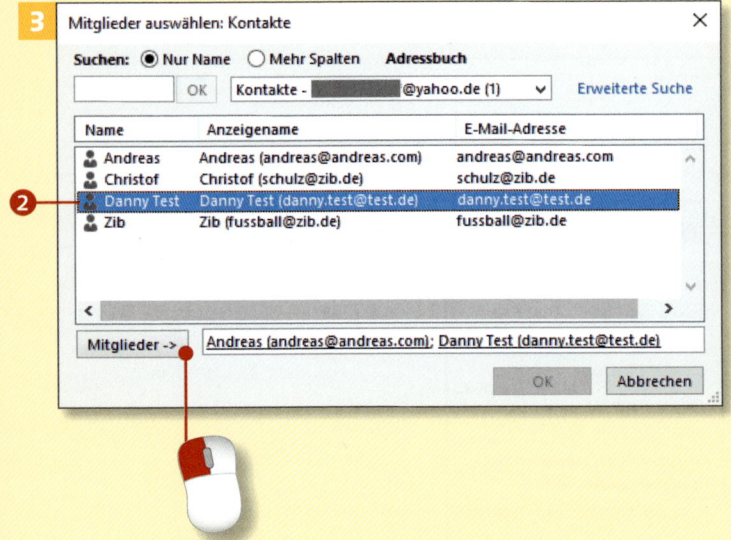

Schritt 3

Im Dialog **Mitglieder auswählen: Kontakte** sehen Sie alle Kontakte mit E-Mail-Adressen. Markieren Sie den gewünschten Kontakt ❷, und klicken Sie dann auf die Schaltfläche **Mitglieder ->**. Wiederholen Sie dies für jeden Kontakt, der zu dieser Gruppe gehören soll. Verlassen Sie den Dialog mit **OK**.

Schritt 4

Im Fenster der Kontaktgruppe werden die ausgewählten Mitglieder aufgelistet. Klicken Sie auf **Speichern & schließen**. Die Kontaktgruppen tauchen dann unter den Kontakten mit einem besonderen Symbol ❸ auf.

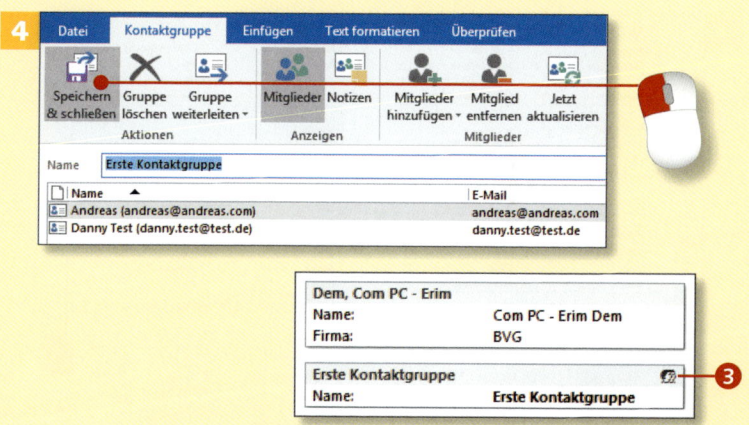

Schritt 5

Um an die Mitglieder dieser Kontaktgruppe eine E-Mail zu schreiben, markieren Sie die Gruppe ❹ per Mausklick (egal, in welcher Ansicht) und klicken auf der Registerkarte **Start** auf **E-Mail**.

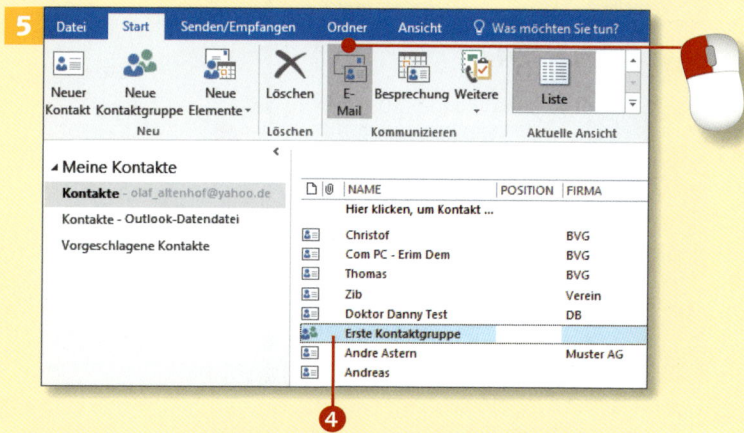

Schritt 6

Das Fenster zum Schreiben von E-Mails wird geöffnet. Im Feld **An** ist die Kontaktgruppe als Empfänger bereits eingetragen. Schreiben Sie Ihren Text, und versenden Sie die E-Mail jetzt wie üblich.

> **i**
>
> **Kontaktlisten aktualisieren**
>
> Wenn Sie die E-Mail-Adressen der Mitglieder Ihrer Kontaktgruppe ändern, geschieht das nicht automatisch in der Gruppe. Sie müssen die Kontaktgruppe mit einem Klick auf **Jetzt aktualisieren** zunächst auffrischen.

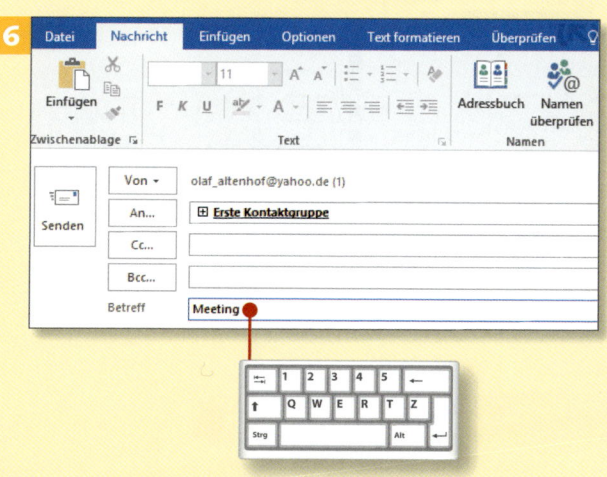

Das Adressbuch ausdrucken

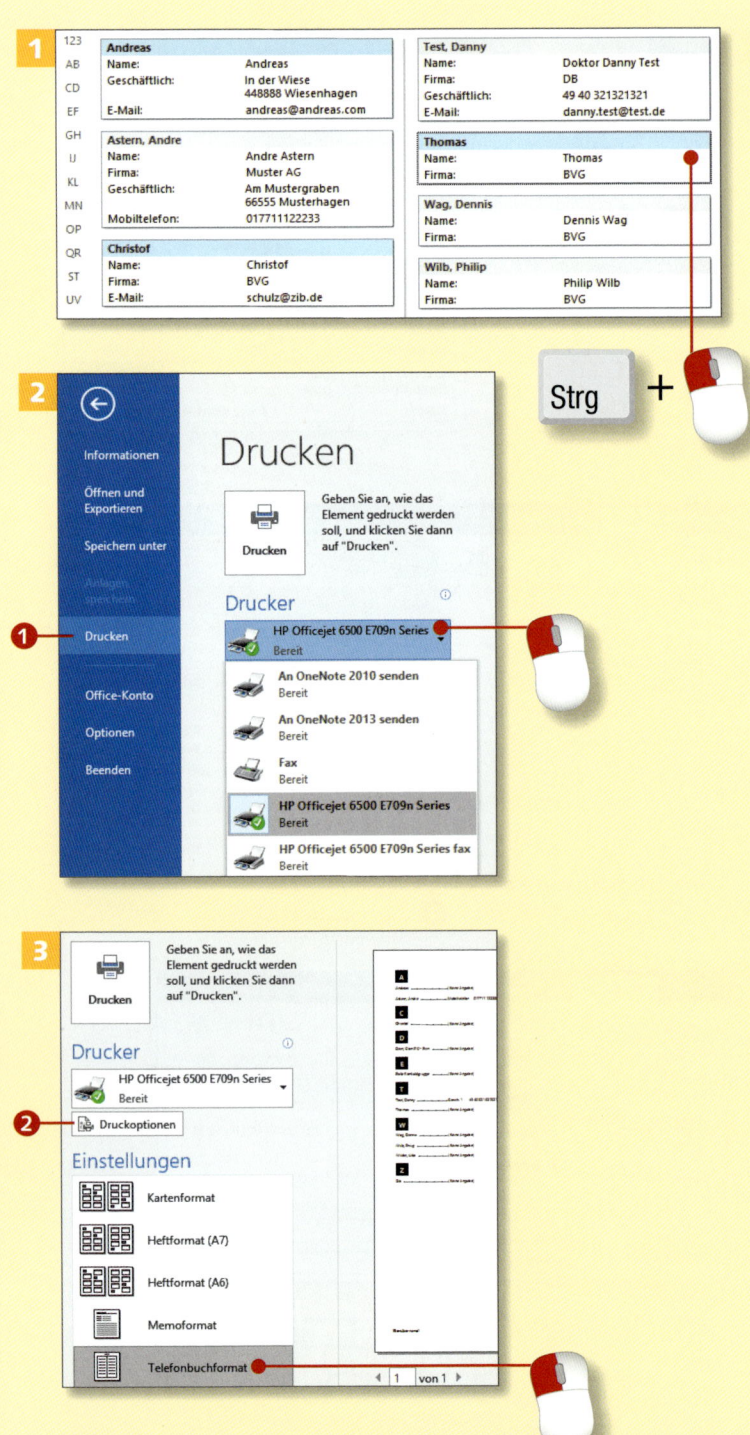

So praktisch die digitale Adressverwaltung am Computer auch ist – gelegentlich benötigen Sie Adressen und andere Daten auch auf Papier, etwa wenn Sie ohne Laptop oder andere Kommunikationsmittel unterwegs sind.

Schritt 1

Wenn Sie in den Ausdruck des Adressbuchs nicht alle Kontakte aufnehmen wollen, müssen Sie zunächst die gewünschten Kontakte markieren. Denken Sie daran, dass Sie mehrere Kontakte durch Drücken der Taste Strg, während Sie mit der Maus klicken, markieren können.

Schritt 2

Klicken Sie dann auf **Datei ▸ Drucken ❶**. Wählen Sie im Fenster **Drucken** einen Drucker aus, indem Sie am Feld **Drucker** auf den Auswahlpfeil klicken.

Schritt 3

Wählen Sie jetzt im Bereich **Einstellungen** das gewünschte Format aus. In der Vorschau rechts erhalten Sie einen Eindruck des Resultats nach dem Ausdruck.

Schritt 4

Abschließend klicken Sie auf die Schaltfläche **Drucken**, und in Kürze stehen Ihnen die ausgedruckten Kontaktdaten zur Verfügung.

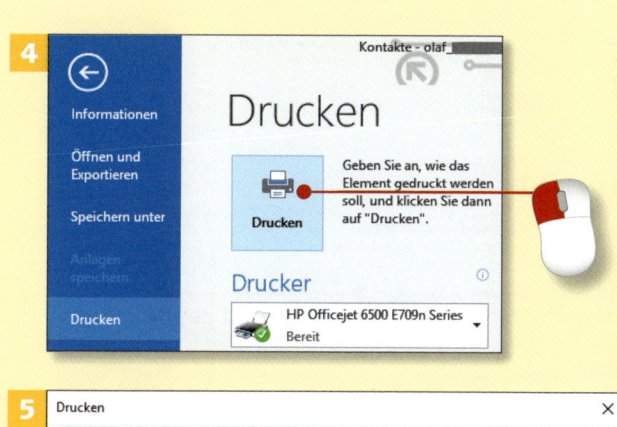

Schritt 5

Wenn es Sie stört, dass Sie (beim Kartenformat) stets leere Seiten am Ende des Ausdrucks erhalten, müssen Sie die Formateinstellung anpassen. Klicken Sie dazu auf **Druckoptionen** (❷ in Bild 3). Im Dialog **Drucken** markieren Sie **Kartenformat** ❸ und klicken auf **Seite einrichten**.

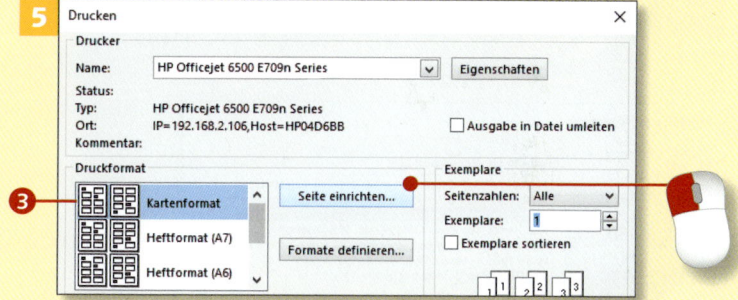

Schritt 6

Im Fenster **Seite einrichten: Kartenformat** wählen Sie auf der Registerkarte **Format** im Feld **Blankoformulare am Ende** den Wert **Keine** und klicken auf **OK**.

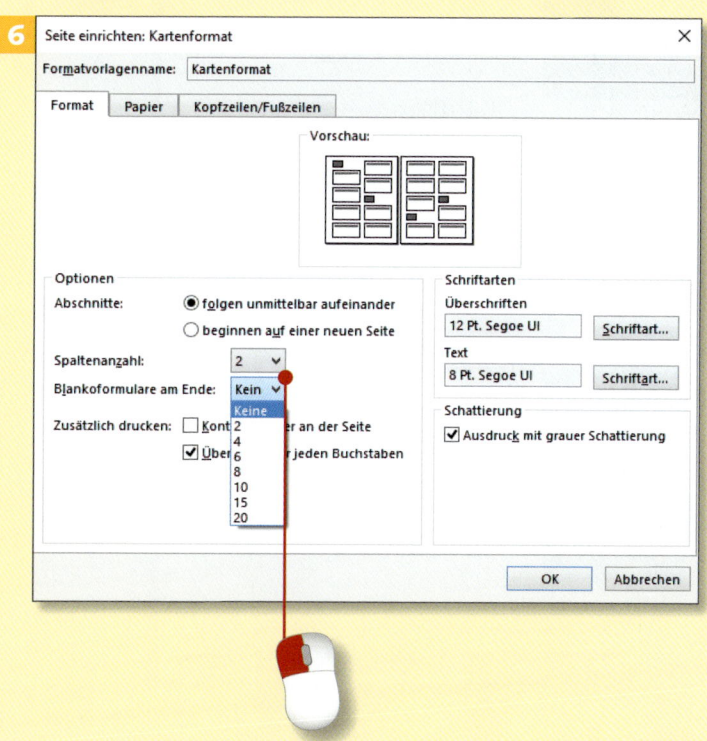

ℹ️ **Druckformate**

Je nachdem, welche Ansicht Sie ausgewählt haben, variiert die Auswahl an Druckformaten, die Outlook Ihnen anbietet. Wenn Sie z. B. die Ansicht **Telefon** geöffnet haben, gibt es hier nur **Tabellenformat**.

Adressen exportieren

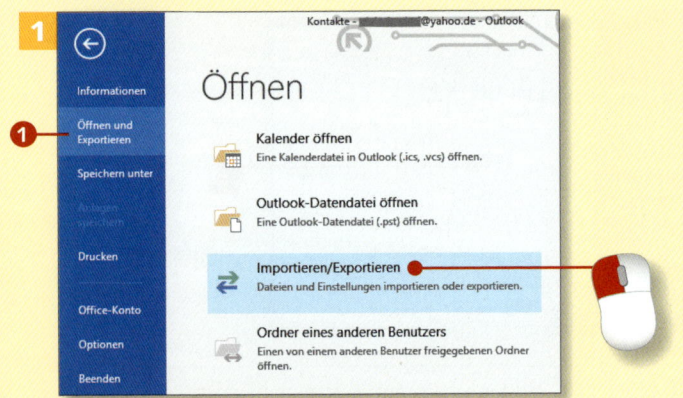

Sie können Ihre gesammelten Adressen/Kontakte aus Outlook exportieren, so dass sie in einem anderen Format zur Verfügung stehen und weiterverwendet werden können.

Schritt 1

Öffnen Sie über **Datei** den Backstage-Bereich, und wählen Sie hier **Öffnen und exportieren** ❶. Klicken Sie auf die Schaltfläche **Importieren/Exportieren**.

Schritt 2

Im Dialog **Import/Export-Assistent** markieren Sie in der Liste die Auswahl **In Datei exportieren**. Klicken Sie dann auf **Weiter** ❷.

Schritt 3

Wählen Sie im nächsten Dialog den Eintrag **Durch Trennzeichen getrennte Werte**. Klicken Sie dann auf die Schaltfläche **Weiter**.

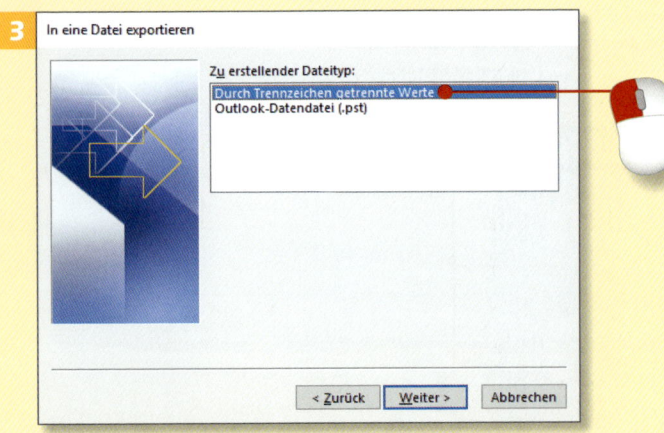

Schritt 4

Im nächsten Dialog bestimmen Sie, welchen Ordner Sie exportieren möchten. Klicken Sie also auf **Kontakte** und dann auf **Weiter**.

Schritt 5

Legen Sie im letzten Dialog fest, wohin die Daten exportiert werden sollen. Klicken Sie dazu auf die Schaltfläche **Durchsuchen**, so dass Sie den Speicherort und den Namen für die Exportdatei festlegen und die Datei speichern können.

Schritt 6

Zuletzt werden die durchzuführenden Aktionen aufgelistet. Klicken Sie auf **Fertig stellen**. Anschließend erhalten Sie eine Datei ❸, die Sie z. B. in Excel oder im Editor öffnen können. Erwarten Sie nicht zu viel, es sind eben einfach »durch Trennzeichen getrennte Werte«.

Feldzuordnung

Im letzten Dialog des Exports finden Sie die Schaltfläche **Benutzerdefinierte Felder zuordnen** ❹. Damit rufen Sie einen Dialog auf, in dem Sie die beim Export verwendeten Feldnamen ändern können.

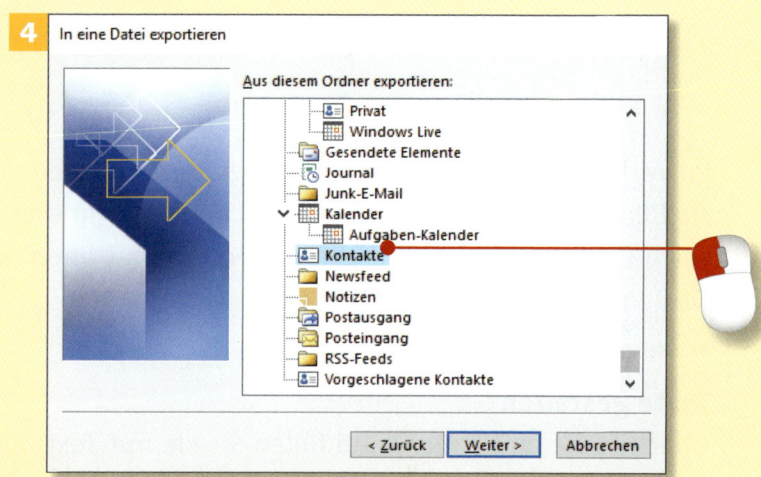

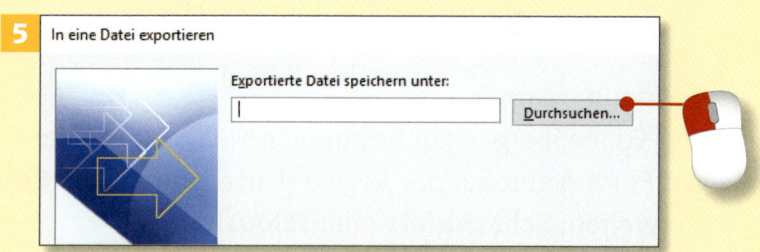

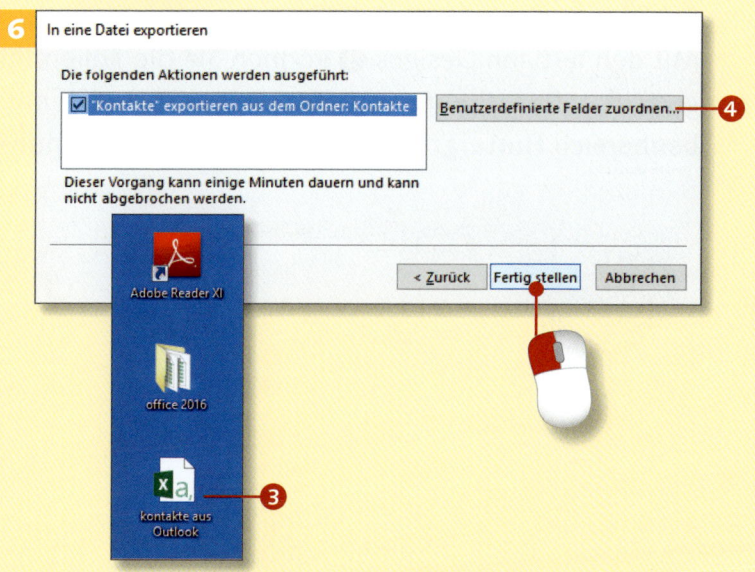

Kapitel 11
Mit PowerPoint präsentieren

PowerPoint ist ein Präsentationsprogramm, mit dem Sie Folien erstellen, die in der Regel als Bildschirmpräsentation vorgeführt werden. In diesem Kapitel erfahren Sie u. a., wie Sie solche Folien anlegen und bearbeiten, Animationen und Folienübergänge einbinden oder Designs verwenden.

Texte gestalten

Gliedern Sie Ihre Folien, und füllen Sie sie mit Text. Die Textfelder können Sie dann mit den vielen Möglichkeiten der Registerkarte **Format** ❶ gestalten. Weisen Sie z. B. eine Textfüllung, eine Textkontur oder Texteffekte zu.

Folienübergänge

Mit Folienübergängen bestimmen Sie, wie aufeinanderfolgende Folien erscheinen. PowerPoint bietet auf der Registerkarte **Übergänge** ❷ viele Effekte für diese Abfolge, z. B. **Verwehen**, **Schachbrett** oder **Jalousie**.

Schicke Designs für Ihre Folien

Mit den fertigen Designs ❸ können Sie die Folien Ihrer Präsentation im Nu ansprechend gestalten. Der Hintergrund der Designs lässt sich mit den vielen Optionen, die der Aufgabenbereich **Hintergrund formatieren** anbietet, individuell anpassen.

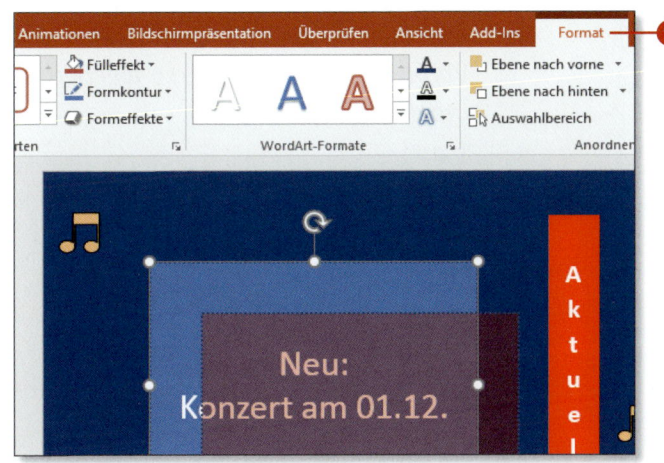

1 Verschönern Sie Ihre Folien mit Hilfe der Registerkarte **Format**.

2 Legen Sie Übergänge für die Folien fest.

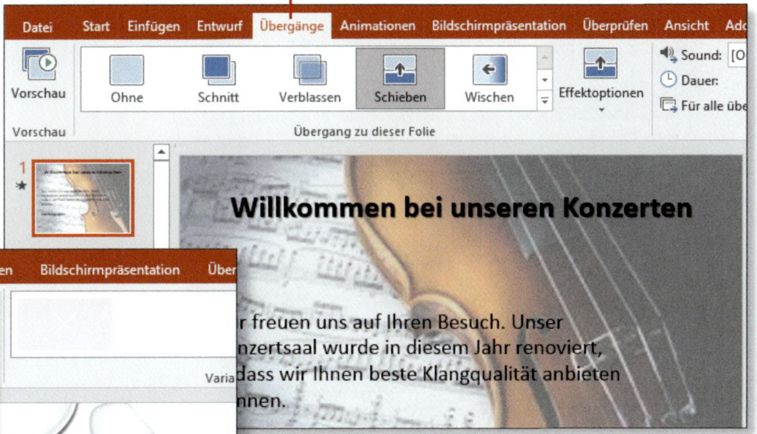

3 Mit Designs gestalten Sie Ihre Folien im Nu.

Die schnelle Präsentation per Assistent

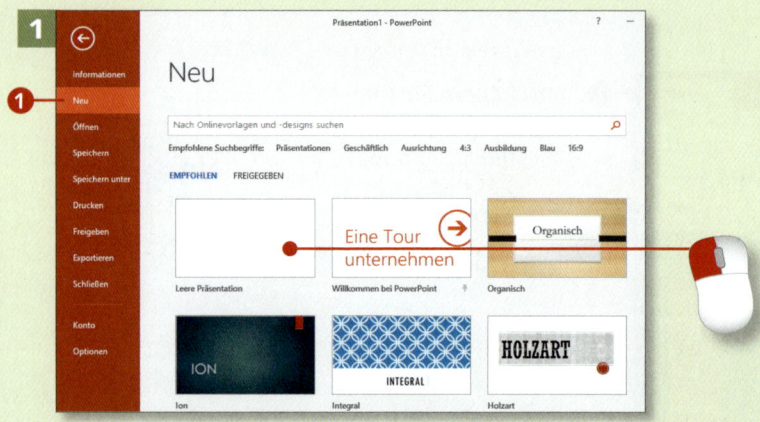

Eine Präsentation lässt sich am schnellsten mit Hilfe von Vorlagen erstellen. PowerPoint bietet viele Vorlagen, die Sie mit Ihren eigenen Inhalten füllen können.

Schritt 1

Nach dem Aufruf von PowerPoint wird – wie bei den anderen Office-Programmen – das Fenster **Neu** ❶ angezeigt. Sie können hier eine leere Präsentation starten oder sich eine Vorlage aussuchen.

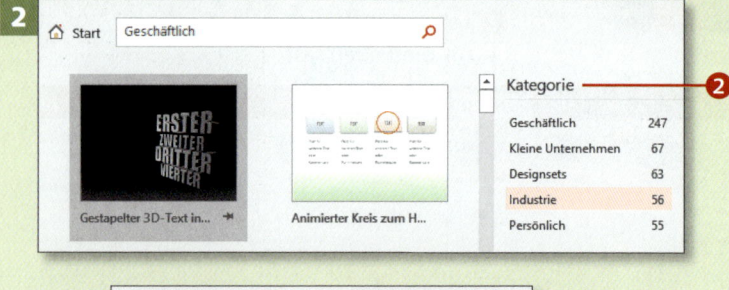

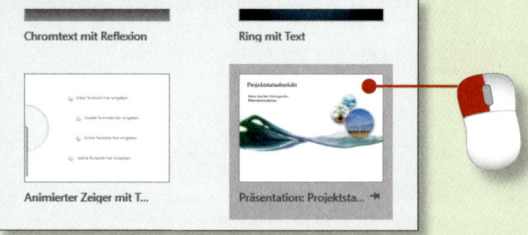

Schritt 2

Standardmäßig werden zunächst nur Vorlagen für Titelfolien (die erste Folie der Präsentation) angezeigt. Vorlagen für eine komplette Präsentation erreichen Sie über eine der Kategorien unterhalb des Suchfeldes, z. B. **Geschäftlich** ❷. Im nächsten Fenster können Sie die Kategorie weiter eingrenzen und dann eine der Miniaturvorschauen anklicken.

Schritt 3

Nachdem Sie eine Miniatur angeklickt haben, taucht ein etwas größeres Bild auf. Möchten Sie diese Vorlage verwenden, klicken Sie hier auf **Erstellen**.

Schritt 4

Schon wird Ihnen die erste Folie der Vorlage präsentiert. Im linken Bereich des Bildschirms werden weitere Folien der Präsentation als Vorschaubilder angezeigt.

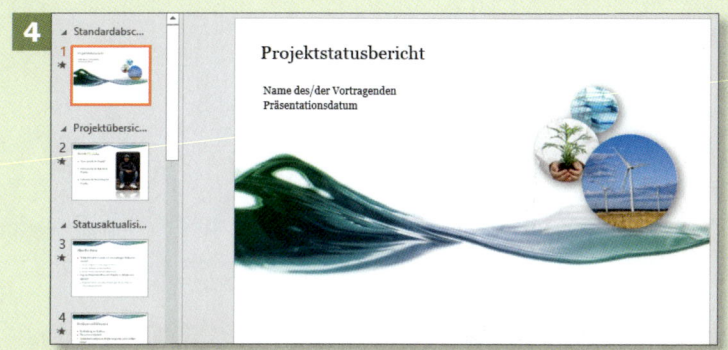

Schritt 5

Sie können nun beginnen, die einzelnen Folien mit Inhalt zu füllen. Klicken Sie z. B. auf den Platzhalter **Titellayout** auf der ersten Folie. Das setzt den Cursor in diesen Bereich, und Sie können Ihren Text eingeben.

Schritt 6

Um die nächste Folie zu bearbeiten, aktivieren Sie sie per Klick auf das Minibild. Auch hier klicken Sie wieder auf die Platzhalter, um eigene Texte einzugeben. Wenn sich auf einer Vorlage ein Foto befindet, klicken Sie es mit rechts an und wählen **Bild ändern**. Über **Durchsuchen** gelangen Sie zum Dialog **Grafik einfügen,** wo Sie das gewünschte Bild auswählen.

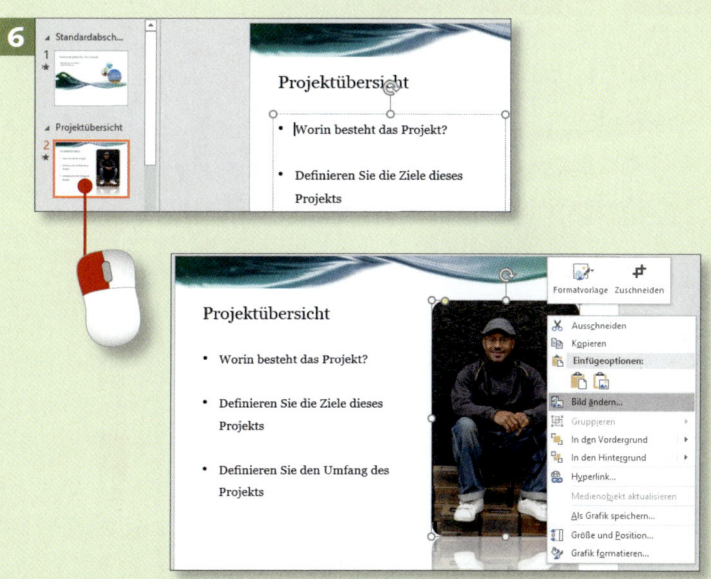

Das passende Layout für eine Folie finden

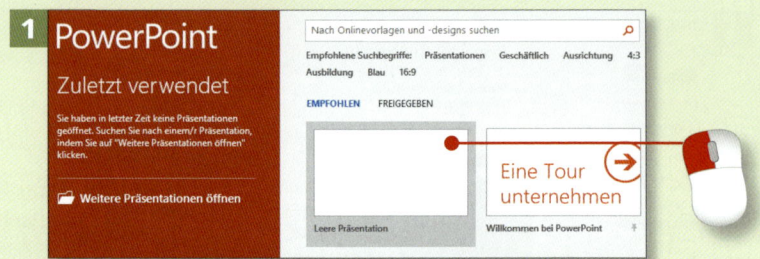

Anders als bei einer Textverarbeitung, in der die Dokumente automatisch verlängert werden, müssen neue Folien extra eingefügt werden. PowerPoint bietet fertige Layouts an.

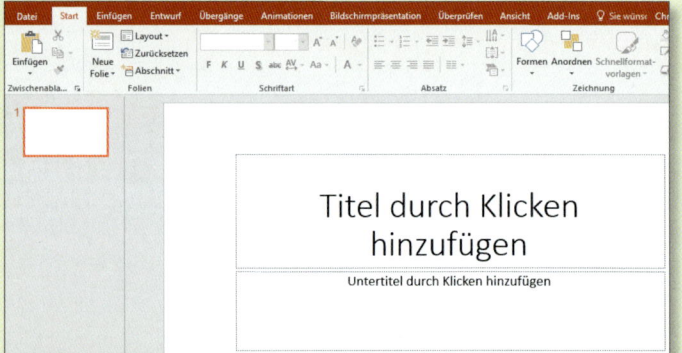

Schritt 1

Wenn Sie Ihre Präsentation ohne Vorlage erstellen möchten, klicken Sie nach dem Aufruf von PowerPoint auf **Leere Präsentation**. Danach wird Ihnen eine schlichte Titelfolie präsentiert.

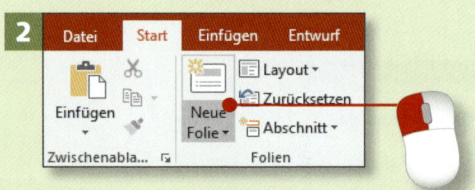

Schritt 2

Um eine Folie hinzuzufügen, klicken Sie auf der Registerkarte **Start** auf die Schaltfläche **Neue Folie**.

Schritt 3

Im Menü **Neue Folie** werden diverse Layouts für die Folie angeboten. Wählen Sie eins, das zum Text und zur geplanten Gestaltung der neuen Folie passt. Möchten Sie beispielsweise eine Überschrift, etwas Text und ein Bild einfügen, wählen Sie **Titel und Inhalt**.

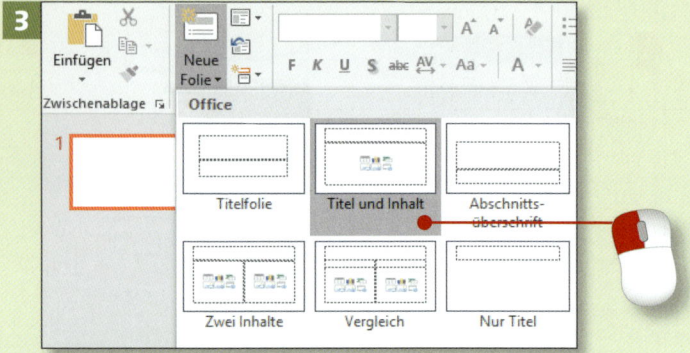

Schritt 4

Sie sehen die eingefügte neue Folie im linken Bereich als Vorschaubild; die Folie selbst (mit den Platzhaltern und Symbolen) prangt auf dem Bildschirm. Klicken Sie in die Platzhalter, um Text einzugeben. Um z. B. ein Bild einzufügen, klicken Sie auf das Symbol **Bilder**.

Schritt 5

Wenn das Layout doch nicht das richtige ist, öffnen Sie das Menü der Schaltfläche **Layout** und wählen eine neue Vorlage aus.

Schritt 6

Sie können natürlich auch mit einer ganz leeren Folie arbeiten und alle Elemente von Hand einfügen. Dazu klicken Sie auf **Neue Folie ▸ Leer**. Sie können dann aber nicht einfach drauflosschreiben, sondern brauchen Textfelder etc.

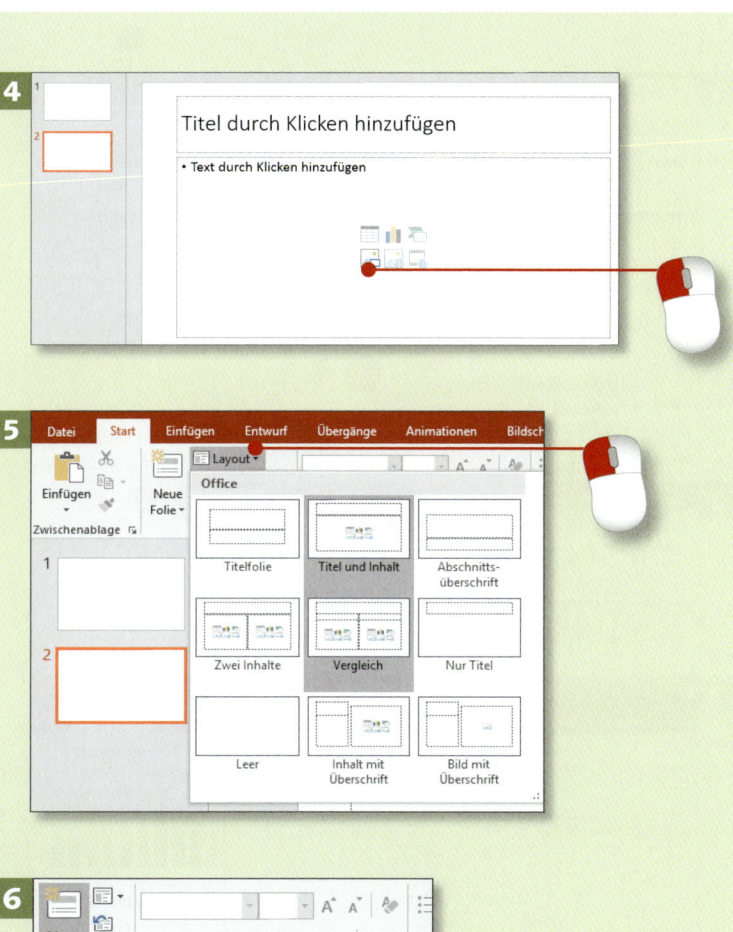

! Neue Folie oder neues Layout?

Beachten Sie, dass Sie mit **Neue Folie** eine weitere Folie einfügen und mit **Layout** das Layout der aktuellen Folie ändern. Da die Menüs identisch aussehen, passieren hier oft Missgeschicke. Passiert Ihnen ein Fehler, drücken Sie am besten schnell `Strg` + `Z`, um den Fehler wieder rückgängig zu machen.

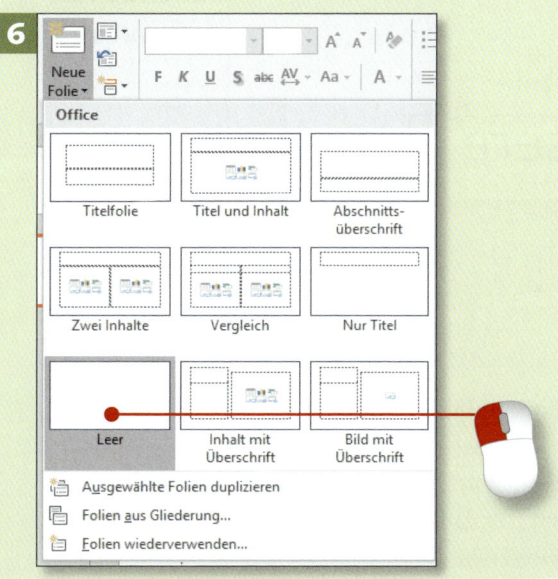

Text einfügen und bearbeiten

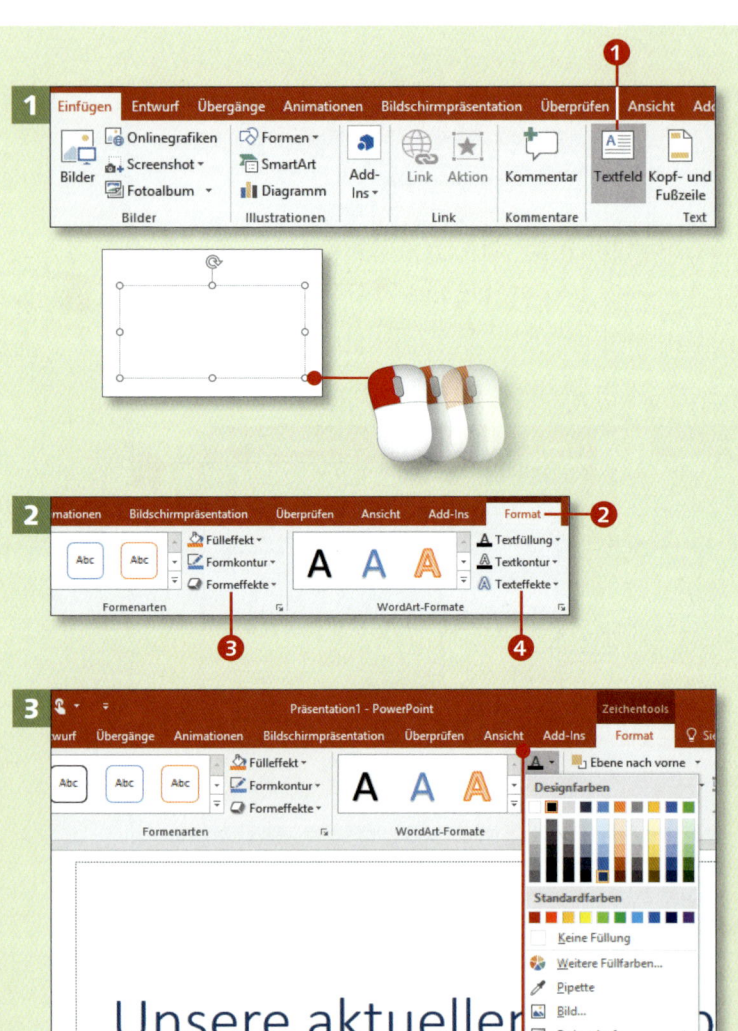

PowerPoint bietet eine Menge Möglichkeiten, den Text und die Textfelder zu gestalten.

Schritt 1

Wenn Ihre Folie leer ist oder ein zusätzliches Textfeld brauchen, klicken Sie auf der Registerkarte **Einfügen** auf **Textfeld** ❶. Dann ziehen Sie mit gedrückter Maustaste das Feld auf. In dieses Textfeld tippen Sie Ihren Text.

Schritt 2

Es gibt viele Mittel, um den Text und das Textfeld zu bearbeiten. Neben den üblichen Formatierungen (Schriftart, -farbe etc.) stehen unter **Zeichentools** auf der Registerkarte **Format** ❷ u. a. Formeffekte und -konturen ❸ (für das Textfeld) und **Textfüllung**, **Textkontur** und **Texteffekte** ❹ (für den Text) bereit.

Schritt 3

Wenn der Text in einem Textfeld aus mehreren Wörter besteht, müssen Sie ihn zum Formatieren zunächst markieren. Zum Einfärben klicken Sie auf die Schaltfläche **Textfüllung** und wählen eine Farbe.

ℹ **Farbiger Folienhintergrund**

Um die Folie selbst einzufärben, wechseln Sie zur Registerkarte **Entwurf** und klicken hier auf **Hintergrund formatieren**. Im Aufgabenbereich werden Optionen für die Füllung angeboten.

Schritt 4

Um den Text mit einer Art leuchtendem Umriss zu versehen, klicken Sie unter **Zeichentools** auf der Registerkarte **Format** auf **Texteffekte** und zeigen im Menü auf **Leuchteffekt**. Im Untermenü suchen Sie sich einen Typ aus.

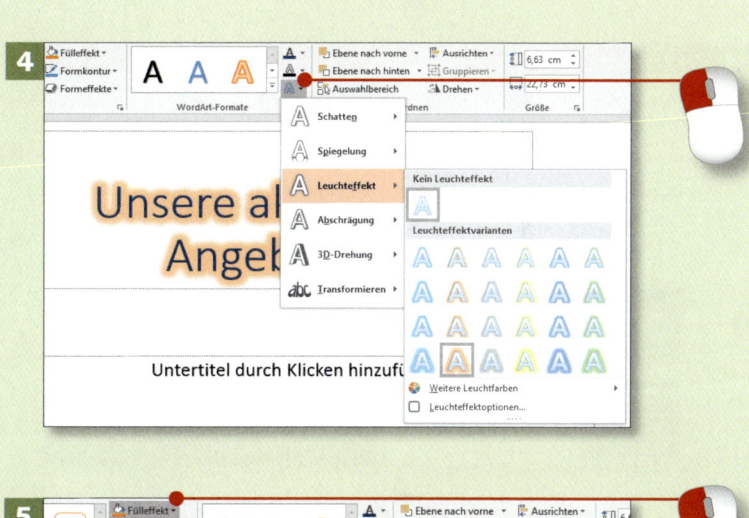

Schritt 5

Um dem Textfeld eine Hintergrundfarbe zu gönnen, nutzen Sie das Menü der Schaltfläche **Fülleffekt**. Wählen Sie hier eine Farbe (oder einen anderen Effekt ❺).

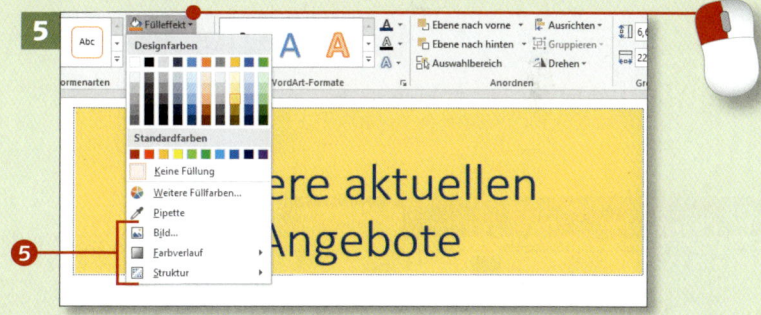

Schritt 6

Der Text lässt sich auch drehen. Setzen Sie den Cursor in das Feld, und klicken Sie auf **Drehen**. Wenn Sie den Text nicht um 90 Grad drehen wollen, klicken Sie auf **Weitere Drehungsoptionen**. Im Aufgabenbereich **Form formatieren** bestimmen Sie im Feld **Drehung** ❻ den Winkel.

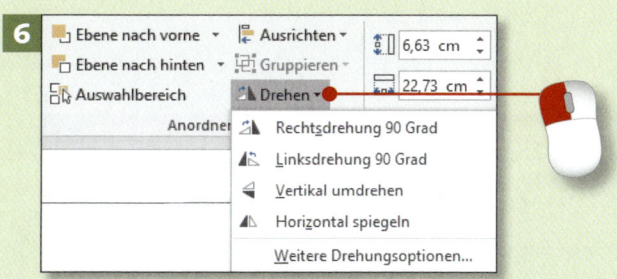

Schatten für Text und Rahmen

Wenn das Textfeld einen Rahmen hat, wirkt sich die Zuweisung eines Schatteneffekts aus dem Menü **Formeffekte** sowohl auf den Text als auch auf den Rahmen aus.

Attraktive Folienübergänge erzeugen

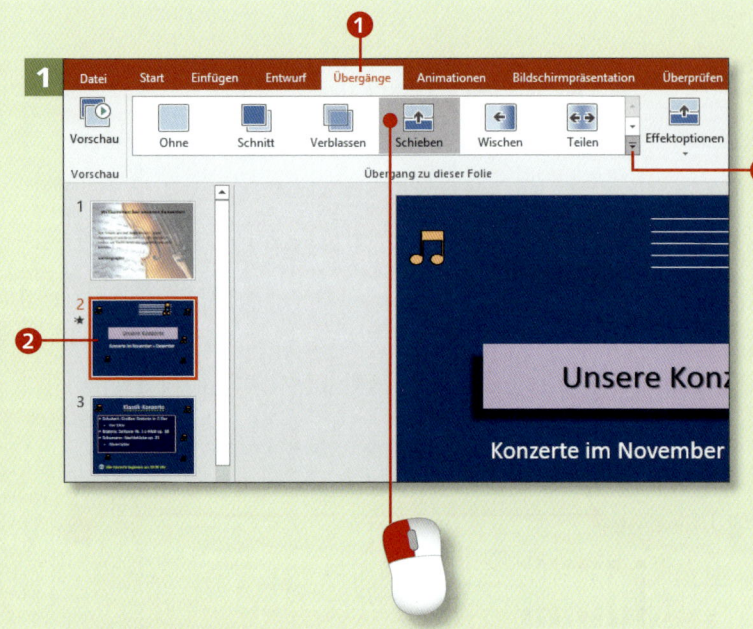

Folien werden heutzutage meistens als eine Art Diashow am Bildschirm präsentiert. Mit Folienübergängen stellen Sie ein, wie die jeweils nächste Folie erscheint.

Schritt 1

Aktivieren Sie die Registerkarte **Übergänge** ❶. Markieren Sie links die zweite Folie ❷, und klicken Sie in der Gruppe **Übergang zu dieser Folie** auf einen Effekt. Um alle Effekte zu sehen, klicken Sie auf den Pfeil ❸ an der Auswahl.

Schritt 2

Sobald Sie einen Übergangseffekt ausgewählt haben, wird er automatisch am Bildschirm abgespielt. Per Klick auf die Schaltfläche **Vorschau** können Sie den eingestellten Übergangseffekt jederzeit selbst starten.

Schritt 3

In der Regel sollen Folienübergänge für alle Folien der Präsentation gelten, so dass alle Folien jeweils mit dem gleichen Effekt erscheinen. Klicken Sie dazu nach der Einstellung des ersten Übergangs auf **Für alle übernehmen**. Sie können aber natürlich auch für jede Folie einen anderen Übergang festlegen.

Schritt 4

Wenn Sie Folien präsentieren, müssen Sie klären, wann die nächste Folie am Bildschirm erscheint. Treffen Sie Ihre Entscheidung in der Gruppe **Anzeigedauer**. Rufen Sie die nächste Folie einfach mit der Maus auf, oder legen Sie im Feld **Nach** eine bestimmte Anzeigedauer für jede Folie fest, in unserem Beispiel sind es 10 Sekunden.

Schritt 5

Im Feld **Sound** können Sie den Folienübergang »vertonen«. Wecken Sie die Zuschauer Ihrer Präsentation z. B. mit dem Effekt **Glocken** auf! Soll der Sound bei jeder Folie abgespielt werden, klicken Sie auf **Für alle übernehmen** (Schritt 3).

Schritt 6

Wenn bei den Folienübergängen ein eigener Audioeffekt abgespielt werden soll, klicken Sie ganz unten im Menü auf **Anderer Sound**. Im Dialog **Audio hinzufügen** öffnen Sie den Ordner ❹ mit der gewünschten Audiodatei, markieren sie und klicken auf **OK**. Beachten Sie, dass nur Audiodateien im WAV-Format eingefügt werden können.

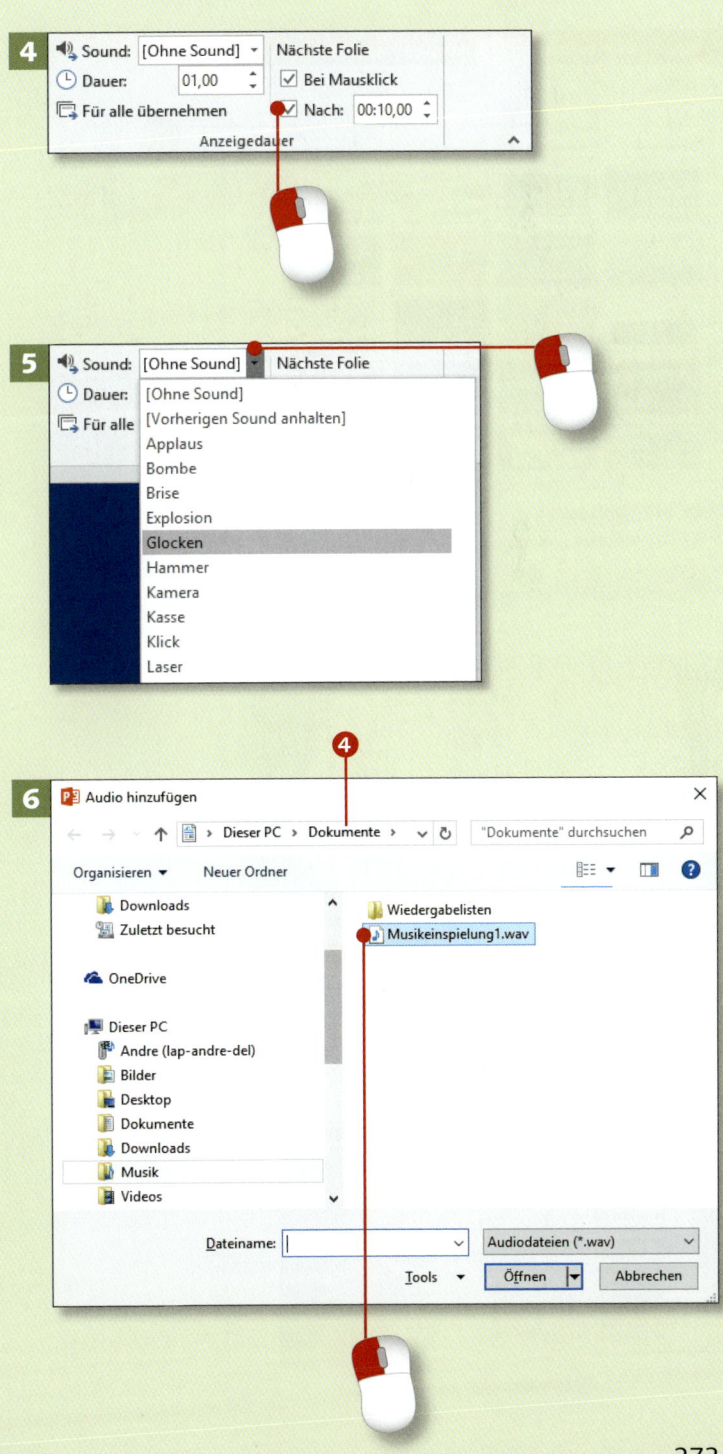

Ein anderes Design auswählen

Mit Designs erhalten Folien ein Aussehen aus einem Guss. Sie lassen sich ganz leicht zuweisen und gelten für die ganze Präsentation.

Schritt 1

Aktivieren Sie die Registerkarte **Entwurf** ❶. Klicken Sie auf den Pfeil an der Gruppe **Designs**. Wenn Sie mit der Maus auf ein Design zeigen, erhalten Sie eine Vorschau. Klicken Sie auf das Design, das Sie auf Ihre Folien übertragen möchten.

Schritt 2

Ein Design wird allen Folien der Präsentation zugewiesen. Auch eine neue Folie, die Sie über **Start ▸ Neue Folie** einfügen, hat seine Eigenschaften.

Schritt 3

Farben und Schriften des Designs lassen sich ändern. Öffnen Sie auf der Registerkarte **Entwurf** die Auswahl der Gruppe **Varianten**, und klicken Sie im Menü auf **Farben**. Wenn Sie über die Optionen fahren, sehen Sie die Auswirkungen direkt auf der Folie.

Schritt 4

Wenn Sie das Design verändern möchten, wählen Sie **Farben anpassen** ➋ unten im Menü. Im Dialog **Neue Designfarben erstellen** können Sie die einzelnen Elemente neu einfärben. Klicken Sie auf den Pfeil des Elements, und wählen Sie die neue Farbe aus.

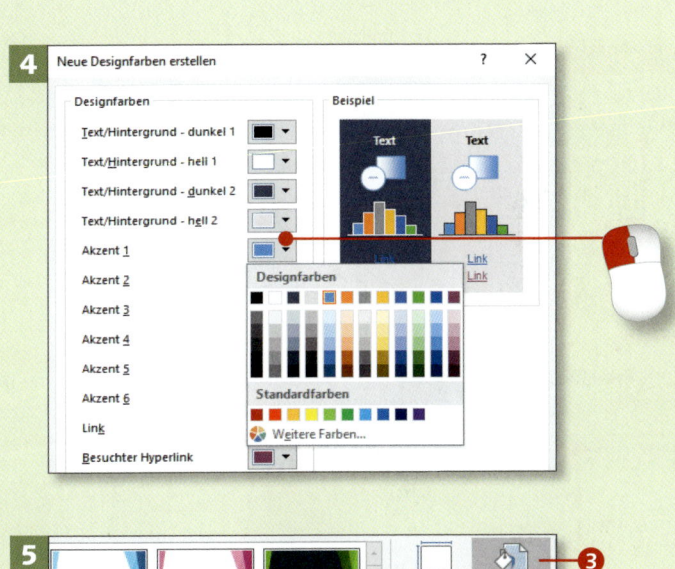

Schritt 5

Um nur den Hintergrund eines Designs zu ändern, klicken Sie auf der Registerkarte **Entwurf** auf **Hintergrund formatieren** ➌. Im gleichnamigen Aufgabenbereich wählen Sie die Füllung (z. B. **Einfarbige Füllung** ➍ oder **Farbverlauf** ➎) und legen über die Kachel **Farbe** eine Farbe (bei einem Farbverlauf auch mehrere) fest.

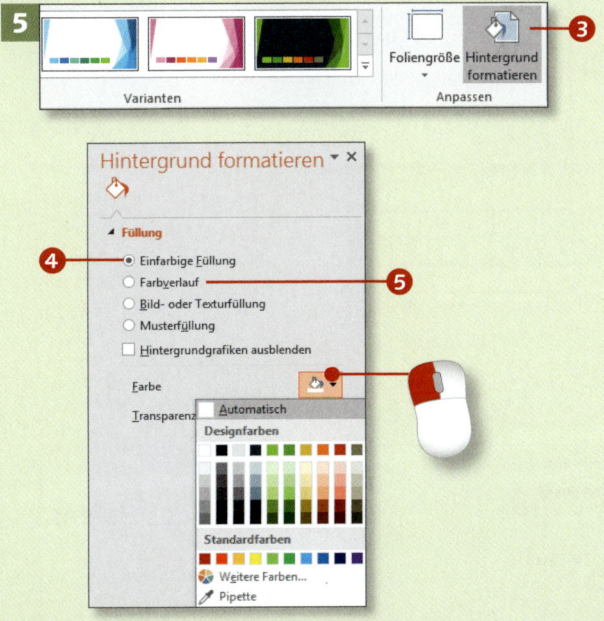

Schritt 6

Sie können problemlos ein anderes Design für Ihre Folien auswählen. Klicken Sie einfach auf der Registerkarte **Entwurf** in der Gruppe **Designs** auf das Symbol für das gewünschte Design. Im Auslieferungszustand verwendet PowerPoint das Design **Larissa**.

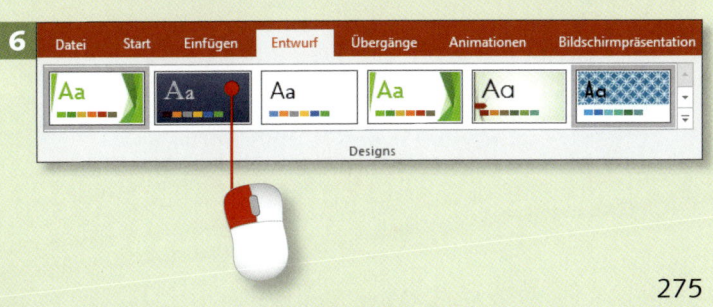

Von der Gliederung zur Folie

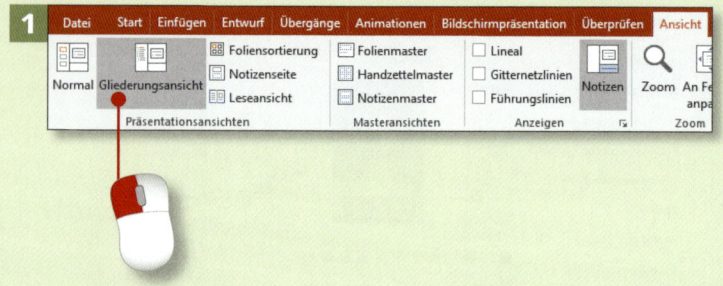

Es gibt verschiedene Wege, eine Präsentation zusammenzustellen. Sie nehmen sich z. B. eine Folie nach der anderen vor und gestalten sie. Sie können aber auch »textlastig« arbeiten und die Folien mit Hilfe der Gliederung erzeugen.

Schritt 1

Der PowerPoint-Bildschirm zeigt in der Ansicht **Normal** eine leere Folie mit zwei Platzhaltern (*Titelfolie*) und den linken Bereich mit den Miniaturfolien. Klicken Sie auf **Ansicht ▸ Gliederungsansicht**.

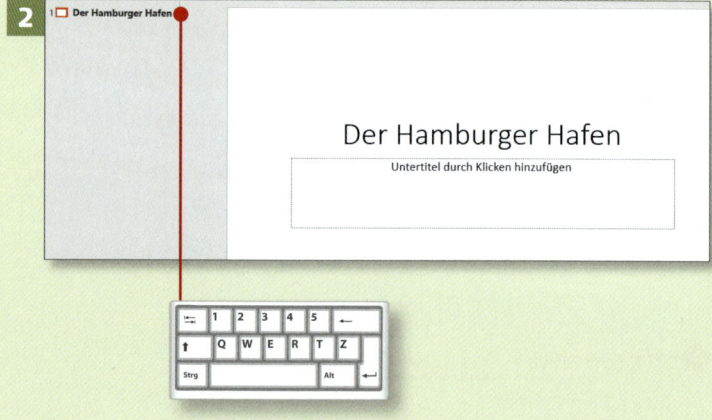

Schritt 2

Links taucht ein sehr kleines Symbol für die erste Folie auf. Schreiben Sie hier den Titel, der auf dieser Folie erscheinen soll. Der Text wird in den Platzhalter **Titel** auf der Folie übernommen.

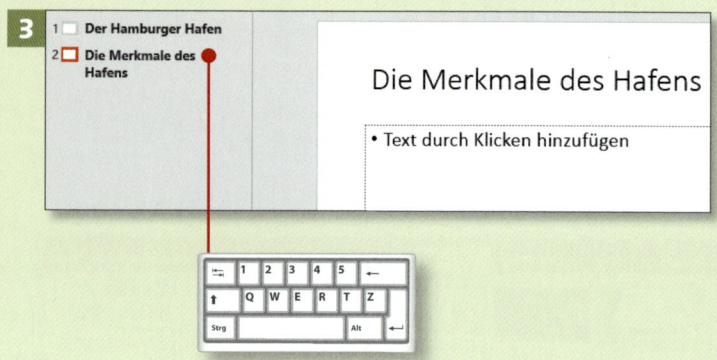

Schritt 3

Sobald Sie ⏎ drücken, erscheint ein neues Foliensymbol (also auch eine neue Folie). Schreiben Sie nun Ihren nächsten Text. Er wird zunächst im Kopf der neuen Folie eingefügt.

Schritt 4

Schreiben Sie alle Texte, die auf den Folien auftauchen sollen, in die Gliederung. Nach jedem Eintrag drücken Sie ⏎.

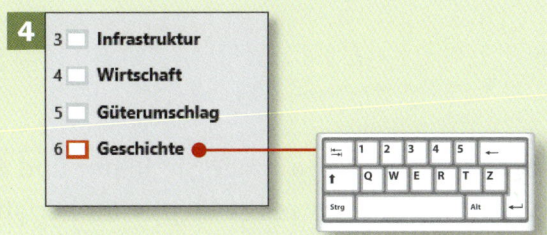

Schritt 5

Dann legen Sie fest, mit welchem Text eine neue Folie beginnt und welcher Text untergeordnet ist (als Untertitel erscheint). Setzen Sie den Cursor in die Zeile **Port Authorities**. Klicken Sie den Eintrag mit rechts an, und wählen Sie **Tiefer stufen**.

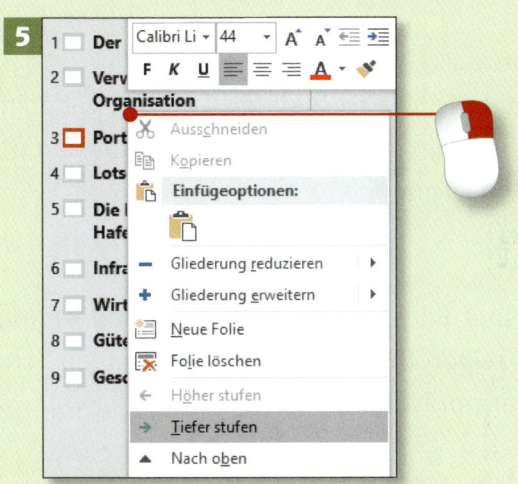

Schritt 6

Der Text »Port Authorities« ist nun als Untertext auf der Folie »Verwaltung und Organisation« ❶ gelandet. Strukturieren Sie nun den übrigen Text. Jeden Eintrag, der eine neue Folie einleitet, lassen Sie auf der ersten Ebene stehen. Die übrigen Textzeilen stufen Sie einmal oder mehrmals herunter.

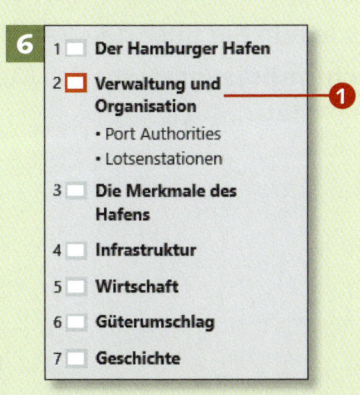

Fortsetzung der Hierarchie

Die jeweilige Hierarchie wird fortgesetzt, wenn Sie die ⏎-Taste drücken.

Kapitel 12
Präsentationen kreativ gestalten

In diesem Kapitel lernen Sie u.a.., wie Sie Bilder und Grafiken in PowerPoint-Folien einbinden. Außerdem werden Sie selbst kreativ und erfahren, wie Sie eigene Zeichnungen ganz leicht mit Hilfe vorgefertigter Formen erstellen können.

Bilder einfügen

Es gibt Folienlayouts, die speziell für Grafiken gedacht sind ❶. Mit diesen Layouts haben Sie im Nu ein Foto eingefügt, das Sie dann mit den üblichen Mitteln der Bildbearbeitung weiterbearbeiten können.

Animationen

Das A und O einer Bildschirmpräsentation sind Animationen ❷ für die einzelnen Folienelemente. Wir zeigen Ihnen, wie Sie mit wenigen Schritten aus einfachen Folien eine schicke Bildschirmpräsentation machen.

Die Präsentation vorführen

Sie können für Ihre Bildschirmpräsentation u.a. festlegen, wie lange die Folien jeweils gezeigt werden sollen. Dies regeln Sie über den Befehl **Neue Anzeigedauern testen** ❸ auf der Registerkarte **Bildschirmpräsentation**. Per Mausklick kann die Präsentation dann beginnen.

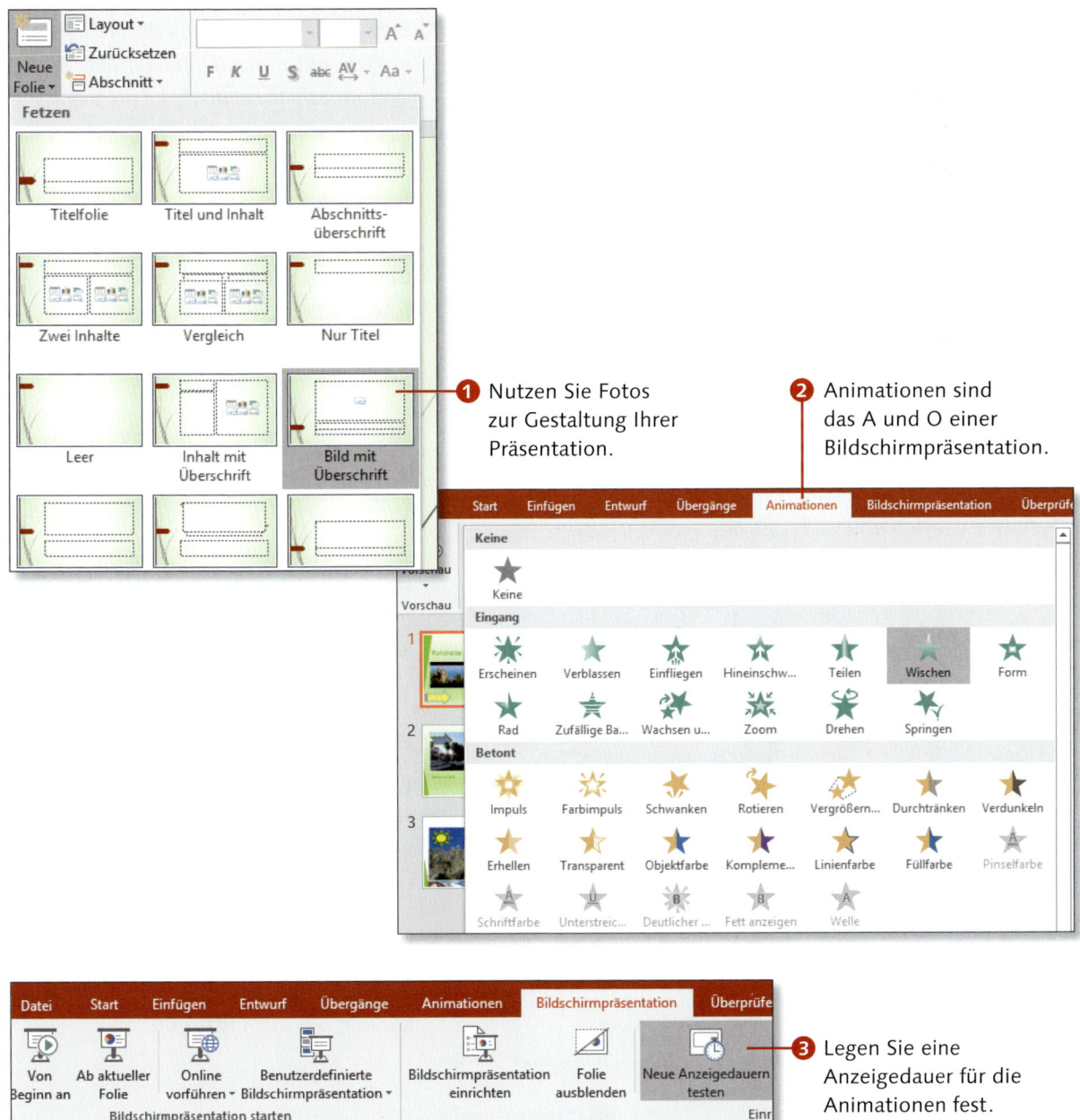

1 Nutzen Sie Fotos zur Gestaltung Ihrer Präsentation.

2 Animationen sind das A und O einer Bildschirmpräsentation.

3 Legen Sie eine Anzeigedauer für die Animationen fest.

Online-Grafiken suchen und einfügen

Präsentationen werden vor allem durch Fotos oder Bilder belebt. Über eine Online-Suche können Sie einen großen Fundus nach passenden Bildern durchstöbern.

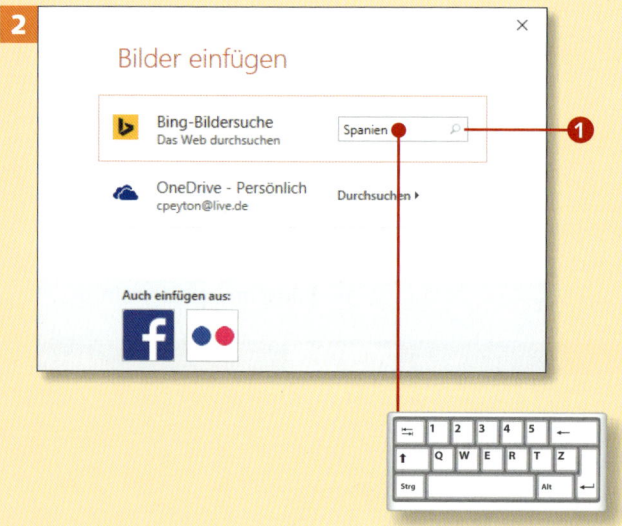

Schritt 1

Aktivieren Sie die Registerkarte **Einfügen**, und klicken Sie auf **Onlinegrafiken**.

Schritt 2

Im nächsten Fenster können Sie bei *office.com* oder über die Bing-Bildersuche nach ClipArts suchen. Geben Sie den Suchbegriff in das Feld **Bing-Bildersuche** ein (so finden Sie frei verwendbare Grafiken). Dann klicken Sie auf die Lupe ❶.

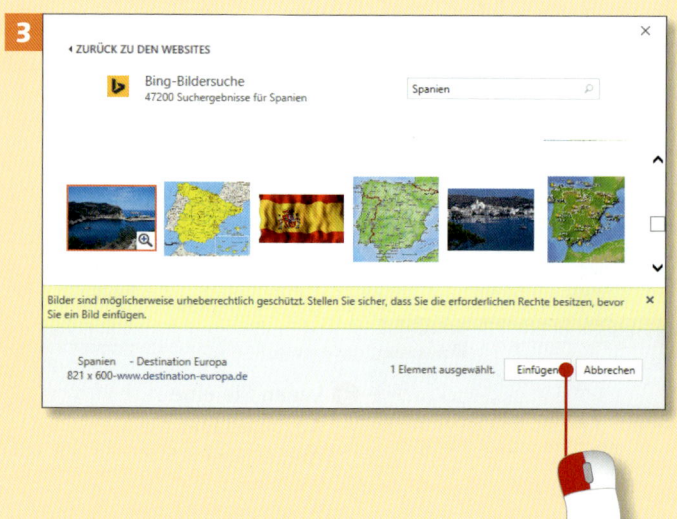

Schritt 3

Daraufhin werden die Treffer präsentiert. Um ein Bild größer zu sehen, klicken Sie auf die Lupe, die auftaucht, sobald Sie mit der Maus auf das Bild zeigen. Um weiterzusuchen, schließen Sie das große Vorschaubild über das Schließkreuz. Ansonsten klicken Sie auf **Einfügen**.

Schritt 4

Das Bild wird heruntergeladen und landet auf der Folie. Sie können es mit gedrückter Maustaste verschieben, seine Größe verändern (indem Sie mit gedrückter Maustaste an einem der Ziehpunkte ❷ ziehen) oder es unter **Bildtools** mit den Funktionen der Registerkarte **Format** ❸ bearbeiten.

Schritt 5

Sie können das Bild mit den Vorlagen in der Gruppe **Bildformatvorlagen** verändern. Öffnen Sie das Menü per Klick auf den Auswahlpfeil, und probieren Sie verschiedene »Looks« aus. Sie sehen den Effekt unmittelbar auf der Folie.

Schritt 6

Um ein Bild, das Sie heruntergeladen haben, auf Ihrem Rechner zu speichern, klicken Sie es mit der rechten Maustaste an und wählen **Als Grafik speichern**. Im Dialog **Als Bild speichern** wählen Sie den Speicherort aus und geben der Datei gegebenenfalls einen anderen Namen.

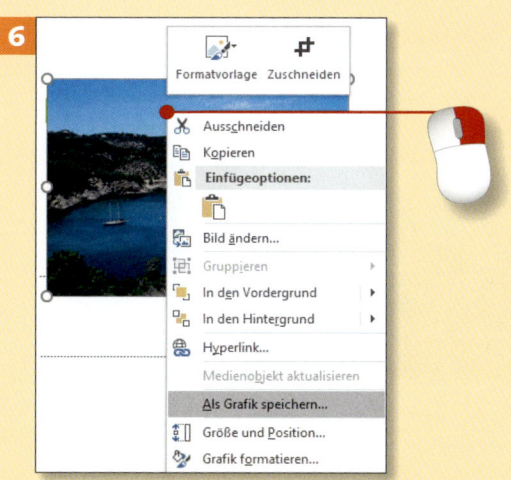

Bilddateien einfügen und anordnen

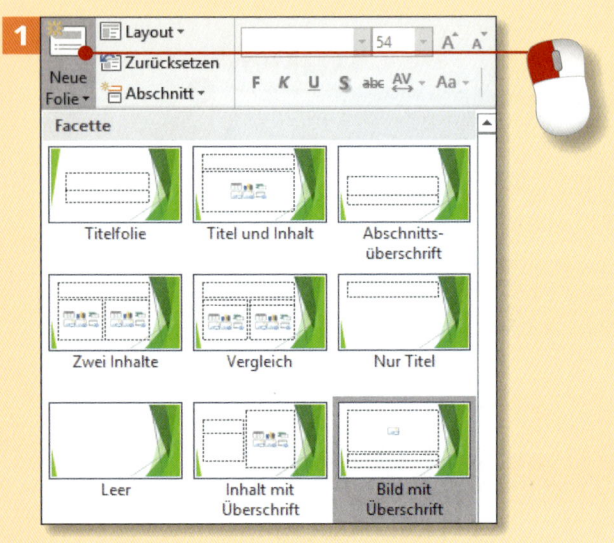

Mit den entsprechenden Layouts lassen sich Bilder und Grafiken blitzschnell einfügen und dann weiterbearbeiten.

Schritt 1

Es gibt Folienlayouts, die speziell für Grafiken und Bilder gedacht sind. Klicken Sie auf der Registerkarte **Start** auf **Neue Folie**, und wählen Sie beispielsweise **Bild mit Überschrift**. Denken Sie daran, vorher die Folie zu markieren, nach der Sie die neue Folie einfügen möchten.

Schritt 2

Auf der Folie prangt in der Mitte das Symbol **Bilder**. Klicken Sie darauf. Im Dialog **Grafik einfügen** (siehe z. B. Seite 120) navigieren Sie zu dem Ordner, in dem das Bild liegt. Markieren Sie es, und klicken Sie auf **Einfügen**.

Schritt 3

Das Bild passt sich in den Platzhalter ein, und Sie müssen nichts nachbearbeiten. Sie können aber auch eine ganz leere Folie verwenden und das Bild oder die Bilder nach Gusto einfügen und platzieren.

Schritt 4

Wenn Sie eine leere Folie vor sich haben, klicken Sie auf der Register-karte **Einfügen** auf **Bilder**. Im Dialog **Grafik einfügen** öffnen Sie den Ord-ner, in dem das Bild liegt, markieren es und klicken auf **Einfügen**.

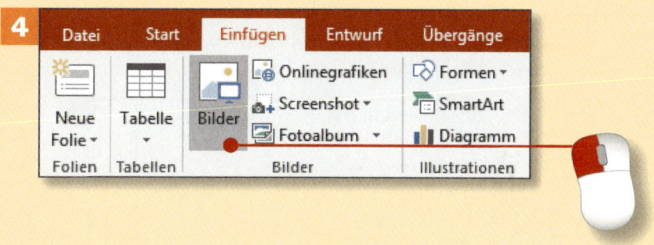

Schritt 5

Das Foto landet auf der Folie. Zie-hen Sie es mit gedrückter Maustaste an die richtige Stelle. Mit den acht Ziehpunkten des markierten Bildes bringen Sie es auf die passende Größe.

Schritt 6

Hilfreich sind die *Führungslinien*, mit denen Sie die Fotos sauber platzieren können (Sie aktivieren sie auf der Registerkarte **Ansicht**). Sie zeigen an, in welcher Position die Bilder exakt neben- bzw. unterei-nanderliegen.

Führungslinien verschieben

Führen Sie den Mauszeiger an die Linie, und verschieben Sie sie mit gedrückter Maustaste. Wenn Sie dabei die Strg-Taste gedrückt halten, fügen Sie weitere Füh-rungslinien ein.

Linien, Rechtecke, Pfeile und andere Formen

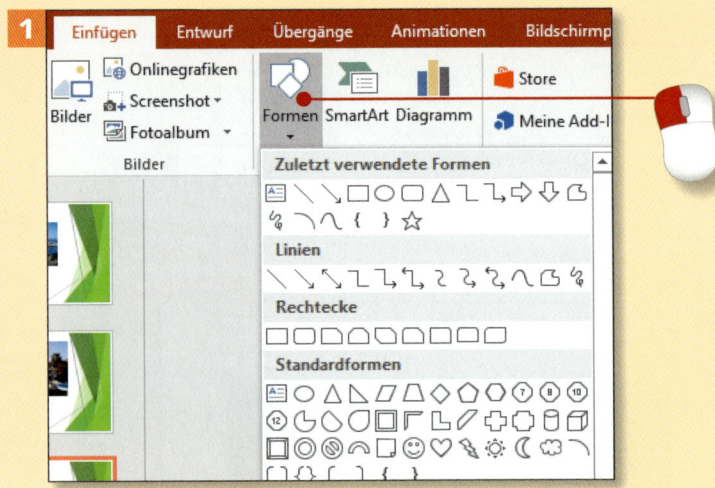

Sie können auch selbst kreativ werden und die Folie mit »gezeichneten« Objekten verschönern.

Schritt 1

Aktivieren Sie die Registerkarte **Einfügen**, und klicken Sie auf **Formen**. Im Menü sehen Sie alle Formen, die Sie verwenden können.

Schritt 2

Um eine Form einzufügen, klicken Sie ihr Symbol an. Dann führen Sie den Mauszeiger (der zu einem Fadenkreuz wird) auf die Folie und ziehen die Form mit gedrückter Maustaste auf.

Schritt 3

Die Form wird in der Farbe gezeichnet, die das gewählte Design für Objekte vorsieht. Um sie zu ändern, markieren Sie die Form, klicken unter **Zeichentools** auf der Registerkarte **Format** auf **Fülleffekt** und wählen eine andere Farbe.

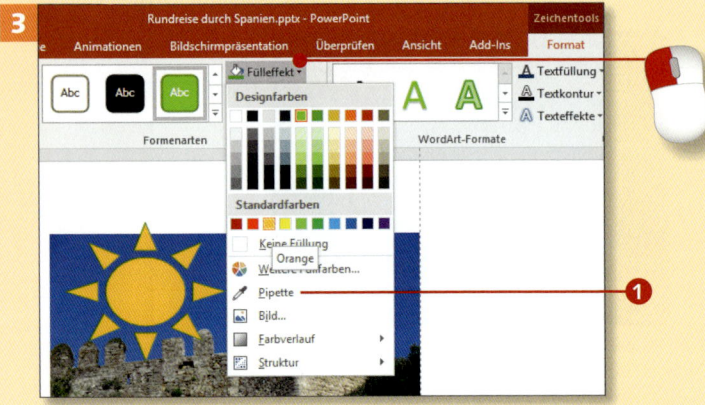

Farbe aufnehmen

Wenn Sie die Option **Pipette** ❶ wählen, können Sie mit der Pipette auf eine andere Farbe auf der Folie klicken, um genau diese Farbe auf die Form zu übertragen.

Schritt 4

Auf die gleiche Weise zeichnen Sie auch andere Formen. Öffnen Sie das Menü **Formen**. Klicken Sie auf einen Pfeil im Bereich **Linien**, und ziehen Sie ihn auf der Folie auf.

Schritt 5

Um den Pfeil zu bearbeiten, klicken Sie unter **Zeichentools** auf der Registerkarte **Format** auf **Formkontur**. Im Menü zeigen Sie auf **Stärke** ❷, um im Untermenü einen breiteren Pfeil einzustellen, und auf **Pfeile** ❸, um gegebenenfalls die Linienenden zu ändern.

Schritt 6

Für eine schnelle Bearbeitung der gezeichneten Formen können Sie auch fertige Angebote nutzen. Markieren Sie die Form, und klicken Sie auf den Pfeil am Auswahlfeld **Formenarten**. Klicken Sie dann einfach auf das gewünschte Format.

Kein Fülleffekt für Pfeile

Bei Pfeilen oder anderen Linien ist die Schaltfläche **Fülleffekt** nicht aktiv, weil es ja nichts zu füllen gibt!

Objekte färben und füllen

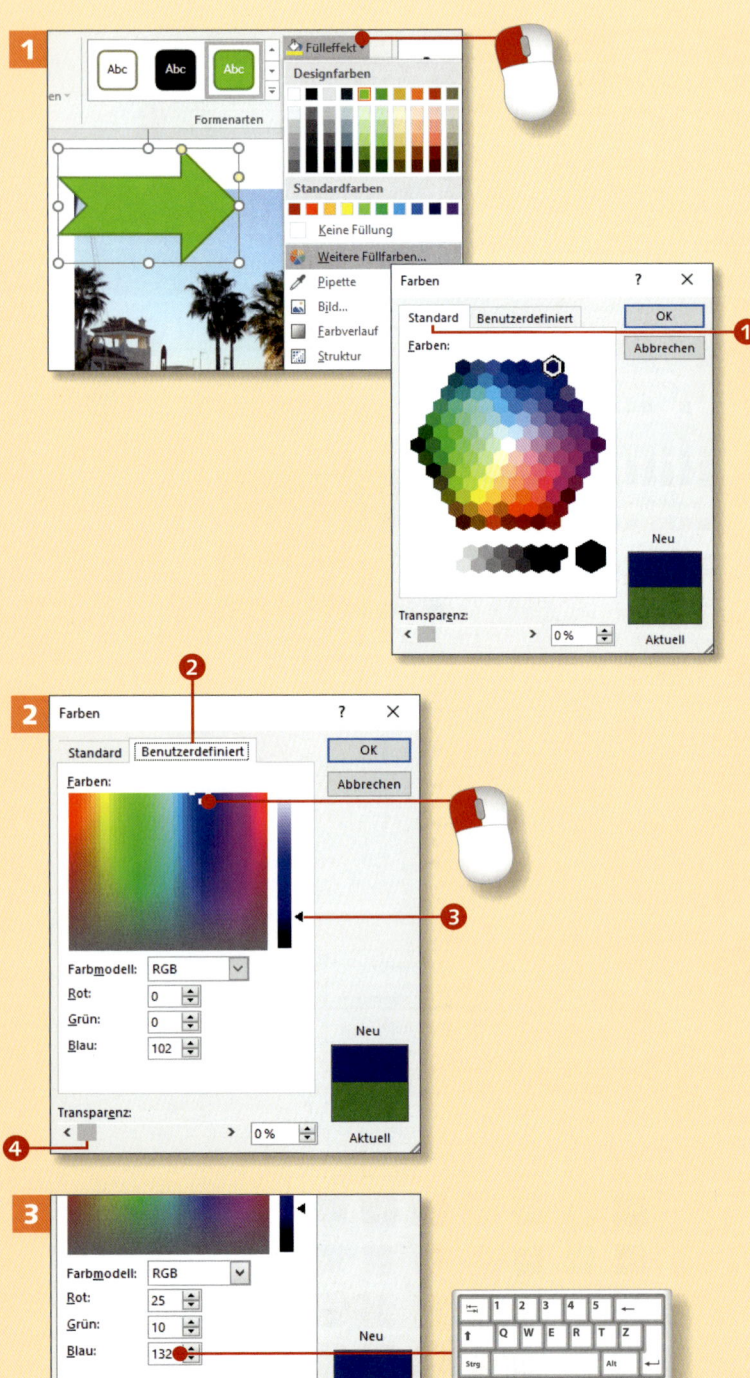

Mit den Fülleffekten können Sie Formen, Objekten oder dem Hintergrund nicht nur eine einfache Farbe zuweisen, sondern auch Farbverläufe, Strukturen und sogar Bilder.

Schritt 1

Markieren Sie die Form, und klicken Sie unter **Zeichentools** auf der Registerkarte **Format** auf **Fülleffekt ▸ Weitere Füllfarben**. Auf der Registerkarte **Standard** ❶ des Dialogs **Farben** finden Sie eine große Auswahl an Farben, die Sie einer Form zuweisen können.

Schritt 2

Auf der Registerkarte **Benutzerdefiniert** ❷ können Sie die Farbe differenziert einstellen. Eine ausgewählte Grundfarbe lässt sich mit dem Schieberegler »feintunen« ❸. Mit dem Schieberegler **Transparenz** ❹ gestalten Sie eine Farbe durchsichtiger, so dass andere Objekte durchschimmern.

Schritt 3

Um exakt den Ton zu treffen, den Sie einer anderen Form zugewiesen haben, geben Sie in den Feldern **Rot**, **Grün** und **Blau** die Werte der ersten Form ein (Sie sehen diese Werte, wenn diese Form markiert ist).

Schritt 4

Farbverläufe sind sehr effektvoll, z. B. für den Folienhintergrund. Klicken Sie auf der Registerkarte **Entwurf** ganz rechts auf **Hintergrund formatieren**. Im Aufgabenbereich aktivieren Sie die Option **Farbverlauf**.

Schritt 5

Markieren Sie einen *Farbverlaufstopp* ❺, und wählen Sie im Feld **Farbe** ❻ eine Farbe. Markieren Sie einen weiteren Stopp, und wählen Sie eine andere Farbe. Dann verschieben Sie die Stopps mit gedrückter Maustaste, um festzulegen, wie die Farben ineinander verlaufen. Nutzen Sie auch die Optionen **Typ** ❼ und **Richtung** ❽.

Schritt 6

Interessant ist auch dies: Aktivieren Sie im Aufgabenbereich **Hintergrund formatieren** z. B. **Bild- oder Texturfüllung**. Im Feld **Textur** ❾ können Sie unterschiedliche Hintergrundeffekte wie **Sand**, **Marmor** oder **Wassertropfen** auswählen.

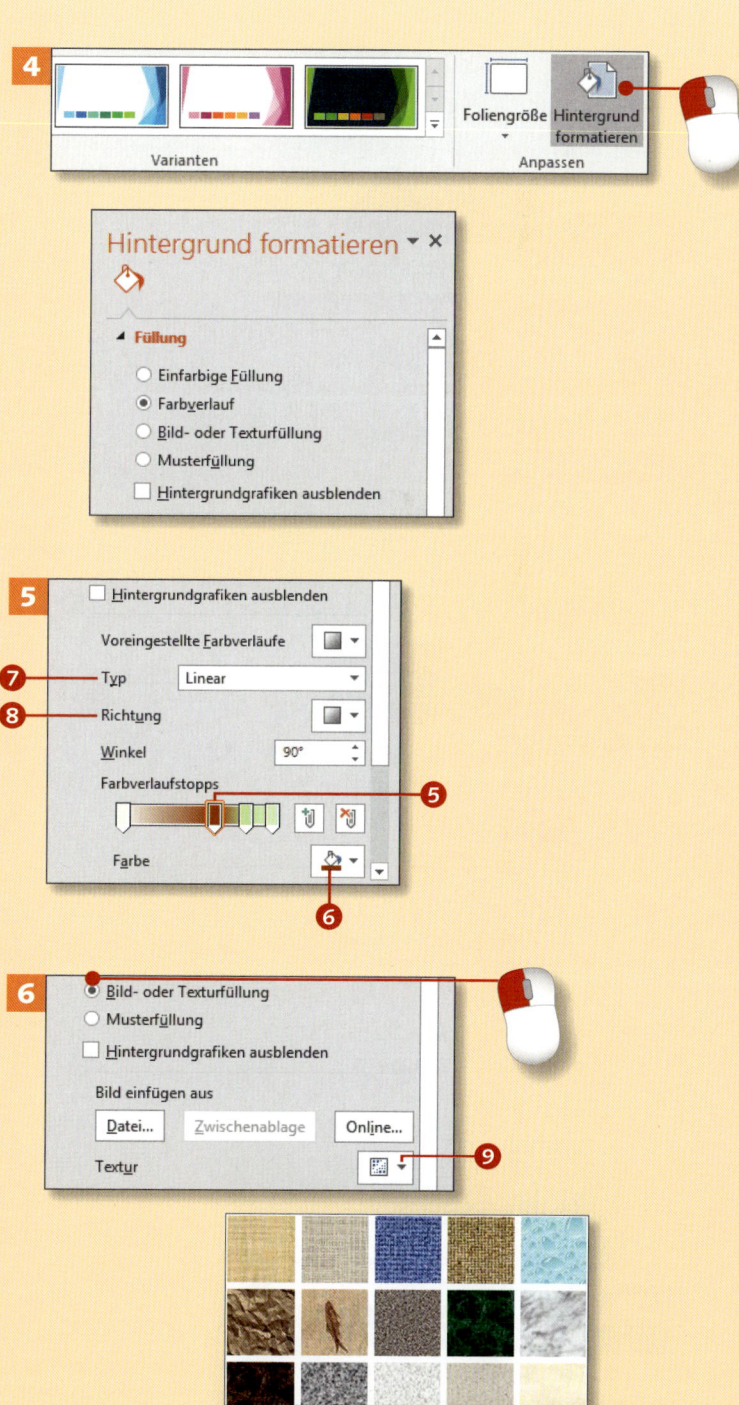

Fülleffekte für Formen

Einer Form weisen Sie Effekte zu, indem Sie im Menü der Schaltfläche **Fülleffekt** z. B. **Farbverlauf** ▶ **Weitere Farbverläufe** wählen.

Objekte kopieren und gruppieren

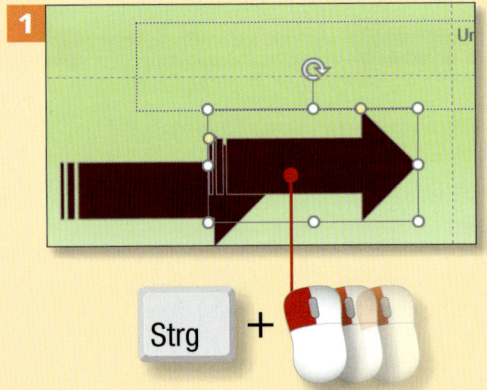

Dass man Grafiken kopieren kann, ist vermutlich nicht neu für Sie. Die praktische Möglichkeit der Gruppierung wird aber oft übersehen.

Schritt 1

Um eine Form nochmals einzufügen, können Sie die Befehle **Kopieren** und **Einfügen** auf der Registerkarte **Start** nutzen oder folgenden Trick: Markieren Sie das Objekt, halten Sie Strg gedrückt, und verschieben Sie es mit gedrückter Maustaste.

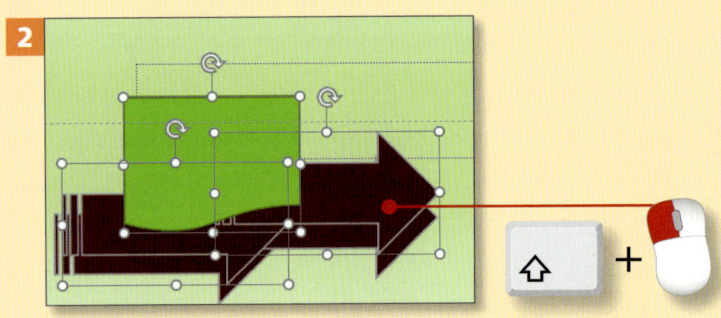

Schritt 2

Wenn mehrere Formen eine Grafik bilden, ist es sinnvoll, sie zu gruppieren. Markieren Sie das erste Objekt, halten Sie die ⇧-Taste gedrückt, und klicken Sie dann die übrigen Objekte an.

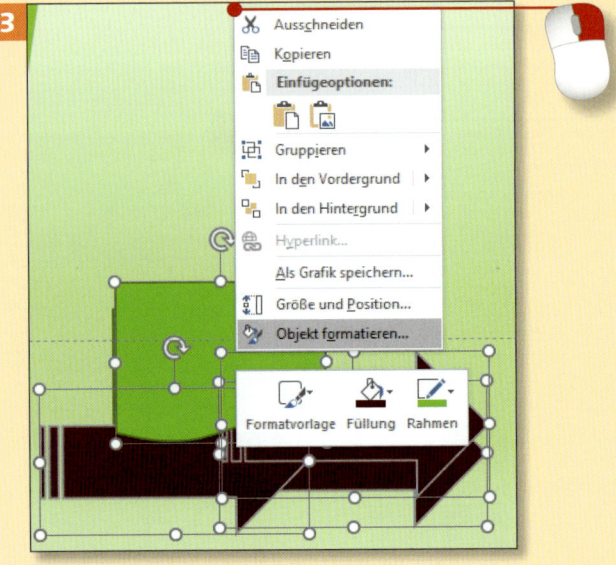

Schritt 3

Nun sind alle Formen mit einem Rahmen versehen. Führen Sie den Mauszeiger darauf, und rufen Sie per Rechtsklick das Kontextmenü auf.

Mehrere Formen markieren
Sie markieren mehrere Formen, indem Sie die Maustaste gedrückt halten und einen Rahmen um alle Formen aufziehen.

Schritt 4

Im Kontextmenü klicken Sie auf **Gruppieren** und wählen im Untermenü die Option **Gruppieren**.

Schritt 5

Nach der Gruppierung ist aus mehreren Objekten ein einziges Objekt geworden. Dies erkennen Sie daran, dass nur noch ein Rahmen mit Ziehpunkten um die Objekte liegt. Sie können die gruppierte Form jetzt en bloc bearbeiten, also beispielsweise als Ganzes verschieben sowie vergrößern oder verkleinern.

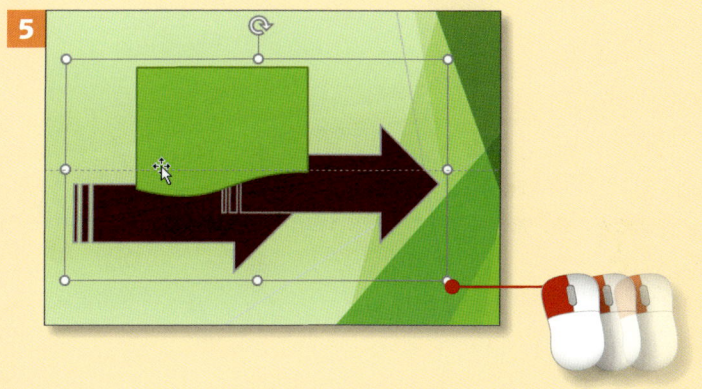

Schritt 6

Eine Gruppierung lässt sich auch wieder aufheben. Klicken Sie die Gruppe mit der rechten Maustaste an, und wählen Sie **Gruppieren ▶ Gruppierung aufheben**. Nun können Sie die Formen wieder einzeln verschieben oder in der Größe verändern.

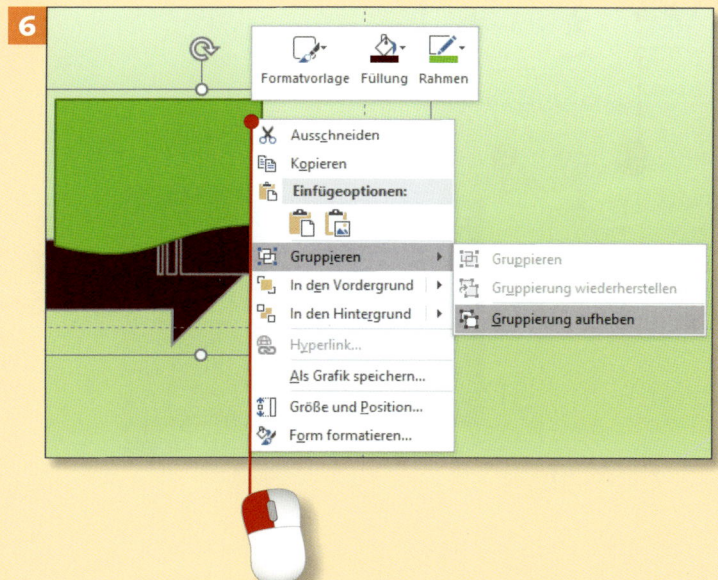

Verstreute Formen gruppieren
Die Formen und Grafiken, die Sie gruppieren möchten, müssen nicht dicht nebeneinanderliegen. Mit Hilfe der Strg -Taste können Sie auch eine Form einbeziehen, die irgendwo auf der Folie liegt.

Schrift- und andere Animationseffekte

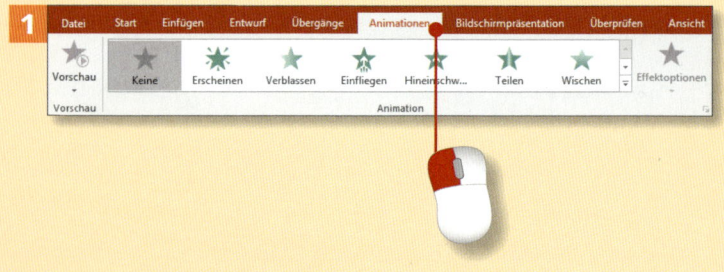

Für Präsentationen, die am Bildschirm vorgeführt werden, sind Animationen der eigentliche Clou. In diesem Abschnitt zeigen wir Ihnen, wie Sie Folienelemente »beleben«.

Schritt 1

Sie können jedes Element einer Folie animieren. Die Animationseinstellungen und diverse Optionen finden Sie auf der Registerkarte **Animationen**.

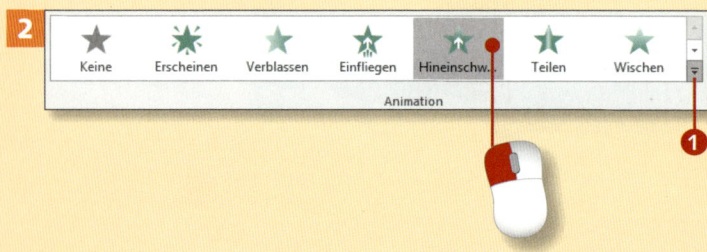

Schritt 2

Markieren Sie das Element auf einer Folie, das als Erstes animiert werden soll. Klicken Sie gegebenenfalls auf den Pfeil ❶, um das Auswahlmenü zu öffnen. Wählen Sie einen Effekt für den Eingang, also die Art und Weise, wie ein Element auftaucht, wenn die Folie gezeigt wird, z. B. **Hineinschw...**

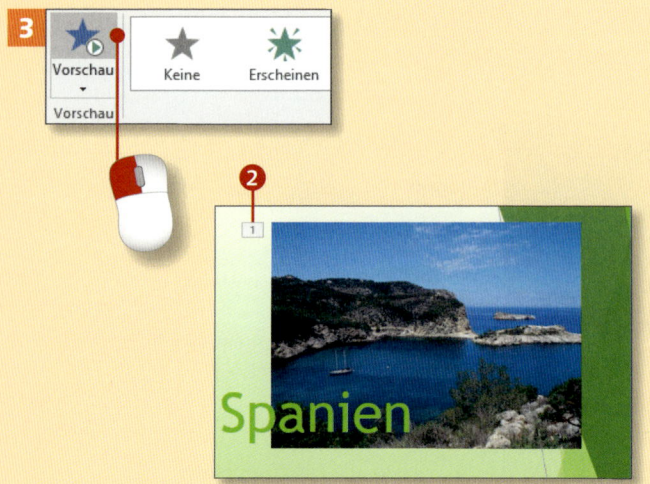

Schritt 3

Die Animation wird unmittelbar nach der Auswahl vorgeführt. Um sie erneut anzuschauen, klicken Sie auf die Schaltfläche **Vorschau**. Links neben dem Element mit der Animation ist eine kleine **1** zu sehen ❷.

Schritt 4

Varianten des eingestellten Effekts bietet das Menü der Schaltfläche **Effektoptionen**. Die Auswahl hängt vom ausgewählten Effekt ab. Der Effekt **Hineinschw...** bietet lediglich die Auswahl **Aufwärts schweben** und **Abwärts schweben**.

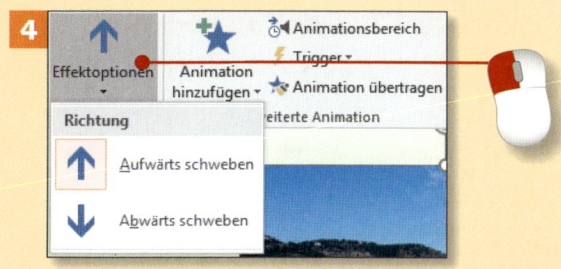

Schritt 5

Sie können weitere Einstellungen für die Animation festlegen, z. B. den **Start** und die **Dauer**. Markieren Sie das animierte Element, und bestimmen Sie im Menü der Schaltfläche **Start**, ob die Animation beim Klicken wiedergegeben wird, gleichzeitig mit der vorherigen Animation oder nach deren Beendigung.

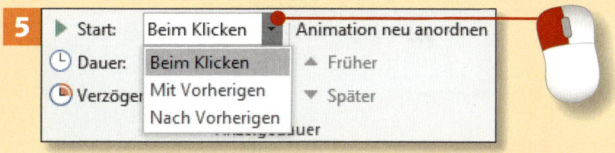

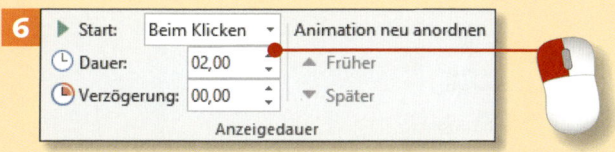

Schritt 6

Wie lange die Animation abgespielt wird (wenn Sie in Schritt 5 nicht die Option **Beim Klicken** festgelegt haben), bestimmen Sie im Feld **Dauer**. Geben Sie hier die Sekunden ein. Prüfen Sie die Dauer mit Hilfe der Vorschau, und korrigieren Sie sie, wenn nötig.

Die Reihenfolge ändern

Wenn ein animiertes Element zu früh oder zu spät erscheint, ändern Sie nachträglich die Reihenfolge. Dazu markieren Sie das animierte Element und klicken ganz rechts auf der Registerkarte **Animationen** auf **Früher** oder **Später**.

Schrift- und andere Animationseffekte (Forts.)

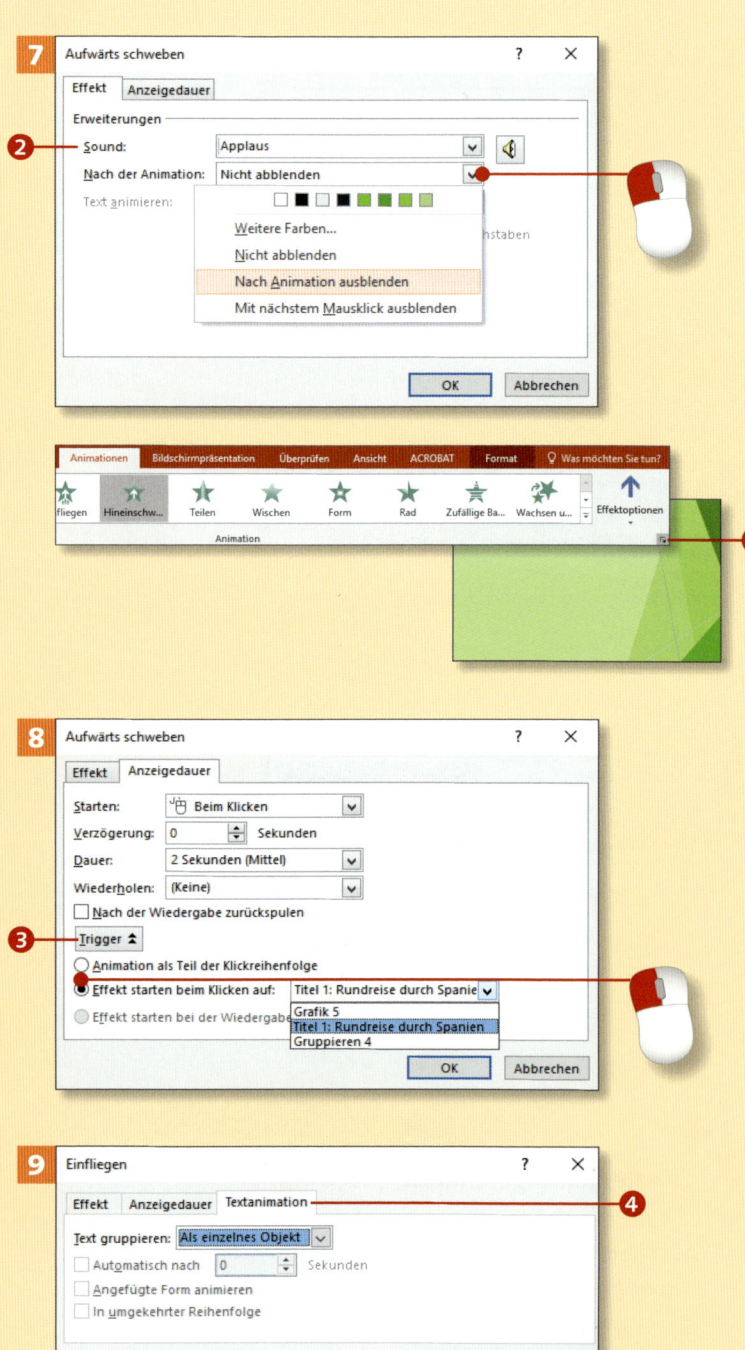

Schritt 7

Klicken Sie auf den Pfeil ❶ an der Gruppe **Animation**. Auf der Registerkarte **Effekt** des zum Effekt passenden Dialogs können Sie einen Sound hinzufügen ❷ (ähnlich wie bei den in Kapitel 11 beschriebenen Folienübergängen) und bestimmen, was nach der Animation passieren soll. Mit **Nach Animation ausblenden** geschieht genau das: Das Element verschwindet ganz kurz.

Schritt 8

Auf der Registerkarte **Anzeigedauer** gibt es unter anderem die Option **Trigger**. Hiermit legen Sie fest, wie und wann die Animation ausgelöst wird. Klicken Sie auf die Schaltfläche ❸, und aktivieren Sie die Option **Effekt starten beim Klicken auf**. Im Feld daneben wählen Sie in der Auswahlliste das passende Element.

Schritt 9

Eine Textzeile oder ein Textfeld animieren Sie auf die gleiche Art. Der gezeigte Dialog enthält, wenn Text markiert ist, zusätzlich die Registerkarte **Textanimation** ❹.

Schritt 10

Hier können Sie einstellen, wie der Text erscheinen soll: zusammen als Block (alle Absätze auf einmal) oder zeilenweise nacheinander (z. B. mit der Option **Bei 1. Abschnittsebene**).

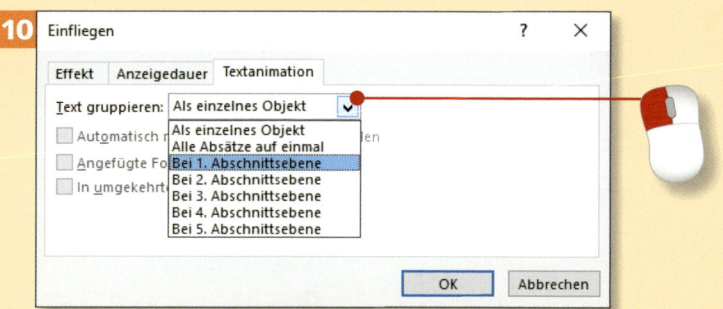

Schritt 11

In welcher Reihenfolge die animierten Elemente auftauchen, können Sie auch nachträglich noch ändern. Markieren Sie das entsprechende Element, und klicken Sie auf der Registerkarte **Animationen** in der Gruppe **Anzeigedauer** auf **Früher** oder **Später**. Die Animationen werden entsprechend umsortiert.

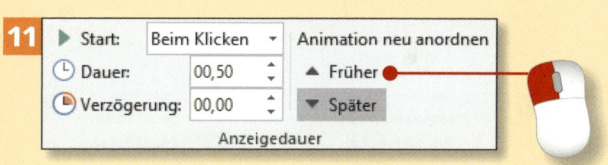

Schritt 12

Die Einstellungen eines Animationseffekts können Sie auf andere Elemente übertragen. Markieren Sie das erste Element, und klicken Sie auf **Animation übertragen** ❺. Wie bei der Funktion **Format übertragen**, die Sie aus anderen Office-Programmen vielleicht schon kennen, wird der Mauszeiger zu einem Pinsel. Klicken Sie dann auf das Element, dem Sie die Einstellung zuweisen möchten.

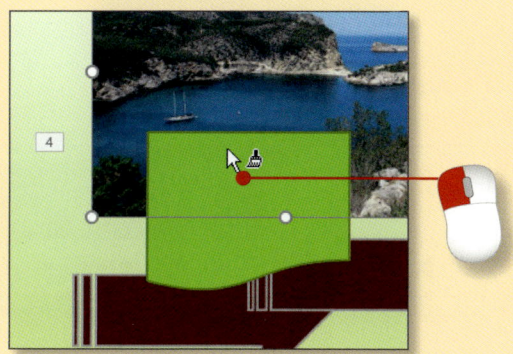

Musik für Ihre Präsentation

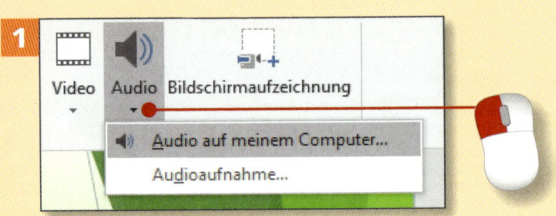

Der passende Sound zum jeweiligen Thema wird dazu beitragen, dass das Publikum Ihrer Präsentation gespannt folgt!

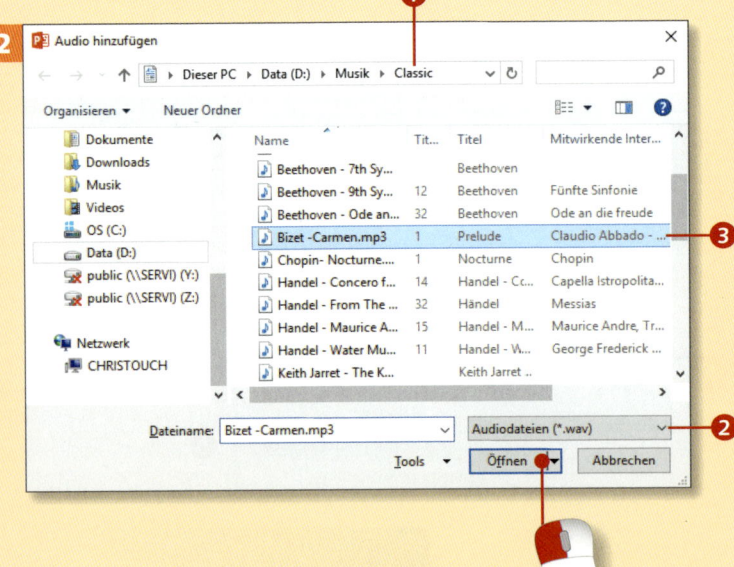

Schritt 1

Klicken Sie auf der Registerkarte **Einfügen** auf den Pfeil an der Schaltfläche **Audio**. Im Menü wählen Sie die Option **Audio auf meinem Computer**.

Schritt 2

Im Dialog **Audio einfügen** navigieren Sie zu dem Ordner ❶ mit Musik- und Sounddateien. Als Dateityp ist **Audiodateien** ❷ eingestellt, so dass alle passenden Dateien gelistet werden. Markieren Sie eine Datei ❸, und klicken Sie auf **Einfügen**.

Schritt 3

Auf der Folie erscheint nun ein Lautsprechersymbol. Verschieben Sie es am besten in eine Ecke der Folie. Sobald Sie darauf zeigen, sehen Sie ein Steuerungselement mit Abspielfunktionen (**Wiedergabe**, **rückwärts**, **vorwärts**) und einem Symbol zur Einstellung der Lautstärke.

Schritt 4

Sie können Ihre Audiodatei direkt auf der Folie testen. Klicken Sie auf den Pfeil zur Wiedergabe, und regulieren Sie ggf. die Lautstärke ❹. Zum Beenden klicken Sie erneut auf das Wiedergabe-Symbol (es zeigt nun zwei Striche ❺ für »Pause«).

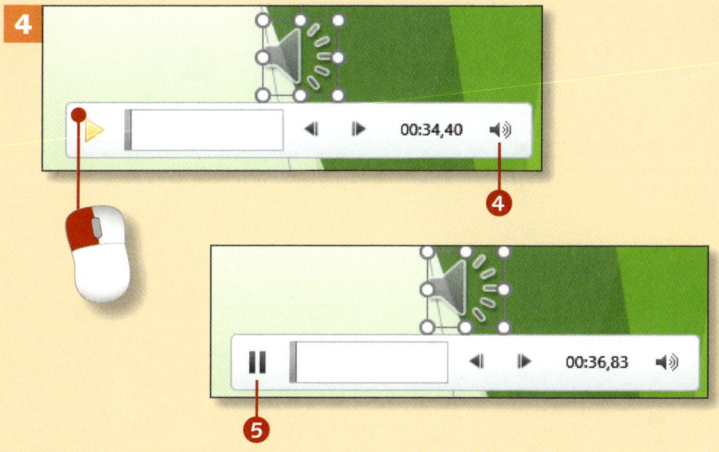

Schritt 5

Viele Einstellungsmöglichkeiten und Optionen für den Sound bzw. die Audiodatei bietet die Registerkarte **Wiedergabe** ❻ unter **Audiotools** (die eingeblendet wird, wenn das Lautsprechersymbol markiert ist).

Schritt 6

Wenn die eingefügte Sounddatei die ganze Präsentation begleiten soll, aktivieren Sie die Option **Folienübergreifende Wiedergabe**.

Audiodatei beschneiden

Sie können eine Audiodatei beschneiden, indem Sie unter **Audiotools** auf der Registerkarte **Wiedergabe** links auf die Schaltfläche **Audio beschneiden** klicken. Im zugehörigen Dialog gibt es einen Schieberegler, mit dem Sie die Start- und Endzeit des Audioclips festlegen.

Ein Video in die Präsentation einbetten

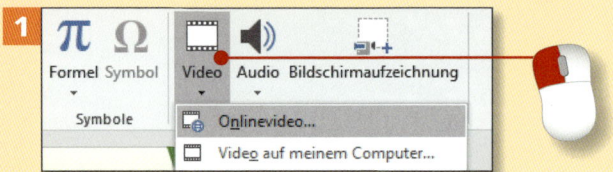

Ohne große Mühe können Sie ein Video aus dem Internet in Ihre Präsentation einbetten. Meistens stammen die Videoclips, die die Suche findet, von YouTube.

Schritt 1

Um ein Video in die Präsentation einzufügen, aktivieren Sie die Registerkarte **Einfügen** und klicken hier auf **Video**. Wenn es sich um ein Internetvideo handelt, wählen Sie **Onlinevideo**.

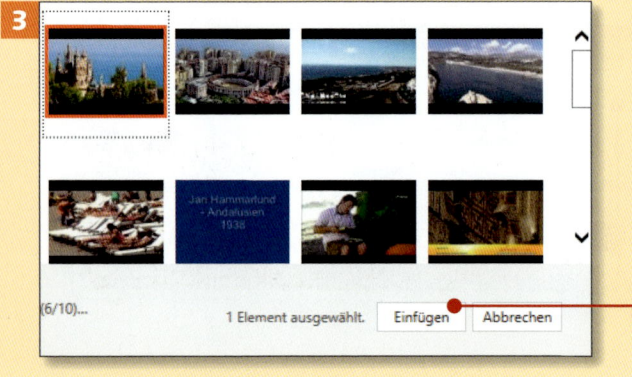

Schritt 2

Im nächsten Fenster sehen Sie u.a. das Suchfeld für YouTube-Videos. Geben Sie einen Suchbegriff ein, und klicken Sie auf die Lupe.

Schritt 3

Sodann werden Ihnen die Treffer präsentiert. Markieren Sie ein Vorschaubild, und klicken Sie auf die Schaltfläche **Einfügen**.

i Das Video in der Vorschau

Bevor Sie einen Videoclip einfügen, können Sie das Video in einer Vorschau abspielen. Dazu zeigen Sie auf das Bild und klicken dann auf die Lupe, die in der rechten Ecke des Bildes auftaucht.

Schritt 4

Das Video landet mit dem Vorschaubild auf der Folie. Sie können
es an eine andere Stelle verschieben,
wenn Sie möchten.

Schritt 5

Zum Abspielen starten Sie die
Bildschirmpräsentation. Klicken
Sie dazu auf der Registerkarte
Bildschirmpräsentation auf **Von
Beginn an** oder auf **Ab aktueller
Folie**. In der Vollbildansicht sehen
Sie das Video mit den üblichen
Abspielfunktionen. Klicken Sie auf
den Pfeil, um das Video zu starten.

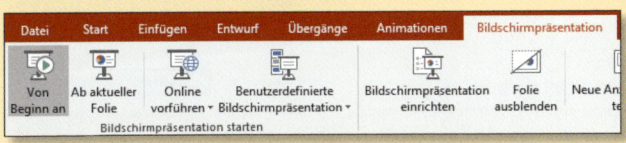

Schritt 6

Den Ton steuern Sie mit Hilfe des
Schiebereglers, der eingeblendet
wird, wenn Sie mit der Maus auf das
kleine Lautsprechersymbol zeigen.

> **ℹ Eigene Videos einbinden**
>
> Sie können auch eigene, auf Ihrer
> Festplatte gespeicherte Videos ein-
> binden. Dazu klicken Sie im Menü
> der Schaltfläche **Video** auf **Video
> auf meinem Computer**. Achten
> Sie darauf, welche Formate unter-
> stützt werden (nachzulesen z. B.
> auf den entsprechenden Seiten
> von Microsoft).

Präsentationen speichern und drucken

Sie können Folien auch ganz klassisch ausdrucken, bevor Sie sie präsentieren. Für den Ausdruck bietet Power-Point mehrere Optionen an.

Schritt 1

Im Normalfall speichern Sie Ihre Datei als PowerPoint-Präsentation. Dazu klicken Sie auf **Datei ▸ Speichern unter**. Markieren Sie **Computer**, und klicken Sie auf **Durchsuchen**. Im Dialog **Speichern unter** wählen Sie den Speicherort und geben der Präsentation einen Namen. Dann klicken Sie auf **Speichern**.

Schritt 2

Die Folien lassen sich auch auf Papier ausdrucken. Klicken Sie auf **Datei ▸ Drucken ❶**. Wenn Sie jede Folie auf einer Seite ausdrucken möchten, belassen Sie es bei der Standardeinstellung und klicken direkt auf **Drucken**.

Schritt 3

Um die Folien verkleinert, aber dafür mit dem Text im Notizbereich auszudrucken, klicken Sie auf den Pfeil an dem Feld, in dem standardmäßig **Ganzseitige Folien** steht. Im Menü wählen Sie **Notizenseiten**.

Schritt 4

Im selben Menü finden Sie auch die Rubrik **Handzettel**. Wählen Sie hier beispielsweise die Option **4 Folien horizontal**. In der Vorschau rechts sehen Sie das Resultat des Ausdrucks.

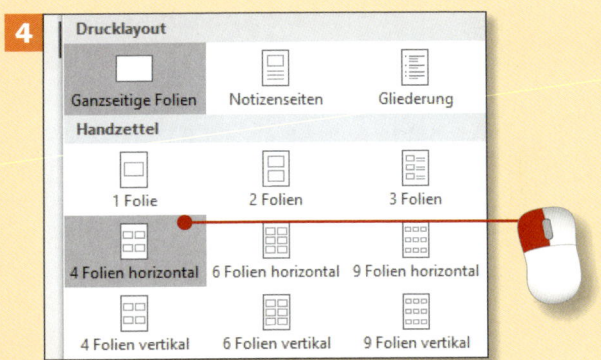

Schritt 5

Kleine Handzettel mit den Folien lassen sich auch in einem Word-Dokument erstellen. Klicken Sie dazu auf **Datei ▶ Exportieren ➋**. In der Mitte klicken Sie auf **Handzettel erstellen ➌** und rechts erneut auf **Handzettel erstellen**.

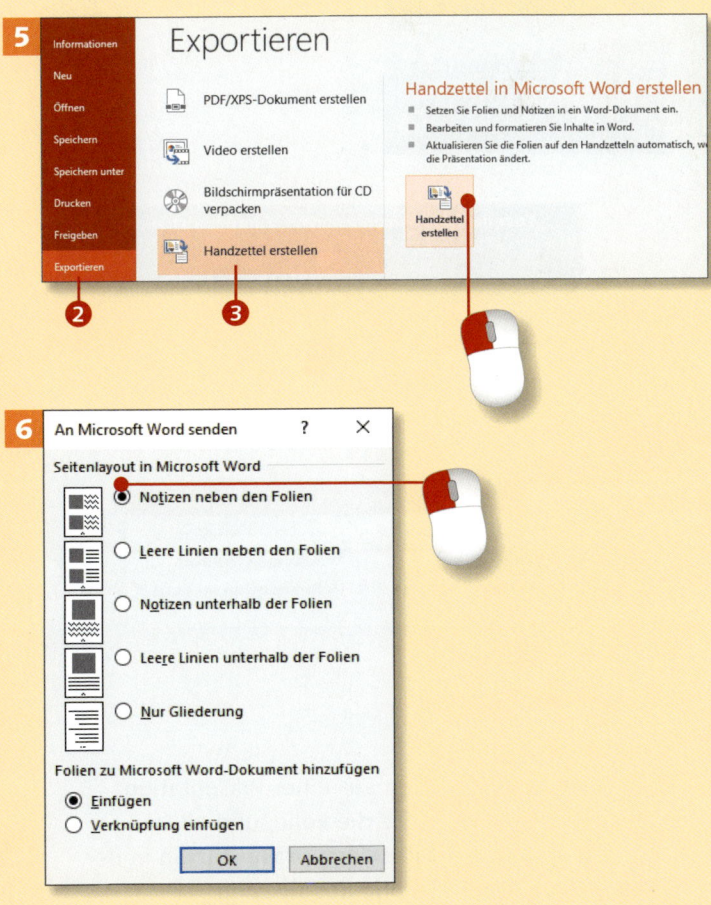

Schritt 6

Im Dialog **An Microsoft Word senden** legen Sie ein Seitenlayout fest und klicken auf **OK**. Das Word-Dokument mit den Folien (in einer Tabelle) wird nun automatisch erstellt. Sie können es auf dem üblichen Weg weiterbearbeiten und formatieren.

> **Handzettel im Word-Dokument**
> Bei der Erstellung von Handzetteln im Word-Format taucht das neue Word-Dokument automatisch in der Taskleiste auf, so dass Sie es per Mausklick öffnen können.

Eine Präsentation erfolgreich vorführen

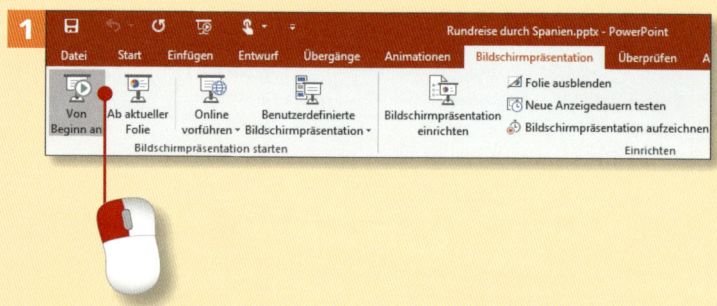

Schauen Sie sich an Ihrem Bildschirm an, wie die Präsentation als Vorführung im Vollbildmodus mit allen Animationen wirkt.

Schritt 1

Aktivieren Sie die Registerkarte **Bildschirmpräsentation**, und klicken Sie für einen ersten Eindruck auf **Von Beginn an**. Wenn als Startpunkt für Animationen oder Übergänge die Option **Beim Klicken** bzw. **Bei Mausklick** eingestellt ist (siehe Seite 291), klicken Sie jeweils, um die Präsentation fortzusetzen.

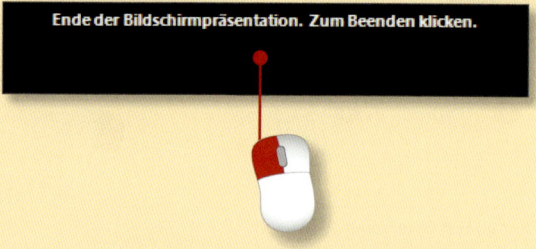

Schritt 2

Drücken Sie ⌐Esc⌐, um die Vorführung abzubrechen. Ansonsten erscheint am Ende ein schwarzer Bildschirm, und Sie klicken einmal, um die Präsentation zu verlassen.

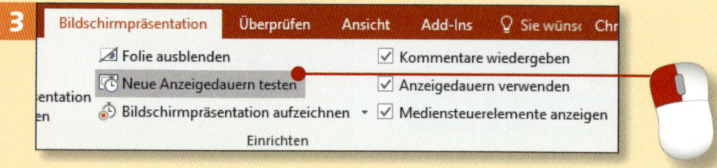

Schritt 3

Ganz praktisch ist es, Einblendzeiten festzulegen, um die Präsentation danach mit der gespeicherten Anzeigedauer automatisch ablaufen zu lassen. Klicken Sie auf **Neue Anzeigedauern testen**.

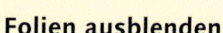

Folien ausblenden

Sie können gewisse Folien aus einer Präsentation ausblenden. Aktivieren Sie die Folie, und klicken Sie auf der Registerkarte **Bildschirmpräsentation** in der Gruppe **Einrichten** auf **Folie ausblenden**.

Schritt 4

Der Test beginnt wie eine normale Vorführung. Klicken Sie jeweils, wenn Sie meinen, dass die Folie oder das Element lange genug zu sehen war. Zum Schluss werden Sie gefragt, ob Sie die Anzeigedauer speichern möchten. Klicken Sie auf **Ja**.

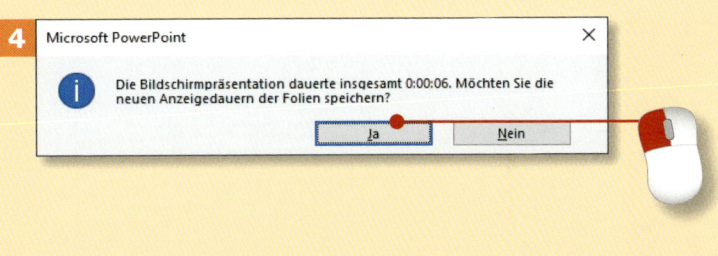

Schritt 5

Wenn Sie die Bildschirmpräsentation starten, läuft sie nun ohne Ihr Zutun mit den gespeicherten Zeiten ab. Um doch das Zepter in der Hand zu halten, deaktivieren Sie auf der Registerkarte **Bildschirmpräsentation** die Option **Anzeigedauern verwenden**.

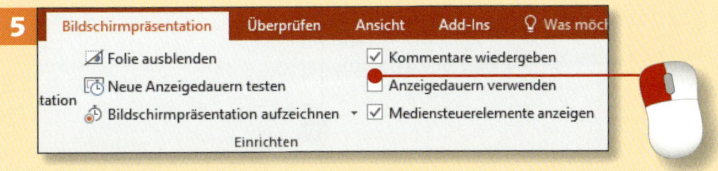

Schritt 6

Während der Präsentation können Sie eine Folie mit rechts anklicken und dann eine ganze Reihe von Optionen für die Vorführung nutzen, z. B. **Stift** (um auf der Folie zu malen). Mit **Weiter** und **Zurück** ❶ navigieren Sie.

Präsentation als Endlosschleife

Sie können Ihre Präsentation auch immer und immer wieder durchlaufen lassen. Die Einstellung dafür heißt **Ansicht an einem Kiosk** und findet sich auf der Registerkarte **Bildschirmpräsentation** unter **Bildschirmpräsentation einrichten**.

Eine Präsentation als Video für das Web erstellen

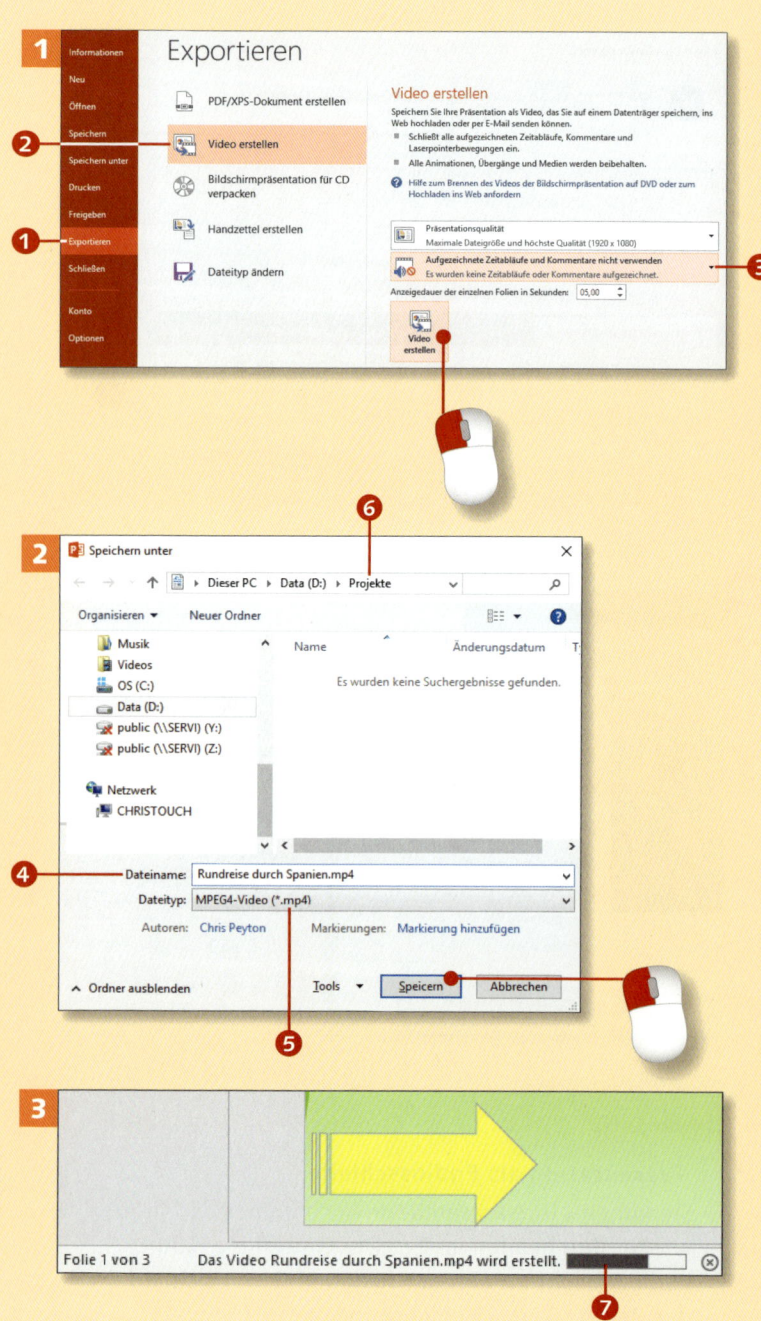

Sie können Ihre PowerPoint-Bild-schirmpräsentation als Video spei-chern und dieses Video dann auf einer Video-Website wie YouTube veröffentlichen.

Schritt 1

Öffnen Sie Ihre Präsentation, und wählen Sie **Datei ▸ Exportieren ❶**. Klicken Sie auf **Video erstellen ❷**. Mit **Aufgezeichnete Zeitabläufe und Kommentare verwenden ❸** werden vorher eingestellte Zeiten beibehalten. Klicken Sie dann auf **Video erstellen**.

Schritt 2

Im Dialog **Speichern unter** wird im Feld **Dateiname ❹** der Name der Präsentation vorgeschlagen, als Dateityp ist **MPEG4-Video (*.mp4)** eingestellt ❺. Wählen Sie den Ordner ❻ aus, in dem Sie das Video speichern möchten, und klicken Sie auf **Speichern**.

Schritt 3

Daraufhin wird das Video erstellt. In der Statusleiste erhalten Sie eine entsprechende Meldung ❼.

Schritt 4

Um das Video abzuspielen, öffnen Sie im Datei-Explorer den Ordner, in dem Sie das Video gespeichert haben, und klicken die Datei mit rechts an. Im Kontextmenü zeigen Sie auf **Öffnen mit** und wählen das Programm, mit dem Sie das Video abspielen möchten, z. B. **Windows Media Player**.

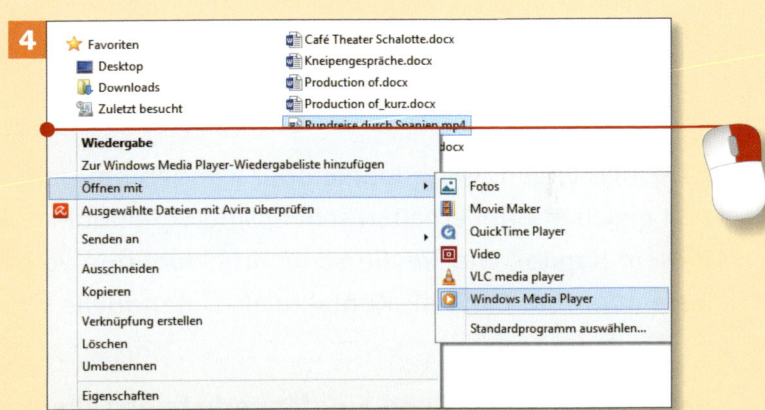

Schritt 5

Das Video wird gestartet. Am unteren Rand finden Sie die üblichen Bedienelemente zum Steuern des Videos.

Schritt 6

Sie können das Video ins Internet stellen, z. B. auf YouTube (klicken Sie dort auf **Hochladen**, und wählen Sie dann Ihr Video aus) oder indem Sie das Video zum Anzeigen auf einer Webseite auf einen Server hochladen.

! Dateigröße

Als Film gespeichert, können Präsentationen eine beachtliche Größe erreichen. Prüfen Sie, ob die Grafiken und Audiodateien, die in die Präsentation eingebunden sind, verkleinert werden können.

Kapitel 13
Seriendruck in Office

Ob Einladungen, Werbebriefe oder Kundeninformationen – wann immer viele Empfänger den gleichen Brief erhalten sollen, sind Serienbriefe die richtige Wahl. Wir zeigen Ihnen in diesem Kapitel, wie Sie die Seriendruckfunktion von Word richtig nutzen und eine Excel-Liste oder Ihre Outlook-Kontakte als Datenquelle verwenden.

Seriendruck starten und Empfängerliste erstellen

Sie starten den Seriendruck auf der Registerkarte **Sendungen**. Der zweite Schritt besteht darin, die Empfänger zu bestimmen ❶. Sofern Sie nicht auf eine vorhandene Adressliste zurückgreifen, können Sie eine neue Adressliste erstellen, in der Sie alle variablen Daten eingeben.

Vorhandene Adresslisten nutzen

Anstatt eine neue Adressliste zu erstellen, können Sie für den Serienbrief auch vorhandene Adresslisten ❷ nutzen. Sie wählen im Menü **Empfänger auswählen** entweder die Option **Vorhandene Liste verwenden** oder **Aus Outlook-Kontakten auswählen**. Im Dialog **Datenquelle auswählen** bestimmen Sie dann die Datenquelle, die die gewünschten Namen und Adressen enthält.

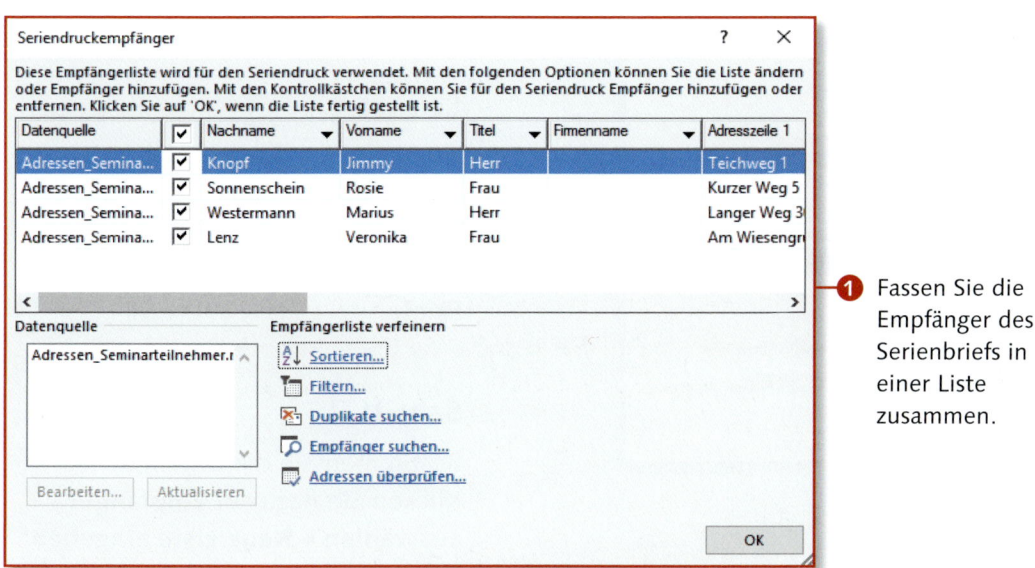

① Fassen Sie die Empfänger des Serienbriefs in einer Liste zusammen.

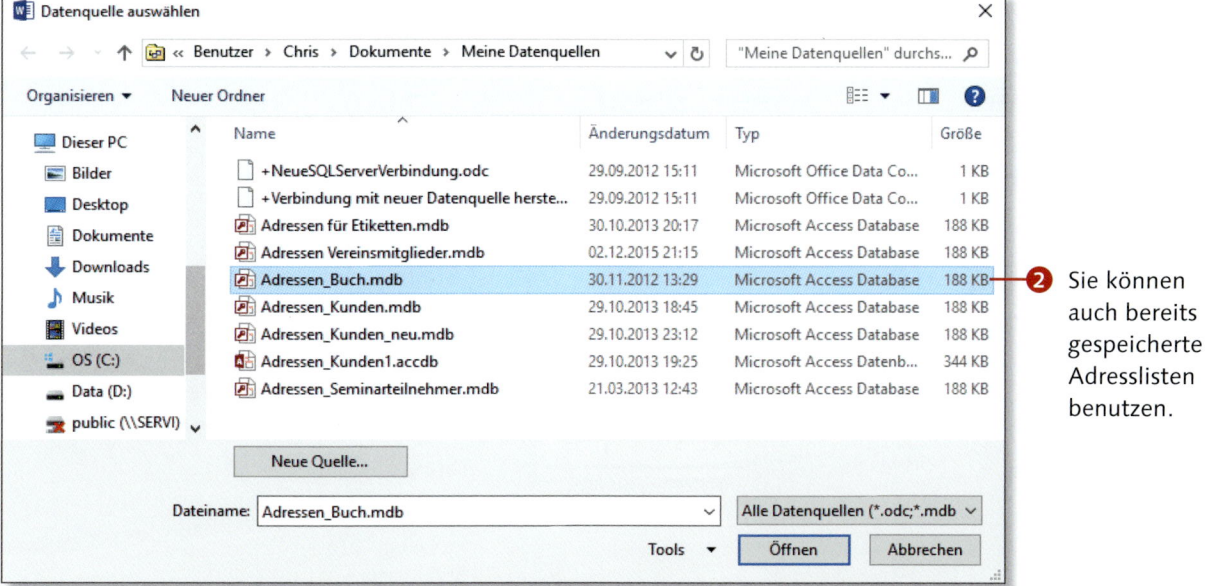

② Sie können auch bereits gespeicherte Adresslisten benutzen.

Die Serienbrieffunktion von Word

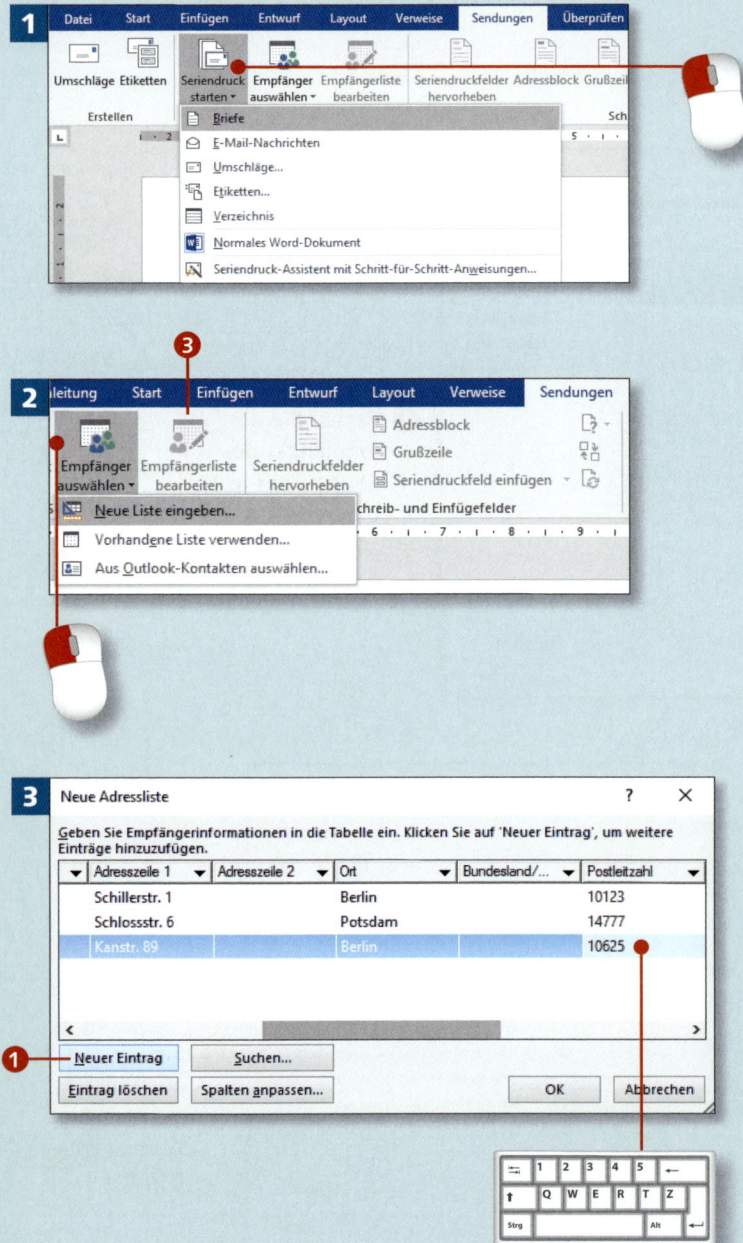

Der Umgang mit der Serienbrieffunktion von Word gilt als hohe Kunst der Textverarbeitung. So schwer ist es aber gar nicht.

Schritt 1

Um einen Serienbrief zu schreiben, öffnen Sie ein neues Dokument und klicken auf der Registerkarte **Sendungen** auf **Seriendruck starten ▸ Briefe**.

Schritt 2

Bestimmen Sie die Datenquelle. Klicken Sie dazu auf **Empfänger auswählen ▸ Neue Liste eingeben**. Dieser Schritt ist nicht notwendig, wenn Sie auf eine vorhandene Datenquelle zurückgreifen können (wie das geht, zeigen wir Ihnen ab Seite 312).

Schritt 3

Im Dialog **Neue Adressliste** tragen Sie in jeder Zeile die Adressdaten eines Empfängers ein. Um eine neue Adresse einzugeben, klicken Sie auf **Neuer Eintrag** ❶. Wenn Sie alle Adressen eingegeben haben, klicken Sie auf **OK**.

Schritt 4

Im Dialog **Adressliste speichern** wählen Sie einen Ordner (Windows schlägt **Meine Datenquellen** ❷ vor). Geben Sie der Datei einen Namen, und belassen Sie den Dateityp bei **Microsoft Office Adresslisten (*.mdb)**. Klicken Sie abschließend auf **Speichern**.

Schritt 5

Um die eingegebenen Daten zu ändern oder zu ergänzen, klicken Sie auf die Schaltfläche **Empfängerliste bearbeiten** (❸ in Bild 2). Wählen Sie im zugehörigen Dialog im Bereich **Datenquelle** die soeben gespeicherte Datei ❹, und klicken Sie dann auf **Bearbeiten**.

Schritt 6

Im Dialog **Datenquelle bearbeiten** können Sie neue Datensätze anlegen oder vorhandene bearbeiten. Über die Schaltfläche **Spalten anpassen** rufen Sie einen Dialog auf, in dem Sie neue Spalten hinzufügen ❺ oder nicht benutzte Spalten entfernen ❻ können.

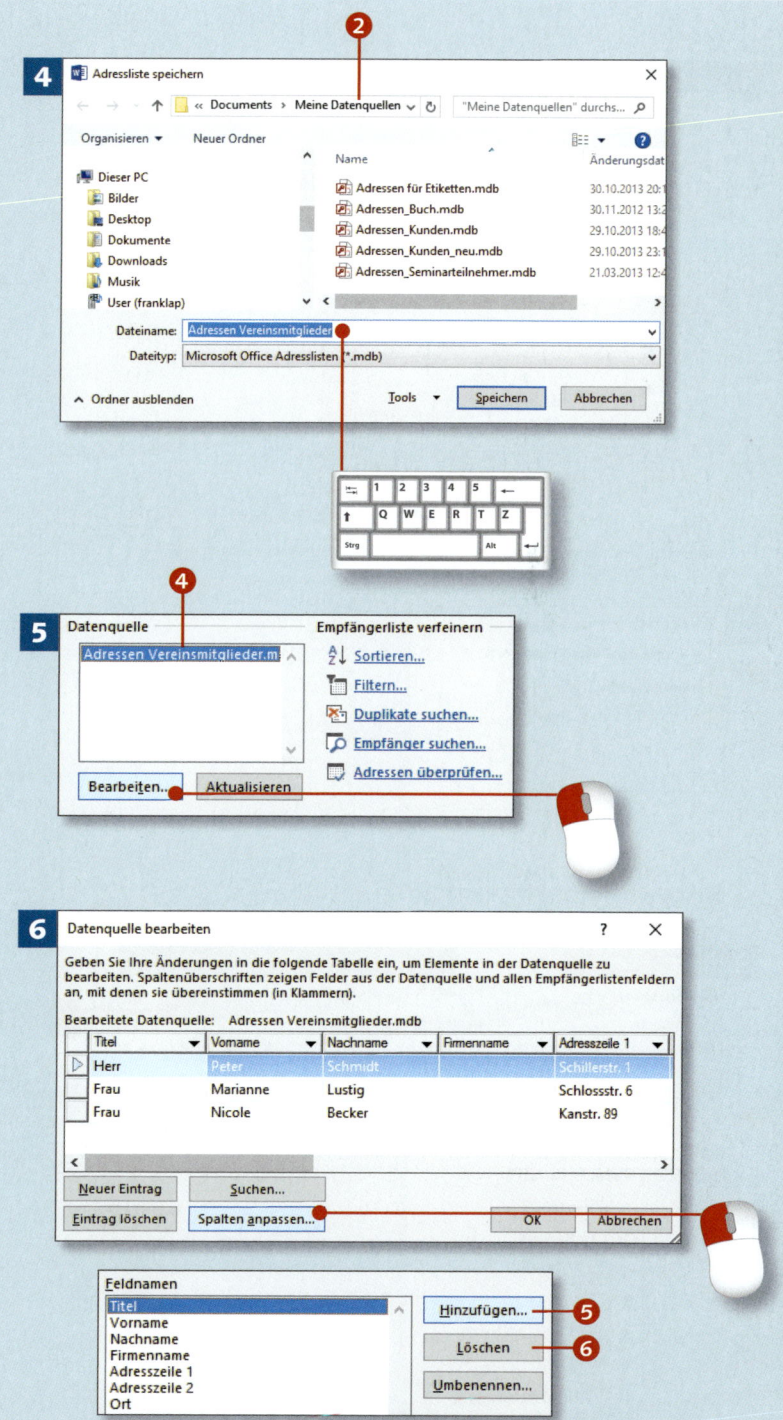

Die Datenfelder einfügen

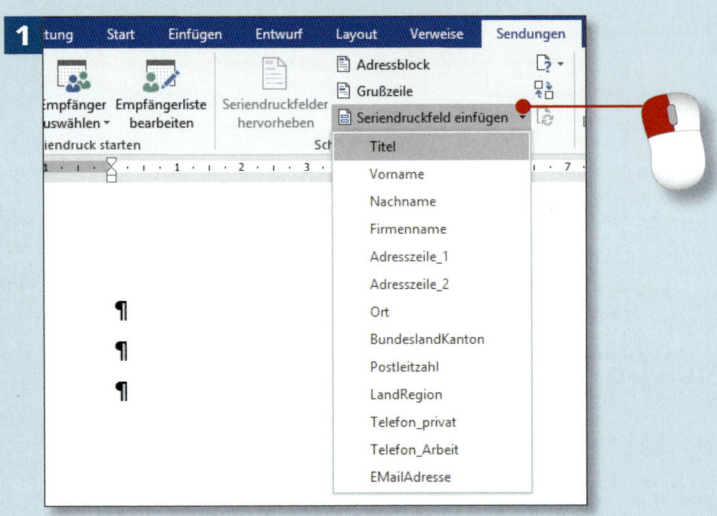

Nachdem Sie den Seriendruck vorbereitet haben, können Sie die Seriendruckfelder einfügen. Und den eigentlichen Brieftext müssen Sie natürlich auch noch schreiben, sofern Sie das noch nicht getan haben.

Schritt 1

Um ein Seriendruckfeld einzufügen, setzen Sie den Cursor an die Stelle im Dokument, an der die Adresse beginnen soll. Klicken Sie dann auf der Registerkarte **Sendungen** auf **Seriendruckfeld einfügen**. Da die Anrede (Herr/Frau) im Feld *Titel* steht, wählen Sie im Menü **Titel**.

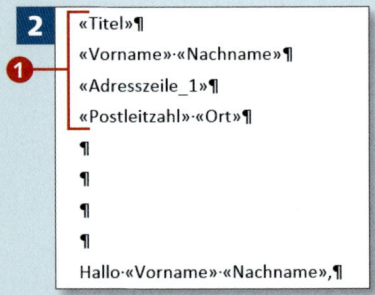

Schritt 2

Das Seriendruckfeld erscheint im Text ❶. Auf diese Art und Weise vervollständigen Sie die Adresse und können so auch die Grußzeile zusammenbauen.

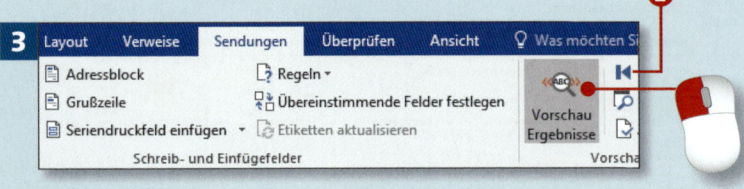

Schritt 3

Für eine Vorschau auf den fertigen Serienbrief klicken Sie auf **Vorschau Ergebnisse**. Alle eingefügten Felder werden mit den Werten aus der Datenquelle (Adressliste) gefüllt.

Schritt 4

Mit den Pfeilen ❷ in der Gruppe **Vorschau Ergebnisse** können Sie durch die Briefe navigieren. Um wieder den Text mit den Seriendruckfeldern zu sehen, klicken Sie erneut auf **Vorschau Ergebnisse**.

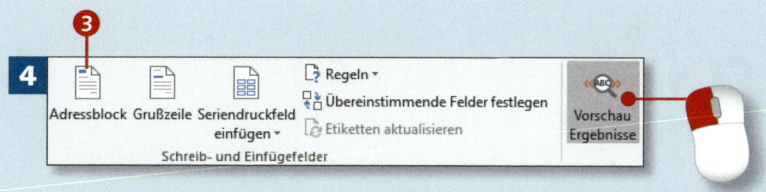

Schritt 5

Statt einzelner Seriendruckfelder können Sie auch einen kompletten Adressblock einfügen. Dazu klicken Sie auf **Adressblock** ❸. Im Dialog **Adressblock einfügen** wählen Sie links unter **Adresselemente festlegen** das Format.

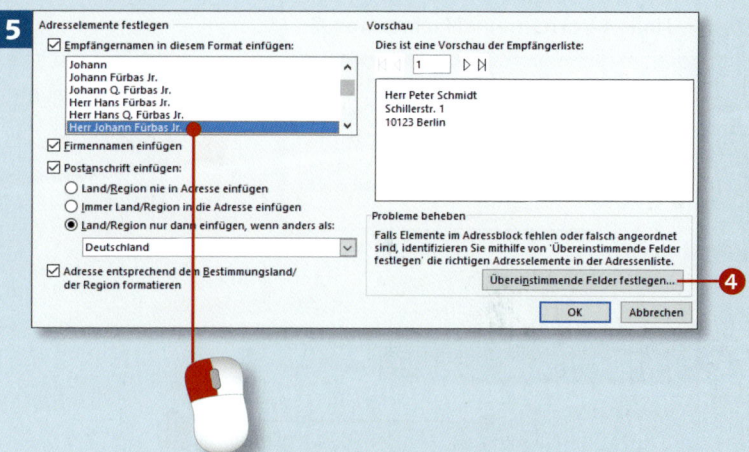

Schritt 6

Falls Ihre Datenliste andere Feldnamen verwendet als Word, können Sie die Zuordnung über **Übereinstimmende Felder festlegen** ❹ anpassen. Im zugehörigen Dialog bestimmen Sie für jedes Feld, das im Adressblock verwendet wird, ein Feld aus der Datenquelle bzw. Adressliste.

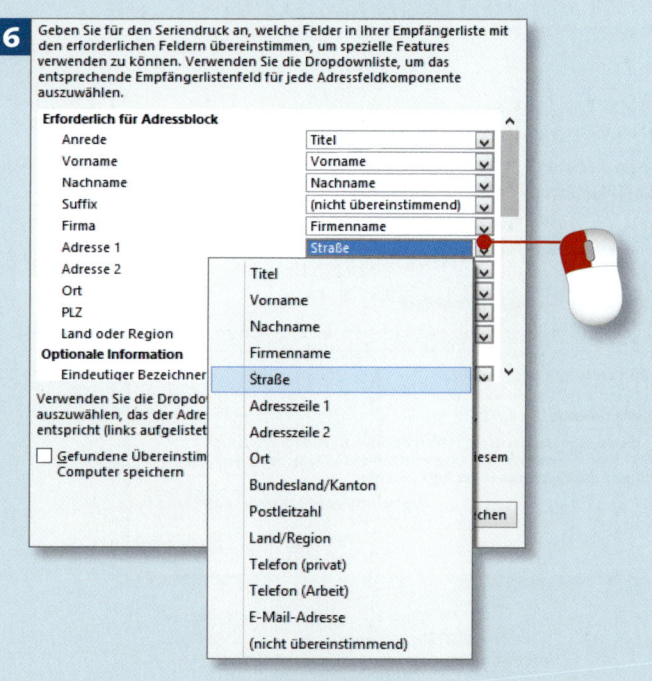

❗ Speichern

Denken Sie daran, das Dokument mit den eingefügten Seriendruckfeldern, das sogenannte *Hauptdokument*, zu speichern.

Die Datenfelder einfügen (Forts.)

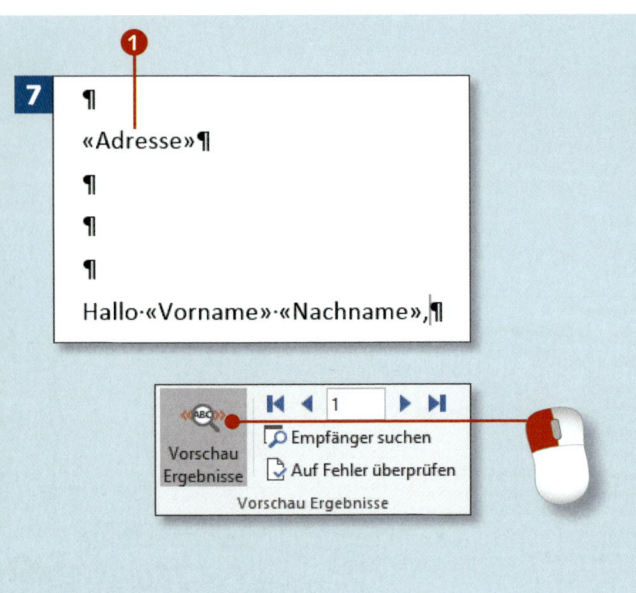

Schritt 7

Nachdem Sie beide Dialoge mit **OK** verlassen haben, wird der Adressblock in das Dokument eingefügt ❶. Auch hier können Sie über die Schaltfläche **Vorschau Ergebnisse** eine Qualitätskontrolle durchführen und prüfen, ob die Ergebnisse in Ordnung sind.

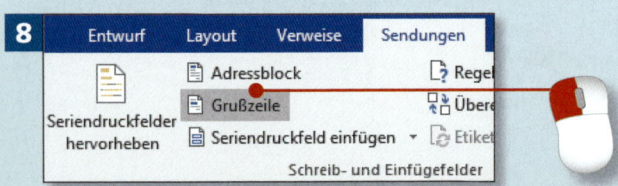

Schritt 8

Ähnlich wie den Adressblock können Sie eine Anrede einfügen. Setzen Sie den Cursor an die betreffende Stelle im Text, und klicken Sie auf die Schaltfläche **Grußzeile**.

Schritt 9

Im Dialog **Grußzeile einfügen** bestimmen Sie zuerst das Format für die Grußzeile. Keine Sorge: auch wenn in der Vorschau »Herr« steht, wird die Anrede in Briefen an Frauen korrekt sein.

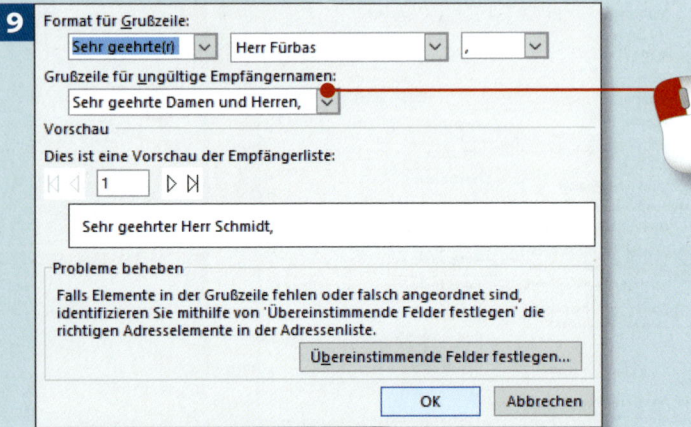

ℹ️ Den Brieftext schreiben
Es spielt keine Rolle, wann Sie den nicht variablen Text des Briefes schreiben. Sie können das gleich zu Anfang erledigen oder nachdem Sie die Seriendruckfelder eingefügt haben.

Schritt 10

Nachdem Sie den Dialog mit **OK** bestätigt haben, wird das Feld für die Grußzeile eingefügt. Sie sehen in der Zeile jetzt «*Anrede*» ➋.

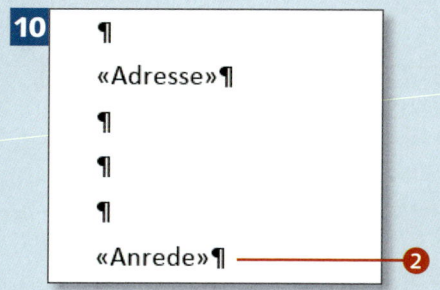

Schritt 11

Auch hier hilft wieder die Vorschau, die Ergebnisse zu kontrollieren. Klicken Sie also auf die Schaltfläche **Vorschau Ergebnisse.** Sie sehen sowohl den Adressblock als auch die tatsächliche Anrede.

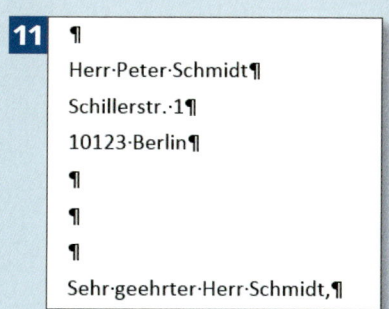

Schritt 12

Sie können auch gezielt nach Empfängern suchen, z. B. wenn Sie einen einzelnen Brief ändern möchten. Dazu klicken Sie auf die Schaltfläche **Empfänger suchen** ➌. Im zugehörigen Dialog geben Sie den Namen des gesuchten Empfängers ein und klicken auf **Weitersuchen** ➍.

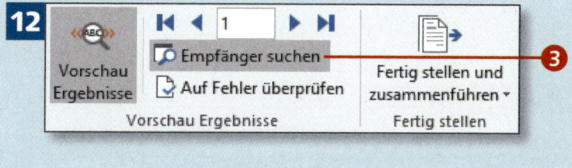

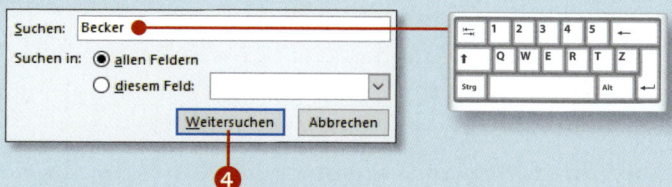

Anrede

Anhand der Einträge in den Feldern **Anrede** und **Titel** ermittelt Word das Geschlecht, um die Grußzeile anzupassen. Leider übernimmt Word dabei nicht die Angaben, die üblicherweise im Feld **Titel** gemacht werden, wie »Dr.« oder »Prof.«.

Das Outlook-Adressbuch als Datenquelle nutzen

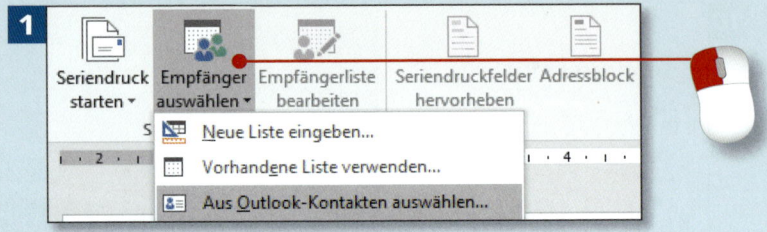

Sie müssen nicht für jeden Serienbrief eine neue Empfängerliste erstellen. Genauso gut können Sie auf Ihre Adressen zurückgreifen, die Sie in Outlook sammeln.

Schritt 1

Beginnen Sie Ihren Serienbrief, wie wir es im ersten Abschnitt dieses Kapitels gezeigt haben. Allerdings wählen Sie im Menü der Schaltfläche **Empfänger auswählen** den Eintrag **Aus Outlook-Kontakten auswählen**.

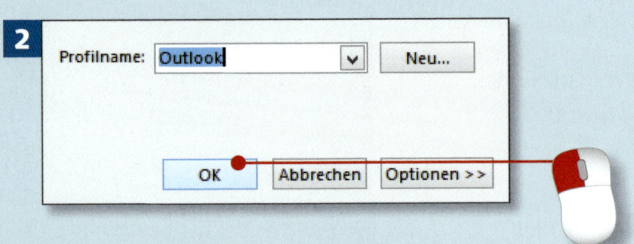

Schritt 2

Wenn Sie Outlook nicht geöffnet haben, müssen Sie zunächst Ihr Profil auswählen. Sofern Sie nur ein Profil eingerichtet haben (was die Regel sein dürfte), können Sie den voreingestellten Profilnamen mit **OK** übernehmen.

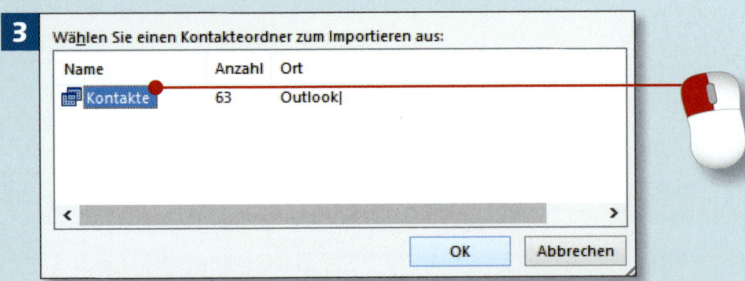

Schritt 3

Im nächsten Dialog wählen Sie den gewünschten Kontakteordner aus. Auch hier dürfte die Auswahl nicht allzu groß sein, da normalerweise nur ein Kontakteordner verwendet wird.

i

Die Adressdaten vervollständigen
Überprüfen Sie gegebenenfalls vor der Vorbereitung des Serienbriefs die Kontaktdaten in Outlook. Geben Sie z. B. fehlende Adressdaten ein.

Schritt 4

Im Dialog **Seriendruckempfänger** sehen Sie eine Liste aller Kontakte des Ordners. Wenn es Einträge gibt, die den Serienbrief nicht erhalten sollen, können Sie den Kreis der Empfänger hier einschränken.

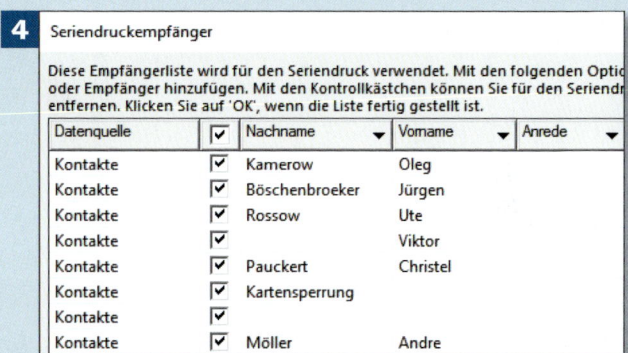

Schritt 5

Deaktivieren Sie die Häkchen bei den Empfängern, die den Serienbrief nicht erhalten sollen. Verlassen Sie den Dialog dann mit **OK**. Mit **Aktualisieren** ❶ können Sie die Outlook-Kontakte aktualisieren, falls Sie in der Zwischenzeit Änderungen vorgenommen haben.

Schritt 6

Anschließend können Sie in Ihrem Serienbrief über die Seriendruckfelder auf alle Kontaktinformationen aus Outlook zugreifen. Fügen Sie die Felder wie ab Seite 308 beschrieben in das Dokument ein.

i

Vorhandene Listen wählen

Auf vorhandene Adresslisten im MDB-Format greifen Sie zu, indem Sie im Menü der Schaltfläche **Empfänger auswählen** die Option **Vorhandene Liste verwenden** markieren. Im Dialog **Datenquelle auswählen** wählen Sie dann die Datei mit den Adressendaten aus.

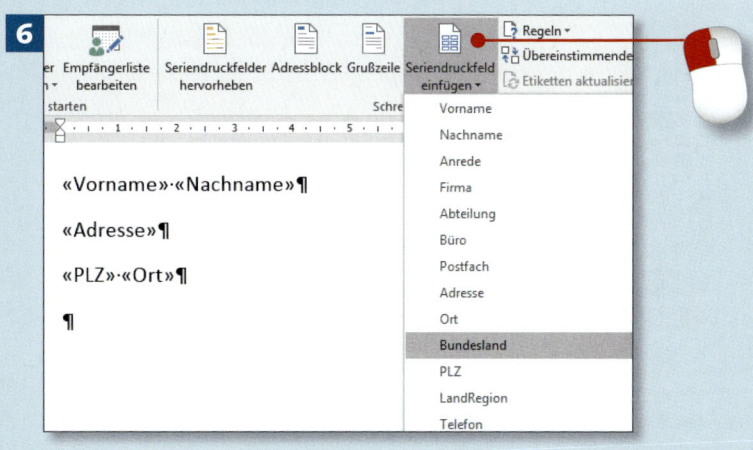

Eine Excel-Adressliste als Datenquelle nutzen

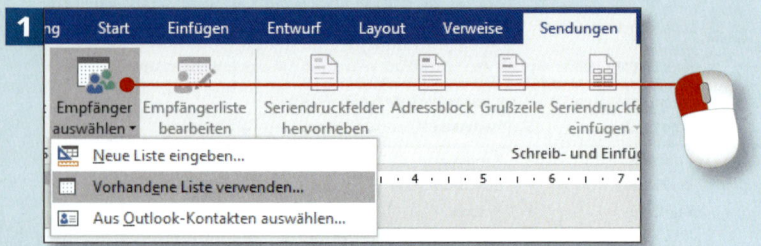

Auch Adressen, die Sie in Excel sammeln und verwalten, können Sie in Serienbriefen nutzen. Voraussetzung ist natürlich, dass Sie die Adressinformationen sinnvoll in Spalten und Zeilen abgelegt haben.

Schritt 1

Beginnen Sie Ihren Serienbrief, wie in den vorangegangenen Abschnitten beschrieben. Klicken Sie dann im Menü der Schaltfläche **Empfänger auswählen** auf **Vorhandene Liste verwenden**.

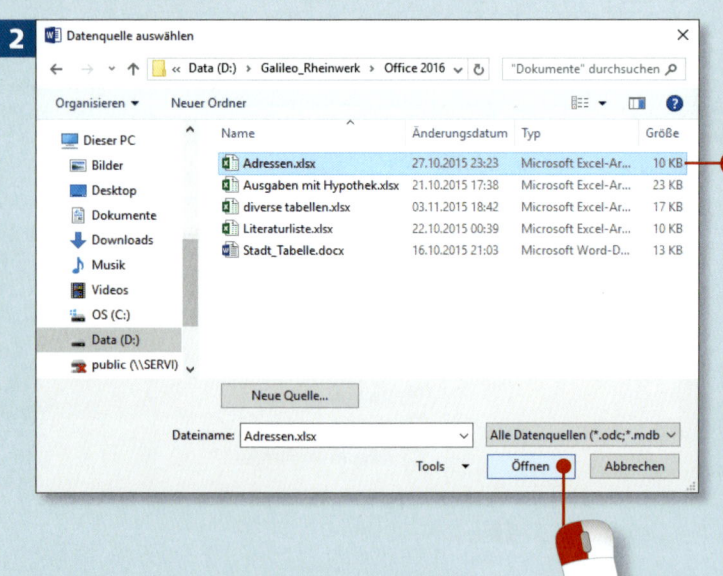

Schritt 2

Im Dialog **Datenquelle auswählen** markieren Sie die Excel-Datei, die die Adressinformationen enthält ❶. Anschließend klicken Sie auf die Schaltfläche **Öffnen**.

Schritt 3

Jetzt müssen Sie bestimmen, welches Tabellenblatt die Adressinformationen enthält. Markieren Sie also seinen Namen. Im Normalfall stehen in der ersten Zeile die Spaltenüberschriften *Vorname*, *Name* etc., daher können Sie die entsprechende Option ❷ aktiviert lassen. Klicken Sie dann auf **OK**.

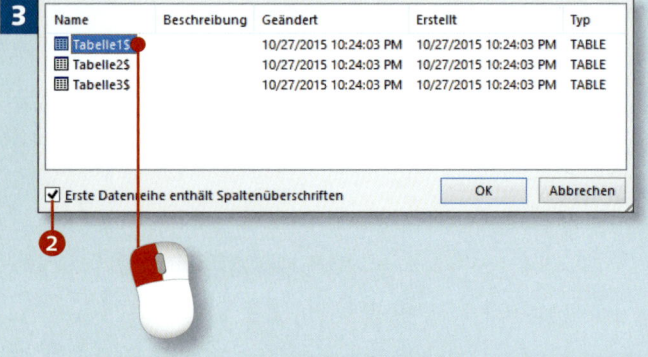

Schritt 4

Nach der Verbindung mit der Excel-Tabelle verfahren Sie wie üblich: Platzieren Sie den Cursor im Dokument, und fügen Sie die Seriendruckfelder ein. In der Liste sehen Sie als Felder die Spaltenüberschriften der Excel-Tabelle.

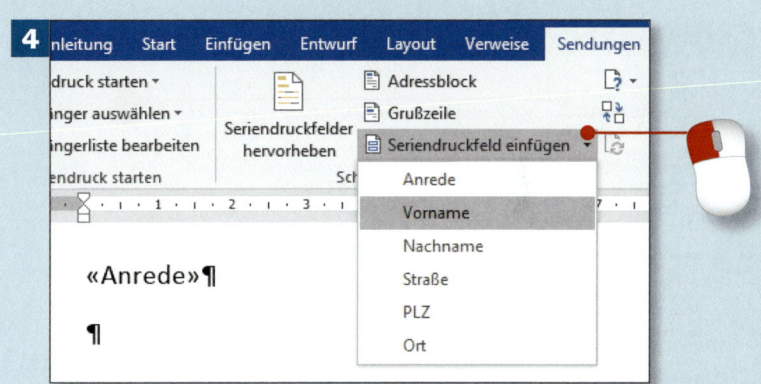

Schritt 5

Rufen Sie gegebenenfalls den Dialog **Übereinstimmende Felder festlegen** auf (siehe Schritt 6 auf Seite 309), um Felder bzw. Feldnamen anzupassen (siehe dazu den Kasten »Übereinstimmende Felder«).

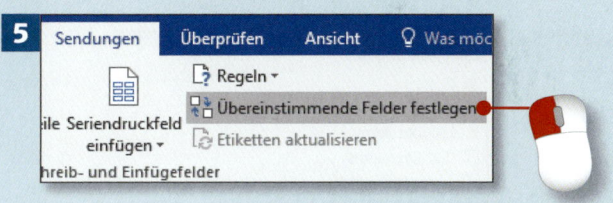

Schritt 6

Schauen Sie sich das Ergebnis in der Vorschau an. Formatierungen der Adresselemente nehmen Sie übrigens immer im Hauptdokument vor. Markieren Sie das entsprechende Seriendruckfeld, und weisen Sie die gewünschte Formatierung zu.

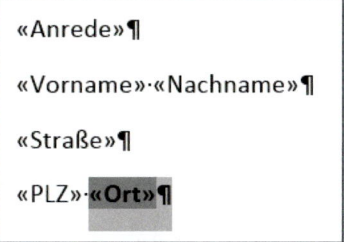

> **Übereinstimmende Felder**
>
> Die Zuordnung von Spaltenüberschriften und Feldnamen (Schritt 5) müssen Sie nur vornehmen, wenn Sie die Funktionen **Grußzeile** oder **Adressblock** verwenden wollen.

Daten filtern und sortieren

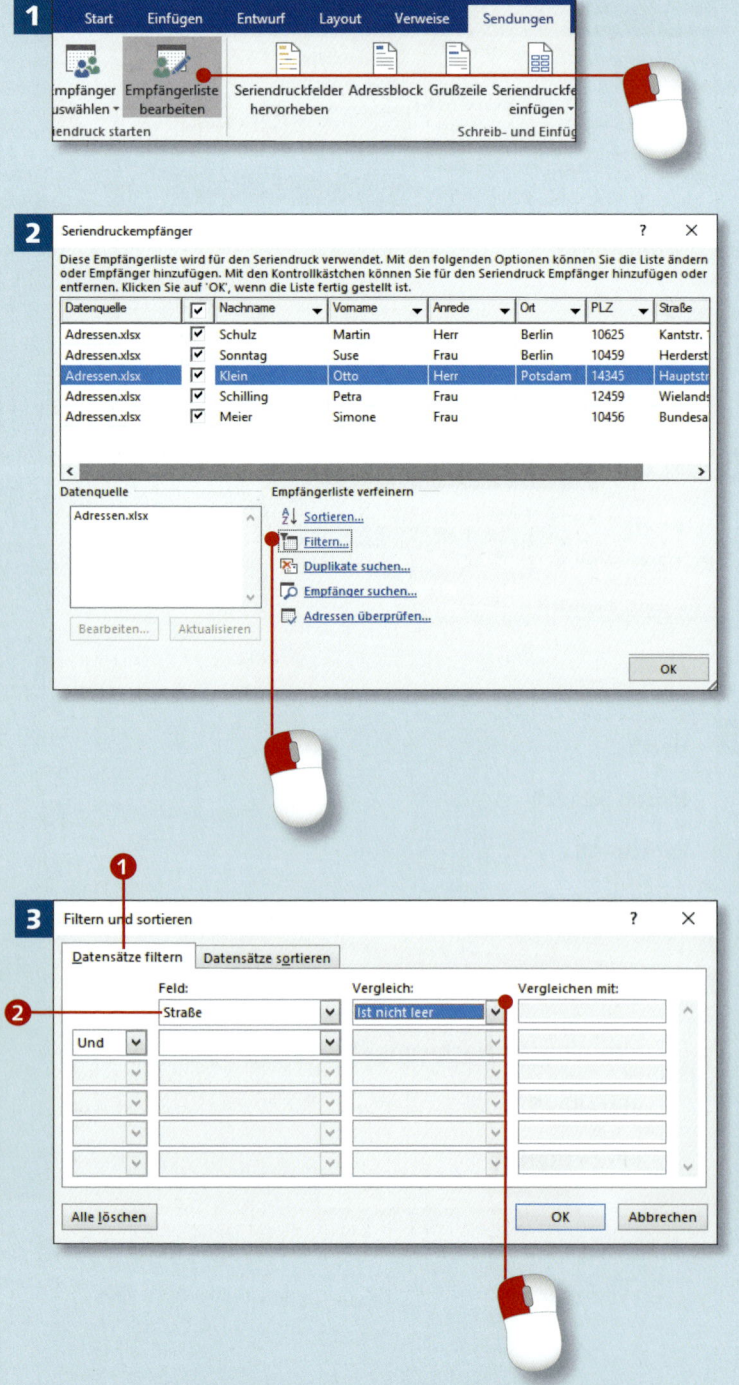

Sie müssen nicht allen Empfängern schreiben, die in Ihrer Empfängerliste enthalten sind. Word bietet einen einfach zu bedienenden Filter.

Schritt 1

Um eine Sortierung durchzuführen oder bestimmte Adressen aus dem Empfängerkreis herauszufiltern, klicken Sie auf der Registerkarte **Sendungen** auf **Empfängerliste bearbeiten**.

Schritt 2

Im Dialog **Seriendruckempfänger** sind alle Empfänger Ihrer Adressliste aufgelistet. In manchen Fällen sollen aber nicht alle den Serienbrief erhalten. Das ist kein Problem, mit einem Filter lässt sich das regeln. Klicken Sie auf **Filtern**.

Schritt 3

Im Dialog **Filtern und sortieren** wählen Sie auf der Registerkarte **Datensätze filtern** ❶ zunächst das Feld aus, das die Information enthält, nach der Sie die Empfängerliste einschränken möchten. Um z.B. alle Adressen auszuschließen, bei denen die Straßenangabe fehlt, wählen Sie das Feld **Straße** ❷ und als Vergleich **Ist nicht leer**.

Schritt 4

Um eine weitere Bedingung hinzuzufügen, legen Sie zunächst die Art
der Verknüpfung fest, z. B. **Und** ❸.
Um nur Berlinern den Serienbrief zu
schicken, stellen Sie als Feld **Ort** ❹
ein, als Vergleich **Gleich** ❺, und in
die Spalte **Vergleichen mit** schreiben
Sie »Berlin«.

Schritt 5

Wechseln Sie zur Registerkarte **Datensätze sortieren** ❻. Wählen Sie
zunächst das Feld aus, z. B. **Nachname**, und legen Sie daneben die
Sortierreihenfolge fest ❼.

Schritt 6

Nachdem Sie den Dialog **Filtern
und sortieren** mit **OK** geschlossen
haben, sehen Sie den Erfolg Ihrer
Aktion im Dialog **Seriendruckempfänger**. Hier werden nur noch
Datensätze aus Berlin angezeigt, die
nach dem Nachnamen sortiert sind.

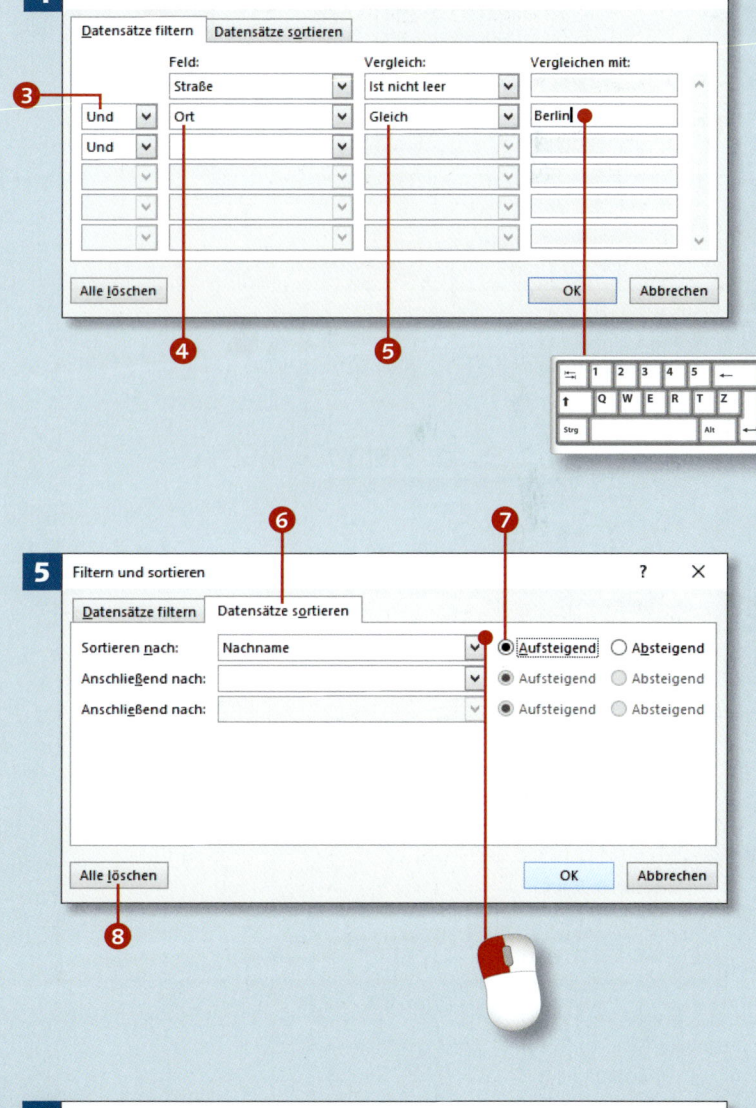

Filter entfernen

Um wieder alle Datensätze aufzunehmen, müssen Sie die Filter
entfernen. Dazu klicken Sie im
Dialog **Seriendruckempfänger** auf
Alle löschen (❽ in Bild 5).

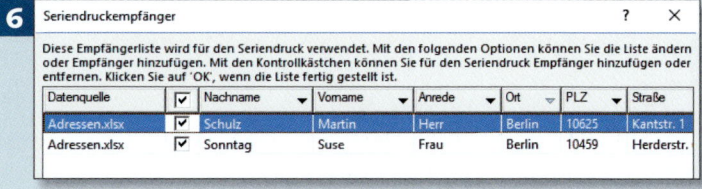

Den Serienbrief drucken

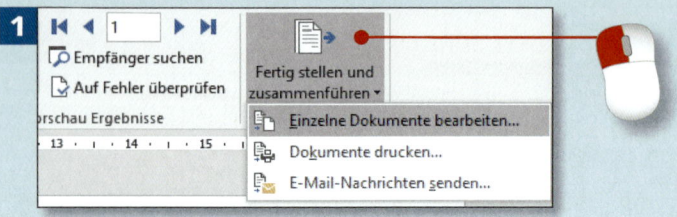

Bevor Sie Hunderte von Seiten aus-drucken, können Sie sich das Ergebnis des Seriendrucks in einer Word-Datei anschauen.

Schritt 1

Nachdem Sie den Serienbrief zusammengestellt haben, können Sie sich alle Briefe in einer Datei anzeigen lassen. Klicken Sie auf der Registerkarte **Sendungen** auf **Fertig stellen und zusammenführen ▸ Einzelne Dokumente bearbeiten**.

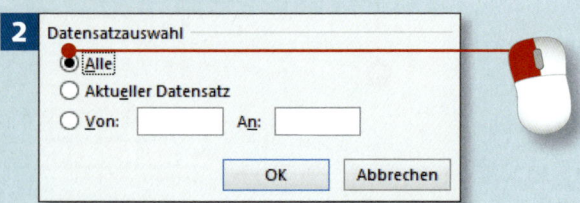

Schritt 2

Im zugehörigen Dialog können Sie nochmals festlegen, welche Datensätze Sie in den Serienbrief aufnehmen wollen. Klicken Sie dann auf **OK**.

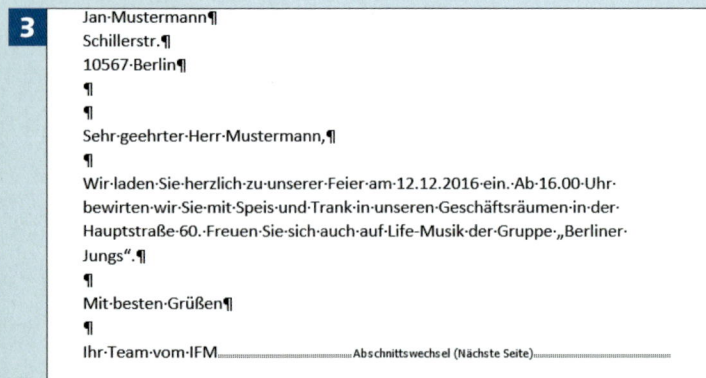

Schritt 3

Word erstellt ein neues Dokument, das alle Briefe enthält und sie jeweils durch einen Abschnittswechsel getrennt anzeigt. Hier könnten Sie alle Briefe noch einmal einzeln vor dem Ausdruck überprüfen und notfalls korrigieren.

Schritt 4

Wenn Sie den Eindruck haben, dass alles in Ordnung ist, können Sie das Dokument wie jede andere Word-Datei ausdrucken. Klicken Sie dazu auf **Datei ▸ Drucken ▸ Drucken**.

Schritt 5

Falls Sie die fertigen Briefe nicht mehr kontrollieren möchten, können Sie sie auch direkt an den Drucker schicken. Klicken Sie dazu im Menü der Schaltfläche **Fertig stellen und zusammenführen** auf den Eintrag **Dokumente drucken**.

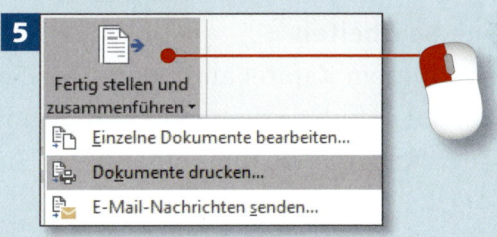

Schritt 6

Nachdem Sie die Empfänger ausgewählt haben, können Sie im Dialog **Drucken** den Drucker auswählen und weitere Einstellungen für den Druck vornehmen. Abschließend klicken Sie unten auf **OK**.

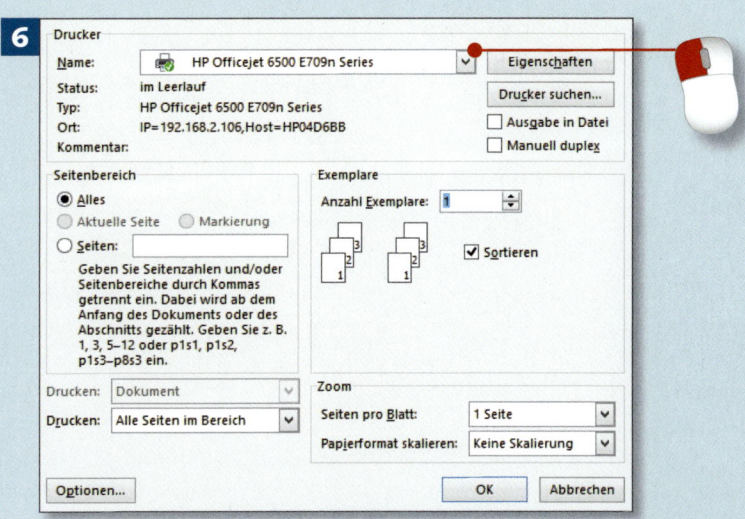

Fertige Briefe

Im Regelfall speichern Sie die Datei mit den fertigen Serienbriefen nicht, da sie sich jederzeit neu erstellen lässt. Sie brauchen an sich nur das Hauptdokument und die Datenquelle. Überlegen sie aber, ob Sie das Dokument archivieren wollen, um später klar nachvollziehen zu können, wer den Brief erhalten hat.

Kapitel 14
Office und das Internet

In diesem Kapitel erfahren Sie, wie Sie ein Office-Dokument als E-Mail verschicken. Darüber hinaus geht es um die Möglichkeit, Dokumente im sogenannten OneDrive abzulegen und sie online über die Office Web Apps zu bearbeiten.

Ein Office-Dokument als E-Mail verschicken

Sie können ein Dokument direkt aus dem entsprechenden Programm versenden. Diesen Vorgang starten Sie über **Datei ▸ Freigeben ❶**.

Dokumente online bearbeiten

Wir zeigen Ihnen in diesem Kapitel außerdem, wie Sie Ihre auf dem OneDrive gespeicherten Dokumente online aufrufen, sie bearbeiten ❷ und für andere Nutzer freigeben.
Für den Online-Zugriff auf die Dokumente müssen Sie sich mit Ihrem Microsoft-Konto anmelden.

Versenden Sie ein
Dokument ganz
einfach per E-Mail.
❶

❷ Auf dem OneDrive abgelegte Dokumente
können online bearbeitet werden.

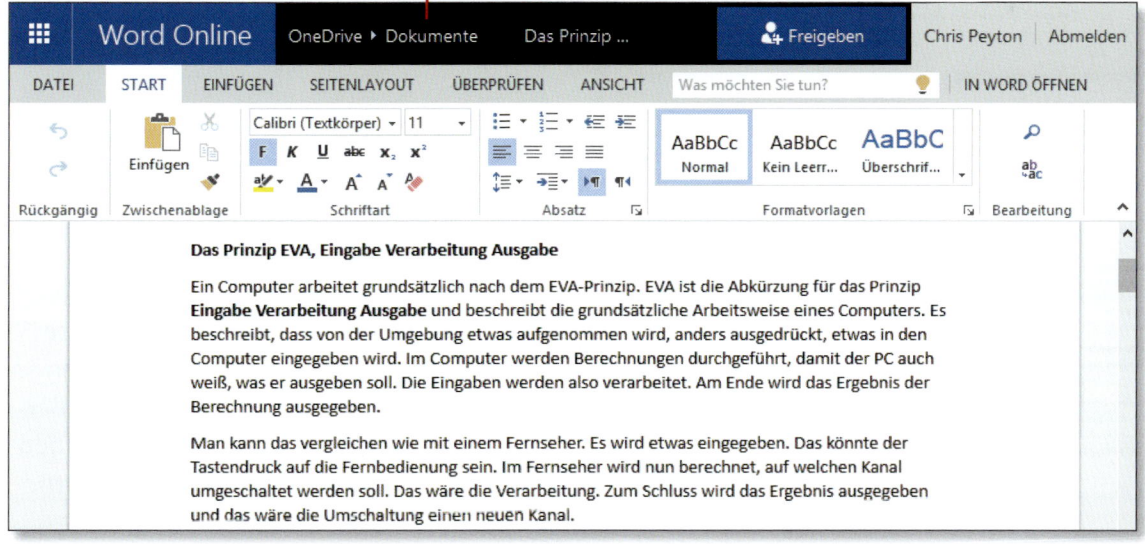

Ein Office-Dokument per E-Mail versenden

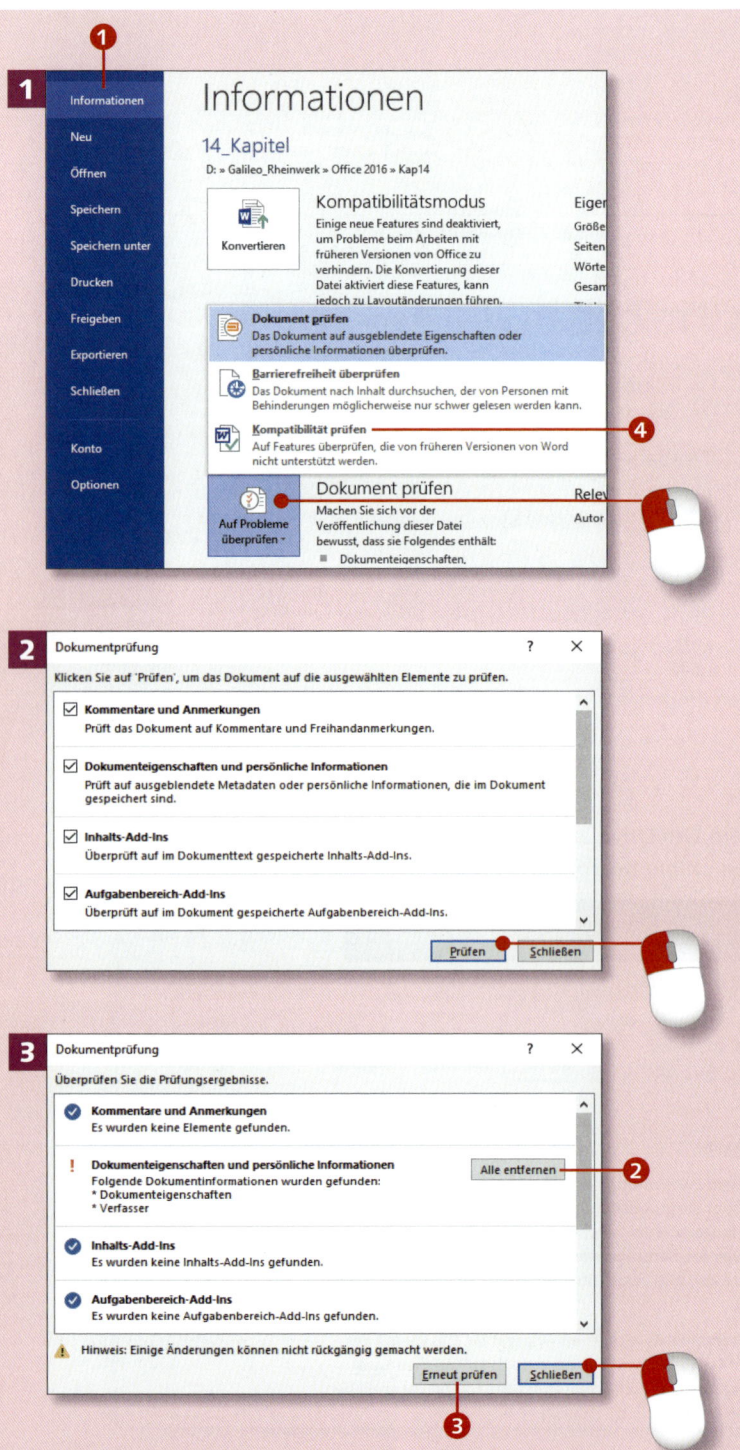

Sie können ein Office-Dokument auch direkt aus dem entsprechenden Programm verschicken. Zuvor stellen Sie sicher, dass Sie keine ungewollten Informationen mitschicken.

Schritt 1

Bevor Sie ein Office-Dokument verschicken, klicken Sie auf **Datei ▸ Informationen ❶ ▸ Auf Probleme überprüfen ▸ Dokument prüfen**.

Schritt 2

Im Dialog **Dokumentprüfung** können Sie festlegen, was geprüft werden soll. Nicht nur die Eigenschaften des Dokuments werden untersucht, sondern weitere Elemente, mit denen ungewollt Informationen preisgegeben werden. Klicken Sie dann auf **Prüfen**.

Schritt 3

Nach einem kurzen Moment wird Ihnen das Ergebnis der Überprüfung angezeigt. »Verdächtige« Informationen werden mit einem Ausrufezeichen hervorgehoben. Um diese Informationen zu löschen, klicken Sie auf **Alle entfernen ❷**. Schließen Sie dann den Dialog, oder beginnen Sie mit **Erneut prüfen ❸** von vorn.

Schritt 4

Wenn der Empfänger eine andere Office-Version verwendet, klicken Sie im Menü **Auf Probleme überprüfen** auf den Eintrag **Kompatibilität prüfen** (④ in Bild 1). Im zugehörigen Dialog werden Ihnen die möglichen Probleme angezeigt. Sie müssen sie separat beheben.

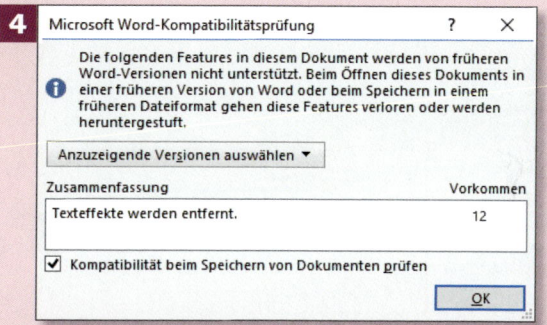

Schritt 5

Ein so vorbereitetes Dokument können Sie ohne Bedenken verschicken. Klicken Sie auf **Datei ▸ Freigeben** ⑤, und wählen Sie im mittleren Bereich den Eintrag **E-Mail** ⑥ und rechts z. B. **Als Anlage senden**.

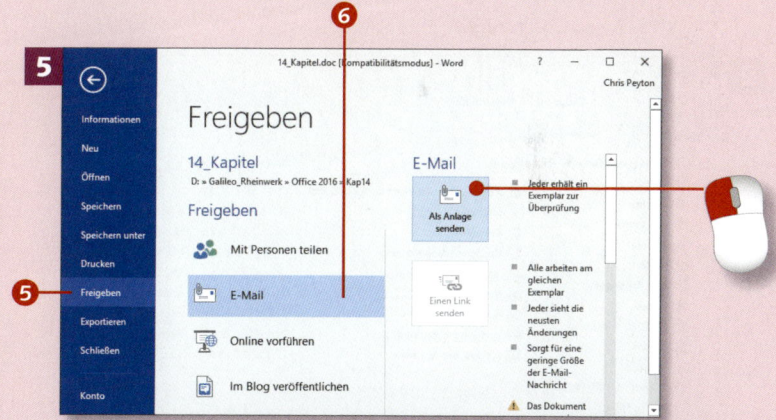

Schritt 6

Jetzt wird Outlook mit einem Fenster zum Verfassen einer neuen E-Mail gestartet. Die Word-Datei (bzw. das PDF) ist als Anlage eingefügt ⑦ und der Dateiname im Feld **Betreff** eingesetzt. Jetzt schreiben und versenden Sie die E-Mail einfach.

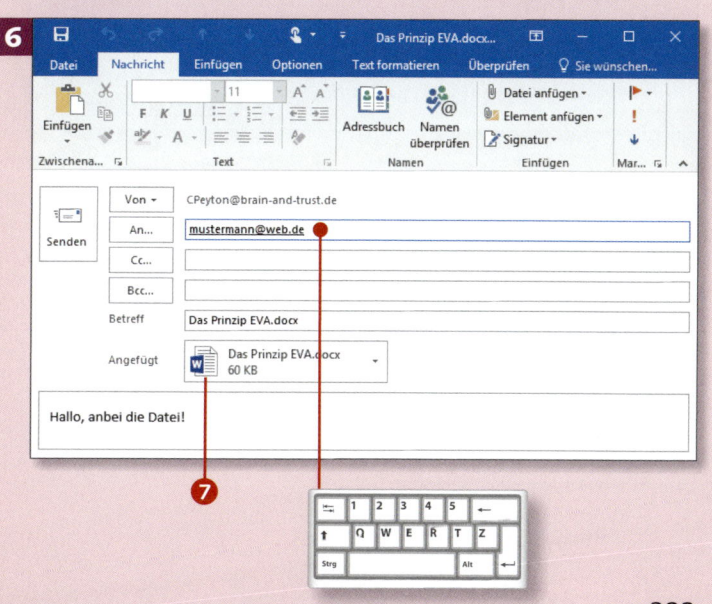

Office-Dokumente online bearbeiten

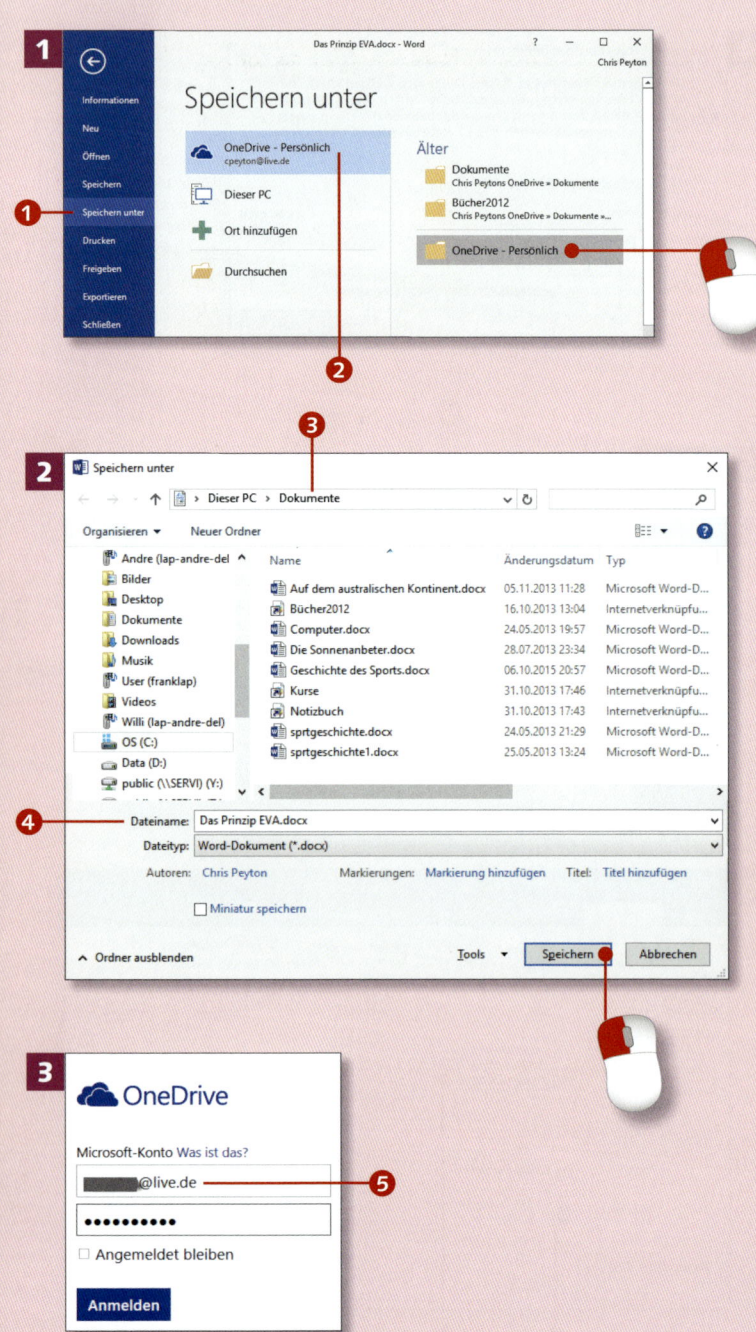

Mit den Office-Web-Apps können Sie Ihre Dokumente überall auf der Welt bearbeiten.

Schritt 1

Um ein Dokument im Internet, also auf dem OneDrive zu speichern, klicken Sie auf **Datei ▸ Speichern unter ❶**, markieren **OneDrive – Persönlich ❷** und klicken im rechten Bereich ebenfalls auf **OneDrive – Persönlich**.

Schritt 2

Nach der Verbindung mit dem Microsoft-Server werden Ihre OneDrive-Ordner angezeigt. Wählen Sie den Ordner, in dem Sie das Dokument ablegen wollen, z. B. **Dokumente ❸**. Geben Sie einen Dateinamen ein ❹, und klicken Sie auf **Speichern**.

Schritt 3

Um das Dokument über das Internet zu bearbeiten, rufen Sie die Seite *https://onedrive.live.com* auf. Klicken Sie hier auf **Anmelden**, und loggen Sie sich im nächsten Fenster mit Ihrem Microsoft-Konto ❺ ein.

Schritt 4

Sie gelangen dann zu Ihrem persönlichen *OneDrive*, wo die vorhandenen Ordner angezeigt werden. Klicken Sie hier auf **Dokumente**.

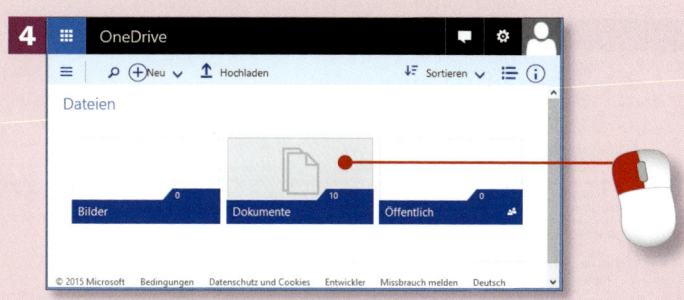

Schritt 5

Daraufhin wird der Inhalt des Ordners angezeigt. Ein einfacher Klick auf das Dokument reicht, um es online zu öffnen.

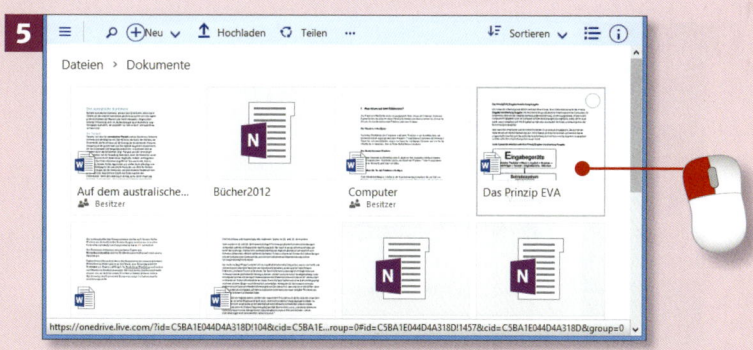

Schritt 6

Zunächst können Sie das Dokument nur lesen. Um es bearbeiten zu können, klicken Sie auf den Pfeil an der Schaltfläche **Dokument bearbeiten**. Um es direkt online zu bearbeiten, wählen Sie hier **In Word Online bearbeiten**.

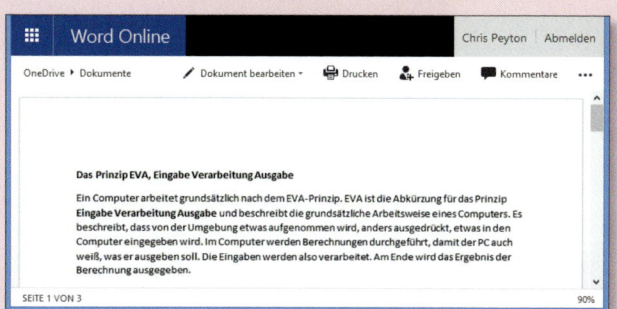

Dokumente erstellen

Sie haben mit OneDrive nicht nur Zugriff auf Ihre hochgeladenen Dokumente, sondern können auch neue anlegen. Dazu klicken Sie in der oberen Menüleiste auf **Erstellen ▸ Word-Dokument**.

Office-Dokumente online bearbeiten (Forts.)

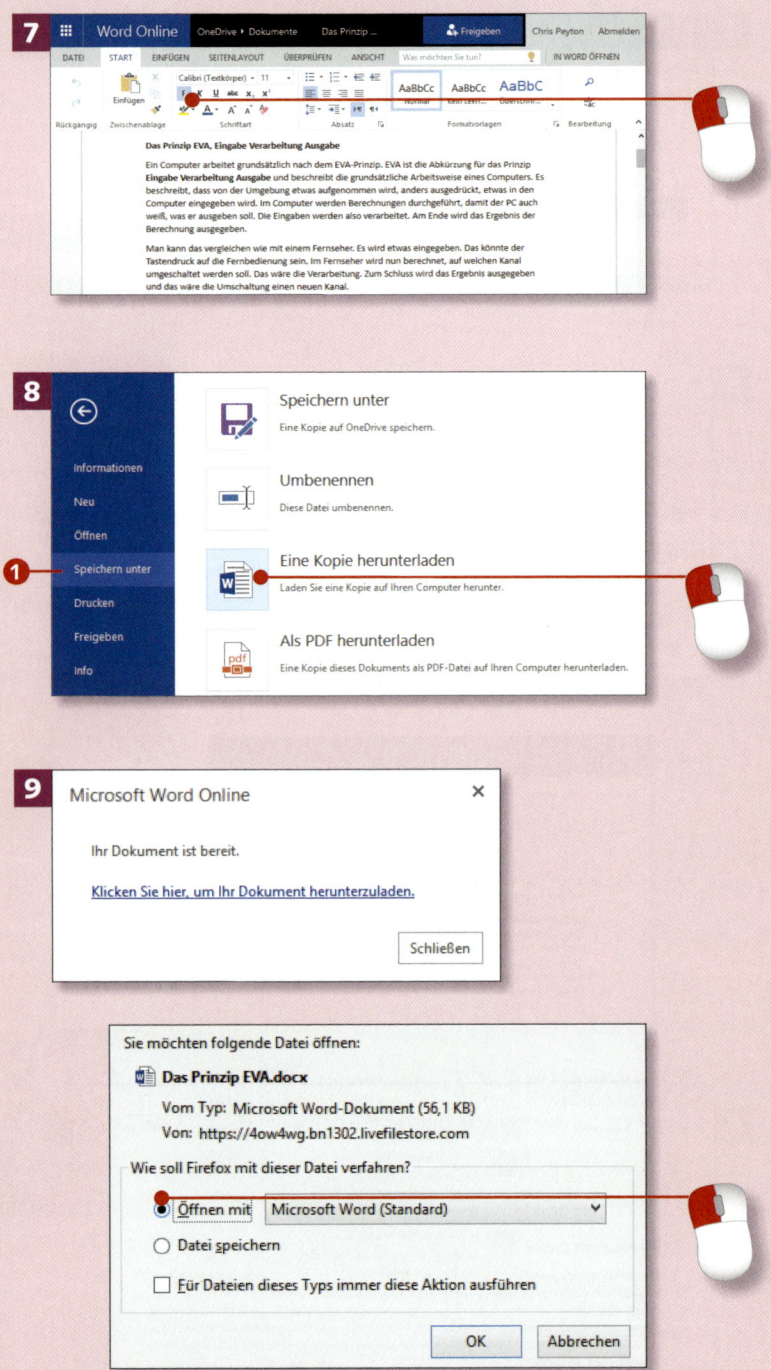

Schritt 7

Sie sehen in Ihrem Browser eine Oberfläche, die mehr oder minder der Oberfläche des betreffenden Office-Programms entspricht. Es fehlen allerdings einige Registerkarten und eine ganze Menge Befehle. Sie können das Dokument nun verändern und bearbeiten, z. B. eine markierte Textpassage fett hervorheben.

Schritt 8

Alle Änderungen werden automatisch gespeichert. Um die bearbeitete Fassung als Kopie auf Ihren lokalen Computer herunterzuladen, wählen Sie **Datei ▸ Speichern unter** ❶ **▸ Eine Kopie herunterladen**. Etwaige Änderungen sollten Sie aber *vor* dieser Aktion speichern.

Schritt 9

Sie erhalten dann den Link, um die Datei herunterzuladen. Danach werden Sie in einem weiteren Dialog gefragt, wie mit der Datei verfahren werden soll. Mit der Option **Öffnen mit ▸ Microsoft Word** wird die Datei lokal auf Ihrem Rechner geöffnet.

Schritt 10

Sie können Dokumente vom One-Drive aus mit anderen teilen. Klicken Sie auf **Freigeben** ❷ und dann auf **Für andere Personen freigeben**. Im nächsten Fenster tragen Sie die E-Mail-Adresse des anderen Bearbeiters ein ❸ und klicken auf **Teilen**.

Schritt 11

Um ein anderes Dokument zu öffnen, navigieren Sie zurück zum Überblick über die Inhalte (Schritt 4). Klicken Sie hier auf den Ordner, in dem die Datei liegt, die Sie öffnen möchten.

Schritt 12

Zum Abmelden klicken Sie die Gesichtsschablone oben rechts (oder ein Foto, das Sie Ihrem Profil zugeordnet haben) an. Im zugehörigen Menü klicken Sie auf **Abmelden**.

ℹ Geteilte Dokumente

Der Empfänger erhält eine E-Mail mit der Information, dass Sie ein Dokument mit ihm teilen möchten. Darin gibt es auch einen Link, der zu dem Dokument in Word Online führt.

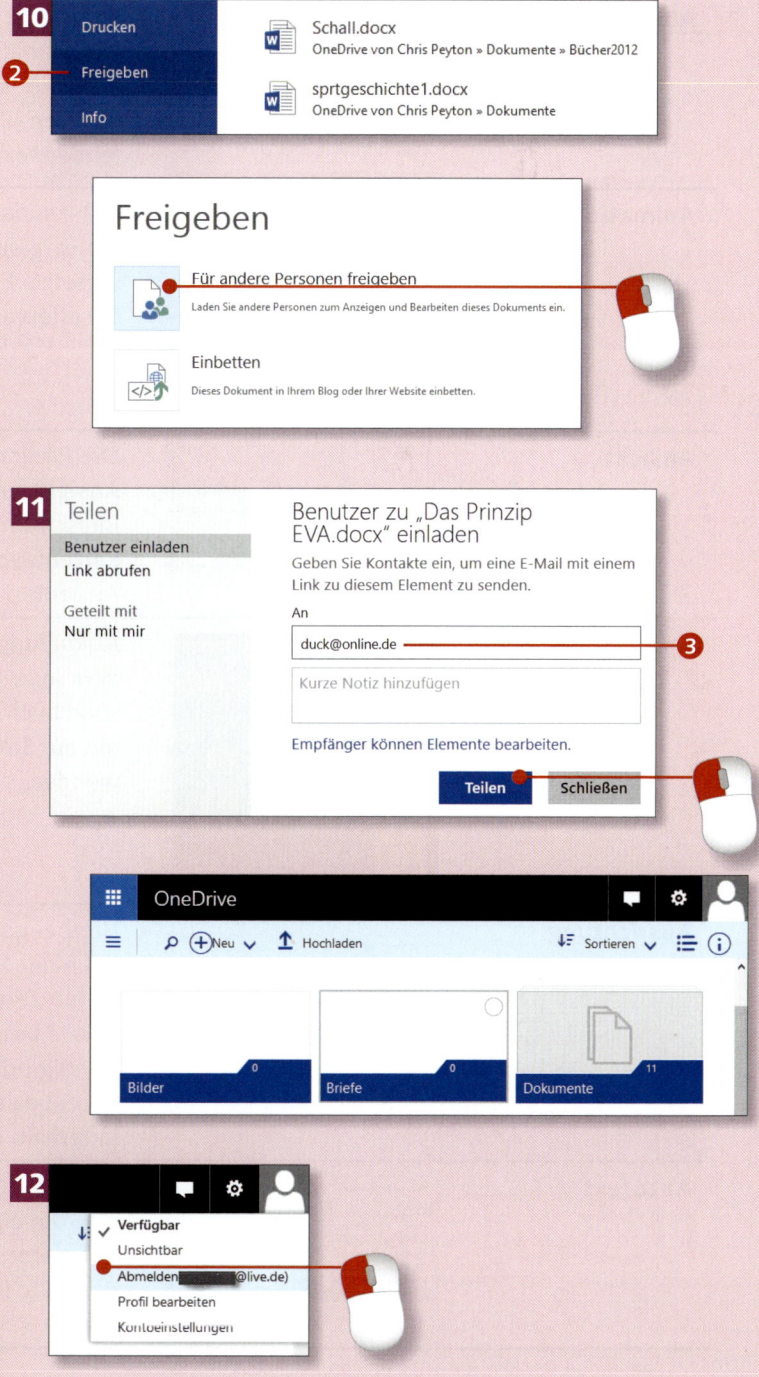

Glossar

Absatz		Ein *Absatz* ist der Text zwischen zwei Absatzmarken. Sobald Sie ⏎ drücken, erzeugen Sie einen neuen Absatz, der endet, wenn Sie erneut ⏎ drücken. Dazwischen steht Fließtext, also fortlaufender Text.
Animation	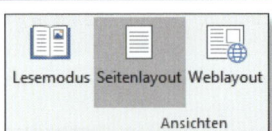	Mit *Animationen* werden sowohl Texte als auch Objekte auf PowerPoint-Folien in Bewegung versetzt. Es gibt viele unterschiedliche Animationseffekte.
Ansicht		Die Programme bieten auf der Registerkarte **Ansicht** unterschiedliche Möglichkeiten der Bildschirmdarstellung. In Word gibt es z. B. das **Seitenlayout** und den **Lesemodus**, in Excel die Ansichten **Normal** oder die **Umbruchvorschau**.
App	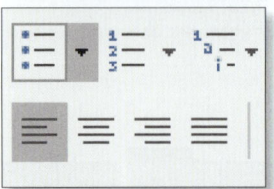	Abkürzung des englischen Begriffs *application*, mit dem jede Art von Software gemeint ist. Umgangssprachlich wird der Begriff meistens für Programme auf Smartphones und Tablet-Computern verwendet.
Ausrichtung	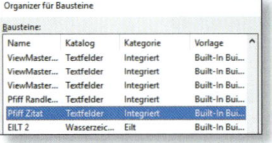	Hierbei geht es um die Anordnung von Absätzen auf einer Seite. Der Standard ist linksbündig (die ersten Zeichen stehen Zeile für Zeile untereinander), Absätze können aber auch zentriert, rechtsbündig oder im Blocksatz ausgerichtet werden. In Excel bezieht sich die Ausrichtung auf die Inhalte innerhalb der Zellen.
AutoText		Textpassagen, die Sie regelmäßig verwenden, z. B. die eigene Adresse, können Sie als *AutoText* definieren. Solche AutoTexte lassen sich mit Hilfe des AutoText-Namens wie ein Textbaustein immer wieder verwenden (siehe auch *Schnellbaustein*).

Backstage-Bereich	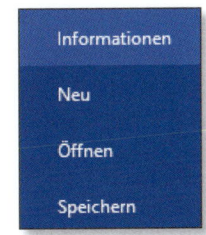	Das Menü, das über die Registerkarte **Datei** geöffnet wird, wird als *Backstage-Bereich* bezeichnet. Hier sind grundlegende Funktionen gesammelt, z. B. **Speichern**, **Öffnen**, **Drucken** und **Freigeben**.
Bildschirmpräsentation	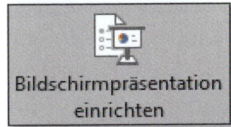	Wenn PowerPoint-Folien am Bildschirm vorgeführt werden, in der Regel mit Animationen und Folienübergängen, spricht man von einer *Bildschirmpräsentation*.
Bildschirmtastatur	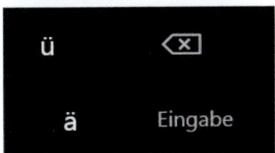	Eine Tastatur, die an einem Touch-Bildschirm eingeblendet werden kann. Zum Schreiben werden die virtuellen Tasten mit dem Finger angetippt.
Browser		Computerprogramm zur Darstellung von Internetseiten oder Dokumenten im Internet, z. B. der Internet Explorer oder Mozilla Firefox
ClipArt		*ClipArts* sind Bilder (Illustrationen, Fotos) und andere Mediendateien, die in ein Dokument eingefügt werden können.
Datei-Explorer	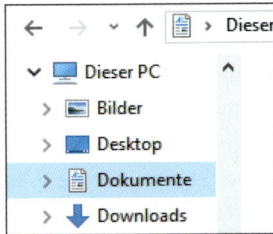	Auch kurz: *Explorer* (früher: Windows-Explorer). Der Standard-Dateimanager von Windows. Dazu gehören z. B. die Taskleiste, der Desktop und das Dateimanager-Fenster.

Glossar

Design	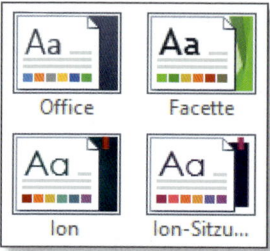	Das gewählte Design bestimmt das Aussehen des gesamten Dokuments, einschließlich der Schriftarten, -farben oder Texteffekte. Office 2016 bietet zahlreiche Designs an (jedoch nur in den Dateiformaten DOCX, PPTX oder XLSX).
Diagramm	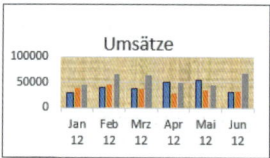	Ein Diagramm stellt Zahlenmaterial grafisch dar. Es gibt verschiedene Diagrammtypen. Klassisch sind Balken-, Säulen-, Kreis- und Liniendiagramme.
Dokument-vorlage		Dokumentvorlagen sind vorgefertigte Dokumente. Sie können Formatierungen, Text und andere Elemente enthalten. Selbsterstellte Dokumentvorlagen werden unter **Persönlich** gesammelt; Word bietet zahlreiche Vorlagen für unterschiedliche Zwecke an.
Drag & Drop	Computer·eingegeben weiß,·was·er·ausgebe Berechnung·ausgegeb Man·kann·das·vergle Tastendruck·auf·die umgeschaltet·werden	*Drag & Drop* bezeichnet eine Methode, Text zu kopieren und einzufügen. Sie markieren den Text und ziehen ihn mit gedrückter Maustaste an die gewünschte Stelle im Dokument.
Einzug	Eingabe·Verarbeitung·Ausgabe·und beschreibt,·dass·von·der·Umgebung Computer·eingegeben·wird.·¶ Im·Computer·werden·Bere soll.·Die·Eingaben·werden ausgegeben.·¶ Man·kann·das·vergleichen·wie·mit Tastendruck·auf·die·Fernbedienung	Wenn man Text ein wenig vom eingestellten Seitenrand aus einrückt (meistens vom linken Seitenrand), spricht man von einem *Einzug*. Der Befehl wirkt sich auf den Absatz aus, in dem der Cursor steht, oder, wenn Absätze markiert sind, auf all diese markierten Absätze.

E-Mail-Konto

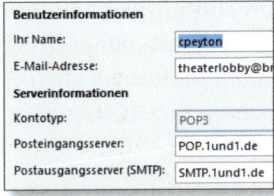

Um E-Mails mit Outlook versenden und empfangen zu können, müssen Sie mit Hilfe der Anmeldedaten, die Sie vom Provider erhalten haben, ein E-Mail-Konto einrichten.

Empfängerliste

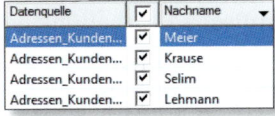

Eine *Empfängerliste* ist (in Word) eine Datei, die die Adressdaten der Empfänger eines Serienbriefes enthält. Solche Dateien werden ansonsten auch als *Datenquelle* bezeichnet.

Entwurfsansicht

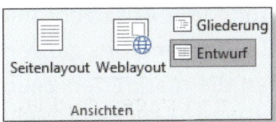

Die Ansicht **Entwurf** ist eine der möglichen Ansichten in Word. Im Gegensatz zum **Seitenlayout** werden hier keine Ränder, Seitenumbrüche oder Ähnliches angezeigt; das Dokument sieht also nicht so aus wie der Ausdruck.

Fingereingabe

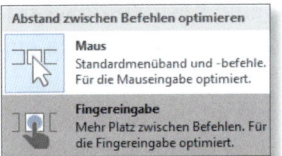

Bezeichnet die Möglichkeit, Office bei einem Touchscreen auch über Fingerberührung zu bedienen. Ein spezieller Fingereingabe-Modus sorgt für mehr Platz zwischen den Befehlen/Symbolen.

Folie

Für eine PowerPoint-Präsentation werden einzelne Folien erstellt. Diese Folien können Text, Grafiken, Zeichnungen und Sound enthalten und als Bildschirmpräsentation vorgeführt werden.

Folienübergang

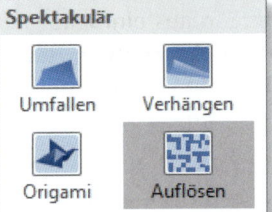

In einer Bildschirmpräsentation wird eine Folie nach der anderen gezeigt. Mit den Übergängen stellen Sie ein, auf welche Weise dieser Übergang erfolgt.

Glossar

Form		Die Office-Programme bieten vorgefertigte Formen (Rechtecke, Ellipsen, Dreiecke etc.), die Sie auf einem Blatt oder einer Folie aufziehen und dann weiterbearbeiten können.
Formatierung		Die optische Bearbeitung eines Textes nennt man *Formatierung*. In Word unterscheidet man zwischen *Zeichenformatierung* (die Veränderung einzelner Zeichen), *Absatzformatierung* (die Bearbeitung von Absätzen) und *Seitenformatierung* (die Bearbeitung des ganzen Dokuments). In Excel werden die markierten Zellbereiche formatiert, in PowerPoint markierter Text oder Textfelder.
Formatvorlage		Formatvorlagen sind gebündelte Formatierungen (z. B. eine bestimmte Schriftart, eine Schriftgröße oder eine Farbe), die Sie einem Absatz per Mausklick zuweisen können. Auf diese Weise können Sie Textabschnitte sehr schnell und immer gleichbleibend formatieren. Es gibt fertige Formatvorlagen (z. B. **Überschrift 1**), die sich anpassen lassen.
Funktion		Um Berechnungen in Excel anzustellen, können Sie entsprechende Funktionen verwenden. Excel bietet zahlreiche solcher Funktionen für unterschiedliche Einsatzgebiete und Berechnungen an.
Fußnote		*Fußnoten* sind Texte, die am Ende einer Seite stehen. Es handelt sich um Ergänzungen, z. B. Literaturhinweise, Quellenangaben oder Kommentare. Fußnotenzeichen – meist Zahlen – im Text verweisen auf die Fußnoten, denen das entsprechende Fußnotenzeichen ebenfalls vorangestellt wird.

Glossar

Fußzeile	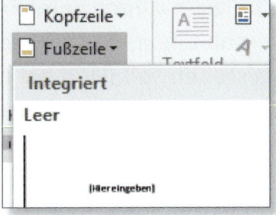	Die Fußzeile am Ende der Seite enthält Text, der auf jeder Seite des Dokuments stehen soll. Die Wiederholung des Textes erfolgt automatisch. Typischerweise wird der Fußzeilenbereich dazu genutzt, Seitenzahlen einzufügen.
Hochformat		Das *Hochformat* beschreibt eine Seite, bei der sich die kürzeren Blattkanten oben und unten befinden. Öffnen Sie ein neues Dokument in Word, ist standardmäßig das **Hochformat** eingestellt. Das Pendant (mit den längeren Blattkanten oben und unten) ist das **Querformat**.
Junk-E-Mail	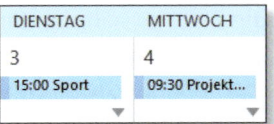	E-Mails, die unerwünscht im Posteingang landen und meistens Werbebotschaften enthalten, werden als *Junk-E-Mail* oder *Spam* bezeichnet. Sie sollten sie vorsichtshalber sofort löschen, ohne sie zu öffnen.
Kalender (Outlook)	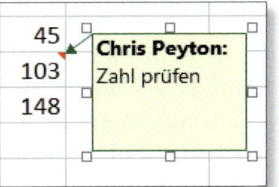	Der **Kalender** ist das Outlook-Modul, mit dem Sie Termine verwalten können. Es gibt hier eine Tages-, Monats- und Wochenansicht.
Kommentar		Kommentare lassen sich in Word, Excel und PowerPoint einfügen. In Excel beziehen sie sich auf den Inhalt einer Zelle (in Word und PowerPoint auf den jeweils markierten Text).
Kontakte (Outlook)		Hinter der Schaltfläche **Kontakte** verbirgt sich das Adressbuch von Outlook. Die Kontakte können auf unterschiedliche Weise angezeigt werden, z. B. als Visitenkarten.

Glossar

Kopfzeile	Kopfzeile ▾ Fußzeile ▾ Seitenzahl ▾ Kopf- und Fußzeile Textf	Die *Kopfzeile* ist der Bereich am Kopf der Seite und enthält Text, der auf jeder Seite des Dokuments stehen soll. Wie bei der Fußzeile erfolgt die Wiederholung des Textes automatisch. Oft steht in der Kopfzeile ein Firmenname, die Überschrift des Kapitels oder der Name des Dokuments.
Kopieren	Zwischenabla... ▾ ✕ Alle einfügen Alle löschen Klicken Sie auf ein Element, um es einzufügen: Maus als ein Zeigegerät betrachtet wird, kann man mit d...	*Kopieren* bedeutet in der Textverarbeitung, dass eine Textpassage mit Hilfe des Befehls **Kopieren** dupliziert wird. Der kopierte Text landet in der Zwischenablage und kann dann an anderer Stelle eingefügt werden.
Kursivierung	Als *Eingabegeräte* versteht man alles, womit in den Computer etwas eingegeben wird. Das sind z.B.	Die *Kursivierung* ist eine Form der Auszeichnung von Schrift. Sie dient der Hervorhebung von Schrift innerhalb von Texten und Textpassagen. Kursivschrift läuft im Gegensatz zur normalen Schrift schräg (normalerweise nach rechts geneigt).
Laufweite	Das sind z.B. T a s t a t u r e n, denn damit tippen Sie und geben die Buchstaben in den C o m p u t e r ein. Oder Sie sprechen in ein Mikrofon und	Die *Laufweite* bezeichnet den Abstand zwischen den Zeichen einer Schrift. In Word können Sie die Standardlaufweite einer Schrift sowohl verkleinern (um die Zeichen näher zusammenrücken zu lassen) als auch erweitern (so dass sich der Abstand zwischen den Zeichen vergrößert).
Lineal	☑ Lineal ☐ Gitternetzlinien ☐ Navigationsbereich Anzeigen · 6 · 7	In Word lassen sich Lineale anzeigen (Registerkarte **Ansicht**). Es gibt das horizontale Lineal am oberen Bildschirmrand und das vertikale am linken Rand. Beide sind in Zentimeter gegliedert und zeigen u. a. die Breite der Seitenränder an.
Markieren	Nachdem die Eingabe erfolgt ist, verarbeitet der Computer dies. Dazu muss man verstehen, dass ein Computer grundsätzlich "dumm" ist und erst alles berechnen muss. Da Menschen viele	*Markieren* bedeutet, dass man eine Anzahl von Zeichen auswählt, um Word »mitzuteilen«, dass Formatierungen nur auf diesen Text angewendet werden sollen. Üblicherweise markieren Sie mit der Maustaste, es geht aber z. B. auch, per Tastenkombination, über das Menüband und bei einem Touchdisplay mit den Fingern.

Notiz		In Outlook gibt es das Modul **Notizen**, das es ermöglicht, wichtige Informationen auf einem »Zettel« festzuhalten.
Postausgang	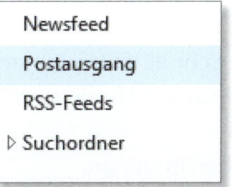	Der **Postausgang** ist der Ordner in Outlook, in dem E-Mails vor dem Versand abgelegt werden. Treten beim Versand Probleme auf (fehlt z. B. eine Internetverbindung), wird die E-Mail erst einmal hier aufbewahrt. Klicken Sie auf der Registerkarte **Senden/Empfangen** auf **Alle senden**, um alle Nachrichten aus dem Postausgang zu verschicken.
Posteingang		Der **Posteingang** ist der Outlook-Ordner, in dem die empfangenen Mails gesammelt und angezeigt werden.
Querformat		Das *Querformat* beschreibt eine Seite, bei der sich die längeren Blattkanten oben und unten befinden. Es eignet sich beispielsweise für Tabellen mit vielen Spalten.
Rechtschreib-prüfung		Die Rechtschreibprüfung in Word überprüft den geschriebenen Text anhand eines programmeigenen Wörterbuchs. Wurde ein Wort nicht so geschrieben, wie es im Wörterbuch steht, oder ist der Begriff unbekannt, erscheint unter dem Wort eine rote Wellenlinie.

Glossar

Registerkarte	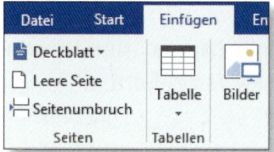	*Registerkarten* sind die Bereiche auf dem Menüband, auf denen passende Befehle und Funktionen zu unterschiedlichen Themen gesammelt sind. Mit einem Klick auf den jeweiligen Reiter wechseln Sie zwischen den Registerkarten. Auch Dialogfenster können mehrere Registerkarten enthalten.
Schnellbaustein	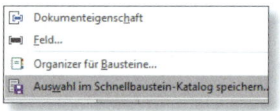	Für Textpassagen, die Sie häufig verwenden, können Sie Schnellbausteine anlegen. Einmal definiert, können Sie sie immer wieder in ein Dokument einfügen. Word bietet auch von Haus aus Schnellbausteine an.
Schriftart	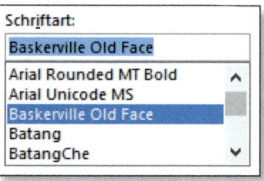	Die *Schriftart* ist die grafische Gestaltung eines Zeichensatzes. Zur Unterscheidung der typografischen Eigenschaften erhalten Schriften Namen, z. B. **Arial**, **Courier** oder **Times New Roman**. Die Office-Programme werden standardmäßig mit vielen verschiedenen Schriftarten ausgeliefert.
Schriftschnitt	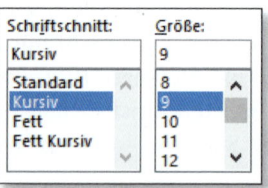	Zum Schriftschnitt gehören Formatierungen wie **Fett** oder **Kursiv** zur Gestaltung und/oder Hervorhebung von Zeichen oder Textpassagen.
Seitenlayout	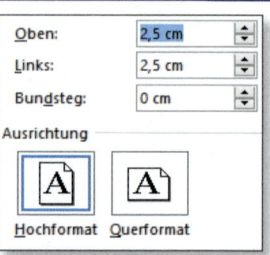	Das *Seitenlayout* betrifft sowohl die eingestellten Seitenränder eines Dokuments als auch die Ausrichtung des Blattes, wobei zwischen Hochformat und Querformat unterschieden werden kann.

Serienbrief		Ein *Serienbrief* ist ein Dokument, das an mehrere Empfänger versendet wird. Eine Datenbank enthält die variablen Elemente, z. B. Namen und Adressen der Empfänger. Diese werden mit Hilfe von Feldern in die Textvorlage/das Dokument integriert. Durch das Zusammenführen des Dokuments mit der Datenquelle ergeben sich die fertigen Serienbriefe.
OneDrive		Ein Dienst von *Microsoft Windows Live*, der es ermöglicht, Dateien auf eine Online-Festplatte hochzuladen und dort zu bearbeiten. Anderen Nutzern kann der Zugriff auf Dokumente, die hier gespeichert sind, gewährt werden. Der Zugriff erfolgt über einen Webbrowser (z. B. Internet Explorer, Safari oder Firefox).
Spalte	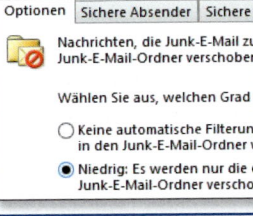	Ein Word-Dokument kann einspaltig geschrieben sein (Standard) oder in mehrere Spalten unterteilt werden. Die Zeilen werden am Ende der Spalte umbrochen. Am Ende einer Spalte springt der Cursor zum Anfang der nächsten Spalte (oder in die erste Spalte der Folgeseite). In Excel ist der Bildschirm in Spalten und Zeilen unterteilt. Die Spalten werden mit **A**, **B**, **C** usw. benannt.
Spam		Unerwünschte E-Mails, die in aller Regel von dubiosen Absendern stammen, die per E-Mail bestimmte Produkte bewerben. Sie sollten sie vorsichtshalber sofort löschen, ohne sie zu öffnen (siehe auch *Junk-E-Mail*).
Statusleiste		Die Statusleiste befindet sich am unteren Rand des Programmfensters. Hier werden u. a. Informationen über die Anzahl der Seiten und Wörter angezeigt. Rechts in der Statusleiste können Sie den Zoom einstellen oder die Ansicht ändern.

Glossar

Summenfunktion	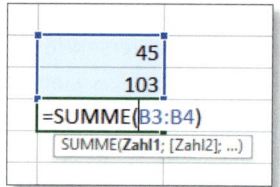	Mit Hilfe der Summenfunktion lassen sich Werte in einer Excel-Tabelle sehr leicht zusammenzählen.
Tabelle	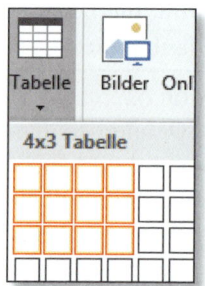	Eine Tabelle ist eine geordnete Zusammenstellung von Texten und/oder Daten. Um in Word mit einer Tabelle zu arbeiten, fügen Sie sie einfach mit der gewünschten Spalten- und Zeilenanzahl in das Dokument ein. Die Bildschirmansicht von Excel hingegen ist standardmäßig in Spalten und Zeilen eingeteilt.
Texteffekt	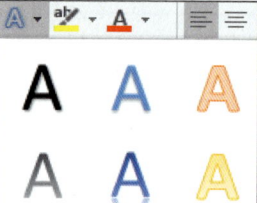	Mit Hilfe der Texteffekte wenden Sie einen Grafikeffekt auf den markierten Text an. Zu diesen Effekten zählen z. B. **Schatten**, **Spiegelung** oder **Leuchten**.
WordArt	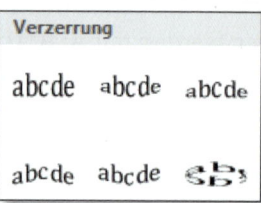	Mit WordArt können Sie Text dekorativ gestalten. So erreichen Sie Effekte, die mit einer »normalen« Formatierung nicht einzustellen wären, z. B. Konturen und unterschiedlichste Verformungen von Schriftzügen (wie Bogen oder Wellen).
Zahlenformat	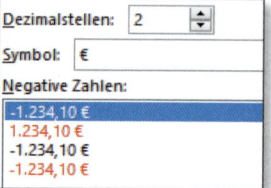	Zahlen werden in Excel mit Hilfe der Zahlenformate gestaltet. Weisen Sie z. B. die Anzahl der Dezimalstellen und ein Währungszeichen zu.

Zeilenumbruch

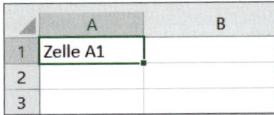

Text wird in Word automatisch umbrochen, wenn das Ende der Zeile – also der rechte Seitenrand – erreicht ist. Der Cursor springt dann in die nächste Zeile. ⏎ drücken Sie nur, um bewusst einen neuen Absatz zu beginnen. Mit ⇧ + ⏎ erzeugen Sie einen *weichen Umbruch*. Dies bedeutet, dass zwar eine neue Zeile angefangen wird, aber in der Word-Definition kein neuer Absatz beginnt. Absatzformatierungen z. B. werden fortgesetzt.

Zelladresse

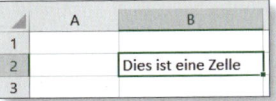

Die Zelladressen bilden sich in Excel anhand der Spalten- und Zeilenbezeichnungen, d. h. aus Buchstaben und Zahlen. Die Zelle ganz oben links heißt dementsprechend A1.

Zelle

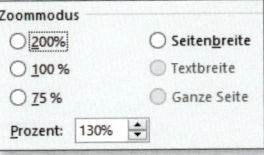

Die Einteilung von Tabellen in Spalten und Zeilen ergibt die Zellen. Dies sind die Bereiche, in die die Werte eingegeben werden. Man spricht sowohl bei Excel- als auch bei Word-Tabellen von Zellen.

Zoom

Mit dem Zoom wird die Anzeige auf dem Bildschirm gesteuert. Je höher der Zoomwert ist, desto größer wird die Anzeige der Schrift, doch der Ausschnitt verkleinert sich entsprechend.

Stichwortverzeichnis

Stichwortverzeichnis

Stichwortverzeichnis

Stichwortverzeichnis

Stichwortverzeichnis

Stichwortverzeichnis

Stichwortverzeichnis

Stichwortverzeichnis

- Wie Sie Ihren (digitalen) Alltag leichter meistern, Zeit sparen und für mehr Sicherheit sorgen

- Do-it-yourself mal digital!

- Mitmachen und glücklicher im digitalen Leben sein

Rainer Hattenhauer

Digitale Life Hacks

123 geniale Ideen, die das Leben leichter machen

DIY geht auch digital! Mit den genialen Tricks unseres Autors Rainer Hattenhauer wird nicht nur der digitale Alltag selbst zum Kinderspiel, auch im Haushalt und täglichen Leben sparen die digitalen Superkniffe viel Zeit und bares Geld. Hier kommen alle auf ihre Kosten.

160 Seiten, broschiert, in Farbe, 12,90 Euro
ISBN 978-3-8421-0309-2
www.rheinwerk-verlag.de/4453

Kostenlose Buchauszüge im Rheinwerk-Shop – gleich reinlesen!

Das E-Book zum Buch

Sie haben das Buch gekauft und möchten es zusätzlich auch elektronisch lesen? Dann nutzen Sie Ihren Vorteil.
Zum Preis von nur 5 Euro bekommen Sie zum Buch zusätzlich das E-Book hinzu.

Dieses Angebot ist unverbindlich und gilt nur für Käufer der Buchausgabe.

So erhalten Sie das E-Book

1. Gehen Sie im Rheinwerk-Webshop auf die Seite: www.rheinwerk-verlag.de/E-Book-zum-Buch

2. Geben Sie dort den untenstehenden Registrierungscode ein.

3. Legen Sie dann das E-Book in den Warenkorb, und gehen Sie zur Kasse.

Ihr Registrierungscode

ZCHX-KQPC-6A4Y-82BG-3D

Sie haben noch Fragen? Dann lesen Sie weiter unter:
www.rheinwerk-verlag.de/E-Book-zum-Buch